Schwerpunkte Musil/Burchard · Klausurenkurs im Europarecht

Klausurenkurs im Europarecht

Ein Fall- und Repetitionsbuch für Pflichtfach und Schwerpunktbereich

von

Dr. Andreas Musil

o. Professor an der Universität Potsdam

und

Daniel Burchard

Wissenschaftlicher Mitarbeiter an der Universität Potsdam

CFM

C.F. Müller Verlag
Heidelberg

Bibliografische Information der Deutschen Nationalbibliothek
Die Deutsche Nationalbibliothek verzeichnet diese Publikation in der Deutschen Nationalbibliografie; detaillierte bibliografische Daten sind im Internet über http://dnb.d-nb.de abrufbar.

ISBN 978-3-8114-7172-6

www.cfmueller-verlag.de

Satz: Claus Hölzer, Hagenbach
Druck: Kessler Druck + Medien, Bobingen

Printed in Germany

Vorwort

Das vorliegende Buch erweitert die Reihe der Klausurenkurse im Rahmen der „Schwerpunkte“ um das Europarecht. Dieser Lückenschluss war unverzichtbar, gehört doch das Europarecht mittlerweile nicht nur zur Schwerpunktausbildung, sondern – zumindest in Teilen – auch zum Grundwissen im Rahmen des Pflichtfachexamens. Das Buch ist als praktische Ergänzung zum Lehrbuch von *Rudolf Streinz* (Schwerpunkte „Europarecht“, 8. Aufl. 2008) konzipiert und verweist an den entsprechenden Stellen jeweils auf dieses Lehrbuch. Hervorgegangen ist das Werk aus der langjährigen Erfahrung im Rahmen von universitären Repetitorien. Jeder Fall ist also bereits im Rahmen der Examensvorbereitung an der Universität besprochen worden.

Grundlage jedes Falles oder Fallteils ist in der Regel eine bekannte Entscheidung des Europäischen Gerichtshofs. Diese Grundkonzeption hat bei den Studierenden in den Repetitorien immer viel Anklang gefunden, weil so die praktische Fallübung verbunden wird mit dem Kennenlernen der maßgeblichen Judikatur. Die Kenntnis der einschlägigen Spruchpraxis ist gerade im Europäischen Gemeinschaftsrecht, das stark richterrechtlich geprägt ist, von entscheidender Bedeutung. Ergänzt wird die Darstellung an passender Stelle durch die wichtigsten Prüfungsschemata. In zwei einführenden Kapiteln werden darüber hinaus die allgemeinen Anforderungen im Rahmen europarechtlicher Klausuren und die wichtigsten Klausurkonstellationen dargestellt.

Danken möchten wir vor allem den Mitarbeitern/-innen und Kollegen/-innen am Lehrstuhl in Potsdam. Besonders zu erwähnen ist die wertvolle Mitarbeit von Herrn *Friedrich Hiller von Gaertringen*, der zu einigen Falllösungen wesentliche Vorarbeiten erbracht hat. Weiterhin ist die Leistung der studentischen Mitarbeiterinnen Frau *Yvonne Nalleweg*, Frau *Judith Schlimm* und Frau *Katharina Koch* hervorzuheben. Nicht zuletzt gilt unser Dank dem Verlag und insbesondere Frau *Alexandra Burrer*, die die Umsetzung des Projektes ermöglicht haben.

Für Hinweise auf Druckfehler, Anregungen und Kritik sind wir immer dankbar, am einfachsten per E-Mail an musil@uni-potsdam.de.

Potsdam, im Mai 2008

Andreas Musil
Daniel Burchard

Vorwort

Inhaltsverzeichnis

Abkürzungsverzeichnis

a.A.	andere Auffassung
a.a.O.	am angegebenen Ort
ABl.	Amtsblatt der Europäischen Gemeinschaften, seit 1. 2. 2003: Amtsblatt der Europäischen Union
Abs.	Absatz
AETR	Accord européen relatif au travail des équipages des véhicules effectuant des transports internationaux par route (Europäisches Übereinkommen über die Arbeit des im internationalen Straßenverkehr beschäftigten Fahrpersonals)
AEUV	Vertrag über die Arbeitsweise der Europäischen Union
AG	Aktiengesellschaft
AKP-Staaten bzw. -Bananen	Afrikanische, karibische und pazifische Staaten bzw. Bananen aus diesen Staaten
AktG	Aktiengesetz
Alt.	Alternative
Amtsbl.	Amtsblatt
ÄndVO	Änderungsverordnung
Anm.	Anmerkung
AnpassungsG	Anpassungsgesetz
AO	Abgabenordnung
AöR	Archiv des öffentlichen Rechts
ApoG	Apothekengesetz
Art.	Artikel
AufenthG	Aufenthaltsgesetz
Aufl.	Auflage
AusfErstVO	Ausfuhrerstattungsverordnung
BAföG	Bundesausbildungsförderungsgesetz
BauO	Bauordnung
BayVBl	Bayerische Verwaltungsblätter
BB	Der Betriebsberater
Bd.	Band
ber.	berichtigt
BFH	Bundesfinanzhof
BGB	Bürgerliches Gesetzbuch
BGBl.	Bundesgesetzblatt
BGHZ	Entscheidungen des Bundesgerichtshof in Zivilsachen (Amtliche Sammlung)
Bln	Berlin
Bsp	Beispiel
BT-Drs.	Bundestags-Drucksache
BVerfG	Bundesverfassungsgericht
BVerfGE	Entscheidungen des Bundesverfassungsgerichts (Amtliche Sammlung)
BVerfGG	Bundesverfassungsgerichtsgesetz
BVerwG	Bundesverwaltungsgericht
BVerwGE	Entscheidungen des Bundesverwaltungsgerichts (Amtliche Sammlung)
bzw.	beziehungsweise
CMA	Centrale Marketing-Gesellschaft der deutschen Agrarwirtschaft
d.h.	das heißt
DNotZ	Deutsche Notar-Zeitschrift
DÖV	Die öffentliche Verwaltung
DStRE	Deutsches Steuerrecht Entscheidungsdienst

DStZ	Deutsche Steuerzeitung
DVBl.	Deutsches Verwaltungsblatt
EG	Europäische Gemeinschaften; Europäische Gemeinschaft (nach dem EGV) Vertrag zur Gründung der Europäischen Gemeinschaft (in der Form des Vertrags von Nizza)
EGBGB	Einführungsgesetz zum Bürgerlichen Gesetzbuch
EGMR	Europäischer Gerichtshof für Menschenrechte
EGV	Vertrag zur Gründung der Europäischen Gemeinschaft
EL	Ergänzungslieferung
EMRK	Europäische Menschenrechtskonvention
EStG	Einkommensteuergesetz
etc.	et cetera
EU	Europäische Union
EuGH	Gerichtshof der Europäischen Gemeinschaften
EuGRZ	Europäische Grundrechte-Zeitschrift
EuR	Europarecht
EUV	Vertrag über die Europäische Union
EuZW	Europäische Zeitschrift für Wirtschaftsrecht
EWG	Europäische Wirtschaftsgemeinschaft
EWiR	Entscheidungen zum Wirtschaftsrecht
EWS	Europäisches Währungssystem Europäisches Wirtschafts- und Steuerrecht (Zeitschrift)
EZB	Europäische Zentralbank
f.; ff.	folgende, fortfolgende
FG	Finanzgericht
FGO	Finanzgerichtsordnung
Fn.	Fußnote
FS	Festschrift
GATT	General Agreement on Tariffs and Trade
GBl.	Gesetzblatt
GbR	Gesellschaft des bürgerlichen Rechts
gem.	gemäß
GG	Grundgesetz
ggf.	gegebenenfalls
GmbH	Gesellschaft mit beschränkter Haftung
GmbHG	Gesetz betreffend die Gesellschaften mit beschränkter Haftung
grds.	Grundsätzlich
GRURInt	Gewerblicher Rechtsschutz und Urheberrecht International
GVBl.; GVOBl.	Gesetz- und Verordnungsblatt
h.M.	herrschende Meinung
HandwO	Handwerksordnung
HGB	Handelsgesetzbuch
Hmb.	Hamburger
Hrsg.	Herausgeber
i.S.d.; i.S.v.	im Sinne des/von
i.V.m.	in Verbindung mit
insbes.	insbesondere
JA	Juristische Arbeitsblätter
jur.	juristisch/e/er/es/en
JURA	Juristische Ausbildung
JuS	Juristische Schulung
JZ	Juristenzeitung

LS	Leitsatz
LSA	Sachsen-Anhalt
lit.	litera (Buchstabe)
lt.	laut
m.w.N.	mit weiteren Nachweisen
MOG	Gesetz zur Durchführung der gemeinsamen Marktorganisationen und der Direktzahlungen
nat.	national/e/es/er/en
Nds.	Niedersachsen, niedersächsisch(es)
NJW	Neue Juristische Wochenschrift
NRW	Nordrhein-Westfalen
NStZ	Neue Zeitschrift für Strafrecht
NVwZ	Neue Zeitschrift für Verwaltungsrecht
NVwZ-RR	Neue Zeitschrift für Verwaltungsrecht Rechtsprechungsreport
o.ä.	oder ähnliches
OHG	Offene Handelsgesellschaft
OVG	Oberverwaltungsgericht
OVGRP	Oberverwaltungsrecht Rheinland-Pfalz
REIMS II-Vereinbarung	Vereinbarung zwischen den öffentlichen Postbetreibern fast aller Mitgliedstaaten über die „Remuneration for the Exchange of International Mails“ (Vergütungen für die Zustellung grenzüberschreitender Postsendungen),
RL	Richtlinie
Rn.	Randnummer
Rs.	Rechtssache
Rspr.	Rechtsprechung
Rz.	Randziffer
S.	Seite
s.o.	siehe oben
s.u.	siehe unten
sächs	sächsisch/e/es
SGB	Sozialgesetzbuch
Slg.	Sammlung der Rechtsprechung des Gerichtshofs und des Gerichts erster Instanz
sog.	so genannt/e/es/er/en
st. Rspr.	ständige Rechtsprechung
SV	Sachverhalt
u.a.	unter anderem/und andere
u.E.	unseres Erachtens
UAbs.	Unterabsatz
usw.	und so weiter
VA	Verwaltungsakt
VBlBW	Verwaltungsblätter für Baden-Württemberg
verb.	verbunden/e/en
VerwArch	Verwaltungsarchiv
VG	Verwaltungsgericht
vgl.	vergleiche
VO	Verordnung
VR	Verwaltungsrundschau
VSSR	Vierteljahresschrift für Sozialrecht
VwGO	Verwaltungsgerichtsordnung

VwVfG	Verwaltungsverfahrensgesetz
VzA	Vollzugsanordnung
WTO	World Trade Organization
z.B.	zum Beispiel
ZfRV	Zeitschrift für Rechtsvergleichung

Literaturverzeichnis

I. Zitierte Literatur

Ahlt, Michael/Deisenhofer, Thomas Europarecht – Examenskurs für Rechtsreferendare, 3. Auflage 2003, München (Zit.: *Ahlt/Deisenhofer*, Europarecht)

Birk, Dieter Steuerrecht, 10. Auflage 2007, Heidelberg

Calliess, Christian/Ruffert, Matthias (Hrsg.) EUV/EGV – Das Verfassungsrecht der Europäischen Union mit Europäischer Grundrechtecharta , 3. Auflage 2007, München (Zit.: *Bearbeiter* in Calliess/Ruffert, EGV bzw. *Bearbeiter* in Calliess/Ruffert, EUV)

Dreier, Horst (Hrsg.) Grundgesetz-Kommentar, Bd. I, 2. Auflage 2004, Tübingen (Zit.: *Bearbeiter* in Dreier (Hrsg.) GG)

Due, Ole (Hrsg.) Festschrift für Ulrich Everling, 1995, Baden-Baden (Zit.: FS Everling)

Erichsen, Hans-Uwe/Ehlers, Dirk (Hrsg.) Allgemeines Verwaltungsrecht, 13. Auflage 2006, Berlin

FS Everling: Siehe *Due, Ole (Hrsg.)*

Ganten, Ted Oliver Die Drittwirkung der Grundfreiheiten, 2000, Berlin

Hübschmann, Walter/Hepp, Ernst/Spitaler, Armin Abgabenordnung/Finanzgerichtsordnung, Loseblattausgabe, Stand 194. EL April 2008, Köln (Zit.: *Bearbeiter* in Hübschmann/Hepp/Spitaler FGO)

Hufen, Friedhelm Verwaltungsprozessrecht, 6. Auflage 2005, München

Kopp, Ferdinand O./Ramsauer, Ulrich Verwaltungsverfahrensgesetz, 10. Auflage 2008, München

Kopp, Ferdinand O./Schenke Wolf-Rüdiger Verwaltungsgerichtsordnung, 15. Auflage 2007, München

Langen, Eugen/Bunte, Hermann-Josef (Hrsg.) Kommentar zum deutschen und europäischen Kartellrecht in 2 Bänden, Bd. 2, 10. Auflage 2006, Neuwied Kriftel (Zit.: *Bearbeiter* in Langen/Bunte, Kommentar Kartellrecht)

Lecheler, Helmut/Gundel, Jörg Übungen im Europarecht, 1999, Berlin – New York

Loibl, Helmut Europarecht – Das Skriptum, 3. Auflage 2005, Köln – Berlin – Bonn – München

Lorz, Ralph Alexander Fallrepetitorium Europarecht, 2006, Berlin – Heidelberg

v. Mangoldt, Herrmann/Klein, Friedrich/Starck, Christian Kommentar zum Grundgesetz, 5. Auflage 2005, München (Zit.: *Bearbeiter* in v. Mangoldt/Klein/Starck, GG)

Maurer, Hartmut Allgemeines Verwaltungsrecht, 16. Auflage 2006, München

Musil, Andreas/Kirchner, Sören Das Recht der Berliner Verwaltung, 2. Auflage 2007, Berlin – Heidelberg – New York

Palandt, Otto Bürgerliches Gesetzbuch, 67. Auflage 2008, München

Pieroth, Bodo/Schlink, Bernhard Grundrechte – Staatsrecht II, 24. Auflage 2008, Heidelberg

Pieroth, Bodo/Schlink, Bernhard/Kniesel, Michael Polizei- und Ordnungsrecht mit Versammlungsrecht, 4. Auflage 2007, München

Schoch, Friedrich/Schmidt-Assmann, Eberhard/Pietzner, Rainer (Hrsg.) Verwaltungsgerichtsordnung, Loseblattausgabe, Stand 15. EL September 2007, München (Zit.: *Bearbeiter* in Sch/Schm-A/P, VwGO)

Schenke, Wolf-Rüdiger Verwaltungsprozessrecht, 11. Auflage 2007, Heidelberg

Sodan, Helge/Ziekow Jan Verwaltungsgerichtsordnung, 2. Auflage 2006, Baden-Baden
Steindorff, Ernst EG-Vertrag und Privatrecht, 1996, Baden-Baden
Streinz, Rudolf Europarecht, 8. Auflage 2008, Heidelberg

II. Sonstige ausgewählte Literatur zum Europarecht

1. Kommentare

Grabitz, Eberhard/ Hilf, Meinhard (Hrsg.) Das Recht der Europäischen Union, 4 Bände, Loseblattausgabe, Stand 34. EL Januar 2008, München
Groeben, Hans von der/ Schwarze, Jürgen (Hrsg.) Vertrag über die Europäische Union und Vertrag zur Gründung der Europäischen Gemeinschaft, 4 Bände, 6. Auflage 2004, Baden-Baden

2. Gesamtdarstellungen, Lehrbücher, Grundrisse

Haratsch, Andreas/Koenig, Christian/Pechstein, Matthias Europarecht, 5. Auflage 2006, Tübingen
Herdegen, Matthias Europarecht, 10. Auflage 2008, München
Hobe, Stephan Europarecht, 4. Auflage 2007, Köln – Berlin – Bonn – München
Ipsen, Hans Peter Europäisches Gemeinschaftsrecht, 1972, Tübingen
Lecheler, Helmut/Gundel, Jörg Einführung in das Europarecht, 2. Auflage 2003, München
Oppermann, Thomas Europarecht, 3. Auflage 2005, München

3. Ausbildungsliteratur und Falllösungen

Arndt, Hans-Wolfgang/ Fischer, Kristian Fälle zum Europarecht, 6. Auflage 2008, Heidelberg
Hummer, Waldemar/Vedder, Christoph/Folz, Hans-Peter Europarecht in Fällen, 4. Auflage 2005, Baden-Baden
Rohde, Christian/Lorenzmeier, Stefan Europarecht – Schnell erfasst, 3. Auflage 2005, Berlin – Heidelberg – New York
Zacker, Christian/Wernicke, Stephan Examinatorium Europarecht, 3. Auflage 2003, Köln – Berlin – Bonn – München

Einführung in die Konzeption des Buches

1 Das vorliegende Buch schließt eine Lücke in den Klausurbänden der Reihe „Schwerpunkte“. Es ist als Ergänzung zu dem Standardwerk von *Streinz* konzipiert. Die Besonderheit gegenüber den üblichen Fallbüchern zum Europarecht besteht darin, dass zwei Zielgruppen angesprochen werden sollen. Neben den Studierenden des Schwerpunkt- oder Wahlfachbereichs Internationales Recht/Europarecht, deren Bedürfnisse durch das Buch in vollem Umfang abgedeckt werden, sollen auch und insbesondere Pflichtfachstudierende mit ihm arbeiten können. Dadurch wird eine Lücke auf dem Markt für Ausbildungsliteratur geschlossen, da Pflichtfachstudierende oft kaum einschätzen konnten, in welchem Umfang das Europarecht im Rahmen der Prüfung relevant werden könnte.

In diesem Sinne möchte das folgende **1. Kapitel** beiden angesprochenen Zielgruppen die Arbeitsmöglichkeiten mit dem Buch aufzeigen. Während das bei Schwerpunktstudierenden relativ einfach ist – sie können das Buch in vollem Umfang nutzen –, werden für Pflichtfachstudierende diejenigen Stoffgruppen vorgestellt, die in den entsprechenden Klausuren thematisiert werden können. Das 1. Kapitel endet mit einer detaillierten Arbeitsanleitung, die den Klausurerfolg im Europarecht sichern hilft.

Im **2. Kapitel** werden sodann auf abstrakter Ebene diejenigen Klausurkonstellationen dargestellt und besprochen, die im Gemeinschaftsrecht relevant werden können. Es geht beispielsweise um die klassische „Grundfreiheiten-Klausur“ oder die „Richtlinien-Klausur“. Hier findet der Leser den allgemeinen Zugang zu klausurrelevanten Fallgestaltungen.

Den Kern des Buches bildet der Klausurteil im **3. Kapitel**. Er enthält 20 Fälle, denen jeweils Leitentscheidungen des EuGH und anderer Gerichte zugrunde liegen. Der Bezug zu diesen Leitentscheidungen ist deshalb wichtig, weil sich auch die Literatur immer auf diese Fälle bezieht und sie die Anforderungen in der Prüfung maßgeblich bestimmen. Die entschiedenen Fälle werden klausurtechnisch aufbereitet und um passende Problempunkte ergänzt, so dass jeweils komplette Klausuraufgaben entstehen. Die Verwendungsmöglichkeit als Prüfungsleistung wird jeweils im Rahmen der Vorüberlegungen zu jedem Fall erläutert. Auch die Verwendbarkeit als Schwerpunkt- oder Pflichtfachklausur wird hier noch einmal angesprochen. Ergänzt wird der Klausurteil an passender Stelle durch die entsprechenden Prüfungsschemata. Insbesondere die Grundfreiheiten und die Zulässigkeitsprüfungen beim EuGH können jeweils nach gleich bleibenden Schemata geprüft werden[1].

Der Band ist auf dem Stand von Mai 2008 und legt der Fallbearbeitung die Verträge in der Fassung des Vertrags von Nizza zugrunde, der zum 1. 2. 2003 in Kraft trat. Dieser Vertrag markiert nach dem Scheitern des so genannten Verfassungsvertrags bei den Volksabstimmungen in Frankreich und den Niederlanden im Jahr 2005 den momenta-

1 Zu den im Klausurteil abgedruckten Prüfungsschemata siehe die Übersicht am Ende des 1. Kapitels unter D (Rz. 32).

nen Stand der europäischen Integration[2]. Bei Drucklegung war noch nicht absehbar, wann der neue Vertrag von Lissabon[3] (sog. „Reformvertrag“) mit seinen weit reichenden Änderungen in Kraft treten wird. Um gleichwohl ein Arbeiten mit dem Buch auch nach Inkrafttreten zu ermöglichen, sind zum einen den jeweiligen Fällen Synopsen der alten und neuen Artikelbezeichnungen angehängt. Zum anderen finden sich bei denjenigen Fällen, bei denen sich aufgrund des Vertrags von Lissabon Änderungen ergeben (es handelt sich um wenige), entsprechende Hinweise auf die Lösung nach neuem Recht oder auch Alternativlösungen.

2 Zum Vertrag von Nizza und dem Verfassungsvertrag siehe *Streinz*, Europarecht, Rz. 53–61.

3 „Vertrag von Lissabon zur Änderung des Vertrags über die Europäische Union und des Vertrags zur Gründung der Europäischen Gemeinschaft“, ABl. 2007 Nr. C 306/1 ff. Nach Art. 6 Abs. 2 des Vertrags tritt er frühestens am 1. Januar 2009 in Kraft, sofern er bis dahin in allen Mitgliedstaaten ratifiziert ist. Konsolidierte Fassungen des „Vertrags über die Europäische Union“ (EUV) und des neuen „Vertrags über die Arbeitsweise der Europäischen Union“ (AEUV, bisher: „Vertrag zur Gründung der Europäischen Gemeinschaft“) sind im Abl. 2008 Nr. C-115/1 ff. abgedruckt.

1. Kapitel

Europarecht im Schwerpunktbereich und im Pflichtfach

A. Bedürfnisse der Schwerpunkt- und der Pflichtfachstudierenden

Das Europarecht wird als Prüfungsgegenstand im Rahmen der ersten und zweiten juristischen Prüfung immer wichtiger. Es verwundert daher nicht, dass es auch im Rahmen der universitären Ausbildung einen breiteren Raum einnimmt als früher. Nahezu jede Fakultät bietet Schwerpunkt- oder Wahlfachbereiche an, deren Gegenstand zumindest zum Teil das Europarecht ist. Europarecht meint hier vor allem das Europarecht im engeren Sinne, also das Recht der Europäischen Gemeinschaften und das Recht der Europäischen Union. 2

Aber nicht nur im Schwerpunktbereich ist das Europarecht von Bedeutung, sondern zunehmend auch im Bereich der Pflichtfachausbildung. Das Deutsche Richtergesetz nennt in § 5a Abs. 2 ausdrücklich europarechtliche Bezüge als Teil des Pflichtkanons im Rahmen des Studiums. Die landesrechtlichen Ausbildungs- und Prüfungsordnungen konkretisieren diese Vorschrift (eine Zusammenstellung der entsprechenden Normen findet sich am Ende dieses Buches). Dies führt für die Studierenden zu dem Problem, dass sie auch im Pflichtfach europarechtliche Grundkenntnisse erwerben müssen, aber nur selten wissen, was zu diesen Grundkenntnissen gehört. Hier möchte das vorliegende Buch Abhilfe schaffen, indem es diejenigen Themenfelder kennzeichnet, die auch im Pflichtfach verlangt werden können. Die entsprechendem Hinweise und Ausführungen finden sich im 3. Kapitel jeweils am Anfang eines Falles und im Rahmen der dortigen „Vorüberlegungen". Außerdem werden die für die Pflichtfachausbildung maßgeblichen Themenfelder sogleich unter C. ausführlich dargestellt und unter D. zu einer konkreten „Arbeitsanleitung" für Pflichtfachstudierende zusammengefasst, die auch auf die entsprechenden Passagen im Lehrbuch von *Streinz* verweist. Die „Arbeitsanleitung" unter D. am Ende dieses ersten Kapitels enthält zudem eine Tabelle, in der die für das Pflichtfach relevanten Bereiche zusammengefasst werden. Dort findet sich auch eine Übersicht über die im Klausurteil enthaltenen Prüfungsschemata.

Auch der Aufbau des Klausurteils orientiert sich an den unterschiedlichen Bedürfnissen von Schwerpunkt- und Pflichtfachstudierenden. Anders als die gängigen Lehrbücher beginnt der Fallteil nicht mit den allgemeinen Lehren, sondern mit den Grundfreiheiten. Es folgen diejenigen Themengebiete, die auch im Pflichtfach relevant sein können. Zum Ende der Sammlung erfordern die Fälle immer speziellere Kenntnisse des Gemeinschaftsrechts, die nur noch im Schwerpunktbereich verlangt werden können. Schwerpunktstudierende haben nach dem Durcharbeiten aller Fälle einen Überblick über das examensrelevante Wissen im Europarecht. Studierende im Pflichtfach brauchen nur etwa zwei Drittel der Fälle zu bearbeiten, um das relevante Wissen zu beherrschen.

B. Themenbereiche im Rahmen der Schwerpunktbereichsausbildung

3 Die Anforderungen im Bereich der Schwerpunktausbildung sind mit Blick auf das Recht der Europäischen Gemeinschaft und der Europäischen Union grundsätzlich umfassend. Insoweit kann auf den Inhalt des Lehrbuchs von *Streinz*, Europarecht verwiesen werden. Der Stoff, der dort vermittelt wird, kann auch Gegenstand der Prüfung sein. Im Einzelnen sind bestimmte Stoffgruppen natürlich klausurrelevanter als andere. So liegt ein Schwerpunkt der Klausuren bei den Grundfreiheiten. Wissenslücken in diesem Bereich sollten vermieden werden. Umgekehrt kann vor allem in Bereichen, die stark durch Sekundärrecht geprägt sind, kein umfassendes Wissen verlangt werden. Das gilt beispielsweise für das Agrarrecht.

C. Themenbereiche im Rahmen der Pflichtfachausbildung

I. Themenkatalog

4 Für die Studierenden des Pflichtfachbereichs von Interesse ist die Beantwortung der Frage, welche Stoffgruppen aus dem Bereich des Europarechts auch im Pflichtfach geprüft werden können. Diese Frage kann nicht mit vollkommener Sicherheit beantwortet werden, da im Einzelnen in der Beurteilung durch die Prüfer und Prüfungsämter Differenzen bestehen. Es lassen sich aber näherungsweise bestimmte Themenfelder identifizieren, die mit Sicherheit gefordert werden können. Diese sollen im Folgenden skizziert werden. Es handelt sich dabei um die subjektive Einschätzung der Autoren, die keine Allgemeinverbindlichkeit beanspruchen kann, sondern langjähriger Beobachtung der Ausbildungspraxis entspringt.

Die Hinweise in den Überschriften der nachfolgenden Darstellung beziehen sich auf die entsprechenden Fälle im Klausurteil bzw. die Randziffern im Europarechts-Lehrbuch von *Streinz*.

Insbesondere handelt es sich um folgende Stoffgruppen:
- Grundlagen der EU, die Gemeinschaftsorgane und ihre Handlungen (dazu sogleich II.)
- Grundfreiheiten und allgemeine Freizügigkeit (dazu sogleich III.)
- Grundrechte (dazu sogleich IV.)
- Verhältnis von nationalem Recht und Europarecht (dazu sogleich V.)
- Prozessuale Fragen bei Fällen mit Gemeinschaftsrechtsbezug (dazu sogleich VI.)
- Richtlinien im innerstaatlichen Recht (dazu sogleich VII.)
- Gemeinschaftsrechtliche Staatshaftung (dazu sogleich VIII.)
- Verwaltungsvollzug und Gemeinschaftsrecht (dazu sogleich IX.)

II. Grundlagen der EU, die Gemeinschaftsorgane und ihre Handlungen

Fälle 16 und 17; Streinz Rz. 82 ff.

Die Grundlagen der EU sowie die Gemeinschaftsorgane und ihre Handlungen gehören zum Kern dessen, was auch der Pflichtfachstudierende wissen muss. Bevor Klausuren mit Einzelproblemen bewältigt werden können, muss Klarheit über die Struktur von EG und EU, die auf Gemeinschaftsebene maßgeblichen Akteure und ihr Verhältnis zu den Mitgliedstaaten bestehen. 5

Die diesbezüglichen Fragen eignen sich allerdings mehr für mündliche Prüfungen im Pflichtfach, nicht so sehr für Klausursachverhalte. So wird etwa das komplexe Verfahren der Rechtsetzung in der EG kaum Gegenstand einer Klausuraufgabe im Pflichtfachexamen sein können. Auch das Verhältnis der Organe zueinander wirft häufig derart spezielle Fragen auf, dass ihre Kenntnis im Pflichtfachexamen nicht erwartet werden kann. Die oben genannten Fälle sind mit ihren Fragen daher vor allem an Schwerpunktstudierende adressiert. Im Ergebnis sind die hier zu lernenden Fakten zwar Grundlage alles Weiteren, nicht aber selbst Kerngegenstand der Pflichtfachprüfung auf dem Gebiet des Europarechts. Deshalb beginnt der Klausurteil dieses Buches auch nicht mit diesen institutionellen Fragen, sondern mit den Grundfreiheiten.

III. Grundfreiheiten und allgemeine Freizügigkeit

1. Allgemeines

Streinz Rz. 781 ff.

Die Grundfreiheiten der Art. 23 ff. EG bilden den Kernbestand dessen, was in Klausuraufgaben im Pflichtfachexamen gefordert werden kann. Sie lassen sich unproblematisch in jede öffentlich-rechtliche, aber auch zivilrechtliche Fallgestaltung integrieren. Dies hat seinen Grund darin, dass die Grundfreiheiten auch innerstaatlich unmittelbar gelten und dem nationalen Gesetzesrecht im Rang vorgehen. So kann es zur Unanwendbarkeit einer nationalen Rechtsnorm kommen, wenn sie mit Grundfreiheiten kollidiert. 6

Bei der Anwendung der Grundfreiheiten ist immer darauf zu achten, ob bereits eine gemeinschaftsrechtliche Harmonisierung durch Richtlinien oder Verordnungen erfolgt ist. Gibt es bereits sekundäres Gemeinschaftsrecht (Richtlinien, Verordnungen), das bestimmte nationale Vorschriften vereinheitlicht, so ist das nationale Gesetz vorrangig an diesem und nicht an den Grundfreiheiten zu messen. Allerdings kann in einer Pflichtfachklausur nicht die Kenntnis von speziellem Sekundärrecht erwartet werden, so dass der Aufgabensteller hier entsprechende Hinweise geben müsste.

Im Einzelnen sind die folgenden Grundfreiheiten relevant:

2. Warenverkehrsfreiheit, Art. 23 ff., 28 EG

Fälle 1, 2, 8 und 16; Streinz Rz. 842 ff.
Prüfungsschema: Anhang zu Fall 1 (Rz. 80)

Die Warenverkehrsfreiheit kann zum einen durch Zölle und Abgaben, zum anderen durch mengenmäßige Beschränkungen und Maßnahmen gleicher Wirkungen im Sinne von Art. 28 EG eingeschränkt werden. In der Klausur ist vor allem die letztere Fallgruppe von Bedeutung, weshalb Zölle und Abgaben im Folgenden keine Rolle spie- 7 len. Die Prüfung von mengenmäßigen Beschränkungen und Maßnahmen gleicher Wirkung wird vor allem im Zusammenhang mit nationalen Produktvorschriften, aber auch Werbe- und Vertriebsbeschränkungen relevant.

Beispiel: Reinheitsgebot für Bier, Schutz von Produktbezeichnungen wie „Thüringer Rostbratwurst", Vorschriften gegen irreführende Werbung, Werbeverbote, Ladenschlussregelungen.

3. Arbeitnehmerfreizügigkeit, Art. 39 EG

Fälle 4 und 7; Streinz Rz. 877
Prüfungsschema: Anhang zu Fall 4 (Rz. 144)

8 Mit den Vorschriften über die Arbeitnehmerfreizügigkeit und das dazu ergangene Sekundärrecht (insbesondere die Verordnung (EWG) Nr. 1612/68 des Rates vom 15. Oktober 1968 über die Freizügigkeit der Arbeitnehmer innerhalb der Gemeinschaft) können vor allem nationale Einreise- und Aufenthaltsbestimmungen, aber auch Vorschriften über soziale Vergünstigungen für Arbeitnehmer in Widerspruch geraten.

Beispiel: Aufenthaltsgesetz, Arbeitslosengeld, Steuervorschriften für Arbeitnehmer, die nach dem Wohnort differenzieren (dazu Fall 4).

Zu prüfen ist immer, ob ein Arbeitnehmer vorliegt oder ein Familienangehöriger, der Rechte von diesem ableiten kann. Ist das nicht der Fall, leitet der EuGH in jüngerer Zeit verstärkt vergleichbare Rechte auch aus dem allgemeinen Freizügigkeitsrecht gemäß Art. 18 EG ab (siehe sogleich unter 7.).

4. Niederlassungsfreiheit, Art. 43 EG

Fälle 3, 5 und 6; Streinz Rz. 886
Prüfungsschema: Anhang zu Fall 5 (Rz. 163)

9 Die Niederlassungsfreiheit bildet das Pendant zur Arbeitnehmerfreizügigkeit im Bereich der Selbständigen. Wer sich dauerhaft in einem anderen Mitgliedstaat niederlassen will, kann sich auf Art. 43 EG berufen. Wie Art. 39 EG gewährt die Niederlassungsfreiheit nicht nur das Recht zum bloßen Aufenthalt, sondern zahlreiche Begleitrechte. An ihrem Maßstab sind auch die nationalen Vorschriften zu messen, die den Zugang zu bestimmten Berufen reglementieren.

Beispiel: Aufenthaltsgesetz, berufliches Standesrecht, Handwerksordnung.

Wegen Art. 48 EG gilt die Niederlassungsfreiheit auch für Gesellschaften. Dies hat zur Folge, dass auch das internationale Gesellschafts- und Steuerrecht in den Blickpunkt des Gemeinschaftsrechts gerät. Hier können im Rahmen der Pflichtfachprüfung aber nur Grundkenntnisse erwartet werden.

Beispiel: Grenzüberschreitende Sitzverlegung von Gesellschaften (dazu Fall 6), Internationales Steuerrecht

5. Dienstleistungsfreiheit, Art. 49 EG

Fälle 3, 15 und 16; Streinz Rz. 887
Prüfungsschema: Anhang zu Fall 3 (Rz. 116)

10 Die Dienstleistungsfreiheit stellt im Rahmen der Personenverkehrsfreiheiten die subsidiäre Auffangfreiheit dar. Es muss daher immer besonders geprüft werden, ob eine

andere Grundfreiheit zur Anwendung kommt. Der Anwendungsbereich der Dienstleistungsfreiheit liegt vor allem bei den selbständigen Tätigkeiten, die nur vorübergehend über die Grenze erbracht werden. Diese werden vom Gemeinschaftsrecht in weitem Umfang gewährleistet, so dass mitgliedstaatliche Vorschriften häufig an Art. 49 EG zu messen sind.

Beispiel: Beschränkungen grenzüberschreitender Handwerker- und Bauleistungen, Beschränkungen der grenzüberschreitenden Inanspruchnahme von Dienstleistungen wie Versicherungen, Bankdienstleistungen, Heilbehandlungen usw.

Die Dienstleistungsfreiheit ist zwar eine Personenverkehrsfreiheit, korrespondiert aber insbesondere mit der Warenverkehrsfreiheit, weil sie nicht-verkörperte Leistungen in ihren Anwendungsbereich aufnimmt, während körperliche Gegenstände als „Waren" von Art. 28 EG erfasst werden.

6. Kapital- und Zahlungsverkehrsfreiheit, Art. 56 EG

Streinz Rz. 895 ff.
Prüfungsschema: Anhang zu Fall 5 (Rz. 164)

Die letzte der Grundfreiheiten des EG-Vertrags ist die Kapital- und Zahlungsverkehrsfreiheit. Während die Zahlungsverkehrsfreiheit nur Ergänzungsfunktion zu den anderen Grundfreiheiten besitzt, kommt der Kapitalverkehrsfreiheit ein eigenständiger Schutzbereich zu. Die Kapitalverkehrsfreiheit ist erst mit der Maastrichter Vertragsfassung im Jahr 1993 zur gleichwertigen Grundfreiheit aufgestiegen und seither vor allem für den grenzüberschreitenden Wirtschaftsverkehr immer wichtiger geworden, insbesondere als Maßstab für das Internationale Steuerrecht und das Gesellschaftsrecht. Daher gewinnt sie seit einigen Jahren auch in der Praxis des EuGH zunehmend an Bedeutung. Für die Ausbildung spielt sie dagegen nach wie vor nur eine untergeordnete Rolle, so dass sich die folgenden Ausführungen nicht näher mit ihr befassen und ihr auch kein eigener Fall gewidmet wurde. **11**

7. Allgemeine Freizügigkeit, Art. 18 EG

Fall 7; Streinz Rz. 955 ff.

In den letzten Jahren hat die allgemeine Freizügigkeit gemäß Art. 18 EG an Bedeutung gewonnen. Das im Zusammenhang mit der Unionsbürgerschaft geschaffene Freizügigkeitsrecht besaß neben den Grundfreiheiten der Art. 23 ff. EG zunächst keine eigenständige Bedeutung. Der EuGH begann allerdings, aus der Freizügigkeit im Zusammenspiel mit dem allgemeinen Diskriminierungsverbot (Art. 12 EG) Rechte abzuleiten, die all jenen zugute kommen sollten, die sich nicht auf die klassischen Grundfreiheiten berufen können. Das gilt insbesondere für die Personengruppen der Studierenden und der Rentner, die nicht als „Arbeitnehmer" i. S. d. Art. 39 EG zählen. Mittlerweile reicht dem EuGH Art. 18 EG als alleinige Anspruchsgrundlage aus. Betroffen sind vor allem mitgliedstaatliche Vorschriften, die einerseits die Einreise behindern, andererseits soziale Vergünstigungen für Nicht-Begünstigte der Personenverkehrsfreiheiten versagen. **12**

Beispiel: Studienbeihilfen nur für Inländer (dazu Fall 7), steuerliche Diskriminierung bei der Altersvorsorge, Sozialhilfe für Nichtsesshafte.

IV. Grundrechte

Fälle 8, 9 und 16; Streinz Rz. 753 ff.

13 Das zweite wichtige Themenfeld für Pflichtfachstudierende bilden die Grundrechte des Europäischen Gemeinschaftsrechts. Sie wurden ursprünglich entwickelt, um im Kompetenzstreit des Europäischen Gerichtshofs mit einigen Verfassungsgerichten der Mitgliedstaaten eine Lösung zu finden. Es ging darum, Grundrechtsverbürgungen zu schaffen, an die auch die Gemeinschaftsorgane gebunden sind. Mittlerweile werden die Grundrechte auch in anderen Konstellationen relevant, etwa wenn die Mitgliedstaaten Gemeinschaftsrecht vollziehen, oder als Korrektiv bei der Anwendung der Grundfreiheiten.

Beispiel: Grundrechtswidrigkeit von Verordnungen, Autobahn-Blockade (dazu Fall 8), Bananenmarktordnung (dazu Fall 9).

Die Grundrechte des Gemeinschaftsrechts sind derzeit noch nicht kodifiziert. Die Grundrechte-Charta der Union[1] besitzt keine Verbindlichkeit, der EMRK durfte die EU nicht beitreten. Die Schwierigkeit besteht mithin darin, den Inhalt und die Schranken dieser Grundrechte zu ermitteln. Der EuGH hat mittlerweile für nahezu alle Lebensbereiche Grundrechtsverbürgungen im Wege der Rechtsfortbildung statuiert, die denen des Grundgesetzes vergleichbar sind[2]. Bei der Anwendung dieser Grundrechte kann als Faustformel gelten, dass Schutzbereich, Eingriffe und Rechtfertigung nach ähnlichen Maßstäben gehandhabt werden wie im nationalen Recht. Es bestehen indes auch Unterschiede, die hier nicht im Einzelnen nachvollzogen werden können.

Durch den Vertrag von Lissabon werden die Gemeinschaftsgrundrechte auf eine neue Grundlage gestellt. Art. 6 EUV erklärt nun die Grundrechte-Charta für verbindlich und ordnet den Beitritt der EU zur EMRK an. Wie die verschiedenen Verbürgungen, die Art. 6 EUV enthält, zueinander stehen werden, ist noch nicht abschließend geklärt.

Als Beobachtung kann auch festgehalten werden, dass der EuGH dazu neigt, Maßnahmen der Gemeinschaftsorgane an milderen Maßstäben zu messen als mitgliedstaatliche Maßnahmen. Das ist zwar vor dem Hintergrund der integrationspolitischen Zielsetzung verständlich, mit Blick auf die dogmatische Konsistenz und Akzeptanz des Gemeinschaftsrechts langfristig nicht hinnehmbar.

Eine mit den europäischen Grundrechten zusammenhängende Frage betrifft die Anwendbarkeit der Grundrechte des Grundgesetzes auf Fälle mit Gemeinschaftsrechtsbezug. Diese Frage ist seit Jahrzehnten stark umstritten und wird sogleich unter V. 3. behandelt.

1 Vom 7. Dezember 2000, Abl. 2000 Nr. C 364/1 ff. Siehe dazu *Streinz*, Europarecht, Rz. 56, 64, 755 ff.
2 Siehe die Zusammenstellung bei *Streinz*, Europarecht, Rz. 773 m.w.N.

V. Verhältnis von nationalem Recht und Europarecht

1. Allgemeines

Fälle 9, 10, 11 und 12; Streinz Rz. 190ff.

Einen weiteren wichtigen Themenschwerpunkt im Rahmen der Pflichtfachprüfung kann das Verhältnis von nationalem Recht und Europarecht bilden. Hier muss in mehrfacher Hinsicht differenziert werden. Zunächst ist es generell wichtig, die Grundzüge des Verhältnisses beider Rechtsordnungen zu beherrschen. **14**

Dieses Verhältnis kann aber auch konkrete Problemkonstellationen hervorbringen, die klausurrelevant sind. Im Einzelnen kann wie folgt differenziert werden:

- Gemeinschaftsrecht und einfaches nationales Recht (dazu sogleich 2.)
- Sekundäres Gemeinschaftsrecht und Grundrechte des Grundgesetzes (dazu sogleich 3.)
- Ausbrechende Rechtsakte des Gemeinschaftsrechts (dazu sogleich 4.)
- Primäres Gemeinschaftsrecht und Grundgesetz (dazu sogleich 5.)

2. Gemeinschaftsrecht und einfaches nationales Recht

Fälle 9, 10, 11 und 12; Streinz Rz. 201ff.

Diese Fallgruppe ist relativ unproblematisch zu lösen, weil nach allen vertretenen Auffassungen ein Vorrang des Gemeinschaftsrechts vor nationalem Recht besteht. Allerdings fragt sich, ob die entsprechenden Gemeinschaftsrechtsakte auch unmittelbar anwendbar sind, also innerstaatlich von Behörden und Gerichten wie nationales Recht zu beachten sind. Das ist bei Primärrecht und Verordnungen uneingeschränkt zu bejahen, bei Richtlinien dagegen problematisch (siehe dazu sogleich unter VII.). **15**

3. Sekundäres Gemeinschaftsrecht und Grundrechte des Grundgesetzes

Fall 9; Streinz Rz. 241ff.

In der Frage nach dem Verhältnis von sekundärem Gemeinschaftsrecht und den Grundrechten des Grundgesetzes liegt ein klausurrelevantes Problemfeld, das auch von Pflichtfachstudierenden beherrscht werden muss. Während das Bundesverfassungsgericht es früher für möglich hielt, auch Gemeinschaftsrechtsakte an den Grundrechten des Grundgesetzes zu messen („Solange I“ vom 29. 5. 1974[3]), übt es seine diesbezügliche Kompetenz seit seiner „Solange II“-Entscheidung aus dem Jahr 1986[4] nicht mehr aus. Gleichwohl flammt mit jeder neuen brisanten Entscheidung der Gemeinschaftsorgane der Streit in der Literatur wieder auf. **16**

Beispiel: „Solange“-Rechtsprechung des BVerfG, Bananenmarktordnung (dazu Fall 9).

4. Ausbrechende Rechtsakte des Gemeinschaftsrechts

Fall 10; Streinz Rz. 230ff., 1102

Mit der soeben geschilderten Konstellation verwandt ist die Frage der so genannten „ausbrechenden Rechtsakte“. Hier geht es um solche Maßnahmen der Gemein- **17**

3 BVerfGE 37, 271 = NJW 1974, S. 2176 ff.
4 BVerfGE 73, 339 = NJW 1987, S. 577 ff.

schaftsorgane, die nach Lesart des innerstaatlichen Rechts nicht von der Kompetenzübertragung an die EG oder die EU gedeckt sind. In einem solchen Fall könnte das Bundesverfassungsgericht diese Rechtsakte für unbeachtlich erklären. Auch diese Fallgruppe muss Pflichtfachstudierenden geläufig sein.

Beispiel: Dienst von Frauen in bewaffneten Verbänden der Bundeswehr (dazu Fall 10)

5. Primäres Gemeinschaftsrecht und Grundgesetz

Streinz, Rz. 233 ff.

18 Verstößt primäres Gemeinschaftsrecht gegen das Grundgesetz, so kann dies vor dem Bundesverfassungsgericht gerügt werden. Prüfungsmaßstab sind vor allem die Art. 23 Abs. 1 und 79 Abs. 3 GG. Auch dieser Fall kann Gegenstand einer Pflichtfachklausur sein.

Beispiel: Maastricht-Urteil des BVerfG (BVerfGE 89, 155 = NJW 1993, S. 3047 ff.).

VI. Prozessuale Fragen bei Fällen mit Gemeinschaftsrechtsbezug

Von besonderem Gewicht sind auch die prozessualen Fragen im Zusammenhang mit Gemeinschaftsrecht. Hier ist zu beachten, dass das Gemeinschaftsrecht sowohl von den Gerichten der Gemeinschaft– EuGH und Gericht erster Instanz, nach dem Vertrag von Lissabon auch den Fachgerichten des Gerichtshofs – als auch von den Gerichten der Mitgliedstaaten anzuwenden ist. Prozessuale Fragen werden also im Gemeinschaftsrecht und im nationalen Recht relevant.

1. Rechtsschutz vor europäischen Gerichten

Fälle 9, 13, 16, 17 und 20; Streinz Rz. 566 ff.

19 Der Rechtsschutz vor europäischen Gerichten ist grundsätzlich nur gegen Akte der Gemeinschaftsorgane zulässig. Das führt dazu, dass Einzelpersonen in der Regel der Zugang zu diesen Gerichten versperrt ist, weil das Gemeinschaftsrecht in der Mehrzahl der Fälle von nationalen Behörden vollzogen wird[5]. Im Pflichtfach sind von den Studierenden nur Grundkenntnisse der wichtigsten Klagearten vor dem EuGH und dem Gericht erster Instanz (und nach dem Vertrag von Lissabon auch den Fachgerichten) zu erwarten.

2. Rechtsschutz vor nationalen Gerichten, Vorabentscheidungsverfahren

Fälle 1, 2, 3, 5, 6, 7, 8, 9, 10, 11, 13, 15 und 19; Streinz Rz. 649 ff.
Prüfungsschema Vorabentscheidungsverfahren: Anhang zu Fall 9 (Rz. 244)

20 Wichtiger sind im Pflichtfach die Verfahren vor nationalen Gerichten. Dies können Verfahren vor allen Sparten der Gerichtsbarkeit sein, da es in allen innerstaatlichen Streitigkeiten auf Fragen des Gemeinschaftsrechts ankommen kann. Insbesondere die Grundfreiheiten sorgen dafür, dass das Gemeinschaftsrecht mittlerweile alle Bereiche des Rechtslebens durchdrungen hat.

---

5 Siehe dazu *Streinz*, Europarecht, Rz. 532 ff.

Die Zuordnung des Gemeinschaftsrechts zum Öffentlichen Recht bringt es allerdings mit sich, dass in den meisten Klausuren auch eine öffentlich-rechtliche Einkleidung gewählt wird. Hier können dann alle Verfahrens- und Klagearten vorkommen, die die VwGO vorsieht.

Besonderheiten, die aus dem Europarecht herrühren, sind zum einen mit dem Vorabentscheidungsverfahren gemäß Art. 234 EG verbunden. Die mitgliedstaatlichen Gerichte können oder müssen dem EuGH Gemeinschaftsrecht zur Vorabentscheidung vorlegen, um in dem ihnen vorliegenden innerstaatlichen Fall entscheiden zu können. Es ist daher für die Studierenden wichtig, die Voraussetzungen der Vorlage und der Vorlagepflicht zu kennen. Auch muss die Formulierung der korrekten Vorlagefrage beherrscht werden.

Im Rahmen des einstweiligen Rechtsschutzes ist ein weiteres Einflussgebiet des Gemeinschaftsrechts auf das nationale Prozessrecht zu finden. Der EuGH hat die Voraussetzungen, unter denen nationale Gerichte Rechtsakte vorläufig außer Vollzug setzen können, wenn einstweiliger Rechtsschutz im Zusammenhang mit potentiell rechtswidrigen Gemeinschaftsrechtsakten gesucht wird, abschließend festgelegt (dazu Fall 13). Die Bearbeiter müssen diese Modifikationen des nationalen Prozessrechts kennen.

VII. Richtlinien im innerstaatlichen Recht

1. Allgemeines

Fälle 11 und 12; Streinz Rz. 433 ff.

Besonders wichtig auch in Pflichtfachklausuren sind die von der Gemeinschaft erlassenen Richtlinien (Art. 249 Abs. 3 EG). Sie beeinflussen das nationale Recht dadurch, dass sie durch nationale Gesetze umgesetzt werden müssen. Nach der Umsetzung bleiben sie weiter für die Auslegung und Anwendung der Gesetze relevant. Doch auch schon vor der Umsetzung können sie innerstaatliche Wirkung entfalten, insbesondere dann, wenn sie nicht fristgerecht umgesetzt wurden. **21**

Es sind verschiedene Problembereiche zu unterscheiden:

- Folgen bei nicht erfolgter Richtlinienumsetzung (dazu sogleich 2.)
- Probleme nach erfolgter Richtlinienumsetzung (dazu sogleich 3.)
- Staatshaftung bei nicht erfolgter oder fehlerhafter Richtlinienumsetzung dazu sogleich 4.)

2. Folgen bei nicht erfolgter Richtlinienumsetzung

Fall 12; Streinz Rz. 443 ff, 460 ff.

Richtlinien sind grundsätzlich an die Mitgliedstaaten gerichtet und daher nicht innerstaatlich anwendbar, bevor sie umgesetzt wurden. Gleichwohl hat der EuGH ihnen in bestimmten Fällen eine innerstaatliche Wirkung zugesprochen, um die Befolgung der Umsetzungsverpflichtung durch die Mitgliedstaaten zu sanktionieren. So ist nationales Recht immer im Lichte der Richtlinie, also richtlinienkonform, auszulegen. Ist die Umsetzungsfrist verstrichen, ohne dass eine Umsetzung erfolgt ist, so können sich **22**

Einzelne unter bestimmten Voraussetzungen auf die Bestimmungen der Richtlinie berufen. Sie ist dann unmittelbar anwendbar. Eine solche Fallgestaltung, in der eine richtlinienkonforme Auslegung verlangt wird oder die unmittelbare Wirkung zu prüfen ist, kann auch im Pflichtfachexamen Gegenstand der Prüfung sein. Zu möglichen Schadensersatzansprüchen bei nicht erfolgter Umsetzung siehe sogleich unter 4.

3. Probleme nach erfolgter Richtlinienumsetzung

Fall 11; Streinz Rz. 454 ff.

23 Noch prüfungsrelevanter ist die Konstellation, in der zwar eine Umsetzung erfolgt ist, diese aber möglicherweise nicht vollständig den Anforderungen der Richtlinie entspricht. Auch hier ist zunächst an eine richtlinienkonforme Auslegung zu denken. Kommt eine solche nicht in Betracht, so ist wiederum nach Möglichkeiten der unmittelbaren Wirkung der Richtlinie zu fragen. Wegen der Anknüpfung an existierendes nationales Recht liegt in dieser Fallgruppe ein guter und für Prüfungszwecke gut verwendbarer Schnittpunkt zwischen nationalem Recht und Europarecht. In diesem Bereich gilt besonders, dass jedes Rechtsgebiet europarechtlich beeinflusst sein kann, weil Richtlinien zu nahezu jedem Themenfeld ergehen und für nahezu jeden Lebensbereich relevant sind. Zu möglichen Schadensersatzansprüchen bei ungenügender Umsetzung siehe sogleich unter 4.

4. Staatshaftung bei nicht erfolgter oder fehlerhafter Richtlinienumsetzung

Fall 12; Streinz Rz. 461 ff.

24 In den beiden zuvor genannten Konstellationen ist es über die bereits genannten Folgen hinaus möglich, dass die nicht erfolgte oder fehlerhafte Richtlinienumsetzung für den betreffenden Mitgliedstaat haftungsrechtliche Konsequenzen hat. Der EuGH statuiert unter bestimmten Voraussetzungen eine entsprechende Staatshaftung (dazu sogleich VIII.).

VIII. Gemeinschaftsrechtliche Staatshaftung

Fälle 2 und 12; Streinz Rz. 417 ff., 461 ff.
Prüfungsschema Schadensersatzklage: Anhang zu Fall 9 (Rz. 244)

25 Der Europäische Gerichtshof hat in seiner berühmten „Francovich"-Entscheidung[6] erstmals eine mitgliedstaatliche Haftung für die Verletzung von Gemeinschaftsrecht statuiert. Diese Rechtsprechung stieß seinerzeit auf scharfe Kritik, weil es keine ausdrückliche Rechtsgrundlage für diese Rechtsfortbildung im EG-Vertrag gibt. Mittlerweile ist die gemeinschaftsrechtliche Staatshaftung der Mitgliedstaaten allerdings allgemein anerkannt.

Sie tritt in zwei Konstellationen auf. Die erste betrifft die Verletzung von unmittelbar anwendbarem Gemeinschaftsrecht, insbesondere von Primärrecht. Verletzt beispielsweise ein Mitgliedstaat durch sein Verhalten eine Grundfreiheit, so kommt ein ge-

6 EuGH vom 19. 11. 1991, verb. Rs. C-6/90 und C-9/90, Slg. 1991, I-5357 = NJW 1992, S. 165 ff., Francovich, Bonifaci u.a./Italienische Republik.

meinschaftsrechtlicher Staatshaftungsanspruch des Geschädigten in Betracht. Der EuGH hat hierfür eine Reihe von Voraussetzungen statuiert. Nach wie vor ungeklärt ist indes, welche Rolle das nationale Haftungsrecht (in Deutschland also insbes. Art. 34 GG und § 839 BGB) im Rahmen des gemeinschaftsrechtlichen Anspruchs spielt (dazu Fall 12).

Beispiel: Reinheitsgebot für Bier (EuGH vom 5. 3. 1996, verb. Rs. C-46/93 und C-48/93, Slg. 1996, I-1029 = NJW 1996, S. 1267 ff., Brasserie du Pecheur SA/Bundesrepublik Deutschland u. The Queen./.Secretary of State for Transport, ex parte: Factortame Ltd u.a.), Staatshaftung für judikatives Unrecht.

Die zweite Konstellation betrifft die fehlerhafte Richtlinienumsetzung. Anhand dieser Fallgruppe wurde der Staatshaftungsanspruch ursprünglich einmal entwickelt („Francovich", siehe oben). Auch hier kommen unter bestimmten Voraussetzungen Haftungsansprüche in Betracht.

Beispiel: Francovich-Rechtsprechung, Pauschalreiserichtlinie (EuGH vom 8. 10. 1996, verb. Rs. C-178/94, C-179/94, C-188/94, C-189/94 und C-190/94, Slg. 1996, I-4845 = NJW 1996, S. 3141 ff., Erich Dillenkofer, Christian Erdmann, Hans-Jürgen Schulte, Anke Heuer und Werner, Ursula und Torsten Knor./.Bundesrepublik Deutschland), Haustürwiderrufsrichtlinie (dazu Fall 12).

Mittlerweile ist die gemeinschaftsrechtliche Modifikation des Staatshaftungsrechts allgemein anerkannt und fester Bestandteil des Stoffkanons im Recht der staatlichen Ersatzleistungen. Pflichtfachstudierende sollten die geschilderten Fallgruppen also kennen und anwenden können.

IX. Verwaltungsvollzug und Gemeinschaftsrecht

1. Allgemeines

Fälle 13 und 14; Streinz Rz. 532 ff.

Im Bereich des Verwaltungsvollzugs liegt ein weiterer Schwerpunkt europarechtlicher Einwirkung auf das nationale Recht. Das Handeln der Gemeinschaftsorgane ist vor allem auf Rechtsetzung, nicht auf Vollzug gerichtet. Gemeinschaftsrecht bedarf daher des Vollzugs durch die Mitgliedstaaten. Man spricht von indirektem Vollzug. Die Gemeinschaft kann sich nicht ohne Weiteres darauf verlassen, dass dieser Vollzug ordnungsgemäß durchgeführt wird. Deshalb hat insbesondere der EuGH Modifikationen des nationalen Verwaltungsrechts statuiert. **26**

Im Einzelnen handelt es sich um folgende Fallgruppen:

- Rückforderung gemeinschaftsrechtswidriger Subventionen (dazu sogleich 2.)
- Sonstige Fragen der Bestandskraft (dazu sogleich 3.)
- Fragen einstweiligen Rechtsschutzes (dazu sogleich 4.)
- Vorgaben für die Anordnung der sofortigen Vollziehbarkeit einer Maßnahme (dazu sogleich 5.)
- Modifikationen bei Ermessensentscheidungen (dazu sogleich 6.)

2. Rückforderung gemeinschaftsrechtswidriger Subventionen

Streinz Rz. 560ff.

27 Einen der bereits klassischen Fälle gemeinschaftsrechtlicher Einwirkung auf das Verwaltungsrecht bildet die Rückforderung von Subventionen. Hier hat der EuGH zwei Grundsätze entwickelt, das Effektivitätsgebot und das Äquivalenzgebot (Grundsatz der Gleichwertigkeit, früher: Diskriminierungsverbot)[7]. Der Gemeinschaftsrechtsvollzug darf nicht schlechter funktionieren als der Vollzug nationalen Rechts und muss effektiv sein. Dieser Grundsatz durchzieht die Rechtsprechung des Gerichtshofs in vielen Fällen. Für die Rückforderung von Subventionen bedeutet das, dass die §§ 48, 49 VwVfG in weitem Umfang modifiziert werden, wenn Gemeinschaftsrecht umgesetzt wird. Insbesondere Fragen des Vertrauensschutzes werden vom Gemeinschaftsrecht anders bewertet als im nationalen Recht.

Beispiel: Rückforderung gemeinschaftsrechtswidriger Beihilfen (EuGH vom 20. 3. 1997, Rs. C-24/95 Slg. 1997, I-1591 = NJW 1998, S. 47 ff., Land Rheinland-Pfalz./.Alcan Deutschland GmbH).

3. Sonstige Fragen der Bestandskraft

Fall 14; Streinz Rz. 563ff.

28 Fragen der Bestandskraft von Verwaltungsakten stellen sich aber auch in anderen Fällen mit Gemeinschaftsrechtsbezug. So fragt sich, ob das Gemeinschaftsrecht die Bestandskraft von nationalen Verwaltungsakten auf der Grundlage von nationalem Verwaltungsrecht in den Fällen achtet, in denen sich ihre Durchbrechung günstig für den Bürger auswirken könnte. Beispielsweise gilt es zu klären, ob ein bestandskräftiger, aber europarechtswidriger Abgabenbescheid nachträglich verändert werden kann. Vor allem im Steuerrecht besitzt die Frage hohe praktische Relevanz.

4. Fragen des einstweiligen Rechtsschutzes

Fall 13; Streinz Rz. 654

29 Auch die prozessualen Vorgaben für den einstweiligen Rechtsschutz gegen Maßnahmen der Verwaltung werden durch das Gemeinschaftsrecht modifiziert. Dies wurde bereits im Rahmen des Prozessrechts behandelt (siehe oben unter VI.).

5. Vorgaben für die Anordnung der sofortigen Vollziehbarkeit einer Maßnahme

Fall 13; Streinz Rz. 557

30 Es ist vorgekommen, dass die nationalen Behörden europarechtlich vorgegebene Maßnahmen vereitelt haben, indem sie nicht schnell genug handelten bzw. die letztlich Verpflichteten nicht ausreichend „zwangen“, den Anordnungen zu folgen. Insbesondere die aufschiebende Wirkung von Rechtsbehelfen (z.B. Widerspruch nach § 80 VwGO) kann dazu führen, dass der Einzelne die angestrebte Wirkung einer staatlichen Maßnahme unterläuft. Um dies zu verhindern, müssen die Mitgliedstaaten alle Möglichkeiten des nationalen Rechts ausschöpfen, um den gemeinschaftsrechtlich erwünschten Erfolg zu sichern. So wurde Deutschland beispielsweise verpflichtet, in weiterem Umfang von der Möglichkeit einer Anordnung der sofortigen Vollziehbar-

7 Siehe dazu *Streinz*, Europarecht, Rz. 552 ff.

keit (§ 80 Abs. 2 S. 1 Nr. 4 VwGO) Gebrauch zu machen, als dies bei rein innerstaatlichen Fällen tunlich wäre. Auch diese Konstellation muss Pflichtfachstudierenden geläufig sein.

Beispiel: Tafelwein-Destillation (dazu Fall 13).

6. Modifikationen bei Ermessensentscheidungen

Schließlich müssen mitgliedstaatliche Behörden das Gemeinschaftsinteresse auch im Rahmen von Ermessensentscheidungen berücksichtigen. Gegebenenfalls kann es auch zu einer Ermessensreduzierung auf Null zugunsten des Gemeinschaftsinteresses kommen, etwa im Rahmen der Aufhebung von Verwaltungsakten nach den §§ 48, 49 VwVfG. **31**

D. Arbeitsanleitung für Pflichtfachstudierende

Aus dem bisher Gesagten kann eine konkrete und zusammenfassende Arbeitsanleitung für Pflichtfachstudierende abgeleitet werden. Sie enthält diejenigen Fälle in diesem Buch sowie diejenigen Passagen im Lehrbuch von *Streinz*, die durchzuarbeiten sind, um eine ausreichende Vorbereitung auf das Pflichtfachexamen zu gewährleisten. **32**

Themenbereich	**Fälle**	**Streinz, Europarecht** (Rz.)
Grundlagen der EU, die Gemeinschaftsorgane und ihre Handlungen	16, 17	82 ff.
Grundfreiheiten	1, 2, 3, 4, 5, 6, 7, 8, 15, 16	781 ff., 842 ff., 877, 886, 887, 895 ff., 955 ff.
Grundrechte	8, 9, 16	753 ff.
Verhältnis von nationalem Recht und Europarecht	9, 10, 11, 12	190 ff., 201 ff., 241 ff. 230 ff., 1102
Prozessuale Fragen bei Fällen mit Gemeinschaftsbezug	1, 2, 3, 5, 6, 7, 8, 9, 10, 11, 13, 15, 16, 17, 19, 20	566 ff., 649 ff.
Richtlinien im innerstaatlichen Recht	11, 12,	433 ff., 443 ff., 454 ff., 460 ff.
Gemeinschaftsrechtliche Staatshaftung	2, 12,	417 ff., 461 ff.
Verwaltungsvollzug	13, 14	532 ff., 557, 560 ff., 563 ff., 654

Überblick über die Prüfungsschemata des Klausurteil

- **Arbeitnehmerfreizügigkeit** (Art. 39 ff. EG): Anhang zu Fall 4 (Rz. 144)
- **Dienstleistungsfreiheit** (Art. 49 ff. EG): Anhang zu Fall 3 (Rz. 116)
- **Kapitalverkehrsfreiheit** (Art. 56 ff. EG): Anhang zu Fall 5 (Rz. 164)
- **Niederlassungsfreiheit** (Art. 43 ff. EG): Anhang zu Fall 5 (Rz. 163)
- **Warenverkehrsfreiheit** (Art. 23 ff. EG): Anhang zu Fall 1 (Rz. 80)
- **Vorabentscheidungsverfahren** (Art. 234 EG) und andere **wichtige Verfahrensarten** vor dem EuGH und dem Gericht 1. Instanz (Vertragsverletzungsverfahren, Nichtigkeitsklage, Untätigkeitsklage, Schadensersatzklage): Anhang zu Fall 9 (Rz. 244)

2. Kapitel

Klausurkonstellationen im Europarecht

A. Zusammenstellung denkbarer Konstellationen

Das europäische Gemeinschaftsrecht wirkt in vielfacher Weise auf das nationale Recht ein. Nationale Rechtsnormen und Normen des Gemeinschaftsrechts ergänzen und durchdringen einander. Das hat zur Folge, dass auch die Klausuren mit Europarechtsbezug meist auf einer Mischung von nationalem Recht und Gemeinschaftsrecht beruhen. Anders ist dies nur im Bereich der völkerrechtlichen Beziehungen der EG bzw. EU (nach dem Vertrag von Lissabon: nur noch EU) zu ihren Mitgliedstaaten und in denjenigen Bereichen, in denen der Einzelne in unmittelbare Beziehungen zur EG tritt. Hier kann dann das Gemeinschaftsrecht oder EU-Recht alleiniger Maßstab der Falllösung sein. **33**

Schon diese kurze Einführung zeigt, dass die denkbaren Klausurkonstellationen im Europarecht vielfältig sind. Im Folgenden sollen typische Konstellationen abstrakt behandelt werden, bevor im Kernkapitel die konkreten Fälle besprochen werden. Im Rahmen der abstrakten Darstellung wird jeweils auf die Entsprechungen im Klausurteil verwiesen. Die vorgenommene Typisierung erhebt keinen Vollständigkeitsanspruch und ist nicht abschließend gedacht. Die dargestellten Konstellationen können sich überdies überschneiden.

Die Darstellung dieses Kapitels ist sowohl für Studierende des Schwerpunktbereichs als auch für solche des Pflichtfachs gedacht. Jeweils zu Beginn einer Darstellung ist gekennzeichnet, ob die entsprechende Konstellation nur für den Schwerpunktbereich, oder auch im Pflichtfach relevant ist.

Es werden die folgenden Klausurkonstellationen besprochen:

- Die Grundfreiheiten in der Klausur (dazu sogleich B. I.)
- Europäische Grundrechte in der Klausur (dazu sogleich B. II.)
- Verordnungen in der Klausur (dazu sogleich B. III.)
- Richtlinien in der Klausur (dazu sogleich B. IV.)
- Das Verhältnis von Gemeinschaftsrecht und nationalem Recht als Klausurproblem (dazu sogleich B. V.)
- Verwaltungsvollzug und Gemeinschaftsrecht (dazu sogleich B. VI.)
- Der Einzelne wehrt sich gegen Gemeinschaftsrecht (dazu sogleich B. VII.)
- Mitgliedstaaten und Gemeinschaftsorgane als Kontrahenten (dazu sogleich B. VIII.)
- Streitigkeiten zwischen Gemeinschaftsorganen (dazu sogleich B. IX.)
- Europäisches Wirtschaftsrecht in der Klausur (dazu sogleich B. X.)
- Völkerrechtliche Verträge in der Europarechtsklausur (dazu sogleich B. XI.)
- Das Recht der EU in der Klausur (dazu sogleich B. XII.)

B. Die Konstellationen im Einzelnen

I. Die Grundfreiheiten in der Klausur

Fälle 1–8; Relevanz: Pflichtfach, Schwerpunktbereich

1. Grundfreiheiten vor nationalen Gerichten

Fälle 1–8

34 **a) Die materiell-rechtliche Prüfung** Die wohl häufigste Klausurkonstellation betrifft die Grundfreiheiten. Diese gehören zum Primärrecht des Vertrags zur Gründung der Europäischen Gemeinschaft (nach dem Vertrag von Lissabon: „Vertrag über die Arbeitsweise der Europäischen Union (AEUV)“) und gehen jeglichem nationalen Recht vor. Sie sind überdies unmittelbar anwendbar und somit von allen innerstaatlichen Behörden und Gerichten zu beachten.

Aufgrund dieser Stellung gehören die Grundfreiheiten zu den Hauptmaßstäben für die europarechtliche Überprüfung nationalen Rechts. Der Einzelne kann behaupten, eine nationale Rechtsnorm sei europarechtswidrig, weil sie gegen Grundfreiheiten verstoße. Dieser Rüge muss der Richter im Rahmen seiner Rechtsfindung nachgehen. Kommt er zu dem Ergebnis, dass ein Verstoß gegen Grundfreiheiten vorliegt, so muss er die entsprechende nationale Norm unangewendet lassen. Gemeinschaftsrechtswidrigkeit führt nicht zur Nichtigkeit einer Norm, sondern nur zu deren Unanwendbarkeit in Fällen mit Gemeinschaftsrechtsbezug.

Die Gemeinschaftsrechtswidrigkeit kann sich auf eine Norm in ihrer Gesamtheit, aber auch nur auf einzelne Tatbestandsmerkmale beziehen. Insbesondere solche Normen oder Normteile, die zwischen reinen Inlandssachverhalten und grenzüberschreitenden Sachverhalten differenzieren, können in Konflikt mit den Grundfreiheiten geraten.

Aufbautechnisch beginnt die Klausur immer mit dem rein nationalen Prüfungsprogramm. So ist etwa im Rahmen der Begründetheit einer Anfechtungsklage mit der Rechtmäßigkeit des Verwaltungsaktes zu beginnen. Bei der Frage nach der Rechtsgrundlage für den Verwaltungsakt kann aber bereits die Frage auftauchen, ob diese wegen Unvereinbarkeit mit einer Grundfreiheit unanwendbar bleiben muss. Es schließt sich die gemeinschaftsrechtliche Prüfung an. Im Anschluss kann dann wieder nationales Recht zur Anwendung kommen.

Die Prüfung der Grundfreiheiten vor nationalen Gerichten ist also immer in die aus den anderen Rechtsgebieten bekannte Prüfung nationalen Rechts eingebettet. Sie findet ihren Anknüpfungspunkt oft bei der Frage nach der Rechtsgrundlage oder der Anwendbarkeit einer Norm.

35 **b) Prozessuale Fragen** Hält ein nationales Gericht eine Grundfreiheit für einschlägig, um den ihm vorliegenden Streit zu entscheiden, so sieht es sich vor die Frage gestellt, ob es die Sache gemäß Art. 234 EG dem EuGH vorlegen soll. Gerichte, die nicht letztinstanzlich entscheiden, haben ein Vorlagerecht, aber keine Vorlagepflicht, Art. 234 Abs. 2 EG. Letztinstanzliche Gerichte haben – von Ausnahmefällen abgese-

hen – eine Vorlagepflicht, Art. 234 Abs. 3 EG. Zu beachten ist, dass jedes Gericht, dessen Entscheidung im konkreten Fall nicht mehr mit Rechtsmitteln angefochten werden kann, zur Vorlage verpflichtet ist[1]. Ein Verstoß gegen die Vorlagepflicht kann zu einem Entzug des gesetzlichen Richters i. S. d. Art. 101 Abs. 1 S. 2 GG führen[2].

Für die Klausur bedeutet dies, dass auch der Bearbeiter eine Vorlage in Betracht ziehen muss. In manchen wird der entsprechende Bearbeitervermerk weiterhelfen, der beispielsweise ausdrücklich auf ein Vorabentscheidungsverfahren abzielen[3] oder eine Vorlage ausschließen[4] kann. Doch auch wenn lediglich nach der Entscheidung des (nationalen) Gerichts gefragt wird (Formulierung z.B. „Wie wird das Gericht entscheiden?"), muss in manchen Fällen eine Vorlageentscheidung in Zulässigkeit und Begründetheit geprüft werden. Häufig wird aber eine Vorlage entbehrlich sein, wenn und weil bereits eine gesicherte Rechtsprechung des EuGH vorliegt.

Für die Prüfungskandidaten bedeutet das, dass sie die Voraussetzungen des Vorabentscheidungsverfahrens beherrschen und auch in der Lage sein müssen, korrekte Vorlagefragen zu stellen bzw. zu formulieren.

2. Grundfreiheiten und nationale Behördenentscheidungen

Fall 5

Etwas ungewöhnlicher ist die Konstellation, in der eine nationale Behörde der Auffassung ist, sie habe Grundfreiheiten anzuwenden und das nationale Recht verstoße dagegen. Hier ist umstritten, ob sie berechtigt ist, das nationale Recht unangewendet zu lassen. **36**

Der EuGH bejaht dies uneingeschränkt und verpflichtet nationale Behörden, Europarecht umfassend zur Durchsetzung zu verhelfen. Gegner dieser Lösung betonen, dass eine Behörde auch im Falle eines festgestellten Verstoßes gegen höherrangiges nationales Recht keine Verwerfungskompetenz habe[5].

Dieser Streit kann etwa relevant werden, wenn in einer Klausur eine Widerspruchsentscheidung zu fertigen ist. Hier müsste der Bearbeiter überlegen, ob die jeweilige Behörde eine Nichtanwendungskompetenz besitzt oder nicht, und dies auch entsprechend erörtern.

3. Grundfreiheiten vor europäischen Gerichten

Fälle 1–3

Der EuGH hat vor allem im Rahmen des Vorabentscheidungsverfahrens nach Art. 234 EG über die Auslegung der Grundfreiheiten zu entscheiden. Diese Entscheidung wird immer von nationalen Gerichten an ihn herangetragen. **37**

---

1 Siehe dazu *Streinz*, Europarecht, Rz. 637.
2 Siehe dazu unten unter V. 3.
3 Siehe dazu Fälle 1, 2, 10, 15 und 19.
4 Siehe dazu Fall 19.
5 Zum Streitstand siehe *Streinz*, Europarecht, Rz. 256 m.w.N., sowie *Maurer*, Allgemeines Verwaltungsrecht, § 4 Rz. 55 f. m.w.N.

Eine weitere prozessuale Konstellation, in der es zur Überprüfung von nationalem Recht am Maßstab der Grundfreiheiten kommt, ist das Vertragsverletzungsverfahren gemäß Art. 226 EG. Hier rügt die Kommission einen Gemeinschaftsrechtsverstoß durch einen Mitgliedstaat. Diese Konstellation ist aufbautechnisch einfach zu handhaben, da nach der Prüfung der Zulässigkeitsvoraussetzungen für das Verfahren nach Art. 226 EG im Rahmen der Begründetheit einfach der Verstoß gegen Grundfreiheiten zu prüfen ist.

Demgegenüber sind Grundfreiheiten als Maßstab in anderen Klageverfahren vor europäischen Gerichten eher selten. Das liegt daran, dass in den anderen Verfahren meist Handlungen der Gemeinschaftsorgane überprüft werden. Diese werden aber meist nicht an Grundfreiheiten, sondern am Maßstab anderer europarechtlicher Normen überprüft. Nur wenn behauptet wird, eine Harmonisierungsmaßnahme der EG verstoße ihrerseits gegen Grundfreiheiten, kommt auch eine Prüfung etwa im Rahmen der Nichtigkeitsklage (Art. 230 EG) in Betracht. In der Regel fungieren Grundfreiheiten aber als Maßstabsnormen für mitgliedstaatliches Verhalten, das primär vor nationalen Gerichten zu überprüfen ist.

II. Europäische Grundrechte in der Klausur

Fälle 8 und 9; Relevanz: Pflichtfach, Schwerpunktbereich

1. Gemeinschaftsgrundrechte und Gemeinschaftsorgane

Fall 9

38 Europäische Grundrechte binden in erster Linie die Gemeinschaftsorgane. Deshalb werden sie vor allem in denjenigen Konstellationen relevant, in denen ein Gemeinschaftsrechtsakt auf seine Rechtmäßigkeit überprüft wird. Inhaltlich erfolgt eine klassische Grundrechtsprüfung (Schutzbereich – Eingriff – Rechtfertigung). Die bevorzugte Verfahrensart für die Überprüfung anhand der Grundrechte ist die Nichtigkeitsklage vor dem EuGH oder dem Gericht erster Instanz (Art. 230 EG).

Vor nationalen Gerichten kann zwar auch ein Verstoß von Gemeinschaftsrechtsakten gegen Gemeinschaftsgrundrechte gerügt werden. Nationale Gerichte dürfen aber kein Gemeinschaftsrecht verwerfen, sondern müssen gemäß Art. 234 EG dem EuGH die Frage nach der Gültigkeit vorlegen. Erklärt der Gerichtshof den entsprechenden Gemeinschaftsrechtsakt wegen Verstoßes gegen Gemeinschaftsgrundrechte für ungültig, kann das nationale Gericht den ihm vorliegenden Fall ohne Anwendung dieses Rechtsakts entscheiden. Ist in einer Klausur nach der Entscheidung des nationalen Gerichts gefragt, muss dementsprechend eine Vorlageentscheidung gefertigt und eine entsprechende Vorlagefrage formuliert werden.

2. Gemeinschaftsgrundrechte und Mitgliedstaaten

Fall 8

39 Die Gemeinschaftsgrundrechte binden aber auch die Mitgliedstaaten. Diese sind zwar primär an die Grundrechte ihres eigenen Verfassungsrechts gebunden, müssen aber zusätzlich auch die Grundrechte des Europäischen Gemeinschaftsrechts beachten.

Der EuGH führt in ständiger Rechtsprechung aus, er könne keine Maßnahme als rechtens anerkennen, die unter Verstoß gegen Grundrechte zustande gekommen ist[6]. Allgemein gilt aber, dass Gemeinschaftsgrundrechte nur dann auf mitgliedstaatliches Verhalten anwendbar sind, wenn der Gemeinschaftsrechtsbezug durch andere Normen hergestellt ist.

Grundrechte binden die Mitgliedstaaten vor allem in zwei Konstellationen. Zum einen dienen sie als zusätzlicher Maßstab im Rahmen einer Grundfreiheitsprüfung. Eine mitgliedstaatliche Maßnahme, die in Grundfreiheiten eingreift, kann nur gerechtfertigt sein, wenn sie auch den Gemeinschaftsgrundrechten standhält. Umgekehrt kann ein Eingriff in Grundfreiheiten auch durch Erfordernisse des Grundrechtsschutzes gerechtfertigt sein (siehe hierzu Fall 8).

Die zweite wichtige Konstellation betrifft den Vollzug des Gemeinschaftsrechts durch nationale Behörden. Wird beispielsweise eine Gemeinschafts-VO vollzogen, so müssen die Mitgliedstaaten hierbei die Gemeinschaftsgrundrechte achten.

Prozessual begegnet einem die Grundrechtsprüfung im Zusammenhang mit den Mitgliedstaaten vor allem in Verfahren vor nationalen Gerichten. Hier muss der Einzelne eine entsprechende Grundrechtswidrigkeit rügen. Das kann dann zu einem Vorabentscheidungsverfahren gemäß Art. 234 EG führen.

Ausnahmsweise können die Grundrechte auch im Rahmen eines Vertragsverletzungsverfahrens nach Art. 226 EG als Prüfungsmaßstab in Betracht kommen. Die Kommission müsste rügen, eine mitgliedstaatliche Maßnahme verstoße gegen Gemeinschaftsgrundrechte. In der Praxis ist diese Konstellation allerdings selten.

III. Verordnungen in der Klausur

Fall 9; Relevanz: Pflichtfach, Schwerpunktbereich

Verordnungen sind die Gesetze des Gemeinschaftsrechts. Sie sind nach Art. 249 **40**
Abs. 2 EG unmittelbar innerstaatlich anwendbar und gehen nationalem Recht vor. Deshalb können sie Maßstab für die Überprüfung von nationalem Recht vor nationalen Gerichten sein. Denkbar ist auch ein Vertragsverletzungsverfahren gemäß Art. 226 EG gegen einen Mitgliedstaat wegen Verstoßes gegen eine Verordnung. Wenn diese Konstellationen gleichwohl in Klausuren eher selten sind, so liegt das daran, dass sie kaum tiefgreifende Probleme aufwerfen.

Häufiger treten Konstellationen auf, in denen die Verordnung selbst Gegenstand der Überprüfung ist. Hier kann unter Umständen auch von Einzelnen eine Nichtigkeitsklage zum Gericht erster Instanz erhoben werden, Art. 230 Abs. 4 EG. Wird die Ungültigkeit einer Verordnung vor einem nationalen Gericht gerügt, so bedarf es eines Vorabentscheidungsverfahrens beim EuGH, da nationale Gerichte kein eigenes Verwerfungsrecht haben.

---

6 EuGH vom 18. 6. 1991, Rs. C-280/89, Slg. 1991, I-2925 = EuZW 1991, S. 507 ff., Elliniki Radiophonia Tiléorassi (ETR) AE./.Dimotiki Etairia Pliroforissis und Sotirios Kouvelas – Fernsehmonopol; EuGH vom 8. 4. 1992, Rs. C-62/90, Slg. 1992, I-2575 = NJW 1992, S. 1553 ff., Kommission der Europäischen Gemeinschaften./.Bundesrepublik Deutschland – Arztgeheimnis; EuGH vom 11. 7. 2002, Rs. C-60/00, Slg. 2002, I-6279 = DVBl. 2002, S. 1342 ff, Mary Carpenter./.Secretary of State for the Home Department.

IV. Richtlinien in der Klausur

Fälle 11 und 12; Relevanz: Pflichtfach, Schwerpunktbereich

1. Richtlinien als Maßstab mitgliedstaatlichen Handelns

Fall 12

41 Richtlinien spielen in der europarechtlichen Klausurpraxis eine große Rolle. Sie sind vor allem der Maßstab für mitgliedstaatliche Umsetzungsmaßnahmen, die an ihnen gemessen werden können. Dabei ist zu beachten, dass sie gemäß Art. 249 Abs. 3 EG für die Mitgliedstaaten hinsichtlich des Ziels verbindlich sind, ihnen aber bei der Umsetzung einen Spielraum lassen. Dieser Spielraum ist indes umso geringer, je detaillierter die Richtlinienregelung selbst ist. Der Gemeinschaftsgesetzgeber tendiert mehr und mehr dazu, so umfangreiche Richtlinienbestimmungen zu erlassen, dass es praktisch zu einer Vollprüfung der mitgliedstaatlichen Umsetzungsmaßnahme kommt.

Gegenstand der Klausur wird nicht selten eine Konstellation sein, in der ein Mitgliedstaat eine Richtlinie nicht fristgerecht umgesetzt hat. Hier ist zu untersuchen, ob die Richtlinie gleichwohl schon Wirkung für das innerstaatliche Recht entfalten kann. Zunächst kann das bereits bestehende Recht richtlinienkonform ausgelegt werden. Zudem hat der EuGH das Instrument der unmittelbaren Wirkung von Richtlinien entwickelt, um das mitgliedstaatliche Verhalten zu sanktionieren und dem Einzelnen trotz versäumter Umsetzungsfrist die aus der Richtlinie fließenden Rechte zukommen zu lassen. Führen Auslegung und unmittelbare Wirkung nicht zum Ziel, so kann in einem letzten Schritt über einen Staatshaftungsanspruch wegen versäumter Umsetzung nachgedacht werden.

Hat der Mitgliedstaat die Richtlinie zwar umgesetzt, hält ein Einzelner die Umsetzung aber gleichwohl für unzureichend, so stehen grundsätzlich die gleichen Instrumente zur Verfügung: Das Umsetzungsgesetz kann richtlinienkonform ausgelegt werden, einzelne seiner Bestimmungen können durch eine unmittelbare Wirkung der Richtlinie überlagert sein, schließlich ist ein Staatshaftungsanspruch denkbar.

Prozessual kann die Unvereinbarkeit von nationalem Recht mit Richtlinien in jedem staatlichen Gerichtsverfahren und vor jedem Gericht gerügt werden. Das angerufene Gericht muss gegebenenfalls dem EuGH vorlegen, um im Vorabentscheidungsverfahren nach Art. 234 EG die zutreffende Auslegung der Richtlinie feststellen zu lassen. Ein Verstoß nationalen Rechts gegen Richtlinienrecht kann aber auch von der Kommission im Rahmen des Vertragsverletzungsverfahrens nach Art. 226 EG gerügt werden.

2. Richtlinien als Gegenstand der Überprüfung

Fall 11

42 Richtlinien können aber auch selbst Gegenstand der Überprüfung sein. Als Normen des sekundären Gemeinschaftsrechts müssen sie in Einklang mit dem Primärrecht stehen. Die Unvereinbarkeit kann vor dem EuGH im Wege der Nichtigkeitsklage nach

Art. 230 EG gerügt werden. Hier ist allerdings zu beachten, dass Einzelne nicht zu den Klageberechtigten gehören.

Einzelne können die Rechtswidrigkeit einer Richtlinie nur indirekt rügen. Ist die Richtlinie maßgeblich für entsprechendes Umsetzungsrecht auf nationaler Ebene, so kann für den nationalen Richter die Frage entscheidungserheblich sein, ob die Richtlinie gültig ist oder nicht. Er hat diese Frage sodann dem EuGH vorzulegen, da ein Verwerfungsrecht nationaler Gerichte nicht besteht.

V. Das Verhältnis von Gemeinschaftsrecht und nationalem Recht als Klausurproblem

Fälle 9, 10 und 11; Relevanz: Pflichtfach, Schwerpunktbereich

Das Verhältnis von nationalem Recht und Gemeinschaftsrecht – also die Frage nach dem Vorrang und der unmittelbaren Anwendbarkeit – liegt unausgesprochen nahezu jeder Klausurstellung im Europarecht zugrunde. Es gibt aber Konstellationen, in denen es explizit thematisiert und zum Klausurschwerpunkt werden kann.

1. Gemeinschaftsrecht und einfaches nationales Recht

Relativ unproblematisch sind die Konstellationen, in denen nach dem Verhältnis von **43**
einfachem nationalen Recht und Gemeinschaftsrecht gefragt ist. Hier geht man mittlerweile allgemein von einem Vorrang des Gemeinschaftsrechts aus. Lediglich bei Richtlinien ist die unmittelbare Anwendbarkeit problematisch (siehe oben unter IV.). Sofern das Gemeinschaftsrecht nicht unmittelbar anwendbar ist, kann sich der Einzelne vor den nationalen Behörden und Gerichten nicht auf die entsprechende Norm berufen.

2. Gemeinschaftsrecht und nationales Verfassungsrecht

Fälle 9, 10

Umstritten sind die Fälle, in denen die unmittelbare Anwendbarkeit und der Vorrang **44**
des Gemeinschaftsrechts nicht ohne Weiteres von den Mitgliedstaaten akzeptiert werden. Dies gilt namentlich im Verhältnis von Gemeinschaftsrecht und nationalem Verfassungsrecht. Die Mitgliedstaaten betrachten sich weiterhin als „Herren der Verträge“ und beanspruchen ein Letztentscheidungsrecht über den Fortbestand der Union. Der EuGH hingegen geht uneingeschränkt und in allen Konstellationen vom Vorrang des Gemeinschaftsrechts aus.

Es durfte lange Zeit als ungeklärt bezeichnet werden, ob Gemeinschaftsrecht vom Bundesverfassungsgericht am Maßstab des Grundgesetzes überprüft werden darf. Als konkrete Maßstäbe kommen die Grundrechte, aber auch die Kompetenzübertragungsnorm des Art. 23 Abs. 1 GG in Betracht. Als Gegenstand der Überprüfung ist sowohl das sekundäre als auch das primäre Gemeinschaftsrecht denkbar. Das Bundesverfassungsgericht lehnt es mittlerweile ab, Gemeinschaftsrecht an den Grundrechten des Grundgesetzes zu messen[7]. Anders liegt es bei so genannten „ausbrechenden

7 BVerfGE 73, 339 = NJW 1987, 577 ff. („Solange II“).

Rechtsakten“, also sekundärem Recht, das über die Kompetenzübertragung an die Union hinausgeht, oder neuem Primärrecht, das gegen Art. 23 Abs. 1 GG verstößt. Hier kommt weiterhin eine Überprüfung durch das Bundesverfassungsgericht in Betracht.

Prozessual liegt meist ein Antrag beim Bundesverfassungsgericht zugrunde. Rügt ein Einzelner eine Grundrechtsverletzung, so muss er Verfassungsbeschwerde nach Art. 93 Abs. 1 Nr. 4a GG, §§ 90 ff. BVerfGG erheben. Die Verhältnisfrage muss meist bereits in der Zulässigkeit erörtert werden. Andere Verfahrensarten kommen in Betracht, wenn staatliche Organe oder Bundesländer vor dem Bundesverfassungsgericht gegen Gemeinschaftsrecht vorgehen wollen.

3. Sonderfall: Entzug des gesetzlichen Richters

Fall 11

45 In einer besonderen Konstellation kann der Einzelne beim Bundesverfassungsgericht eine europarechtlich bedingte Verletzung seiner deutschen Grundrechte rügen. Es geht um die Fälle, in denen ein nationales Gericht seiner Vorlagepflicht zum EuGH nicht nachkommt und so dem Einzelnen den verfahrensrechtlichen Weg zu europäischen Gerichten versperrt[8]. Hier kann ein Entzug des gesetzlichen Richters vorliegen. Erforderlich ist allerdings eine unhaltbare Handhabung der Vorlagepflicht. Prozessuale Grundlage der Rüge ist eine Verfassungsbeschwerde unter Berufung auf Art. 101 Abs. 1 Satz 2 GG.

VI. Verwaltungsvollzug und Gemeinschaftsrecht

Fälle 13 und 14; Relevanz: Pflichtfach, Schwerpunktbereich

46 Das Gemeinschaftsrecht wird in der Regel nicht durch die Gemeinschaftsorgane, sondern durch die Mitgliedstaaten vollzogen[9]. In der Klausur sind deshalb auch Konstellationen selten, in denen es um einen gemeinschaftsunmittelbaren Vollzug geht.

Vielmehr ist Anknüpfungspunkt in der Klausur meist ein Fall aus dem nationalen Verwaltungsrecht. Es geht um die Rechtmäßigkeit konkreter nationaler Verwaltungsmaßnahmen. Hier kann nun die Frage auftauchen, ob das nationale Verwaltungsverfahren im Falle des Vollzugs von Gemeinschaftsrecht gegenüber rein innerstaatlichen Fällen anzupassen ist. Der EuGH arbeitet hier immer mit zwei Instrumenten, dem Effektivitätsgebot einerseits und dem Äquivalenzgebot (Grundsatz der Gleichwertigkeit, früher: Diskriminierungsverbot) andererseits. Der Vollzug des Gemeinschaftsrechts ist so zwar grundsätzlich Sache der Mitgliedstaaten und ihres Verwaltungsrechts, muss aber effektiv funktionieren und darf nicht schlechter funktionieren als der Vollzug reiner Inlandsfälle[10].

Aufgrund dieser Ausgangslage kommt es dazu, dass in der Klausur zunächst das nationale Verwaltungsrecht anzuwenden, sodann aber möglicherweise durch die bei-

8 Dieses Problem spielt auch bei Fall 14 eine Rolle.
9 Zum gemeinschaftsunmittelbaren Vollzug siehe *Streinz*, Europarecht, Rz. 532 ff.
10 Siehe dazu *Streinz*, Europarecht, Rz. 552 ff.

den genannten Mechanismen zu modifizieren ist. Das kann etwa im Rahmen der Aufhebung eines Verwaltungsakts nach den §§ 48, 49 VwVfG geschehen, die bei Fällen mit Europarechtsbezug etwas anders anzuwenden sind als bei rein innerstaatlichen Sachverhalten (beispielsweise bei der Gewichtung des Vertrauensschutzes oder bei der Überprüfung der Frist des § 48 Abs. 4 VwVfG). Stehen einzelne Erfordernisse des nationalen Verwaltungsrechts der Durchführung des Gemeinschaftsrechts im Wege, so müssen sie zurückstehen oder werden gemeinschaftsrechtskonform ausgelegt.

Prozessual ist Anknüpfungspunkt meist eine Klage beim Verwaltungsgericht. Im Rahmen der Begründetheit sind dann die gemeinschaftsrechtlichen Modifikationen zu prüfen.

VII. Der Einzelne wehrt sich gegen Gemeinschaftsrecht

Fälle 1–3, 5–11, 13, 15, 18 und 19; Relevanz: Pflichtfach, Schwerpunktbereich

1. Der Einzelne vor europäischen Gerichten

Fälle 1, 9
Prüfungsschemata Nichtigkeitsklage und Untätigkeitsklage: Anhang zu Fall 9 (Rz. 244)

Wehrt sich ein Einzelner oder ein Unternehmen gegen Gemeinschaftsrecht, so kann dies vor nationalen Gerichten oder vor europäischen Gerichten erfolgen. Vor europäischen Gerichten gibt es letztlich aber nur zwei Möglichkeiten, Klage zu erheben. Zum einen ist dies die Nichtigkeitsklage gemäß Art. 230 Abs. 4 EG gegen Rechtsakte, die an den Einzelnen gerichtet sind oder ihn zumindest unmittelbar und individuell betreffen. Meist wird gegen Entscheidungen der Kommission geklagt oder gegen Verordnungen, die einen begrenzten Adressatenkreis haben. Zum anderen besteht die Möglichkeit einer Untätigkeitsklage gemäß Art. 232 Abs. 3 EG, wenn es ein Gemeinschaftsorgan (Europäisches Parlament, Rat oder Kommission, Art. 232 Abs. 1 EG) unterlassen hat, eine Maßnahme an einen Einzelnen zu richten. Zuständig ist jeweils das Gericht erster Instanz (bzw. nach dem Vertrag von Lissabon auch die Fachgerichte). Inhaltlich sind hier vor allem diejenigen Fälle relevant, in denen die Gemeinschaftsorgane, insbesondere die Kommission, das Gemeinschaftsrecht selbst vollziehen. **47**

In anderen Verfahren vor dem EuGH spielt der Bürger nicht die Hauptrolle. Dies gilt auch für das Vorabentscheidungsverfahren gemäß Art. 234 EG, weil es hier ein Gericht ist, das sich an den EuGH wendet.

2. Der Einzelne vor nationalen Gerichten

Fälle 1–3, 5–11, 13, 15, 18 und 19

Während Klagen Einzelner vor europäischen Gerichten in der Klausur eine eher untergeordnete Bedeutung haben, bilden Klagen vor nationalen Gerichten gewissermaßen das Herzstück der meisten Europarechtsklausuren. Denkbar sind hier alle prozessualen Konstellationen und inhaltlichen Fragestellungen, so dass eine Vertiefung **48** im Rahmen dieses Klausurenkurses weder durchführbar noch sinnvoll erscheint. An dieser Stelle kann daher nur auf die einschlägigen Lehrbücher verwiesen werden. Denn die Kenntnis des nationalen Prozessrechts ist Voraussetzung für die erfolgreiche Bearbeitung nahezu jeder Europarechtsklausur.

Erweist sich eine Klage vor einem nationalen Gericht als zulässig, so können europarechtliche Probleme an nahezu jeder Stelle der inhaltlichen Prüfung auftauchen. Tauchen sie auf, so muss der nationale Richter überlegen, ob er die Frage nach der Auslegung und der Gültigkeit des Gemeinschaftsrechts im Rahmen eines Vorabentscheidungsverfahrens nach Art. 234 EG dem EuGH vorlegt oder nicht. Auch der Klausurbearbeiter muss diese Überlegungen anstellen und ggf. eine passende Vorlagefrage ausarbeiten. Meist wird er aber durch den Bearbeitervermerk darauf hingewiesen, welche Form der Prüfung erwartet wird.

VIII. Mitgliedstaaten und Gemeinschaftsorgane als Kontrahenten

Fälle 16 und 20; Relevanz: Schwerpunktbereich, Pflichtfach mit Einschränkungen
Prüfungsschema Vertragsverletzungsverfahren: Anhang zu Fall 9 (Rz. 244)

49 Klausurrelevant sind auch diejenigen Fälle, in denen Mitgliedstaaten und Gemeinschaft als Kontrahenten aufeinander treffen. Ort der Konfrontation ist in der Regel der EuGH. Im Rahmen der im EG-Vertrag geregelten Verfahrensarten können Mitgliedstaaten und Gemeinschaftsorgane in verschiedenen Konstellationen als Gegner auftreten.

Zu nennen ist zunächst das Vertragsverletzungsverfahren gemäß Art. 226 EG. Dieses kommt zur Anwendung, wenn nach Auffassung der Kommission ein Mitgliedstaat gegen seine gemeinschaftsrechtlichen Verpflichtungen verstoßen hat. Diese Verstöße können vielfältiger Natur sein und reichen von Verletzungen des Primärrechts bis zu Verstößen gegen einzelne Spezialbestimmungen. Auch können die Mitgliedstaaten das Gemeinschaftsrecht durch die Handlungen all ihrer Organe und Untergliederungen verletzen, so dass es unerheblich ist, welche innerstaatliche Stelle gehandelt hat. Stellt ein Mitgliedstaat den Verstoß trotz eines entsprechenden Urteils nicht ab, so kann in einem zweiten Schritt ein Zwangsgeld verhängt werden, Art. 228 EG.

Ist umgekehrt ein Mitgliedstaat der Auffassung, ein Gemeinschaftsorgan (Europäisches Parlament, Rat oder Kommission) habe gegen Gemeinschaftsrecht verstoßen, so kommt vor allem die Nichtigkeitsklage gemäß Art. 230 EG, aber auch die Untätigkeitsklage gemäß Art. 232 EG als zulässige Verfahrensart in Betracht. Meist geht es um die Behauptung, ein Gemeinschaftsrechtsakt verstoße gegen höherrangiges Gemeinschaftsrecht. Besonders häufig sind Rügen mangelnder Zuständigkeit der Gemeinschaft zum Erlass eines bestimmten Rechtsakts. Ein prominentes Beispiel bildet der Streit um die Tabakwerberichtlinie, der sogar zwei EuGH-Urteile hervorgebracht hat (dazu Fall 16).

Die hier vorgestellte Fallgruppe ist vorwiegend für Studierende des Schwerpunktbereichs relevant. Im Pflichtfach können insbesondere Fragen der Kompetenzabgrenzung zwischen Gemeinschaft und Mitgliedstaaten nicht vertieft verlangt werden, so dass eine Hauptfallgestaltung nicht als Klausurgegenstand in Betracht kommt. Demgegenüber kann es ausnahmsweise vorkommen, dass ein Vertragsverletzungsverfahren in den Grundzügen auch im Pflichtfach geprüft wird.

IX. Streitigkeiten zwischen Gemeinschaftsorganen

Fall 17; Relevanz: Schwerpunktbereich
Prüfungsschema Nichtigkeitsklage: Anhang zu Fall 9 (Rz. 244)

Streitigkeiten zwischen den Gemeinschaftsorganen sind in der Praxis recht häufig. **50**
Insbesondere das Europäische Parlament ist häufig geneigt, Rat und Kommission zu verklagen. Aber auch Rat und Kommission tragen gelegentlich Streitigkeiten untereinander vor dem EuGH aus. Das Verfahren, in dem die Streitigkeiten ausgetragen werden, ist meist die Nichtigkeitsklage gemäß Art. 230 EG, weil Streitauslöser meist ein erlassener Rechtsakt ist.

Inhaltlich wird gerügt, dass das handelnde Organ seine Zuständigkeiten überschritten oder die Zuständigkeiten des klagenden Organs verletzt habe. Zudem werden Form- und Verfahrensverstöße gerügt.

Aufgrund der häufig sehr speziellen Zuständigkeits- und Verfahrensfragen eignen sich diese Konstellationen vor allem für Klausuren im Schwerpunktbereich. Im Pflichtfach kann zwar auch die Kenntnis der Organe und der grundlegenden Verfahren verlangt haben, nicht aber in der Tiefe, in der dies zum Verständnis der meisten Konfliktfälle erforderlich wäre.

Der Vertrag von Lissabon hat das Zuständigkeitsgefüge innerhalb der EU nicht unerheblich modifiziert. Deshalb muss zukünftig in jeder Konstellation geprüft werden, ob die bisher bekannten Streitstände noch in dieser Form aktuell sind. Insbesondere bei der Rechtssetzung haben sich die Verfahrensvorschriften verändert. Bei den entsprechenden Fällen im Rahmen dieses Buches wird auf die Änderungen ausführlich eingegangen.

X. Europäisches Wirtschaftsrecht in der Klausur

Fall 15; Relevanz: Schwerpunktbereich

Selbst in europarechtlichen Schwerpunkt- und Wahlfachbereichen gehört das Euro- **51**
päische Wirtschaftsrecht oft nicht zu den Kerngebieten der Ausbildung. Gemeint sind hier insbesondere die Bereiche Wettbewerbs- und Kartellrecht, Beihilfenrecht und Vergaberecht. Gleichwohl sollten die Grundzüge dieser Materien beherrscht werden. An manchen Fakultäten werden diese Rechtsgebiete auch besonders hervorgehoben und bilden einen eigenen Schwerpunkt. Hier muss das besondere Augenmerk dann auf wirtschaftsrechtliche Fragestellungen gerichtet werden.

Das vorliegende Buch kann das Themengebiet nur am Rande behandeln und Grundzüge abdecken. Häufig ist bei den auftretenden Fallgestaltungen des Europäischen Wirtschaftsrechts die vertiefte Kenntnis zivilrechtlicher Hintergründe und spezieller Rechtsmaterien (z.B. Gesellschafts-, Kartell- oder Wettbewerbsrecht) nötig, um den Einfluss des Gemeinschaftsrechts einschätzen zu können. Diesen Zusammenhang kann nur eine Spezialdarstellung herstellen.

XI. Völkerrechtliche Verträge in der Europarechtsklausur

Fälle 19 und 20; Relevanz: Schwerpunktbereich

52 Die EU ist aus dem völkerrechtlichen Verkehr nicht wegzudenken. Insbesondere die EG (bzw. nach dem Vertrag von Lissabon nur noch die EU) ist neben den Mitgliedstaaten Vertragspartei einer Vielzahl von völkerrechtlichen Verträgen. Das Verhältnis von Gemeinschaftsrecht und Völkerrecht gehört daher seit jeher zum Kernbestand des Prüfungswissens im Europarecht.

Zu klären ist insbesondere, welchen Rang völkerrechtliche Verträge innergemeinschaftlich haben und ob ihre Bestimmungen unmittelbar anwendbar sind. Weiterhin sind Kompetenzfragen zwischen Gemeinschaft und Mitgliedstaaten zu klären. Hier hat der EuGH eine ausdifferenzierte Rechtsprechung entwickelt, die in der Klausur beherrscht werden muss.

Einige Sachgebiete sind von besonderer Bedeutung. Zum einen spielen immer wieder Abkommen im Bereich der Assoziierung eine Rolle, insbesondere das Assoziationsabkommen mit der Türkei (dazu Fall 19). Zum anderen hat sich auch das Verhältnis von EU und WTO zu einer eigenständigen Materie entwickelt, bei der noch Vieles ungeklärt ist (dazu Fall 20).

Die prozessuale Konstellation ist meist durch Streitigkeiten zwischen der EG und den Mitgliedstaaten geprägt, oft im Rahmen der Nichtigkeitsklage nach Art. 230 EG. Vor allem im Bereich der Assoziierungsabkommen kann aber auch ein Einzelner Rechte geltend machen, deren Durchsetzung zunächst den nationalen Gerichten obliegt. Derartige Fallgestaltungen sind den Streitigkeiten im Bereich der Personenverkehrsfreiheiten vergleichbar (siehe dazu oben unter B. I).

Völkerrechtliche Fragen sind im Schwerpunktbereich und nicht im Pflichtfach verortet, da von Pflichtfachstudierenden nicht erwartet wird, neben den Grundzügen im Europarecht auch noch solche im Völkerrecht zu beherrschen (abgesehen von Einzelfragen des Verhältnisses von Völkerrecht und Grundgesetz).

XII. Das Recht der EU in der Klausur

Fall 18; Relevanz: Schwerpunktbereich

53 Lange Zeit hat das Recht der EU in der europarechtlichen Klausurpraxis ein Schattendasein geführt. Dies lag daran, dass es aufgrund des häufig politischen Charakters der Arbeit im Rahmen der EU kaum Konstellationen gab, die sich für eine Bearbeitung in der Klausur eigneten.

Dies hat sich in den letzten Jahren geändert. Insbesondere im Zuge der zunehmenden Vergemeinschaftung von Politikbereichen der EU hat sich zwischen den EU-Organen eine Reihe von Konflikten aufgetan. Aber auch für die Rechte Einzelner nimmt die Bedeutung des EU-Rechts zu. So hat der EuGH die Stellung der Rahmenbeschlüsse des EU-Rechts derjenigen der Richtlinien des EG-Vertrags angenähert und ist damit auf heftige Kritik gestoßen. Auch andere Bereiche wie polizeiliche Zusammenarbeit bringen immer häufiger Konfliktfälle mit Klausurrelevanz hervor. Prozessual ist interessant, dass die Zuständigkeit des EuGH im Rahmen des EU-Rechts begrenzt ist und eine spezielle Unterwerfung voraussetzt (vgl. Art. 35 EG).

Das Recht der EU ist nur für Klausuren im Schwerpunktbereich geeignet. Zwar soll auch der Pflichtfachstudierende die Grundzüge des EU-Rechts kennen, nicht aber in einer Tiefe, die eine Behandlung der sich stellenden Klausurfragen zuließe.

Im Bereich des bisherigen EU-Rechts hat der Vertrag von Lissabon erhebliche Neuerungen gebracht. So wurden weitere Bereiche, wie etwa die polizeiliche Zusammenarbeit, „vergemeinschaftet", wenn davon überhaupt noch die Rede sein kann. Die mit dem EU-Recht verbundenen Sonderprobleme haben sich damit partiell erledigt (z.B. Rahmenbeschlüsse nach Art. 34 Abs. 2 lit. b) und c) EU, Zuständigkeit des EuGH nach Art. 35 EU). Im Rahmen von Fall 18 wird auf die Änderungen hingewiesen.

3. Kapitel

Klausurteil

A. Aufbau der Klausuren und allgemeine Hinweise

54 Das 3. Kapitel besteht aus 20 Klausuren, die alle wesentlichen Bereiche des Europarechts abdecken. Da die meisten Klausuren zudem mindestens eine Variation oder Ergänzung des Sachverhalts enthalten, ergeben sich insgesamt weit mehr als 20 Übungsfälle bzw. klausurrelevante Konstellationen.

Nach dem Sachverhalt folgen bei jeder Klausur die „Vorüberlegungen". Neben den die Klausur unmittelbar betreffenden Anmerkungen zum Lösungsweg finden sich dort auch allgemeine Erläuterungen zur jeweiligen europarechtlichen Thematik sowie zu Klausurtaktik und -aufbau.

An die „Vorüberlegung" schließen sich jeweils eine Gliederung und die eigentliche Musterlösung an. Dabei ist den Verfassern das Grundproblem eines jeden Buches dieser Art bewusst. Denn auch einem „optimalen" Bearbeiter wird es kaum gelingen, in der realen Situation einer Übungs- oder Examensklausur ein Ergebnis abzuliefern, das nach Art, Stil und Umfang der Lösung eines Übungsbuches entspricht. Dennoch haben wir bewusst auf allzu knappe und pragmatische Lösungen verzichtet. Denn es erscheint sinnvoller, an dieser Stelle eine etwas längere Lösung anzubieten, die dafür aber möglichst wenige Fragen offen lässt. Wenn dann der wesentliche Gang der Argumentation verstanden und gelernt wurde, kann er auch in der Prüfungssituation in eigenen Worten und der gebotenen Kürze und Schwerpunktbildung wiedergegeben werden. Von daher möge sich kein Leser durch die Länge der einzelnen Klausuren abgeschreckt fühlen.

Jede Klausur enthält am Ende zudem weiterführende Hinweise auf die Darstellung der jeweiligen Materie im Lehrbuch von Streinz, auf die Rechtsprechung des EuGH und anderer Gerichte, die die Basis des Falles bilden, sowie ggf. auf weitere Literatur.

B. Übersicht über die Fälle des Klausurteils

55

Fall	Themenschwerpunkte	Pflichtfach/ Schwerpunkt-bereich	Schwierig-keitsgrad
1.	Warenverkehrsfreiheit, Vorabentscheidungsverfahren	P/S	niedrig
2.	Warenverkehrsfreiheit, gemeinschaftsrechtliche Staatshaftung	P/S	mittel
3.	Dienstleistungsfreiheit, Niederlassungsfreiheit, Inländerdiskriminierung	P/S	mittel
4.	Arbeitnehmerfreizügigkeit, Drittwirkung von Grundfreiheiten	P/S	mittel/hoch
5.	Niederlassungsfreiheit, Nichtanwendungskompetenz nationaler Behörden, Eilverfahren	P/S	mittel/hoch
6.	Niederlassungsfreiheit von Gesellschaften, Grundrechtsfähigkeit ausländischer Gesellschaften	P/S	mittel/hoch
7.	Allgemeine Freizügigkeit, soziale Begleitrechte	P/S	mittel
8.	Europäische Grundrechte und Mitgliedstaaten, Warenverkehrsfreiheit	P/S	mittel
9.	Grundrechte, Rechtsschutz gegen Verordnungen, Solange-Rechtsprechung	P/S	mittel
10.	Gleichbehandlungsvorschriften im Gemeinschafts-recht, Verfassungsrecht und Gemeinschaftsrecht-	P/S	hoch
11.	Richtlinien und nationales Recht, Entzug des gesetzlichen Richters	P/S	hoch
12.	Richtlinienkonforme Auslegung, unmittelbare Wirkung, Staatshaftung für fehlerhafte Richtlinien-umsetzung	P/S	mittel
13.	Suspensiveffekt und Gemeinschaftsrecht, einstweili-ger Rechtsschutz und Gemeinschaftsrecht, Vertrags-verletzungsverfahren	P/S	hoch
14.	Bestandskraft von Verwaltungsakten und Gemein-schaftsrecht, §§ 48, 49 VwVfG	P/S	mittel/hoch
15.	Öffentliche Unternehmen, Wettbewerbsvorschriften	S	hoch
16.	Kompetenzen der Gemeinschaft, Nichtigkeitsklage, Harmonisierungen zum Gesundheitsschutz, Waren- und Dienstleistungsfreiheit, europäische Grund-rechte (Eigentum, Berufsfreiheit)	S	mittel
17.	Durchführungsbefugnisse der Kommission, Komitologie, Nichtigkeitsklage	S	hoch
18.	Rahmenbeschlüsse, Kompetenzen des EuGH im EUV	S	hoch
19.	Assoziierungsrecht mit der Türkei	S	hoch
20.	EG-Recht und WTO, Vertragsschlusskompetenzen, Nichtigkeitsklage	S	hoch

Fall 1

Bestes Fleisch von deutschen Höfen

Pflichtfach/Schwerpunktbereich, Schwierigkeitsgrad: niedrig

56 Herr A ist ein französischer Bauer, der sich auf die Produktion von hochwertigem Rindfleisch spezialisiert hat. Er exportiert einen Großteil seines Fleisches auf den deutschen Markt. Seit längerem ist ihm die Tätigkeit der deutschen CMA, der „Centralen Marketing-Gesellschaft der deutschen Agrarwirtschaft mbH“, ein Dorn im Auge. Diese vergibt ein Gütesiegel, mit dem das Recht für den Anbieter verbunden ist, auf den betreffenden Erzeugnissen die Angabe „Bestes Fleisch von deutschen Höfen“ anzubringen. Das Siegel wird auf Antrag an Agrarerzeuger vergeben, deren Erzeugnisse bestimmten Qualitätsanforderungen genügen. Es ist ausschließlich in Deutschland hergestellten Produkten vorbehalten.

Die CMA ist eine Gründung des „Absatzförderungsfonds der deutschen Land- und Ernährungswirtschaft“. Dieser wurde Ende der 60er Jahre durch Bundesgesetz errichtet. Seine Aufgabe ist die Absatzförderung in Deutschland erzeugter landwirtschaftlicher Produkte. Er hat die Form einer Anstalt des öffentlichen Rechts, deren Verwaltungsrat von Vertretern der deutschen Land- und Ernährungswirtschaft, Parteienvertretern sowie Vertretern der Bundesregierung gebildet wird. Zur Durchführung seiner Aufgaben erhebt der Fonds Pflichtbeiträge von den Betrieben der deutschen Land- und Ernährungswirtschaft. Der Fonds ist nach der gesetzlichen Definition eine Selbsthilfeorganisation der Wirtschaft, die auf einer Solidargemeinschaft beruht. Die CMA wurde zur Förderung der Zwecke des Fonds gegründet; sie wird ausschließlich aus Mitteln des Fonds finanziert und ist an dessen Richtlinien gebunden. Sie hat ihre Tätigkeit am Gesamtinteresse der deutschen Agrarwirtschaft auszurichten.

Als der deutsche Fleischproduzent B, der schärfste Konkurrent des A, das Gütesiegel erhält, möchte Herr A das nicht mehr hinnehmen. Die durch verschiedene Fleischskandale verunsicherten Verbraucher lassen sich zunehmend durch die Aussagen des Gütesiegels beeinflussen, der Absatz von A geht aufgrund dieser Tatsache spürbar zurück. A erstrebt vor dem zuständigen Landgericht, die Erteilung des Gütesiegels an B zu untersagen. Das Gericht hat Zweifel, ob die Vergabe des Gütesiegels gegen Europäisches Gemeinschaftsrecht verstößt. Es möchte dem Europäischen Gerichtshof eine entsprechende Vorlagefrage stellen.

Formulieren Sie eine entsprechende Vorlagefrage. Wie wird der Europäische Gerichtshof über die Vorlagefrage entscheiden? Gehen Sie davon aus, dass kein einschlägiges Sekundärrecht vorhanden ist.

Abwandlung I

Würde sich etwas ändern, wenn das CMA-Gütezeichen von einem Verein vergeben würde, dessen Gründung auf den freien Entschluss der deutschen Agrarproduzenten zurückgeht? Die Vergabekriterien für das Gütezeichen bleiben unverändert.

Abwandlung II

Trotz eines Urteils des EuGH, das die Gemeinschaftsrechtswidrigkeit feststellt, ändert die CMA nichts an ihrer Vergabepraxis. Auch die gesetzlichen Grundlagen werden nicht geändert. Kann Herr A vor europäischen oder deutschen Gerichten Primärrechtsschutz gegen die Bundesrepublik Deutschland oder eine ihrer staatlichen Untergliederungen erreichen?

Vorüberlegungen

57 Der Ausgangsfall ist der CMA-Entscheidung des EuGH[1] nachgebildet, der die Vereinbarkeit des CMA-Gütezeichens („Markenqualität aus deutschen Landen") mit Europäischem Gemeinschaftsrecht zum Gegenstand hatte. Der EuGH erklärte das Gütezeichen für europarechtswidrig, so dass sich die CMA gezwungen sah, ihre Werbemaßnahmen zu modifizieren (neuer Werbeslogan: „Bestes vom Bauern").

Der Fall wirft zum einen grundsätzliche Probleme der Warenverkehrsfreiheit gem. Art. 28 EG auf und eignet sich daher besonders als Einstiegsfall in die Materie der Grundfreiheiten. Man kann hier schulmäßig die Prüfungsfolge bei Art. 28 EG erarbeiten. Zum anderen wird das Vorabentscheidungsverfahren einschließlich der Formulierung einer geeigneten Vorlagefrage behandelt.

Schon die detaillierte Schilderung der rechtlichen Konstruktion der CMA weist den Bearbeiter darauf hin, dass hier das Hauptproblem der Untersuchung liegt. Insbesondere fragt sich, ob man die Werbemaßnahmen der CMA dem Mitgliedstaat Deutschland zurechnen kann, denn nur dann lässt sich das Merkmal „staatliche Maßnahme" bei Art. 28 EG bejahen. Die übrigen Prüfungspunkte bei der Warenverkehrsfreiheit sind im Ergebnis wenig problematisch.

Im Rahmen der Prüfung des Vorabentscheidungsverfahrens kommt es vor allem darauf an, die richtigen Prüfungspunkte abzuhandeln und die Vorlagefrage ordnungsgemäß zu formulieren. Wichtig ist es insbesondere, nicht auf die Gültigkeit von nationalem Recht abzustellen, sondern auf die Auslegung des Gemeinschaftsrechts, denn nur hierfür ist der EuGH zuständig.

In der Abwandlung I soll das Problem der Zurechnung noch weiter vertieft werden. Mangels unmittelbarer Zurechnungsmöglichkeit ist zu erwägen, ob es eine Drittwirkung der Warenverkehrsfreiheit oder Schutzpflichten gibt, die zumindest zu einer mittelbaren Zurechnung führen können. Das ist im Ergebnis zu verneinen.

Abwandlung II erweitert den Fokus auf die Folgen der Beibehaltung einer europarechtswidrigen Praxis. Konkret wird nach den Möglichkeiten für Primärrechtsschutz gefragt. Die Fragestellung ist ungewöhnlich, weil meist nach Sekundärrechtsschutz, also Staatshaftungsansprüchen gefragt wird. Im Rahmen des primären Rechtsschutzes geht es hingegen um Klagemöglichkeiten, die die Praxis Deutschlands selbst abstellen können. Hier kommt ernsthaft allein der Weg zu den Verwaltungsgerichten in Betracht, weil ausdrücklich nach Klagemöglichkeiten gegen öffentlich-rechtliche Körperschaften gefragt ist.

Insgesamt handelt es sich um einen eher leichten Fall, der den Einstieg in das Europarecht erleichtern soll. Er eignet sich daher auch gut als Abschlussklausur zur Vorlesung Europarecht im Grundstudium. Denkbar ist es aber auch, Teile daraus im Rahmen einer Examensklausur Öffentliches Recht zu verwenden.

---

1 EuGH vom 5. 11. 2002, Rs. C-325/00, Slg. 2002, I-9977 = EuZW 2003, S. 23 ff., Kommission der Europäischen Gemeinschaften./.Bundesrepublik Deutschland – CMA.

Gliederung

Ausgangsfall 58

A. Vorlagefrage

B. Gutachten
- I. Zulässigkeit
  - 1. Zuständigkeit
  - 2. Vorlageberechtigung
  - 3. Vorlagegegenstand
  - 4. Entscheidungserheblichkeit
  - 5. Ergebnis
- II. Beantwortung der Vorlagefrage
  - 1. Ware
  - 2. Staatliche Maßnahme
  - 3. Maßnahme gleicher Wirkung
  - 4. Diskriminierung oder formal unterschiedslos geltende Maßnahme
  - 5. Rechtfertigung
- III. Ergebnis

Abwandlung I

A. Zurechnung der Maßnahme zum Staat

B. Unmittelbare Drittwirkung

C. Staatliche Schutzpflicht

D. Ergebnis

Abwandlung II

A. Rechtsschutz vor europäischen Gerichten

B. Rechtsschutz vor deutschen Gerichten
- I. Verfassungsgerichtlicher Rechtsschutz
- II. Verwaltungsgerichtlicher Rechtsschutz

Musterlösung

Ausgangsfall

A. Vorlagefrage

59 Ist Art. 28 EG so auszulegen, dass er der Vergabe eines Gütezeichens „Bestes Fleisch von deutschen Höfen“ durch eine Vereinigung wie die deutsche CMA ausschließlich an deutsche Landwirte entgegensteht.

Hinweis: Der Gerichtshof ist nur befugt, über die Auslegung von Europäischem Gemeinschaftsrecht zu entscheiden. Nationales Recht darf er hingegen nicht auslegen. Deshalb muss die Vorlagefrage immer so formuliert sein, dass sie nach der Auslegung von europäischem Recht fragt. Die Vereinbarkeit des Nationalen Rechts mit dem vom EuGH verbindlich ausgelegten Gemeinschaftsrecht beurteilt sodann das vorlegende nationale Gericht. Falsch wäre es demnach, nach der Vereinbarkeit einer nationalen Norm mit Gemeinschaftsrecht zu fragen.

B. Gutachten

Der Europäische Gerichtshof wird die Vorlagefrage in der Sache beantworten, wenn diese zulässig ist.

I. Zulässigkeit

1. Zuständigkeit

60 Gem. Art. 234 Abs. 1 EG ist der Gerichtshof für die Beantwortung von Vorlagefragen nationaler Gerichte zuständig. Fraglich ist, ob der Gerichtshof selbst oder das Gericht erster Instanz sachlich zuständig ist. Gem. Art. 225 Abs. 3 ist das Gericht erster Instanz nur in besonderen Fällen für die Beantwortung von Vorlageersuchen zuständig, wenn die Satzung dies ausdrücklich bestimmt. Ein solcher Fall ist hier nicht ersichtlich. Der Gerichtshof selbst ist sachlich zuständig.

2. Vorlageberechtigung

61 Vorlageberechtigt sind gem. Art. 234 Abs. 2 GG alle Gerichte der Mitgliedstaaten. Das deutsche Landgericht gehört unproblematisch dazu, so dass die Vorlageberechtigung zu bejahen ist.

3. Vorlagegegenstand

62 In Art. 234 Abs. 1 EG sind drei zulässige Vorlagegegenstände genannt. Dazu gehört nach Art. 234 Abs. 1 Nr. 1 EG auch die Auslegung des Vertrages. Das Gericht stellt eine Frage zur Auslegung von Art. 28 EG. Dies ist ein zulässiger Vorlagegegenstand.

4. Entscheidungserheblichkeit

63 Weiterhin müsste die Beantwortung der Vorlagefrage für den Ausgangsrechtsstreit entscheidungserheblich sein. Ob dies allerdings der Fall ist, beurteilt grundsätzlich das die Frage stellende Gericht. Dies ergibt sich zum einen bereits aus dem Wortlaut

von Art. 234 Abs. 2 EG („hält"), zum anderen auch aus der Tatsache, dass die Entscheidungserheblichkeit eine Frage des nationalen Rechts ist. Es gibt aber Ausnahmefälle, in denen auch der Gerichtshof die Entscheidungserheblichkeit verneint.

Insbesondere wenn offensichtlich ist, dass es auf seine Antwort für den zu entscheidenden Rechtsstreit nicht ankommen kann, lehnt er die Beantwortung der Vorlagefrage ab. Konkret geht es um Fälle, in denen offensichtlich kein Zusammenhang mit Gemeinschaftsrecht besteht, in denen die zur Überprüfung gestellte Norm offensichtlich nicht anwendbar ist, oder wenn eine allgemeine und hypothetische Rechtsfrage zur Entscheidung gestellt wird[2].

Ein solcher Ausnahmefall liegt hier allerdings nicht vor. Das Gericht hält die Vorlagefrage für entscheidungserheblich. Damit ist von der Entscheidungserheblichkeit auszugehen.

5. Ergebnis

Die Vorlage zum EuGH ist zulässig.

II. Beantwortung der Vorlagefrage

Zu klären ist, ob die Vergabe eines Gütezeichens „Bestes Fleisch von deutschen Höfen" durch die CMA nur an deutsche Landwirte mit Gemeinschaftsrecht vereinbar ist. In Betracht kommt ein Verstoß gegen die Warenverkehrsfreiheit gem. Art. 28 EG.

1. Ware

Zunächst müssten von dem Gütezeichen Waren betroffen sein, die sich im Gemein- 64
schaftsgebiet in freiem Verkehr befinden (sog. Gemeinschaftswaren). Bei den vom CMA-Gütezeichen erfassten französischen Fleischprodukten handelt es sich um solche Waren im Sinne von Art. 23 Abs. 2 EG.

Demgegenüber kommt es nicht darauf an, welche Staatsangehörigkeit der betroffene Händler hat, da die Warenverkehrsfreiheit güterbezogen ist und nicht personenbezogen. Auch Angehörige von Drittstaaten können sich auf die Warenverkehrsfreiheit berufen.

2. Staatliche Maßnahme

Weiterhin müsste es sich bei der Vergabe des Gütezeichens nur an Deutsche um eine 65
staatliche Maßnahme handeln. Dieses Erfordernis ergibt sich daraus, dass Adressaten der Warenverkehrsfreiheit vorrangig die Mitgliedstaaten sind.

Der Charakter des Gütezeichens als staatliche Maßnahme könnte deshalb zweifelhaft sein, weil die CMA in privater Rechtsform gegründet wurde und ihre Mittel ausschließlich aus der Wirtschaft stammen.

Der EuGH hat in einer Grundsatzentscheidung aus dem Jahre 2002 entschieden, dass die Tätigkeit der CMA dem deutschen Staat zuzurechnen ist[3]. Dies leitet er daraus her, dass die CMA aufgrund eines Gesetzes errichtet wurde, in dem sie als zentrale Ein-

2 Zu den Fallgruppen im Einzelnen siehe *Ahlt/Deisenhofer*, Europarecht, S. 134 ff.; *Streinz*, Europarecht, Rz. 635.

3 EuGH vom 5. 11. 2002, Rs. C-325/00, Slg. 2002, I-9977, EuZW 2003, S. 23 ff., 25, Rn. 20, Kommission der Europäischen Gemeinschaften./.Bundesrepublik Deutschland – CMA.

richtung der deutschen Wirtschaft zur Absatzförderung bezeichnet wird. Weiterhin habe sie die Richtlinien des Absatzförderungsfonds zu beachten, der seinerseits eine Anstalt des öffentlichen Rechts sei. Im Übrigen habe sie ihre Tätigkeit am Gesamtinteresse der deutschen Agrarwirtschaft auszurichten. Schließlich werde sie ausschließlich durch Pflichtbeiträge aller Betriebe des jeweiligen Wirtschaftszweiges finanziert[4].

66 Mit diesen Ausführungen führt der Gerichtshof seine ständige Rechtsprechung fort, wonach der Staat nicht selbst handeln muss, damit ihm eine bestimme Maßnahme zuzurechnen ist[5]. Vielmehr reicht bereits eine beherrschende Einflussnahme, die sich durch eine öffentliche Finanzierung oder die gesetzliche Normierung von Kontrollbefugnissen zeigen kann. Im Unterschied zur „Buy Irish"-Entscheidung stellt der EuGH hier nicht entscheidend darauf ab, dass eine institutionelle Einflussnahme des Staates erfolgt. Vielmehr reicht die Möglichkeit dazu aus[6]. Diesem Ansatz ist zuzustimmen, da sich andernfalls die Mitgliedstaaten durch eine entsprechende Formenwahl ihren vertraglichen Verpflichtungen entziehen könnten. Auch im konkreten Ergebnis ist dem EuGH zuzustimmen, da die CMA bei Zugrundelegung der Kriterien des Gerichtshofs unter erheblichem staatlichem Einfluss arbeitet. Eine staatliche Maßnahme liegt vor.

Ein gegenteiliges Ergebnis ist hier nur schwer vertretbar, da es sich kaum mit dem Gedanken des effet utile (praktische Wirksamkeit des Vertrages) vertrüge.

3. Maßnahme gleicher Wirkung

67 Weiterhin müsste gem. Art. 28 EG eine mengenmäßige Einfuhrbeschränkung oder eine Maßnahme gleicher Wirkung vorliegen. Da das Gütezeichen keine direkte Einfuhrbeschränkung darstellt, ist zu fragen, ob es sich um eine Maßnahme gleicher Wirkung handelt. Dies ist nach der Dassonville-Formel der Fall, wenn eine Maßnahme den innergemeinschaftlichen Handel unmittelbar oder mittelbar, tatsächlich oder potentiell behindert[7].

Der EuGH bejaht in seiner CMA-Entscheidung[8], die zu dem Gütezeichen „Markenqualität aus deutschen Landen" erging, eine zumindest potentielle Handelsbeschränkung, da die Werbebotschaft des Gütezeichens die deutsche Herkunft einer Ware hervorhebe und so den Verbraucher dazu veranlassen könne, diese Ware anstatt einer importierten zu kaufen. An diesem Ergebnis ändere auch nichts der fakultative Charakter des Gütezeichens. Diese Aussagen lassen sich ohne Weiteres auf die hier vorliegende Konstellation übertragen.

---

4 EuGH vom 5. 11. 2002, Rs. C-325/00, Slg. 2002, I-9977, EuZW 2003, S. 23 ff., 24, Rn. 17, Kommission der Europäischen Gemeinschaften./.Bundesrepublik Deutschland – CMA.

5 Vgl. EuGH vom 24. 11. 1982, Rs. 249/81, Slg. 1982, 4005, Kommission der Europäischen Gemeinschaften./.Irland – Buy Irish; siehe dazu *Leible*, EuZW 2003, S. 25 ff.; *Rauer*, JA 2003, S. 382 ff., 384.

6 *Rauer*, JA 2003, S. 382 ff., 384, m.w.N. in Fn. 9.

7 Vgl. EuGH vom 11. 6. 1974, Rs. 8/74, Slg. 1974, 837 = NJW 1975, 515 ff., Dassonville. Zur Dassonville-Formel siehe *Streinz*, Europarecht, Rz. 828.

8 EuGH vom 5. 11. 2002, Rs. C-325/00, Slg. 2002, I-9977, EuZW 2003, S. 23 ff., – Kommission der Europäischen Gemeinschaften./.Bundesrepublik Deutschland – CMA.

Mit diesem Urteil verschärft der Gerichtshof seine Rechtsprechung zu mitgliedstaatlicher Werbung. In früheren Entscheidungen hatte er staatliche Werbung nur dann für eine handelsbeschränkende Maßnahme gehalten, wenn mit ihr beabsichtigt war, eingeführte Waren durch inländische Waren zu ersetzen, oder wenn sie ausländische Produkte herabsetzen sollte[9]. Dies ist bei dem in Rede stehenden Gütezeichen („Bestes Fleisch von deutschen Höfen") nicht der Fall. Vielmehr besteht lediglich die Gefahr, dass einige Verbraucher die Werbebotschaft in diesem Sinne verstehen. Eine solche Gefahr war bisher nicht ausreichend. Begründet wurde dies mit dem Verbraucherbild der Gemeinschaft, das von einem mündigen Verbraucher ausgehe[10]. **68**

Gleichwohl ist der neuen Rechtsprechungslinie zu folgen. Sie führt zu einer konsequenten Anwendung der Dassonville-Formel in Fällen wie dem vorliegenden und trägt daher zur Kohärenz bei der Auslegung der Warenverkehrsfreiheit bei[11]. Die Verschärfung führt auch nicht zu Wertungswidersprüchen mit dem Verbraucherbild der Gemeinschaft, weil dieses bei der Beurteilung, ob eine Maßnahme gleicher Wirkung vorliegt, aufgrund der Weite der Dassonville-Formel gar nicht zum Tragen kommt. Im Ergebnis ist also eine Maßnahme gleicher Wirkung anzunehmen.

4. Diskriminierung oder formal unterschiedslos geltende Maßnahme

Fraglich ist weiterhin, ob die Tätigkeit der CMA formal unterschiedslos auf einheimische wie eingeführte Produkte anwendbar ist, oder ob sie letztere diskriminiert. **69**

An dieser Stelle entscheidet sich, ob eine Rechtfertigung nach zwingenden Erfordernissen im Sinne der Cassis-Formel oder eine Tatbestandsausnahme nach der Keck-Rechtsprechung in Betracht kommt. Beides setzt eine unterschiedslos geltende Maßnahme voraus. Ist die Maßnahme hingegen bereits nur auf Auslandserzeugnisse anwendbar, bleibt nur eine Rechtfertigung über Art. 30 EG.

Das Gütezeichen kann nach den Bedingungen der Antragstellung nur von in Deutschland ansässigen Landwirten erworben werden. Da somit von dem Gütezeichen ausschließlich ausländische Produkte negativ betroffen sein können, handelt es sich um eine formal diskriminierende Maßnahme. Es kommen weder die Cassis-Formel[12] noch die Keck-Rechtsprechung[13] zur Anwendung.

Es stellt einen Fehler dar, wenn trotzdem auf Cassis oder Keck eingegangen wird.

5. Rechtfertigung

Als Rechtfertigungsgründe kommen bei diskriminierenden Maßnahmen ausschließlich die in Art. 30 EG genannten in Betracht. Zu denken ist hier an den Schutz des gewerblichen und kommerziellen Eigentums. Der Gerichtshof erkennt in ständiger Rechtsprechung an, dass geografische Herkunftsangaben unter bestimmten Voraussetzungen unter diesen Rechtfertigungsgrund subsumiert werden können[14]. Für das **70**

9 Vgl. EuGH vom 24. 11. 1982, Rs. 249/81, Slg. 1982, 4005, Rn. 25, Buy Irish; EuGH vom 13. 12. 1983, Rs. 222/82, Slg. 1983, 4083, Rn. 18, Apple and Pear Development Council./K.J. Lewis Ltd. u.a.

10 Kritisch insoweit *Leible,* EuZW 2003, 25 ff., 26.

11 So auch *Korte/Oschmann*, NJW 2003, S. 1766 ff., 1767.

12 Dazu *Streinz*, Europarecht, Rz. 828.

13 Dazu *Streinz*, Europarecht, Rz 864.

14 EuGH vom 10. 11. 1992, Rs. C-3/91, Slg. 1992, I-5529, Exportur./.LOR und Confiserie du Tech.

CMA-Gütezeichen gelte diese Rechtfertigungsmöglichkeit allerdings nicht, da sich das Gütezeichen auf das gesamte deutsche Hoheitsgebiet erstrecke und eine Vielzahl von Erzeugnissen betreffe. Dem ist mit der Erwägung zuzustimmen, dass mit geografischen Angaben eher regionale Zuordnungen gemeint sind, die mit staatlichen Hoheitsbereichen nichts zu tun haben[15]. Überdies verlöre das Instrument der Herkunftsangabe seine Konturen, wollte man es auch auf mitgliedstaatliche Zuordnungen erstrecken. Mithin kommt eine Rechtfertigung der Maßnahme nicht in Betracht.

III. Ergebnis

71 Im Ergebnis ist Art. 28 EG so auszulegen, dass er der Verleihung eines Gütezeichens wie des vorliegenden entgegensteht.

Abwandlung I

Würde das CMA-Gütezeichen von einer Stelle verliehen, die gänzlich dem staatlichen Einfluss entzogen ist, so wäre das Merkmal der staatlichen Maßnahme zu problematisieren.

I. Zurechnung der Maßnahme zum Staat

72 Der EuGH geht davon aus, dass die Maßnahme eines Privatrechtssubjekts dem Staat nur zugerechnet werden kann, wenn dieser ein gewisses Mindestmaß an Einfluss besitzt[16]. Da ein solcher in der Abwandlung I völlig fehlt, ist die Annahme einer staatlichen Maßnahme im Wege der Zurechnung nicht möglich.

II. Unmittelbare Drittwirkung

73 Zum gleichen Ergebnis wie im Ausgangsfall kann man allerdings gelangen, wenn man mit einem Teil der Literatur den Grundfreiheiten unmittelbare Drittwirkung beimessen will[17]. Der EuGH hat indes eine unmittelbare Drittwirkung der Warenverkehrsfreiheit abgelehnt[18]. Lediglich im Bereich anderer Grundfreiheiten sind bereits Tendenzen zur Annahme einer solchen Wirkung zu erkennen[19].

Gegen die Annahme einer unmittelbaren Drittwirkung im Rahmen der Warenverkehrsfreiheit bestehen erhebliche Bedenken. Zwar erhöht eine solche Annahme die praktische Wirksamkeit, den effet utile des Vertrages. Jedoch würde die Differenzierung zwischen Adressaten und Schutzberechtigten weitgehend verschwimmen, ginge man von einer generellen Drittwirkung aus. Eine solche kann nur in solchen Situationen angenommen werden, in denen ein Privater einem anderen gegenüber in einer

15 Teilweise a.A. *Beier,* GRURInt 1977, S. 1.
16 Siehe die Lösung des Ausgangsfalles.
17 *Ganten*, Die Drittwirkung der Grundfreiheiten, 2000, S. 94 ff.; *Steindorff,* EG-Vertrag und Privatrecht, 1996, S. 277 ff.
18 Ausführlich *Kingreen* in Calliess/Ruffert, EGV, Art. 28–30, Rn. 112 m.w.N.
19 Vgl. EuGH vom 6. 6. 2000, Rs. C-281/98, Slg. 2000, I-4139, EuZW 2000, S. 468 ff., Roman Angonese./.Cassa di Risparmio di Bolzano SpA. (hierzu ausführlich Fall 4), sowie *Streinz,* Europarecht, Rz. 837.

staatsähnlichen Position ist. Dies ist bei einer rein privaten Vermarktungsgesellschaft nicht der Fall.

III. Staatliche Schutzpflicht

Theoretisch denkbar wäre die Annahme einer staatlichen Maßnahme schließlich noch unter dem Aspekt der staatlichen Schutzpflicht. In bestimmten Fällen hat es der Gerichtshof für möglich gehalten, dass das Verhalten Privater den Mitgliedstaat verpflichten kann, zugunsten der Marktfreiheiten einzugreifen[20]. Jedoch ist sehr fraglich, ob eine derartige Schutzpflicht vorliegend zu bejahen wäre. Dies würde bedeuten, dass der deutsche Staat den einheimischen Erzeugern entsprechende Werbemaßnahmen verwehren und dadurch massiv in deren Grundrechte eingreifen müsste. Eine Pflicht zum Eingreifen wird man daher im vorliegenden Fall zu verneinen haben[21]. **74**

IV. Ergebnis

Im Ergebnis ist ein Verstoß gegen Art. 28 EG mangels staatlicher Maßnahme zu verneinen. **75**

Abwandlung II

In Abwandlung II ist nach Möglichkeiten des Primarrechtsschutzes gefragt. Im Unterschied zum Sekundärrechtsschutz geht es also nicht um den (sekundären) Geldersatz, sondern um die (primäre) Beseitigung der Rechtsverletzung selbst.

A. Rechtsschutz vor europäischen Gerichten

Rechtsschutz vor europäischen Gerichten kommt nur in Betracht, wenn A sich direkt an den EuGH oder das Gericht erster Instanz wenden könnte, um mitgliedstaatliche Verstöße gegen Gemeinschaftsrecht zu rügen. Dies ist nur im Ausnahmefall möglich. Im dezentralen Rechtsschutzsystem der Europäischen Gemeinschaft sind grundsätzlich die mitgliedstaatlichen Gerichte zur Entscheidung über Klagen einzelner Bürger berufen. **76**

Ausnahmsweise können auch Einzelpersonen Nichtigkeitsklage gem. Art. 230 EG oder Untätigkeitsklage gem. Art. 232 EG erheben. Diese beiden Möglichkeiten scheiden hier aber schon deshalb aus, weil die genannten Rechtsschutzverfahren Maßnahmen der Gemeinschaft zum Gegenstand haben. Es bleibt nur, ein Vertragsverletzungsverfahren durch die Kommission anzuregen.

20 EuGH vom 9. 12. 1997, Rs. C-265/95, Slg. 1997, I-6959 = NJW 1998, S. 1931 ff., Kommission der Europäischen Gemeinschaften./.Französische Republik – Agrarblockaden = *Streinz*, Europarecht, Rz. 840 (Fall 45).

21 Zu dieser Konstellation noch ausführlich Fall 8.

B. Rechtsschutz vor deutschen Gerichten

I. Verfassungsgerichtlicher Rechtsschutz

77 Fragt man nach Rechtsschutzmöglichkeiten vor deutschen Gerichten, so ist zunächst an verfassungsgerichtlichen Rechtsschutz zu denken. Für eine Normenkontrolle fehlt es dem Einzelnen jedoch gem. § 76 Abs. 1 BVerfGG an der erforderlichen Antragsberechtigung. Eine Verfassungsbeschwerde gegen das Bundesgesetz scheitert gem. § 93 Abs. 3 BVerfGG bereits an der Antragsfrist.

II. Verwaltungsgerichtlicher Rechtsschutz

78 Es bleibt somit nur der Weg zu den Verwaltungsgerichten. Hier ist bereits fraglich, ob eine öffentlich-rechtliche Streitigkeit gem. § 40 Abs. 1 VwGO vorliegt. Das Gütezeichen wird von einem Privatrechtssubjekt vergeben. Eine Klage gegen die CMA selbst vor dem Verwaltungsgericht scheidet somit in jedem Falle aus, weil diese nicht hoheitlich handelt.

Denkbar ist aber eine Klage gegen den Absatzförderungsfonds selbst. Dieser ist eine Anstalt des öffentlichen Rechts. Er unterhält und kontrolliert die CMA. Gegenstand der Klage müsste die Verpflichtung des Fonds sein, die CMA zur Aufgabe ihrer europarechtswidrigen Praxis zu veranlassen. Mit diesem Inhalt läge eine öffentlich-rechtliche Streitigkeit vor, da die erstrebte Einwirkung auf die CMA öffentlich-rechtlicher Natur ist.

Statthafte Klageart wäre die allgemeine Leistungsklage, da eine tatsächliche Einwirkung auf die CMA erstrebt wird. Die erforderliche Klagebefugnis könnte unter dem Aspekt grundrechtlicher Betroffenheit bejaht werden. Da die europarechtlichen Fragen bereits durch den EuGH entschieden sind, könnte das Verwaltungsgericht sogleich eine entsprechende Entscheidung fällen.

Die Fallfrage legt lediglich die hier vorgenommene überschlägige Prüfung nahe. Es ist allerdings auch nicht als falsch zu bewerten, wenn die Zulässigkeit der verwaltungsgerichtlichen Klage ausführlicher und entsprechend den üblichen Prüfungsschemata durchgeprüft wird. Demgegenüber scheitern die anderen Rechtsschutzformen schon im Ansatz, weshalb hier eine ausführlichere Prüfung nicht angezeigt ist.

Weiterführende Hinweise

EuGH vom 5. 11. 2002, Rs. C-325/00, Slg. 2002, I-9977 = NJW 2002, S. 3609 ff. = EuZW 2003, S. 23 ff., Kommission der Europäischen Gemeinschaften./.Bundesrepublik Deutschland – CMA.

Leible, Stefan: Anmerkung zu EuGH vom 5. 11. 2002, Rs. C-325/00 (CMA), EuZW 2003, S. 25 ff.
Rauer, Nils: Europarecht – Warenverkehrsfreiheit: Vergabe des CMA-Gütezeichens, JA 2003, S. 382 ff.

Ausblick auf den Vertrag von Lissabon[22] 79

Bisherige Nummerierung des Vertrages zur Gründung der Europäischen Gemeinschaft (EG)	Nummerierung im Vertrag von Lissabon	Neue Nummerierung des Vertrages über die Arbeitsweise der Europäischen Union (AEUV)
Art. 23	Art. 23	Art. 28
Art. 28–30	Art. 28–30	Art. 34–36
Art. 225	Art. 225	Art. 256
Art. 230–234	Art. 230–234	Art. 263–267

22 Synopse nach Übereinstimmungstabelle zu Art. 5 des Vertrags von Lissabon, ABl. 2007 Nr. C-306/202 ff. Konsolidierte Fassungen des „Vertrags über die Europäische Union" (EUV) und des neuen „Vertrags über die Arbeitsweise der Europäischen Union" (AEUV, bisher: „Vertrag zur Gründung der Europäischen Gemeinschaft") sind im Abl. 2008 Nr. C-115/1 ff. abgedruckt.

Anhang

Prüfungsschema Warenverkehrsfreiheit (Art. 23 ff. EG)

80 1. Lex specialis im Gemeinschaftsrecht?

2. Ware im Sinne von Art. 23 Abs. 2 EG

3. Staatliche Maßnahme

4. Mengenmäßige Einfuhrbeschränkung oder Maßnahme gleicher Wirkung nach der *Dassonville-Formel*

5. Maßnahme gilt für Inlands- und Importware

→ unterschiedslos

→ unterschiedlich → Rechtfertigung nach Art. 30 S. 1 EG
Verhältnismäßigkeit nach Art. 30 S. 2 EG

6. Maßnahme ist

→ produktbezogen

→ vertriebsbezogene Verkaufsmodalität (*Keck)*

in- und ausländische Erzeugnisse werden rechtlich wie tatsächlich in gleicher Weise berührt, Art. 28 EG (–)

die Erzeugnisse werden unterschiedlich behandelt
Rechtfertigung nach *Cassis-Formel* oder Art. 30 EG

7. Rechtfertigung aus Art. 30 S. 1 EG

8. Verhältnismäßigkeit im Sinne von Art. 30 S. 2 EG

9. Rechtfertigung aus zwingenden Erfordernissen nach der *Cassis-Formel*

10. Verhältnismäßigkeit

11. Beachtung der Gemeinschaftsgrundrechte

Fall 2

Versandhandel mit Medikamenten

Pflichtfach/Schwerpunktbereich, Schwierigkeitsgrad: mittel

In Mitgliedstaat D ist der Handel mit Arzneimitteln bisher weitgehend Apotheken in festen Verkaufseinrichtungen vorbehalten. Damit will der Gesetzgeber vor allem die Gesundheit der Verbraucher schützen. Seit einigen Jahren bietet nun die Internet-Apotheke A aus Mitgliedstaat E Medikamente im Internet auch für Kunden in D an. Es handelt sich sowohl um rezeptpflichtige als auch nicht rezeptpflichtige Medikamente, die auf Bestellung an Verbraucher in D versandt werden. **81**

Der Apothekerverband von D sieht in diesem grenzüberschreitenden Versandhandel einen Verstoß gegen das Arzneimittelgesetz. Dort ist normiert, dass Arzneimittel berufs- oder gewerbsmäßig für den Endverbrauch nur in Apotheken und nicht im Wege des Versandes in den Verkehr gebracht werden dürfen. Das Verbot des Versandhandels erstreckt sich auf rezeptpflichtige und nicht rezeptpflichtige Arzneimittel. Weil A gegen dieses Verbot verstoße, erstrebt der Apothekerverband vor dem zuständigen Landgericht die Untersagung des Anbietens von Arzneimitteln im Internet sowie von deren Abgabe im grenzüberschreitenden Versandhandel.

A ist demgegenüber der Ansicht, die entsprechende Vorschrift des Arzneimittelgesetzes sei europarechtswidrig und damit nicht anwendbar. Zumindest, was nicht rezeptpflichtige Medikamente angehe, könne ein Verbot des Versandhandels nicht gerechtfertigt werden. Der Apothekerverband verweist auf Zwecke des Gesundheitsschutzes. Das Landgericht setzt das Verfahren aus und ruft im zulässigen Vorabentscheidungsverfahren den Gerichtshof an.

Wie wird dieser entscheiden? Formulieren Sie zunächst eine entsprechende Vorlagefrage an den Gerichtshof.

Abwandlung

Gehen Sie davon aus, dass D trotz eines die Europarechtswidrigkeit feststellenden Urteils des EuGH das Arzneimittelgesetz in der streitigen Fassung zunächst beibehält und auch keine Ausnahmeregelung vorsieht. Das letztinstanzliche Gericht hält sich für an das Gesetz gebunden und untersagt A den Arzneimittelvertrieb über das Internet. Dadurch entsteht A ein Schaden in Höhe von 50 000 Euro.

Kann er diesen wegen des Verhaltens des Gerichts ersetzt verlangen? Wenden Sie deutsches Recht an, soweit es auf nationale Vorschriften ankommt.

Das Arzneimittelgesetz von D fällt in den Anwendungsbereich der Richtlinie 97/7/EG. Diese sieht kein generelles Verbot des Versandhandels für Arzneimittel vor. Jedoch gestattet ihr Art. 14 auch strengere mitgliedstaatliche Regelungen:

„Die Mitgliedstaaten können in dem unter diese Richtlinie fallenden Bereich mit dem EG-Vertrag in Einklang stehende strengere Bestimmungen erlassen oder aufrechterhalten, um ein höheres Schutzniveau für die Verbraucher sicherzustellen. Durch solche Bestimmungen können sie im Interesse der Allgemeinheit den Vertrieb im Fernabsatz für bestimmte Waren und Dienstleistungen, insbesondere Arzneimittel, in ihrem Hoheitsgebiet unter Beachtung des EG-Vertrags verbieten.“

Vorüberlegungen

82 Auch der zweite Fall behandelt die Warenverkehrsfreiheit, die in der europarechtlichen Fallbearbeitung eine zentrale Rolle einnimmt. Der vorliegende Fall ist der DocMorris-Entscheidung des EuGH[1] nachgebildet, in der es um den grenzüberschreitenden Internethandel mit Arzneimitteln zwischen den Niederlanden und Deutschland ging. Mittlerweile ist der entsprechende Handel mit nicht rezeptpflichtigen Arzneimitteln auch in Deutschland zulässig. Deshalb wurde der Fall verallgemeinert.

Anders als bei Fall 1 wird die Zulässigkeit des Vorabentscheidungsverfahrens vorausgesetzt. Lediglich die Vorlagefrage soll aus Gründen der Wiederholung noch einmal formuliert werden. Den Kern des Ausgangsfalles bildet die Prüfung der Warenverkehrsfreiheit. Hier steht zunächst die Frage nach der Maßnahme gleicher Wirkung im Mittelpunkt. Durch das Verbot des Versandhandels wird nämlich nicht die Ware an sich reglementiert, sondern die Art und Weise ihres Vertriebs. Wie diese Verkaufsmodalitäten zu behandeln sind, beschäftigt den EuGH schon seit langem. In seiner wegweisenden Keck-Entscheidung hat er die auch heute noch maßgebenden Weichenstellungen vorgenommen.

Lässt sich hier gleichwohl eine Maßnahme gleicher Wirkung annehmen, so muss in einem nächsten Schritt nach Rechtfertigungsmöglichkeiten für die Beeinträchtigung der Warenverkehrsfreiheit gesucht werden. Hier weist bereits der Sachverhalt darauf hin, dass eine Differenzierung zwischen rezeptpflichtigen und nicht rezeptpflichtigen Arzneimitteln angezeigt ist.

In der Abwandlung geht es um die schon klassisch zu nennende Fragestellung nach einem gemeinschaftsrechtlichen Staatshaftungsanspruch. Diese Frage kann immer dann mit einem Ausgangsfall kombiniert werden, wenn dort ein Gemeinschaftsrechtsverstoß festgestellt wird. Hier liegt allerdings die Besonderheit darin, dass ein mitgliedstaatliches Gericht den Schaden verursacht. Wie in einem solchen Fall zu entscheiden ist, hat der EuGH in seinem Grundsatzurteil Köbler[2] vorgegeben. Die Vorgaben stehen auf den ersten Blick im Widerspruch zum deutschen Spruchrichterprivileg, so dass in der Klausurlösung hier eine Streitentscheidung angezeigt ist.

Die weitere Prüfung muss die allgemeinen Voraussetzungen des gemeinschaftsrechtlichen Haftungsanspruchs mit den Grundlagen des nationalen Rechts synchronisieren. Hier ist insbesondere auf einen schlüssigen Aufbau zu achten.

Die Klausur hat einen mittleren Schwierigkeitsgrad und könnte als Examensklausur im Schwerpunkt Europarecht zur Bearbeitung gestellt werden. Insbesondere der Ausgangsfall ist aber auch als Teil einer Examensklausur im Pflichtfach denkbar.

---

1 EuGH vom 11. 12. 2003, Rs. C-322/01, Slg. 2003, I-14887 = NJW 2004, S. 131 ff. = EuZW 2004, S. 21 ff., Deutscher Apothekerverband e.V./.0800 DocMorris NV und Jacques Waterval.

2 EuGH vom 30. 9. 2003, Rs. C-224/01, Slg. 2003, I-10239 = NJW 2003, S. 3539 ff. = EuZW 2003, S. 718 ff., Gerhard Köbler./.Republik Österreich.

Gliederung

A. Vorlagefrage **83**

B. Gutachten
- I. Lex specialis
- II. Ware
- III. Staatliche Maßnahme
- IV. Maßnahme gleicher Wirkung
- V. Verkaufsmodalität
- VI. Rechtfertigung
- VII. Ergebnis

Abwandlung

A. Gemeinschaftsrechtlicher Staatshaftungsanspruch und letztinstanzliche Gerichturteile

B. Anspruchsgrundlage

C. Anspruchsvoraussetzungen
- I. Beamter im haftungsrechtlichen Sinne
- II. Verletzung einer drittgerichteten Amtspflicht
- III. Verschulden
- IV. Kausalität
- V. Spruchrichterprivileg

D. Ergebnis

Musterlösung

Ausgangsfall

A. Vorlagefrage

84 Steht der Grundsatz des freien Warenverkehrs gem. Art. 28 EG nationalen Vorschriften entgegen, nach denen die gewerbsmäßige Einfuhr von Humanarzneimitteln, die in dem betreffenden Mitgliedstaat ausschließlich in Apotheken verkauft werden dürfen, durch in anderen Mitgliedstaaten zugelassene Apotheken im Wege des Versandhandels auf Grund individueller, über das Internet aufgegebener Bestellungen von Endverbrauchern untersagt ist[3].

B. Gutachten

Da das Vorlageersuchen nach den Angaben im Sachverhalt zulässig ist, wird der EuGH die Vorlagefrage inhaltlich beantworten. Zu prüfen ist insbesondere ein Verstoß einer Regelung, wie sie im Arzneimittelgesetz von D enthalten und in der Vorlagefrage umschrieben ist, gegen die Warenverkehrsfreiheit gem. Art. 28 EG.

I. Lex specialis

85 Die Warenverkehrsfreiheit ist nur anwendbar, wenn keine speziellere Norm des Sekundärrechts eingreift. Das Arzneimittelgesetz fällt in den Anwendungsbereich der RL 97/7/EG. Deren Art. 14 gestattet allerdings auch strengere mitgliedstaatliche Regelungen, die ihrerseits mit den Grundfreiheiten in Einklang stehen müssen. Der Verweis auf die Grundfreiheiten in Art. 14 der Richtlinie führt dazu, dass diese weiterhin anwendbar bleiben. Art. 28 EG ist somit anzuwenden.

II. Ware

Weiterhin müssten Gemeinschaftswaren im Sinne von Art. 23 Abs. 2 EG von den Vorschriften des Arzneimittelgesetzes betroffen sein. Es handelt sich bei den fraglichen Arzneimitteln um Waren, die sich innerhalb der Gemeinschaft im freien Verkehr befinden.

III. Staatliche Maßnahme

Die fraglichen Regelungen des Arzneimittelgesetzes sind als gesetzliche Vorschriften dem Staat zuzurechnen.

IV. Maßnahme gleicher Wirkung

86 Da eine mengenmäßige Einfuhrbeschränkung von vornherein ausscheidet, müsste es sich bei dem gesetzlichen Verbot des Versandhandels um eine Maßnahme gleicher Wirkung handeln.

---

3 Siehe die generelle Anmerkung zur Formulierung von Vorlagefragen bei Fall 1.

Nach der so genannten Dassonville-Formel[4] ist eine Maßnahme gleicher Wirkung jede Regelung der Mitgliedstaaten, die geeignet ist, den innergemeinschaftlichen Handel unmittelbar oder mittelbar, tatsächlich oder potentiell zu behindern. Durch die Einschränkung des Versandhandels wird der innergemeinschaftliche Handel unmittelbar und tatsächlich behindert.

V. Verkaufsmodalität

Bei den Regelungen des Arzneimittelgesetzes könnte es sich allerdings um bloße Verkaufsmodalitäten handeln. Verkaufsmodalitäten werden unter bestimmten Voraussetzungen nicht als Maßnahmen gleicher Wirkung angesehen und vom Anwendungsbereich der Warenverkehrsfreiheit ausgenommen. Die Unterscheidung zwischen produktbezogenen Regelungen und vertriebsbezogenen Verkaufsmodalitäten nimmt der EuGH seit seinem Keck-Urteil vor[5]. Liegt eine Verkaufsmodalität vor, so ist weiter zu prüfen, ob diese unterschiedslos gilt und inländische wie ausländische Erzeugnisse rechtlich wie tatsächlich in gleicher Wiese berührt. **87**

Das Vertriebsverbot des Arzneimittelgesetzes gilt für alle betroffenen Wirtschaftsteilnehmer, inländische wie ausländische, gleichermaßen. Zu prüfen ist also, ob das Verbot inländische und ausländische Erzeugnisse in gleicher Weise berührt. Der EuGH führt in seiner DocMorris-Entscheidung[6] aus, ein Verbot des Versandhandels beeinträchtige ausländische Apotheker stärker als im Inland ansässige. Auch wenn das Verbot auch inländischen Apothekern einen Vertriebsweg abschneide, seien von ihm ausländische Apotheker doch stärker betroffen, weil das Internet für sie oft alternativlos sei, um auf dem Markt des anderen Mitgliedstaates Fuß zu fassen. Anders als inländische Apotheken könnten sie nämlich nicht auf eine feste Verkaufseinrichtung zurückgreifen. Damit sei potentiell der Marktzugang für Waren aus anderen Mitgliedstaaten behindert.

In der Literatur wird dieses Vorgehen des EuGH teilweise kritisiert, weil es zu schwer handhabbaren Wertungsproblemen führe. Es wird stattdessen vorgeschlagen, die Grundfreiheiten wieder mehr als Diskriminierungsverbote anzuwenden und so zu klar handhabbaren Vergleichsgruppen zu gelangen[7]. Nach dieser Auffassung wäre die weite Dassonville-Formel aufzugeben, einer Einschränkung im Rahmen von Keck bedürfte es nicht mehr. Vorliegend wäre zu prüfen, ob ausländische Waren gegenüber inländischen diskriminiert werden. Es wäre zu klären, welche Art der Diskriminierung im Rahmen von Art. 28 EG ausreichend ist. **88**

---

4 Vgl. EuGH vom 11. 7. 1974, Rs. 8/74, Slg. 1974, 837 = NJW 1975, 515 ff., Dassonville. Zur Dassonville-Formel siehe auch *Streinz*, Europarecht, Rz. 828, sowie Fall 1.

5 In EuGH vom 24. 11. 1993, verb. Rs. C-267/91 und C-268/91, Slg. 1993, I-6097, NJW 1994, S. 121, Rn. 16, Keck und Mithouard, heißt es wörtlich: *„Demgegenüber ist entgegen der bisherigen Rechtsprechung die Anwendung nationaler Bestimmungen, die bestimmte Verkaufsmodalitäten beschränken oder verbieten, auf Erzeugnisse aus anderen Mitgliedstaaten nicht geeignet, den Handel zwischen den Mitgliedstaaten im Sinne des Urteils Dassonville unmittelbar oder mittelbar, tatsächlich oder potentiell zu behindern, sofern diese Bestimmungen für alle betroffenen Wirtschaftsteilnehmer gelten, die ihre Tätigkeit im Inland ausüben, und sofern sie den Absatz der inländischen Erzeugnisse und der Erzeugnisse aus anderen Mitgliedstaaten rechtlich wie tatsächlich in der gleichen Weise berühren.“*.

6 EuGH vom 11. 12. 2003, Rs. C-322/01, Slg. 2003, I-14887, NJW 2004, S. 131 ff., DocMorris.

7 So etwa *Schmidt*, VR 2006, S. 99 ff., 102.

Diese Überlegung zeigt bereits, dass auch eine Auslegung der Warenverkehrsfreiheit als bloßes Diskriminierungsverbot mit dogmatischen Abgrenzungsproblemen verbunden ist. Überdies stellte eine einschränkende Auslegung der Grundfreiheiten einen gravierenden Rückschritt im integrativen Prozess der Rechtsprechung dar. Ob das Weniger an Marktfreiheit durch ein Mehr an dogmatischer Klarheit aufgewogen würde, erscheint fraglich. Vor diesem Hintergrund ist dem EuGH weiterhin zu folgen[8]. Somit liegt hier eine relevante Maßnahme gleicher Wirkung vor.

VI. Rechtfertigung

89 Für die Rechtfertigung stellt der EuGH[9] auf Art. 30 EG, insbesondere den Gesundheitsschutz, ab. Er stellt zunächst fest, dass bei der Abgabe von Medikamenten durchaus Aspekte des Gesundheitsschutzes eine Rolle spielen könnten, so dass Art. 30 EG grundsätzlich einschlägig ist.

Grundsätzlich kommt vorliegend, weil das Verbot des Versandhandels eine formal unterschiedslos geltende Maßnahme ist, auch eine Anwendung der Cassis-Formel[10] in Betracht. Jedoch wird der Aspekt des Gesundheitsschutzes, weil er ausdrücklich in Art. 30 EG geregelt ist, im Rahmen dieser Vorschrift und nicht als zwingendes Erfordernis geprüft.

Jedoch müssten die Maßnahmen auch verhältnismäßig sein. Insbesondere müssen sie geeignet und erforderlich sein, um den Zweck des Gesundheitsschutzes zu erreichen. Hinsichtlich der Geeignetheit ist nur zu prüfen, ob das Verbot des Versandhandels den Zweck des Gesundheitsschutzes fördert. Dies kann man unter dem Gesichtspunkt bejahen, dass der Versandhandel für den Kunden höhere Risiken birgt als der Verkauf in Apotheken, wo eine Beratung durch kundiges Personal möglich ist.

90 Fraglich ist aber, ob das Verbot auch erforderlich ist. Hier differenziert der Gerichtshof zwischen verschreibungspflichtigen und nicht verschreibungspflichtigen Medikamenten. Während bei ersteren ein Verbot des Versandhandels erforderlich sein könne, um Missbrauch von Rezepten zu verhindern und eine ausreichende Beratung der Kunden zu sichern, seien bei nicht verschreibungspflichtigen Medikamenten diese Argumente nicht tragfähig[11].

Der Gerichtshof geht davon aus, dass die Gesundheitsgefahren infolge des Versandhandels bei verschreibungspflichtigen Arzneimitteln größer seien als bei nicht verschreibungspflichtigen. Dem könnte man entgegenhalten, dass bei verschreibungspflichtigen Arzneimitteln bereits ein Arzt eingeschaltet war, um die Notwendigkeit des Mittels im konkreten Fall zu überprüfen. Eine solche Betrachtung schätzte allerdings die Tätigkeit des Apothekers zu gering. Es kommt oft vor, dass der Arzt nur bestimmte Wirkstoffe verschreibt. Ob diese in einem bestimmten Präparat in genau der verschriebenen Dosis enthalten sind, kann der Laie nicht so ohne Weiteres beurteilen. Somit kommt es für den Gesundheitsschutz unter anderem auch auf die Vertriebsstufe der Apotheke bzw. des Versandhandels an.

---

8 So auch *Ruffert*, Jura 2005, S. 258 ff., 261.

9 EuGH vom 11. 12. 2003, Rs. C-322/01, Slg. 2003, I-14887, NJW 2004, S. 131 ff., DocMorris.

10 Zur Cassis-Formel ausführlich *Ahlt/Deisenhofer*, Europarecht, S. 171 ff. und *Streinz*, Europarecht, Rz. 828.

11 EuGH vom 11. 12. 2003, Rs. C-322/01, Slg. 2003, I-14887, NJW 2004, S. 131 ff., DocMorris.

Die Gefahr falscher Dosierung oder der Wahl des falschen Präparats kann zwar bei jeder Form von Medikament auftreten. Jedoch wirken sich Fehler bei verschreibungspflichtigen Medikamenten regelmäßig stärker aus. Die Verschreibungspflicht knüpft an die Gefährlichkeit der Inhaltsstoffe eines Arzneimittels an und beinhaltet somit bereits eine abstrakte Gefahrenselektion, an die auch Regelungen über den zulässigen Vertriebsweg anknüpfen können.

Schließlich lassen sich die Gefahren falscher Medikation auch nicht durch die Ausgestaltung des Versandhandels in ausreichender Weise minimieren. Es kann nicht sichergestellt werden, dass der Kunde in ausreichendem Maße Beratungsangebote wahrnimmt, die ihn vor den gesundheitlichen Gefahren schützen.

Auch was den Schutz vor Rezeptmissbrauch angeht, ist dem EuGH zu folgen. Eine Abgabe rezeptpflichtiger Arzneimittel in Apotheken begründet einen umfassenderen Schutz vor Manipulationen und Fälschungen.

Im Ergebnis hält der EuGH das Verbot zu Recht nur für verschreibungspflichtige Arzneimittel für gerechtfertigt.

VII. Ergebnis

Das Verbot des Internethandels durch das Arzneimittelgesetz von D verstößt für nicht verschreibungspflichtige Medikamente gegen Art. 28 EG und ist somit für diese nicht mehr anwendbar.

Abwandlung

A. Gemeinschaftsrechtlicher Staatshaftungsanspruch und letztinstanzliche Gerichtsurteile

In Betracht kommt ein Staatshaftungsanspruch der A wegen der Verletzung von Euro- 91
päischem Gemeinschaftsrecht. Einen solchen Anspruch hat der Gerichtshof in seinen Entscheidungen Francovich[12] und Brasserie du Pêcheur[13] richterrechtlich entwickelt. Er leitet ihn aus folgenden Prinzipien ab: praktische Wirksamkeit des Vertrages (effet utile), effektiver Schutz der Rechte Einzelner, staatliche Mitwirkungspflicht gem. Art. 10 EG, Parallele zur Haftung der Gemeinschaft aus Art. 288 Abs. 2 EG. Der Gerichtshof sieht die Staatshaftung als allgemeinen Rechtsgrundsatz des Gemeinschaftsrechts an. Nach anfänglich heftiger Kritik erkennt auch die Literatur mittlerweile die Existenz dieses Anspruchs an[14].

Fraglich ist aber, ob er auch in Fällen von Gemeinschaftsrechtsverletzungen durch letztinstanzliche nationale Gerichte gilt. Gegen eine solche Haftung wurde von den

12 EuGH vom 19. 11. 1991, verb. Rs. C-6/90 und C 9/90, Slg. 1991, I-5357 = NJW 1992, 165 ff., Francovich, Bonifaci u.a./.Italienische Republik, dazu *Streinz*, Europarecht, Rn. 462 (Fall 19 und Lösung).

13 EuGH vom 5. 3. 1996, verb. Rs. C-46/93 und C-48/93, Slg. 1996, I-1029 = NJW 1996, 1267 ff., Brasserie du Pêcheur SA./.Bundesrepublik Deutschland u. The Queen./.Secretary of State for Transport, ex parte: Factortame Ltd u.a.), dazu *Streinz,* Europarecht, Rn. 418/1419 (Fall 13 und Lösung).

14 Siehe *Streinz*, Europarecht, Rz. 417 ff. mit ausführlichen Literaturnachweisen nach Rz. 422.

Mitgliedstaaten vorgebracht, dass sie mit der Funktion der Gerichte unvereinbar sei. Insbesondere stünden ihr die Grundsätze der Rechtssicherheit, der Rechtskraft, der richterlichen Unabhängigkeit und Autorität sowie das teilweise Fehlen eines für solche Fälle zuständigen Gerichts entgegen[15]. Demgegenüber hat der EuGH im Fall Köbler entschieden, dass der gemeinschaftsrechtliche Staatshaftungsanspruch auch im Falle richterlich verursachten Unrechts gelten müsse[16]. Er begründet dies zunächst damit, dass der Staat im Völkerrecht und damit erst recht im Gemeinschaftsrecht als Einheit betrachtet werde, so dass es nicht darauf ankomme, welche der Gewalten gehandelt habe[17]. Die von den Mitgliedstaaten angeführten Gefahren für die Funktion der Rechtsprechung bestünden nicht. Im Gegenteil werde der Rechtsschutz der Bürger und die Autorität des Rechtssystems durch die Staatshaftung gestärkt[18].

Die Literatur folgt dem EuGH in seinem Grundansatz, wonach ein Haftungstatbestand auch im Falle judikativen Unrechts gewährt wird[19]. Dem ist mit Blick darauf zuzustimmen, dass es aus Sicht der Gemeinschaft für die Begründung mitgliedstaatlicher Haftung keinen Unterschied machen kann, welches innerstaatliche Organ gehandelt hat. Mithin ist vorliegend ein Staatshaftungsanspruch wegen Gemeinschaftsrechtsverletzung nicht ausgeschlossen.

B. Anspruchsgrundlage

92 Problematisch ist allerdings, welche Anspruchsgrundlage für einen solchen Schadensersatzanspruch in Betracht kommt. Denkbar ist ein Amtshaftungsanspruch gem. § 839 BGB/Art. 34 GG, aber auch eine eigenständige gemeinschaftsrechtliche Anspruchsgrundlage im Rahmen allgemeiner Rechtsgrundsätze. Der BGH hat die Auffassung vertreten, dass in Fällen mit Gemeinschaftsrechtsbezug ein genuin europarechtlicher Anspruch neben das innerstaatliche Recht trete[20]. Demgegenüber wird in der Literatur angenommen, Ausgangspunkt sei das nationale Recht, das durch das Gemeinschaftsrecht modifiziert werde[21]. All diejenigen nationalen Anspruchsvoraussetzungen, die die Durchsetzung des Gemeinschaftsrechts unmöglich machen oder eine Diskriminierung von Fällen mit Auslandsbezug bewirken, müssen dann außer Anwendung bleiben oder gemeinschaftsrechtskonform modifiziert werden.

Der letztgenannten Auffassung gebührt der Vorzug. Sie ermöglicht zum einen die Integration der gemeinschaftsrechtlichen Vorgaben in das nationale Recht, belässt aber zum anderen den Mitgliedstaaten einen Spielraum zur Ausgestaltung des Anspruchs im Rahmen ihres eigenständigen Haftungsregimes.

---

15 Siehe EuGH vom 30. 9. 2003, Rs. C-224/01, Slg. 2003, I-10239, NJW 2003, S. 3539 ff., 3540, Rn. 37, Köbler.

16 EuGH vom 30. 9. 2003, Rs. C-224/01, Slg. 2003, I-10239, NJW 2003, S. 3539 ff., Köbler.

17 EuGH vom 30. 9. 2003, Rs. C-224/01, Slg. 2003, I-10239, NJW 2003, S. 3539 ff., 3539, Rn. 32, Köbler.

18 EuGH vom 30. 9. 2003, Rs. C-224/01, Slg. 2003, I-10239, NJW 2003, S. 3539 ff., 3540, Rn. 38 ff., Köbler.

19 *Streinz*, Europarecht, Rz. 421 f.; *Radermacher*, NVwZ 2004, S. 1415 ff., 1418; *Sensburg*, NVwZ 2004, S. 179 ff.

20 BGHZ 134, 30.

21 So *Maurer*, Allgemeines Verwaltungsrecht, § 31, Rz. 9.

Grundlage der Haftung ist also vorliegend zunächst ein Amtshaftungsanspruch gem. § 839 BGB/Art. 34 GG, der im Lichte der Vorgaben des Gemeinschaftsrechts angepasst werden muss. Insbesondere muss ein Anspruch bei Vorliegen folgender Voraussetzungen gewährt werden, die in das deutsche Recht zu integrieren sind:

1. Die verletzte Gemeinschaftsrechtsnorm muss dem Einzelnen Rechte verleihen.
2. Der Verstoß des Mitgliedstaats muss hinreichend qualifiziert sein.
3. Er muss für den Schaden kausal sein.

Wie sich der Bearbeiter mit Blick auf die Anspruchsgrundlage entscheidet, ist nicht erheblich. Die Lösung muss nur konsequent sein. Wer der Gegenauffassung folgt, muss die genannten drei Voraussetzungen neben dem deutschen Amtshaftungsanspruch im Rahmen einer eigenständigen europarechtlichen Anspruchsgrundlage prüfen.

C. Anspruchsvoraussetzungen

I. Beamter im haftungsrechtlichen Sinne

Es müssten die Voraussetzungen des Amtshaftungsanspruchs vorliegen. Zunächst **93** müsste jemand in Ausübung eines öffentlichen Amtes gehandelt oder etwas pflichtwidrig unterlassen haben. Es muss also hoheitlich gehandelt worden sein. Das hier maßgebliche letztinstanzliche Gerichtsurteil stellt sich als Ausübung von Hoheitsgewalt dar.

II. Verletzung einer drittgerichteten Amtspflicht

Durch dieses Urteil müsste das Gericht eine drittgerichtete Amtspflicht verletzt ha- **94** ben. Die Mitgliedstaaten sind verpflichtet, sich bei der Ausübung von Staatsgewalt an die Vorgaben des Europäischen Gemeinschaftsrechts zu halten. Eine dementsprechende Amtspflicht trifft jedes staatliche Organ, auch die Gerichte. Die Gerichte haben Gemeinschaftsrecht, soweit es unmittelbar anwendbar ist, ihren Urteilen als unmittelbar geltendes und den nationalen Vorschriften vorgehendes Recht anzuwenden. Dementsprechend wäre das letztinstanzliche Gericht – erst recht nach einem entsprechenden Urteil des EuGH – verpflichtet gewesen, die gegen Gemeinschaftsrecht verstoßenden Vorschriften des Arzneimittelgesetzes unangewendet zu lassen. Indem das Gericht sich an sie gebunden sah, hat es seine Amtspflicht verletzt.

Fraglich ist, ob auch die Drittgerichtetheit zu bejahen ist. Das ist dann der Fall, wenn die verletzte Norm auch dem Schutz des Betroffenen dienen soll. Hier wird bereits die erste gemeinschaftsrechtliche Vorgabe relevant, wonach die verletzte Gemeinschaftsrechtsnorm dem Einzelnen Rechte verleihen muss[22]. Dies ist vorliegend der Fall, da das Verbot des Versandhandels bei Zugrundelegung der EuGH-Auffassung gegen Gemeinschaftsrecht verstößt und die Warenverkehrsfreiheit dem Einzelnen Rechte verleiht. Um dieser Voraussetzung zur Wirksamkeit zu verhelfen, muss auch ein Amtshaftungsanspruch gegen das letztinstanzliche Urteil möglich sein. Ein Verstoß gegen eine drittgerichtete Amtspflicht liegt mithin vor, weil das Gericht entgegen seiner gemeinschaftsrechtlichen Verpflichtung das Arzneimittelgesetz angewandt hat.

---

22 Siehe *Streinz*, Europarecht, Rz. 417.

III. Verschulden

95 Dieser Verstoß müsste nach § 839 Abs. 1 S. 1 BGB schuldhaft gewesen sein. Allerdings fordert das Gemeinschaftsrecht nur einen hinreichend qualifizierten Verstoß gegen Gemeinschaftsrecht. Dies reicht zur Bejahung eines europarechtlich determinierten Schadensersatzanspruches grundsätzlich aus. Somit kommt es nicht auf die Frage von Vorsatz und Fahrlässigkeit, sondern auf die hinreichende Qualifiziertheit, also Schwere des Verstoßes, an. Diese ist immer dann zu bejahen, wenn das nationale Organ einen Gemeinschaftsrechtsverstoß nicht abstellt, obwohl bereits ein diesen feststellendes Urteil des Gerichtshofs vorliegt[23]. So liegt es im vorliegenden Fall.

Im Falle der Haftung für Gerichtsurteile verlangt der EuGH mit Blick auf die besondere Stellung der Rechtsprechung zusätzlich, dass der Verstoß gegen Gemeinschaftsrecht offenkundig sei. Dies sei unter anderem insbesondere der Fall, wenn die fragliche Entscheidung die einschlägige Rechtsprechung des EuGH offenkundig verkennt[24]. Das lässt sich hier bejahen, weil es bereits ein Urteil des Gerichtshofs gibt, das das nationale Gericht nicht anwenden will. Es kommt daher auch nicht darauf an, ob die vom EuGH formulierten Voraussetzungen der Offenkundigkeit in ihrer Gesamtheit zu eng gezogen sind, wie teilweise vertreten wird[25]. Vorliegend ist ein hinreichend qualifizierter und offenkundiger Verstoß gegeben.

IV. Kausalität

Die Kausalität hinsichtlich des Schadens von 50 000 Euro ist entsprechend der Bearbeitervorgabe zu bejahen.

V. Spruchrichterprivileg

96 Nach deutschem Recht, insbesondere § 839 Abs. 2 BGB, muss bei Amtspflichtverletzungen durch Gerichtsurteile die Pflichtverletzung in einer Straftat bestehen. Durch dieses sogenannte Spruchrichterprivileg soll die Unabhängigkeit der Gerichte gesichert werden. Wendete man das Privileg vorliegend an, so käme man zu einem Ausschluss der Haftung, weil eine Straftat nicht ersichtlich ist. Jedoch verlangt der EuGH, dass das nationale Haftungsrecht den gemeinschaftsrechtlichen Staatshaftungsanspruch nicht grundlegend vereitelt. Vor diesem Hintergrund muss hier § 839 Abs. 2 BGB unangewendet bleiben.

D. Ergebnis

Da die Voraussetzungen der Haftung vorliegen und keine Haftungsausschlüsse durchgreifen, ist ein gemeinschaftsrechtlich modifizierter Amtshaftungsanspruch gem. § 839 BGB/Art. 34 GG vorliegend zu bejahen.

---

23 Vgl. EuGH vom 5. 3. 1996, Rs. C-46/93, Slg. 1996, I-1029, NJW 1996, 1267 ff., Brasserie du Pêcheur.
24 EuGH vom 30. 9. 2003, Rs. C-224/01, Slg. 2003, I-10239, NJW 2003, S. 3539 ff., 3541, Rn. 56, Köbler.
25 So etwa *Radermacher*, NVwZ 2004, S. 1415 ff., 1420.

Weiterführende Hinweise

EuGH vom 30. 9. 2003, Rs. C-224/01, Slg. 2003, I-10239 = NJW 2003, S. 3539 ff. = EuZW 2003, S. 718 ff., Gerhard Köbler./.Republik Österreich.

EuGH vom 11. 12. 2003, Rs. C-322/01, Slg. 2003, I-14887 = NJW 2004, S. 131 ff. = EuZW 2004, S. 21 ff., Deutscher Apothekerverband e.V../.0800 DocMorris NV und Jacques Waterval.

Radermacher, Ludger: Gemeinschaftsrechtliche Staatshaftung für höchstrichterliche Entscheidungen, NVwZ 2004, S. 1415 ff.

Ruffert, Matthias: Internet-Apotheke und Dogmatik der Grundfreiheiten: Die Entscheidung DocMorris des EuGH, Jura 2005, S. 258 ff.

Schmidt, Julia: Der praktische Fall – Versandhandelsverbot für Arzneimittel – Maßnahme gleicher Wirkung gem. Art 28 EG?, VR 2006, S. 99 ff.

Sensburg, Patrick Ernst: Staatshaftung für judikatives Unrecht, NVwZ 2004, S. 179 ff.

Ausblick auf den Vertrag von Lissabon[26] 97

Bisherige Nummerierung des Vertrages zur Gründung der Europäischen Gemeinschaft (EG)	Nummerierung im Vertrag von Lissabon	Neue Nummerierung des Vertrages über die Arbeitsweise der Europäischen Union (AEUV)
Art. 10	Im Wesentlichen ersetzt durch Art. 3a Abs. 3 (künftig Art. 4) EUV	
Art. 23	Art. 23	Art. 28
Art. 28–30	Art. 28–30	Art. 34–36
Art. 288	Art. 288	Art. 340

26 Synopse nach Übereinstimmungstabelle zu Art. 5 des Vertrags von Lissabon, ABl. 2007 Nr. C-306/202 ff. Konsolidierte Fassungen des „Vertrags über die Europäische Union" (EUV) und des neuen „Vertrags über die Arbeitsweise der Europäischen Union" (AEUV, bisher: „Vertrag zur Gründung der Europäischen Gemeinschaft") sind im Abl. 2008 Nr. C-115/1 ff. abgedruckt.

Fall 3
Grenzüberschreitendes Handwerk

Pflichtfach/Schwerpunktbereich, Schwierigkeitsgrad: mittel

98 Herr B ist ein in Mitgliedstaat X ansässiger selbständiger Architekt. Er beauftragte im Rahmen eines Hausbaus in X den im Mitgliedstaat Y ansässigen Handwerker C, der die Staatsangehörigkeit von Y besitzt, mit der Ausführung von Betonbauarbeiten. C führte zwar in Y entsprechende Arbeiten zulässigerweise aus, war aber in X nicht in die Handwerksrolle eingetragen. Der von C verlangte Preis lag deutlich unter dem der Konkurrenz in X. In X besteht für inländische wie ausländische Handwerker die generelle Pflicht, sich in die Handwerksrolle eintragen zu lassen, bevor im Inland selbständig ein Handwerk ausgeübt werden darf.

Das Eintragungsverfahren ist mit Kosten in Höhe von etwa 200 Euro verbunden. Es läuft für EG-Ausländer so ab, dass sie zunächst eine Bescheinigung ihres Heimatstaates über ihre Befähigung vorlegen müssen. Aufgrund dieses Nachweises ergeht eine Ausnahmebewilligung. Diese ist Grundlage für die Eintragung in die Handwerksrolle. Das so umschriebene Verfahren dauert mehrere Wochen, unter Umständen auch Monate. Außerdem werden mit der Eintragung Pflichtbeiträge zur Handwerkskammer fällig. Dem wollte sich C nicht unterziehen, weil er nur sporadisch in Mitgliedstaat X tätig ist. Zweck der Eintragungspflicht ist die Qualitätssicherung bei Handwerkerleistungen. Niemand soll ohne die erforderliche Qualifikation in X handwerkliche Dienstleistungen anbieten dürfen.

Mit Bescheid vom 2. 1. 2008 wird gegen Herrn B von der zuständigen Behörde ein Bußgeld von 2000 Euro wegen Verstoßes gegen Vorschriften zur Bekämpfung der Schwarzarbeit verhängt. Danach handelt ordnungswidrig, wer ein Unternehmen, das nicht in der Handwerksrolle eingetragen ist, mit selbständigen Handwerksarbeiten beauftragt. Gegen diesen Bescheid legte Herr B rechtzeitig Einspruch beim zuständigen Amtsgericht ein. Das Amtsgericht hat Zweifel bezüglich der Gemeinschaftsrechtskonformität der Eintragungspflicht. Es legt dem EuGH zulässigerweise die streitige Regelung zur Vorabentscheidung vor.

Wie wird der Gerichtshof entscheiden? Die Richtlinien 64/427/EWG sowie 2006/123/EG bleiben außer Betracht.

Abwandlung I

Herr D, ein Staatsangehöriger von X, hat in Staat Y seine Ausbildung zum Betonbauer absolviert und arbeitet dort nun schon seit Jahren rechtmäßig als Selbständiger in seinem Beruf. Nunmehr möchte er den Sitz seines Unternehmens nach X verlegen. Als Betonbauer unterliegt er nach den Vorschriften von X der Eintragungspflicht in die Handwerksrolle. D erfüllt die Anforderungen für eine solche Eintragung. Allerdings möchte er sich nicht in die Handwerksrolle eintragen lassen, weil er meint, so etwas gebe es in Staat Y ja auch nicht. Soweit auf die Erfordernisse der Qualitätssicherung verwiesen werde, reiche es aus, wenn er seine Qualifikation aus Y vorweisen könne, da die Staaten innerhalb der EU Vertrauen hinsichtlich in anderen Mitgliedstaaten erworbenen Qualifikationen haben müssten.

Kann D die Eintragung verweigern?

Abwandlung II

Herr E ist ein bisher nur in Staat X tätiger Betonbauergeselle, der zur Zeit noch abhängig beschäftigt ist. Er möchte sich selbständig machen, möchte aber keine Meisterprüfung ablegen, wie es in X grundsätzlich Voraussetzung für die Eintragung in die Handwerksrolle ist. Die Ausnahmevorschriften, die für EG-Ausländer gelten, sind auf Inländer wie E nicht anwendbar. Er meint, wenn Herr D keine Meisterprüfung ablegen müsse, dann müsse für ihn das Gleiche gelten.

Hat er Recht? Wenden Sie deutsches Recht an, soweit es auf nationales Recht ankommt.

Vorüberlegungen

99 Der Ausgangsfall ist der Entscheidung des EuGH im Fall Corsten[1] nachgebildet. Dieser betraf einen deutschen Sachverhalt und hatte die Vereinbarkeit der deutschen Handwerksordnung mit Gemeinschaftsrecht zum Gegenstand. Da der EuGH die fraglichen Regelungen als Verstoß gegen die Dienstleistungsfreiheit einstufte, musste der deutsche Gesetzgeber tätig werden. Mittlerweile sind die im Fall geschilderten Regelungen europarechtskonform modifiziert worden.

Die Themenstellung des gesamten Falles ist auf die Personenverkehrsfreiheiten im Zusammenhang mit grenzüberschreitender Wirtschaftstätigkeit ausgerichtet. Sekundärrecht soll dabei außer Betracht bleiben, um sich voll auf das Primärrecht konzentrieren zu können. Während der Ausgangsfall die Dienstleistungsfreiheit behandelt, geht es in der ersten Abwandlung um die Niederlassungsfreiheit und in Abwandlung II um das immer wieder auftretende Problem der Inländerdiskriminierung.

Im Ausgangsfall gilt es zunächst zu erkennen, dass die Dienstleistungsfreiheit und keine andere Grundfreiheit einschlägig ist. Zu erkennen ist außerdem, dass hier zwar Herr B Verfahrensführer ist, es aber um die Dienstleistungsfreiheit von C als erhebliche Vorfrage geht. Weiterhin ist zum Gewährleistungsinhalt der Dienstleistungsfreiheit vertieft Stellung zu nehmen, weil die Eintragungspflicht alle Handwerker gleichermaßen trifft und somit nicht offen diskriminiert. Schließlich ist nach einer geeigneten Rechtfertigung für die Eintragungspflicht zu suchen. Hier muss mit Aspekten der Qualitätssicherung argumentiert werden.

In der Abwandlung I wird eine andere Variante durchgespielt. Nun überschreitet der Dienstleistungserbringer nicht nur vorübergehend die Grenze, sondern möchte sich ganz in einem anderen Mitgliedstaat niederlassen. Hier ist nun die Niederlassungsfreiheit einschlägig. Allerdings liegt eine Besonderheit darin, dass Herr D in seinen Herkunftsstaat zurückkehren will, nachdem er im Ausland gearbeitet hat. Zu dieser Konstellation hat der EuGH schon lange entschieden, dass sie ebenso wie sonstige Grenzüberschreitungen behandelt werden muss, um nicht den Wegzug aus dem Heimatstaat weniger attraktiv zu machen. Ein Unterschied zum Ausgangsfall liegt auch in den Rechtfertigungsanforderungen. Während bei vorübergehenden Grenzüberschreitungen die Rechtfertigungshürden hoch sind, darf man im Falle einer dauerhaften Sitzverlegung auch die volle Eingliederung in das Recht des Zuzugsstaates verlangen.

Abwandlung II schließlich behandelt das immer wieder auftretende Problem der Inländerdiskriminierung. Mangels Anwendbarkeit des Gemeinschaftsrechts kommen Inländern dessen Vergünstigungen in bestimmten Konstellationen nicht zugute. Der Bearbeiter muss erkennen, dass dies kein Problem des Gemeinschaftsrechts, sondern des nationalen Rechts, insbesondere des Verfassungsrechts, ist. Zur Lösung kommen einerseits Art. 3 Abs. 1 GG, andererseits die Freiheitsgrundrechte in Betracht.

---

1 EuGH vom 3. 10. 2000, Rs. C-58/98, Slg. 2000, I-7919 = NVwZ 2001, 182 ff. = EuZW 2000, S. 763 ff., Josef Corsten.

Insgesamt handelt es sich um eine Klausur mit mittlerem Schwierigkeitsgrad, die im Schwerpunkt Europarecht, aber auch partiell im Pflichtfach Öffentliches Recht einsetzbar wäre.

Gliederung

A. Sachlicher Anwendungsbereich der Dienstleistungsfreiheit **100**

B. Persönlicher Anwendungsbereich der Dienstleistungsfreiheit

C. Gewährleistungsinhalt

D. Rechtfertigung durch zwingende Erfordernisse des Allgemeininteresses

E. Ergebnis

Abwandlung I

A. Sachlicher Anwendungsbereich der Niederlassungsfreiheit

B. Persönlicher Anwendungsbereich der Niederlassungsfreiheit

C. Gewährleistungsinhalt

D. Rechtfertigung durch zwingende Erfordernisse des Allgemeininteresses

E. Ergebnis

Abwandlung II

A. Keine Anwendung von Gemeinschaftsrecht

B. Inländerdiskriminierung und Grundrechte
   I. Auftreten von Inländerdiskriminierung
   II. Gleichheitssatz
   III. Freiheitsgrundrechte

C. Ergebnis

Musterlösung

Ausgangsfall

Der EuGH wird Regelungen wie die deutsche für unvereinbar mit dem Gemeinschaftsrecht erklären, wenn ein Verstoß gegen die Dienstleistungsfreiheit gem. Art. 49 EG vorliegt.

A. Sachlicher Anwendungsbereich der Dienstleistungsfreiheit

101 Zunächst müsste die Dienstleistungsfreiheit gem. Art. 49 EG anwendbar sein. Es müsste begrifflich eine Dienstleistung im Sinne von Art. 50 EG vorliegen. Danach sind Dienstleistungen Leistungen, die in der Regel gegen Entgelt erbracht werden, soweit sie nicht in den Anwendungsbereich anderer Grundfreiheiten fallen. Beispielhaft genannt wird in Art. 50 Abs. 1 S. 2 c) EG auch die handwerkliche Tätigkeit. Bei den Leistungen eines Betonbauers handelt es sich um Leistungen im Sinne dieser Vorschrift.

Wegen der Subsidiarität der Dienstleistungsfreiheit ist weiter zu prüfen, ob andere Grundfreiheiten vorrangig anwendbar sind. Mangels grenzüberschreitenden Warenverkehrs ist die Warenverkehrsfreiheit gem. Art. 28 EG nicht anwendbar. Auch möchte die Firma aus Y die Arbeiten nicht im Rahmen einer festen Niederlassung in X ausführen, sondern nur als grenzüberschreitenden Einzelauftrag. Somit ist auch die Niederlassungsfreiheit gem. Art. 43 EG nicht einschlägig. Schließlich liegt keine abhängige Beschäftigung vor; auch die Arbeitnehmerfreizügigkeit scheidet aus. Die Dienstleistungsfreiheit ist die richtige Grundfreiheit.

Vorliegend könnte noch problematisch sein, dass Herr B hier Grundfreiheiten in einem gegen ihn gerichteten Verfahren geltend macht, obwohl die Dienstleistung von ihm nur in Anspruch genommen wird. Die Anwendbarkeit der Dienstleistungsfreiheit bildet jedoch für das Verfahren gegen B eine entscheidende Vorfrage. Ist sie anwendbar, braucht Herr C sich nicht eintragen zu lassen, Herr B hat als Folge nicht gegen deutsche Vorschriften verstoßen. Es kommt mithin nicht darauf an, ob sich Herr B auf die Dienstleistungsfreiheit berufen kann, sondern ob diese Herrn C zusteht. Dieser macht vorliegend im Rahmen seiner grenzüberschreitenden Handwerkertätigkeit von seiner aktiven Dienstleistungsfreiheit Gebrauch[2]. Der sachliche Anwendungsbereich der Dienstleistungsfreiheit ist eröffnet.

B. Persönlicher Anwendungsbereich der Dienstleistungsfreiheit

102 Herr C, auf den es hier allein ankommt, ist ausweislich des Sachverhalts Angehöriger eines Mitgliedstaats und dort auch ansässig. Da somit die Voraussetzungen des Art. 49 Abs. 1 EG vorliegen, kann er sich persönlich auf die Dienstleistungsfreiheit berufen.

---

2 Vgl. *Streinz*, Europarecht, Rz. 888.

C. Gewährleistungsinhalt

Weiterhin muss eine staatliche Maßnahme vorliegen, die die Dienstleistungsfreiheit beschränkt. Die Eintragungspflicht, die sich aus gesetzlichen Vorschriften ergibt, ist zunächst als staatliche Maßnahme anzusehen. **103**

Vom Gewährleistungsinhalt der Dienstleistungsfreiheit sind zunächst alle staatlichen Maßnahmen erfasst, die die Ausübung der Freiheit unterbinden, behindern oder weniger attraktiv machen[3]. Darunter fallen neben diskriminierenden Maßnahmen auch bloße Beschränkungen[4]. Die Pflicht, sich in die Handwerksrolle eintragen lassen, ist für Ausländer nicht offen diskriminierend, da sie auch für Inländer gilt. Jedoch erschwert die Eintragungspflicht die Aufnahme der Handwerkstätigkeit, so dass diese weniger attraktiv wird. Dies reicht aus, um eine Beschränkung der Dienstleistungsfreiheit zu bejahen.

Allerdings wird in der Literatur diskutiert, ob angesichts der Weite des Gewährleistungsbereichs eine Einschränkung des Anwendungsbereichs geboten ist, wie sie bei der Warenverkehrsfreiheit durch die Keck-Formel vorgenommen wird[5]. Es wird vorgeschlagen, solche unterschiedslos geltenden Bestimmungen aus dem Anwendungsbereich von Art. 49 EG herauszunehmen, die lediglich die Berufsausübung in einem Mitgliedstaat reglementieren. Lediglich Regelungen, die sich bereits auf den Marktzugang beziehen, sollen ohne Einschränkung in den Anwendungsbereich fallen. Der EuGH hat zu dieser Frage bisher nicht abschließend Stellung bezogen[6]. Vorliegend kann sie auch offen bleiben, weil ohnehin eine Regelung vorliegt, die bereits den Zugang zum Markt in X beschränkt und damit vom Gewährleistungsinhalt des Art. 49 EG erfasst ist. Die Eintragungspflicht ist im Ergebnis als die Dienstleistungsfreiheit beschränkende Maßnahme anzusehen.

D. Rechtfertigung durch zwingende Erfordernisse des Allgemeininteresses

Da eine Beschränkung der Dienstleistungsfreiheit vorliegt, ist nach einer Rechtfertigung der staatlichen Maßnahme zu suchen. Eine beschränkende Maßnahme eines Mitgliedstaats, die nicht offen diskriminiert, kann durch zwingende Erfordernisse des Allgemeininteresses gerechtfertigt werden, wenn sie zur Wahrung dieser Ziele geeig- **104**

---

3 Diese Aussage ist Teil der sog. Gebhard-Formel, vgl. *Ahlt/Deisenhofer*, Europarecht, S. 196. Der EuGH führt wörtlich aus (EuGH vom 3. 10. 2000, Rs. C-58/98, Slg. 2000, I-7919, NVwZ 2001, S. 182 ff., 184, Rn. 33, Corsten): „*Nach ständiger Rechtsprechung verlangt Art. 59 EGV nicht nur die Beseitigung jeder Diskriminierung des in einem Mitgliedstaat ansässigen Dienstleistenden auf Grund seiner Staatsangehörigkeit, sondern auch die Aufhebung aller Beschränkungen – selbst wenn sie unterschiedslos für inländische Dienstleistende wie für solche aus anderen Mitgliedstaaten gelten –, sofern sie geeignet sind, die Tätigkeiten des Dienstleistenden, der in einem anderen Mitgliedstaat ansässig ist und dort rechtmäßig entsprechende Dienstleistungen erbringt, zu unterbinden, zu behindern oder weniger attraktiv zu machen.*".

4 *Streinz*, Europarecht, Rz. 801.

5 Siehe ausführlich *Streinz*, Europarecht, Rz. 808.

6 Siehe aber zur Arbeitnehmerfreizügigkeit EuGH vom 15. 12. 1995, Rs. C-415/93, Slg. 1995, I-4921, NJW 1996, S. 505 ff., 510, Rn. 102, Union royale belge des sociétés de football association u.a./.Bosman u.a.

net und erforderlich ist[7]. Der Schutz der Qualität von handwerklichen Dienstleistungen kann nach zutreffender Auffassung des EuGH als ein solches zwingendes Erfordernis des Allgemeininteresses angesehen werden[8].

Die Eintragungspflicht muss zum Schutz dieses Interesses verhältnismäßig sein. Im Rahmen der Geeignetheit ist zu fragen, ob sie den angestrebten Zweck fördert. Dies kann bejaht werden, da bei der Eintragung die Qualifikation des Handwerkers geprüft wird.

105 Sie müsste aber auch erforderlich sein. Hiergegen könnte sprechen, dass die Regelung über die Eintragungspflicht nicht danach differenziert, ob ein ausländischer Handwerker nur sporadisch in X tätig sein will, oder ob er sich dauerhaft dort niederlassen will. Nach Ansicht des EuGH in der dem Fall zugrunde liegenden Entscheidung führt diese mangelnde Differenzierung zur Unverhältnismäßigkeit[9]. Zur Prüfung der Gleichwertigkeit der Qualifikation reiche in Fällen nur gelegentlicher grenzüberschreitender Tätigkeit ein formales Verfahren. Dieses dürfe nicht so kompliziert und teuer sein, dass die Dienstleistungsfreiheit ihrer Wirksamkeit beraubt wird. Durch die undifferenzierte Anwendung der Eintragungspflicht würden potentiell Ausländer abgehalten, in dem betreffenden Mitgliedstaat Aufträge anzunehmen. Diesen Erwägungen kann zugestimmt werden[10]. Es ist nicht gerechtfertigt, einen ausländischen Handwerker zur Eintragung in die Handwerksrolle zu verpflichten. Dadurch würde er unter anderem zur Entrichtung von Pflichtbeiträgen gezwungen, die ihm ohne feste Niederlassung keinerlei Nutzen bringen können. Außerdem ist der Zeitfaktor bei der Auftragsvergabe regelmäßig mitentscheidend, so dass das bisher geltende Eintragungsverfahren zu erheblichen Wettbewerbsnachteilen führen kann. Die Regelung des Mitgliedstaats X ist als nicht erforderlich anzusehen[11].

E. Ergebnis

Die Eintragungspflicht verstößt gegen die Dienstleistungsfreiheit des C und ist nicht anwendbar. Damit verstößt B zumindest unter dem Aspekt der Eintragungspflicht nicht gegen die Vorschriften über die Schwarzarbeit.

---

7 St. Rspr. des EuGH, vgl. die Gebhard-Formel (EuGH vom 30. 11. 1995, Rs. C-55/94, Slg. 1995, I-4165 = NJW 1996, S. 579 ff., 579, LS 6, Reinhard Gebhard./.Consiglio dell'Ordine degli Avvocati e Procuratori di Milano): „*Nationale Maßnahmen, die die Ausübung der durch den Vertrag garantierten Freiheiten behindern oder weniger attraktiv machen können, müssen vier Voraussetzungen erfüllen: Sie müssen in nichtdiskriminierender Weise angewandt werden, sie müssen zwingenden Gründen des Allgemeininteresses entsprechen, sie müssen geeignet sein, die Verwirklichung des mit ihnen verfolgten Zieles zu gewährleisten, und sie dürfen nicht über das hinausgehen, was zur Erreichung dieses Ziels erforderlich ist.*".

8 EuGH vom 3. 10. 2000, Rs. C-58/98, Slg. 2000, I-7919, NVwZ 2001, S. 182 ff., 184, Rn. 38, Corsten.

9 EuGH vom 3. 10. 2000, Rs. C-58/98, Slg. 2000, I-7919, NVwZ 2001, S. 182 ff., 184, Rn. 39 ff., Corsten.

10 So auch *Früh*, EuZW 2000, S. 767 ff.

11 Der deutsche Gesetzgeber, der von dem Urteil Corsten des EuGH betroffen war, hat mittlerweile reagiert und im Jahr 2003 mit § 9 Abs. 2 HandwO eine Norm geschaffen, die auf die Belange der betroffenen Handwerker Rücksicht nimmt (vgl. BT-Drs. 15/1206 vom 24. 6. 2003, S. 30/31).

Abwandlung I

Die Eintragungspflicht kann in Abwandlung I entfallen, wenn sie europarechtswidrig ist. Dann ist die entsprechende nationale Regelung nicht mehr anwendbar. D kann sich hier nicht auf Dienstleistungsfreiheit berufen, da er dauerhaft in X tätig sein will. In Betracht kommt aber ein Verstoß gegen die Niederlassungsfreiheit gem. Art. 43 EG.

A. Sachlicher Anwendungsbereich der Niederlassungsfreiheit

Die Niederlassungsfreiheit ist in sachlicher Hinsicht eröffnet, wenn eine dauerhafte selbständige Tätigkeit gegen Entgelt erbracht wird. Dies ist hier unproblematisch gegeben, weil sich Herr D in Deutschland mit einem selbständigen Betrieb niederlassen will. **106**

B. Persönlicher Anwendungsbereich der Niederlassungsfreiheit

Weiterhin müsste auch der persönliche Anwendungsbereich der Niederlassungsfreiheit eröffnet sein. Bei natürlichen Personen, die ihre primäre Niederlassung vollständig in einen Mitgliedstaat verlegen, kommt es allein auf die Staatsangehörigkeit eines Mitgliedstaats, nicht auf die Ansässigkeit an[12]. Nach dem Wortlaut von Art. 43 Abs. 1 EG ist allerdings die Staatsangehörigkeit eines *anderen Mitgliedstaats* als des Aufnahmemitgliedstaats erforderlich. D ist indes Staatsangehöriger von X, also des Staates, in dem er sich auch niederlassen will. Es könnte also an der persönlichen Anwendbarkeit fehlen. **107**

Jedoch hat der EuGH schon früh entschieden, dass auch Angehörige des eigenen Mitgliedstaats diesem gegenüber die Grundfreiheiten geltend machen können, wenn sie sich bereits einmal in einen anderen Mitgliedstaat begeben haben, um dort von ihrer Freizügigkeit Gebrauch zu machen. Es müssen lediglich Grenzen überschritten werden[13]. Dem ist mit der Erwägung zuzustimmen, dass der Schutz der Grundfreiheiten lückenhaft wäre, wenn er sich nicht auf Konstellationen wie die vorliegende erstreckte. Dann könnte nämlich die Inanspruchnahme der Freizügigkeit aufgrund des Verhaltens des Heimatmitgliedstaats vereitelt oder behindert werden.

Herr D hat seine Ausbildung in Y absolviert und arbeitet dort schon seit geraumer Zeit als selbständiger Betonbauer. Er hat also bereits von seiner Freizügigkeit Gebrauch gemacht. Die Niederlassungsfreiheit ist auf ihn anwendbar.

C. Gewährleistungsinhalt

Die Eintragungspflicht müsste auch vom Gewährleistungsinhalt der Niederlassungsfreiheit erfasst sein. Die Niederlassungsfreiheit verbietet nach herkömmlicher Lesart **108**

---

12 Anders ist es bei der Gründung von sekundären Niederlassungen, die zusätzlich die Ansässigkeit innerhalb der Gemeinschaft voraussetzen, vgl. Art. 43 Abs. 1 S. 2 EG.

13 EuGH vom 7. 2. 1979, Rs. 115/78, Slg. 1979, 399, NJW 1979, S. 1761 f., 1761, Rn. 24 ff., Knoors./. Staatssecretaris van Economische Zaken; dazu *Ahlt/Deisenhofer*, Europarecht, S. 199.

nur Diskriminierungen aufgrund der Staatsangehörigkeit. Seit dem Urteil in der Sache Gebhard[14] ist allerdings weitgehend anerkannt, dass die Niederlassungsfreiheit auch als allgemeines Beschränkungsverbot auszulegen ist[15]. Auch unterschiedslos geltende und wirkende Maßnahmen fallen in den Anwendungsbereich, sofern sie die Ausübung der Niederlassungsfreiheit behindern oder weniger attraktiv machen. Dies ist bei der Eintragungspflicht der Fall.

Allerdings ist wieder zu überlegen, ob die Anwendung des Beschränkungsverbots auf Marktzugangsregelungen zu begrenzen ist[16]. Wie im Ausgangsfall ist die Eintragungspflicht jedoch wieder als Marktzugangsbeschränkung anzusehen, so dass sie unabhängig von der Beantwortung der Streitfrage in den Anwendungsbereich der Niederlassungsfreiheit fällt. Die Eintragungspflicht ist als Beschränkung der Niederlassungsfreiheit gem. Art. 43 Abs. 1 EG anzusehen.

D. Rechtfertigung durch zwingende Erfordernisse des Allgemeininteresses

109 Die Maßnahme ist rechtfertigungsbedürftig. Da die Eintragungspflicht nicht offen diskriminiert, kommt cinc Rechtfertigung aus zwingenden Erfordernissen in Betracht. Wiederum ist die Qualitätssicherung als zwingendes Erfordernis anzuerkennen. Geeignet ist die Eintragungspflicht ebenfalls. Anders als im Ausgangsfall ist auch die Erforderlichkeit zu bejahen. Der EuGH betont in ständiger Rechtsprechung, dass die Mitgliedstaaten in Fällen, in denen sich ein Marktteilnehmer vollständig in ihren Markt und ihre Rechtsordnung eingliedern will, die Beachtung der auch für Inländer geltenden Rechtsvorschriften verlangen können. Andernfalls käme es auf dem Inlandsmarkt zu erheblichen Wettbewerbsverzerrungen. Vor diesem Hintergrund ist es zulässig, wenn X für Handwerker, die sich dauerhaft dort niederlassen wollen, wie für Inländer eine Eintragungspflicht statuiert. Die Eintragungspflicht für Niederlassungswillige ist aus zwingenden Gründen des Allgemeininteresses gerechtfertigt.

E. Ergebnis

Da die nationale Eintragungspflicht nicht vom Europäischen Gemeinschaftsrecht verdrängt wird, ist sie auch für D anwendbar. D muss sich in die Handwerksrolle eintragen lassen.

Abwandlung II

A. Keine Anwendung von Gemeinschaftsrecht

110 Die Pflicht zur Ablegung der Meisterprüfung kann entfallen, wenn sie europarechtswidrig ist. In diesem Fall sind die nationalen Vorschriften nicht anwendbar. Jedoch ist

---

14 EuGH vom 30. 11. 1995, Rs. C-55/94, Slg. 1995, I-4165 = NJW 1996, S. 579 ff., Gebhard; zur Gebhard-Formel siehe bereits Fn. 7. Zur parallelen Rechtslage bei der Arbeitnehmerfreizügigkeit vgl. EuGH vom 15. 12. 1995, Rs. C-415/93, Slg. 1995, I-4921 = NJW 1996, S. 505 ff., 510, Bosman.

15 Hierzu *Streinz*, Europarecht, Rz. 803.

16 Ausführlich *Ahlt/Deisenhofer*, Europarecht, S. 195 f.

für die Anwendbarkeit der Grundfreiheiten generell Voraussetzung, dass ein grenzüberschreitender Bezug der ausgeübten Tätigkeit vorliegt. Vorliegend hat sich Herr E noch nie außerhalb des Gebiets von X beruflich betätigt und damit noch nie von seinen Freizügigkeitsrechten Gebrauch gemacht. Auf diese Konstellation sind die Grundfreiheiten nicht anwendbar. Ein Gemeinschaftsrechtsverstoß ist von vornherein nicht ersichtlich[17].

B. Inländerdiskriminierung und Grundrechte

I. Auftreten von Inländerdiskriminierung

Durch den Umstand, dass das Gemeinschaftsrecht auf ihn nicht anwendbar ist, wird **111**
Herr E schlechter gestellt als Herr D und EU-Ausländer, die sich auf die Grundfreiheiten berufen können. Es kommt zur so genannten Inländerdiskriminierung. Diese Problematik ist nicht im Rahmen des Europarechts, sondern des nationalen Rechts zu lösen.

II. Gleichheitssatz

Wie diese Lösung auszugestalten ist, ist umstritten[18]. Insbesondere ist fraglich, ob die **112**
Inländerdiskriminierung vor dem Hintergrund von Art. 3 Abs. 1 GG zulässig ist. Man könnte der Auffassung sein, Herr E als Inländer werde gegenüber Personen wie Herrn D unzulässig schlechter gestellt. Hiergegen können aber zwei Argumente eingewandt werden.

Zum einen kann bereits die Anwendbarkeit des Art. 3 Abs. 1 GG negiert werden. Die Inländerdiskriminierung wird dadurch ausgelöst, dass einerseits der deutsche Gesetzgeber, andererseits europäische Institutionen rechtssetzend tätig werden. Diese Situation, in der unterschiedliche Normgeber eine Ungleichbehandlung zu verantworten haben, muss nach verbreiteter Auffassung aus dem Anwendungsbereich des Gleichheitssatzes ausscheiden. Nur derselbe Normgeber könne auch für eine Ungleichbehandlung verantwortlich gemacht werden[19]. Dem ist mit der Einschränkung zuzustimmen, dass im Rahmen der europäischen Rechtssetzung auch der deutsche Staat maßgeblich beteiligt ist. Formal handelt es sich indes um verschiedene Normgeber.

Zum anderen kann bezweifelt werden, ob die von der Inländerdiskriminierung Betroffenen materiell in derselben Situation sind wie diejenigen, die sich auf die Freizügigkeit berufen können. Wer nämlich von seiner Freizügigkeit Gebrauch macht, muss in der Regel zwei oder mehreren Rechtsordnungen genügen, wenn er seinen Beruf ausübt. Der Inländer, der sich nicht über Grenzen bewegt, ist nur einer einzigen Rechtsordnung unterworfen. Deshalb kann es ihm auch zugemutet werden, sich voll in diese Rechtsordnung einzuordnen[20]. Im Ergebnis ist Art. 3 Abs. 1 GG nicht auch Inländerdiskriminierungen anzuwenden.

17 Siehe ausführlich *Gundel*, DVBl. 2007, S. 269 ff., 270 f.
18 Siehe *Gundel*, DVBl. 2007, S. 269 ff., 271 ff.
19 Vgl. etwa *Heintzen*, EWS 1990, S. 82 ff., 87 f.
20 Ebenso *Gundel*, DVBl. 2007, S. 269 ff., 272.

III. Freiheitsgrundrechte

113 In Betracht kommt aber eine Lösung unter Anwendung der Freiheitsgrundrechte. Herr E ist durch den Meisterzwang in seiner Berufsfreiheit gem. Art. 12 Abs. 1 GG tangiert. Dieser Eingriff müsste gerechtfertigt sein. Da vorliegend eine subjektive Berufszulassungsschranke im Sinne der Drei-Stufen-Theorie vorliegt, sind gesteigerte Anforderungen an den verfolgten Zweck und die Verhältnismäßigkeit zu stellen. Subjektive Berufszulassungsschranken sind nur zum Schutz wichtiger Gemeinschaftsgüter gerechtfertigt[21]. Allerdings hat das Bundesverfassungsgericht den Meisterzwang schon früh als zulässige Einschränkung der Berufswahlfreiheit qualifiziert, da er für die Qualitätssicherung im Handwerk unerlässlich sei[22].

In jüngerer Zeit hat das Bundesverfassungsgericht seine Rechtsprechung in diesem Punkt allerdings modifiziert. In einer Kammerentscheidung vom 5. 12. 2005[23] hat es ausgeführt, dass der Meisterzwang nur solange gerechtfertigt werden könne, wie tatsächlich noch seine Wirksamkeit bei der Qualitätssicherung nachgewiesen werden könne. Je mehr deutsche Handwerker nämlich der Konkurrenz durch ausländische Wettbewerber ausgesetzt seien, die zulässigerweise in Deutschland Leistungen erbringen, schwinde die Legitimation des Meisterzwangs nur für Deutsche. Zum einen entstünden schon Zweifel an der Geeignetheit, wenn die deutschen Regelungen nur noch einen Teil der Marktteilnehmer erreichten. Zum anderen würden deutsche Handwerker auch umso stärker getroffen, je höher der Wettbewerbsdruck aus dem Ausland werde. Dem ist im Ansatzpunkt zuzustimmen. Allerdings ist derzeit die Schwelle noch nicht erreicht, ab der der Meisterzwang tatsächlich als verfassungswidrig eingestuft werden müsste.

C. Ergebnis

114 Als Ergebnis lässt sich festhalten, dass vor dem Hintergrund der derzeit herrschenden tatsächlichen Verhältnisse der Meisterzwang noch nicht als Verstoß gegen die Berufsfreiheit des E gem. Art. 12 Abs. 1 GG gewertet werden kann. Er muss die Inländerdiskriminierung hinnehmen und die Meisterprüfung ablegen.

Weiterführende Hinweise

EuGH vom 30. 11. 1995, Rs. C-55/94, Slg. 1995, S. I-4165 = NJW 1996, S. 579 ff., Reinhard Gebhard./.Consiglio dell'Ordine degli Avvocati e Procuratori di Milano.

EuGH vom 15. 12. 1995, Rs. C-415/93, Slg. 1995, S. I-4921 = NJW 1996, S. 505 ff., Union royale belge des sociétés de football association u.a./.Bosman u.a.

EuGH vom 3. 10. 2000, Rs. C-58/98, Slg. 2000, I-7919 = NVwZ 2001, S. 182 ff. = EuZW 2000, S. 763 ff., Josef Corsten.

BVerfG vom 5. 12. 2005, 1 BvR 1730/02, DVBl. 2006, S. 244 ff.

---

21 *Wieland* in Dreier (Hrsg.), GG, Bd. I, Art. 12, Rz. 125.
22 BVerfGE 13, 97.
23 BVerfG, DVBl. 2006, S. 244.

Früh, Gudrun: Anmerkung zu EuGH vom 3. 10. 2000, Rs. C-58/98 (Josef Corsten), EuZW 2000, S. 767 ff.
Gundel, Jörg: Die Inländerdiskriminierung zwischen Verfassungs- und Europarecht: Neue Ansätze in der Rechtsprechung, DVBl. 2007, S. 269 ff.

Ausblick auf den Vertrag von Lissabon[24] 115

Bisherige Nummerierung des Vertrages zur Gründung der Europäischen Gemeinschaft (EG)	**Nummerierung im Vertrag von Lissabon**	**Neue Nummerierung des Vertrages über die Arbeitsweise der Europäischen Union (AEUV)**
Art. 28	Art. 28	Art. 34
Art. 43–48	Art. 43–48	Art. 49–54
Art. 49–55	Art. 49–55	Art. 56–62

24 Synopse nach Übereinstimmungstabelle zu Art. 5 des Vertrags von Lissabon, ABl. 2007 Nr. C-306/202 ff. Konsolidierte Fassungen des „Vertrags über die Europäische Union“ (EUV) und des neuen „Vertrags über die Arbeitsweise der Europäischen Union“ (AEUV, bisher: „Vertrag zur Gründung der Europäischen Gemeinschaft“) sind im Abl. 2008 Nr. C-115/1 ff. abgedruckt.

Anhang

Prüfungsschema Dienstleistungsfreiheit (Art. 49 ff. EG)

116 1. Dienstleistung i.S.v. Art. 49, 50 EG wird grenzüberschreitend von einem Angehörigen eines Mitgliedstaats erbracht; Gesellschaften Art. 48, 50 EG

2. Keine Ausübung öffentlicher Gewalt i.S.v. Art. 45

3. Keine abschließende gemeinschaftsrechtliche Harmonisierung, z.B. durch RL

4. Nationale Maßnahme, die geeignet ist, die Dienstleistung zu unterbinden, zu behindern oder weniger attraktiv zu machen:

   - diskriminiert offen
     ↓
     5. Rechtfertigung nur nach Art. 55, 46 EG
   - diskriminiert versteckt
     ↓
     Rechtfertigung nach Art. 55, 46 EG, Verhältnismäßigkeit
   - gilt und wirkt unterschiedslos
     ↓
     Ausnahme für Ausübungsregelungen entsprechend Keck
     ↓
     Rechtfertigung nach Art. 55, 46 EG, Verhältnismäßigkeit
     ↓
     Rechtfertigung aus zwingenden Erfordernissen, Verhältnismäßigkeit

6. Beachtung der Gemeinschaftsgrundrechte

Fall 4

Wanderarbeitnehmer mit Problemen

Pflichtfach/Schwerpunktbereich, Schwierigkeitsgrad: mittel/hoch

Teil I

117 Herr S ist Angehöriger der deutsch sprechenden Volksgruppe in Südtirol, die u.a. das Privileg genießt, ihre Sprache als Minderheitensprache vor den regionalen italienischen Gerichten benutzen zu dürfen. Nach der *maturità* (entspricht dem deutschen Abitur) möchte S gerne ins deutschsprachige Ausland und erhält einen Studienplatz für Betriebswirtschaftslehre an der Universität Salzburg (Österreich). Im Laufe des Studiums belegt er dort auch Italienischkurse, um für seine spätere berufliche Tätigkeit in Italien gerüstet zu sein. Er geht während seiner Schulzeit in Italien und auch während seines Studiums in Österreich zu keiner Zeit einer selbständigen oder unselbständigen Beschäftigung nach.

Gegen Ende des Studiums bewirbt sich S bei der in Bozen ansässigen Bank B. Diese ist an seiner Bewerbung durchaus interessiert, möchte aber nur Mitarbeiter mit ausreichenden Sprachkenntnissen. Daher verlangt sie als Einstellungsvoraussetzung die Vorlage einer von der öffentlichen Verwaltung in Bozen ausgestellten Bescheinigung über die Beherrschung der Zweisprachigkeit. Diese Bescheinigung wird auf der Grundlage einer Prüfung erteilt, die aus einem schriftlichen und einem mündlichen Teil besteht. Bei beiden Prüfungsteilen, die im Abstand von einem Monat abgenommen werden, müssen die Kandidaten persönlich in Bozen erscheinen.

S hält dies für europarechtswidrig. Aufgrund es Nachweiserfordernisses sei es Bewerbern, die nicht in Bozen und Umgebung wohnten, nahezu unmöglich, die Stelle bei der B zu erlangen.

Verstößt die Einstellungspraxis der Bank B gegen Art. 39 EG? Die im Sachverhalt aufgeworfenen Fragen sind (ggf. hilfsgutachtlich) zu prüfen.

Teil II

S, der von den Vorgängen in seiner Heimat genervt ist und kein Interesse an einem jahrelangen Rechtsstreit mit der Bank B hat, beschließt, in Österreich zu bleiben. Nachdem es bei der Jobsuche zunächst nicht richtig klappt, beginnt er, in Salzburg als selbständiger Vermögensberater zu arbeiten. Etwas später findet er dann doch noch eine Teilzeitstelle bei einer Bank im benachbarten bayerischen Berchtesgaden. S, der inzwischen seine österreichische Freundin geheiratet hat und mit ihr zusammengezogen ist, bleibt aber in Salzburg wohnen und übt dort auch weiterhin seine Tätigkeit als Vermögensberater aus. Dadurch erzielt er Einkünfte, die ungefähr so hoch sind wie die aus seiner Arbeit für die Bank. Letztere gelten nach dem deutschen Steuerrecht als beschränkt steuerpflichtige Einkünfte im Sinne von § 49 Abs. 1 Nr. 4 a) Einkommensteuergesetz (EStG), die Deutschland nach dem Doppelbesteuerungsabkommen Deutschland-Österreich auch besteuern darf. Als S seinen ersten deutschen Einkommensteuerbescheid bekommt, ist er empört. Bei seinen deutschen Einkünften hatte das Finanzamt weder den Splitting-Tarif für Ehegatten noch Sonderausgaben berücksichtigt, so dass er netto erheblich weniger herausbekommt als bei den österreichischen Einkünften, bei denen ein solcher Abzug möglich ist.

S, der sich durch diese Regelungen ungerecht behandelt fühlt, zweifelt nun endgültig an der europäischen Gerechtigkeit. Auf seinen Einspruch teilt ihm das deutsche Finanzamt – zutreffend – mit, dass es sich bei der Einkommensteuer um eine so genannte „direkte" Steuer handele. Für direkte Steuern sei die Gemeinschaft aber gar nicht zuständig, so dass hier auch das Europarecht nicht anwendbar sei. Im übrigen liege der Grund für die unterschiedliche Behandlung in der Differenzierung zwischen unbeschränkter und beschränkter Steuerpflicht. Die unbeschränkte Steuerpflicht gelte gemäß § 1 Abs. 1 Satz 1 EStG im Wohnsitzstaat und ermögliche die Berücksichtigung persönlicher Verhältnisse. Im Rahmen der beschränkten Steuerpflicht nach § 1 Abs. 4 EStG sei hingegen nur eine beschränkte Berücksichtigung der Einkünfte von Nichtansässigen möglich, im Gegenzug unterbleibe aber auch eine Berücksichtigung persönlicher Verhältnisse.

Verstößt die deutsche Besteuerung des S, die zwischen beschränkter und unbeschränkter Steuerpflicht differenziert, gegen Art. 39 EG? Steuerrechtliche Kenntnisse und Einzelheiten sind nicht erforderlich. Gehen Sie davon aus, dass die Besteuerung der deutschen Einkünfte nach dem Doppelbesteuerungsabkommen zwischen Deutschland und Österreich rechtmäßig ist und dass im Bereich der Einkommensteuer keine entsprechende Harmonisierungsmaßnahme besteht.

Einkommensteuergesetz (EStG) Deutschland (Auszug)

I. Steuerpflicht

§ 1

(1) Natürliche Personen, die im Inland einen Wohnsitz oder ihren gewöhnlichen Aufenthalt haben, sind unbeschränkt einkommensteuerpflichtig. Zum Inland im Sinne dieses Gesetzes gehört auch der der Bundesrepublik Deutschland zustehende Anteil am Festlandsockel, soweit dort Naturschätze des Meeresgrundes und des Meeresuntergrundes erforscht oder ausgebeutet werden.

...

(4) Natürliche Personen, die im Inland weder einen Wohnsitz noch ihren gewöhnlichen Aufenthalt haben, sind vorbehaltlich der Absätze 2 und 3 und des § 1a beschränkt einkommensteuerpflichtig, wenn sie inländische Einkünfte im Sinne des § 49 haben.

VIII. Besteuerung beschränkt Steuerpflichtiger

§ 49 Beschränkt steuerpflichtige Einkünfte

(1) Inländische Einkünfte im Sinne der beschränkten Einkommensteuerpflicht (§ 1 Abs. 4) sind

...

4. Einkünfte aus nichtselbständiger Arbeit (§ 19), die
a) im Inland ausgeübt oder verwertet wird oder worden ist,

...

Vorüberlegungen

Die Klausur behandelt die Grundfreiheit der Arbeitnehmerfreizügigkeit des Art. 39 EG im Arbeits- und Steuerrecht. Die arbeitsrechtliche Konstellation im Teil I ist dem „Angonese"-Urteil des EuGH[1] nachgebildet. Der steuerrechtliche Teil II lehnt sich an die Entscheidung im Fall „Schumacker" an[2], weist allerdings einen wesentlichen Unterschied zum Original auf. **118**

Beide Teile bieten Gelegenheit zu einer schulmäßigen Prüfung der Arbeitnehmerfreizügigkeit. Es handelt sich jeweils um rein materiellrechtliche Fragestellungen. Da ausdrücklich nur nach einem Verstoß gegen Art. 39 EG gefragt ist, kommt es auf sekundäres Gemeinschaftsrecht nicht an[3]. Bei Teil I stellt sich zunächst die Grundfrage nach der Arbeitnehmereigenschaft des S, weil dieser bisher nur Schüler und Student war. Außerdem ist hier herauszuarbeiten, dass die Beeinträchtigung nicht von einer staatlichen Stelle, sondern von einer privaten Bank ausgeht. Zu prüfen ist daher, wie weit die Freizügigkeit auch Drittwirkung in den Rechtsbeziehungen zwischen Privaten entfaltet. Hierzu werden unterschiedliche Ansichten vertreten, so dass auf den Streit einzugehen ist. Bejaht man auf der Basis der EuGH-Rechtsprechung in Sachen Bosman[4] und insbesondere nach „Angonese" die Drittwirkung auch für den vorliegenden Fall, so stellen sich anschließend die Fragen nach der Art der Beeinträchtigung und nach möglichen Rechtfertigungsgründen. Eine unmittelbare Diskriminierung ist zu verneinen, weil die Bank nicht an die Staatsangehörigkeit, sondern die Sprachkenntnisse anknüpft. Während ein solches Anliegen der Bank grundsätzlich nicht zu beanstanden ist, sprechen die konkreten Anforderungen an den Sprachnachweis für eine mittelbare Diskriminierung, die kaum zu rechtfertigen sein dürfte.

Bei Teil II wirft der Arbeitnehmerstatus des S keine besonderen Probleme auf, da S inzwischen berufstätig ist. Dieser Teil der Klausur betrifft die Anwendung der Arbeitnehmerfreizügigkeit im Steuerrecht, konkret bei der Einkommensteuer. Der Bearbeiterhinweis verdeutlicht allerdings, dass keine besonderen steuerrechtlichen Kenntnisse erwartet werden und demzufolge auch nicht notwendig sind. Hinzu kommt, dass

---

1 EuGH vom 6. 6. 2000, Rs. C-281/98, Slg. 2000, I-4139 = EuZW 2000, S. 468 ff., Roman Angonese./.Cassa di Risparmio di Bolzano SpA.

2 EuGH vom 14. 2. 1995, Rs. C-279/93, Slg. 1995, I-225 = NJW 1995, S. 1207 ff., Finanzamt Köln-Altstadt./.Roland Schumacker.

3 Grundsätzlich ist die Arbeitnehmerfreizügigkeit aus Art. 39 EG nur dann unmittelbar als Prüfungsmaßstab anwendbar, wenn keine speziellere Norm des Sekundärrechts eingreift, die den Sachverhalt regelt. In erster Linie wäre hier an Art. 7 Abs. 4 der VERORDNUNG (EWG) Nr. 1612/68 DES RATES vom 15. Oktober 1968 über die Freizügigkeit der Arbeitnehmer innerhalb der Gemeinschaft (ABl. 1968 Nr. L 257/2 ff., zuletzt geändert durch Richtlinie 2004/38/EG des Europäischen Parlaments und des Rates vom 29. 4. 2004, ABl. 2004 Nr. L 158/77 ff.) zu denken. Danach sind alle Bestimmungen in Tarif- oder Einzelarbeitsverträgen oder sonstigen Kollektivvereinbarungen betreffend Zugang zur Beschäftigung, Beschäftigung, Entlohnung und alle übrigen Arbeits- und Kündigungsbedingungen von Rechts wegen nichtig, soweit sie für Arbeitnehmer, die Staatsangehörige anderer Mitgliedstaaten sind, diskriminierende Bedingungen vorsehen oder zulassen. Im Fall „Angonese" hatte die Anordnung der Sprachprüfung keine tarif- oder kollektivrechtliche Grundlage, so dass Art. 7 Abs. 4 VO (EWG) 1612/68 nicht einschlägig war (siehe EuGH vom 6. 6. 2000, Rs. C-281/98, Slg. 2000, I-4139, EuZW 2000, S. 468 ff., 469, Rn. 21 ff., Angonese).

4 EuGH vom 15. 12. 1995, Rs. C-415/93, Slg. 1995, I-4921, NJW 1996, 505 ff., Union royale belge des sociétés de football association u.a./Bosman, dazu *Streinz*, Europarecht, Rz. 796/882 (Fall 37 mit Lösung).

der Sachverhalt ausdrücklich darauf hinweist, dass es sich bei der Einkommensteuer um eine so genannte „direkte" Steuer handelt. Daraus ergibt sich die Frage nach den Kompetenzen der EG im Bereich der Steuern. Gemäß Art. 93 EG besteht nur für die indirekten Steuern ein Harmonisierungsauftrag. Gleichwohl verlangt der EuGH in st. Rspr., dass die Mitgliedstaaten ihre Befugnisse im Bereich der direkten Steuern unter Wahrung des Gemeinschaftsrechts ausüben müssen[5]. Das erlaubt demzufolge auch die Anwendung des Art. 39 EG. Die mögliche Beeinträchtigung der Freizügigkeit ergibt sich hier daraus, dass bestimmte Steuervergünstigungen in Deutschland grundsätzlich nur Gebietsansässigen gewährt werden, wodurch sich eine Ungleichbehandlung ergibt. Im Rahmen der Prüfung des Art. 39 EG ist allerdings zu beachten, dass nach dem vorliegenden Sachverhalt ein gewichtiger Unterschied zum Originalfall in Sachen Schumacker besteht: Während dort praktisch alle Einkünfte im Nicht-Wohnsitzstaat erzielt wurden, verteilen sie sich hier jeweils zur Hälfte auf Deutschland und Österreich. Da der EuGH grundsätzlich eine Unterscheidung zwischen Gebietsfremden zulässt, die nur dann als Diskriminierung anzusehen ist, wenn die Einnahmen praktisch nur in dem einen Staat erzielt werden, liegt hier schon keine Ungleichbehandlung vor, so dass die Besteuerung nicht gegen Art. 29 EG verstößt.

Obwohl der Fall keine prozessuale Einkleidung besitzt, stellt er mittlere bis hohe Anforderungen an die Bearbeiter. Dies hat unter anderem mit dem im zweiten Teil angesprochenen Steuerrecht zu tun. Gleichwohl kann die Klausur sowohl im Pflichtfach als auch im Schwerpunktbereich als Examensleistung verlangt werden.

Gliederung

119 **Teil I**

A. Arbeitnehmerfreizügigkeit aus Art. 39 EG
- I. Persönlicher Anwendungsbereich Art. 39 EG
- II. Sachlicher Anwendungsbereich
- III. Verstoß gegen Arbeitnehmerfreizügigkeit
  - 1. Drittwirkung
  - 2. Diskriminierungsverbot, Art. 39 Abs. 2 EG
    - a) Unmittelbare Diskriminierung
    - b) Mittelbare Diskriminierung
      - aa) Sprachkenntnisse
      - bb) Nachweis in bzw. aus Bozen
  - 3. Allgemeines Beschränkungsverbot, Art. 39 Abs. 2 EG
- IV. Rechtfertigung
  - 1. Schranken gemäß Art. 39 Abs. 3 EG
  - 2. Gemeinwohlvorbehalt

B. Ergebnis

---

5 Zuletzt wohl EuGH vom 17. 1. 2008, Rs. C-152/05 (bei Abschluss des Manuskripts war die Fundstelle in der amtlichen Sammlung des EuGH noch nicht bekannt), NJW 2008, S. 569 f., 569, Rn. 16 m.w.N., Kommission der Europäischen Gemeinschaften./.Bundesrepublik Deutschland – Eigenheimzulage.

Teil II

A. Arbeitnehmerfreizügigkeit aus Art. 39 EG
  I. Persönlicher Anwendungsbereich Art. 39 EG
  II. Sachlicher Anwendungsbereich
  III. Verstoß gegen Arbeitnehmerfreizügigkeit
    1. Anwendbarkeit von Art. 39 EG bei direkten Steuern
    2. Unmittelbare Diskriminierung
    3. Mittelbare Diskriminierung
      a) Grundregel: Unterschied zwischen Gebietsfremden und Gebietsansässigen
      b) Ausnahme nach Anteilen des Einkommens
      c) Einkommensverteilung im konkreten Fall
    4. Allgemeines Beschränkungsverbot, Art. 39 Abs. 2 EG

B. Ergebnis

Musterlösung

Teil I

120 Zu prüfen ist, ob das Verlangen der Bank gegen die Arbeitnehmerfreizügigkeit des Art. 39 EG verstößt.

Ausführungen zu sekundärem oder sonstigen Gemeinschaftsrecht (siehe dazu Fall 6) sind hier wegen der eindeutigen Fragestellung nicht erforderlich.

Dazu müsste Art. 39 EG anwendbar und die Arbeitnehmerfreizügigkeit auch im Verhältnis zwischen S und B (also mit unmittelbarer Drittwirkung zwischen Privaten) zu beachten sein, und das Verlangen der B müsste eine ungerechtfertigte Diskriminierung aufgrund der Staatsangehörigkeit darstellen.

A. Arbeitnehmerfreizügigkeit aus Art. 39 EG

Gemäß Art. 39 Abs. 1 EG ist innerhalb der Gemeinschaft die Freizügigkeit der Arbeitnehmer gewährleistet. Diese umfasst die Abschaffung jeder auf der Staatsangehörigkeit beruhenden unterschiedlichen Behandlung der Arbeitnehmer der Mitgliedstaaten in Bezug auf Beschäftigung, Entlohnung und sonstige Arbeitsbedingungen (Art. 39 Abs. 2 EG).

I. Persönlicher Anwendungsbereich Art. 39 EG

121 Der persönliche Anwendungsbereich des Art. 39 EG umfasst u.a. Arbeitnehmer mit Staatsangehörigkeit eines Mitgliedstaates[6]. S ist als Südtiroler italienischer Staatsbürger (Mitgliedstaat, Art. 299 Abs. 1 EG). Fraglich ist allerdings, ob er auch „Arbeitnehmer" i. S. d. Art. 39 EG ist. Das könnte hier zweifelhaft sein, weil er derzeit noch studiert und bisher nur Schüler und Student war, aber nie eine selbständige oder unselbständige Arbeit hatte. Andererseits gehört die verlangte Bescheinigung zu seiner Bewerbung um die Stelle bei einer Bank.

Der gemeinschaftsrechtliche Arbeitnehmerbegriff des Art. 39 EG ist weit auszulegen[7]. Entscheidend ist, dass der Arbeitnehmer in einem Arbeitsverhältnis tätig ist. Dafür sind grds. drei Merkmale wesentlich: Der Arbeitnehmer erbringt Leistungen von einem gewissen wirtschaftlichen Wert für einen anderen, untersteht dabei dessen Weisungen und erhält als Gegenleistung eine Vergütung[8]. S als Student erbringt keine Arbeits- oder Dienstleistungen für einen anderen, sondern nur eigene Studienleistungen. Außerdem erhält er dafür keine Vergütung. Demgegenüber stellt die angestrebte Tätigkeit bei der Bank B unproblematisch eine Tätigkeit als Arbeitnehmer dar.

---

6 *Brechmann* in Calliess/Ruffert, EGV, Art. 39, Rz. 9.

7 Vgl. *Brechmann* in Calliess/Ruffert, EGV, Art. 39, Rz. 9, und *Streinz*, Europarecht, Rz. 883 (Lösung Fall 44).

8 Vgl. *Ahlt/Deisenhofer*, Europarecht, S. 180, *Brechmann* in Calliess/Ruffert, EGV, Art. 39, Rz. 10 ff., und *Streinz*, Europarecht, Rz. 883 (Lösung Fall 44).

Stellt man somit formal auf den derzeitigen Status des S als Student ab, dürfte er nicht als Arbeitnehmer anzusehen sein[9]. Vorzugswürdig erscheint im Sinne des „effet utile" der Arbeitnehmerfreizügigkeit aber eine Betrachtungsweise, die die Bewerbersituation des S berücksichtigt. Dafür spricht zumindest, dass Art. 39 Abs. 3 a) EG ausdrücklich das Recht gibt, sich um tatsächlich angebotene Stellen zu bewerben[10]. Das ließe sich zwar auch dahingehend verstehen, dass nur Personen gemeint sein sollen, die sich aus einer Arbeitnehmerposition heraus bewerben, doch vom Wortlaut her ist das nicht zwingend. Außerdem würde ansonsten die erste Anstellung praktisch aus dem Schutzbereich herausfallen, was vom Sinn und Zweck des Art. 39 EG her nicht gemeint sein kann, zumal es im Interesse des gemeinsamen Marktes liegt, dass sich gerade Berufsanfänger auch im europäischen Ausland bewerben (können). Daher erscheint es sachgerecht, mit der geforderten weiten Auslegung des Arbeitnehmerbegriffs jedenfalls auch Teilnehmern eines konkreten Bewerbungsverfahrens die Rechte aus Art. 39 EG zu gewähren. **122**

Der persönliche Anwendungsbereich des Art. 39 EG ist daher gegeben[11].

Wer den Anwendungsbereich des Art. 39 EG unter Hinweis auf die fehlende Arbeitnehmereigenschaft des S verneint, muss ab hier mit einem Hilfsgutachten weitermachen.

II. Sachlicher Anwendungsbereich

Nach st. Rspr. des EuGH sind die Vorschriften über die Freizügigkeit nicht auf Sachverhalte anwendbar, die sich ausschließlich innerhalb eines Mitgliedstaats abspielen und dessen Merkmale mit keinem Element über die Grenzen eines Mitgliedstaats hinausweisen; es bedarf vielmehr eines grenzüberschreitenden Sachverhalts[12]. S ist italienischer Staatsbürger, der sich gegen die Bewerbungsanforderungen einer italienischen Bank wehrt, so dass es sich hier um ein rein inneritalienisches Problem handeln könnte. Dagegen spricht jedoch, dass S derzeit in Salzburg studiert, der fragliche Sprachnachweis nach den Vorgaben der B aber nur in Italien bei der Verwaltung in Bozen erworben werden kann. Dazu müsste S zunächst zur schriftlichen und einen Monat darauf zur mündlichen Prüfung persönlich in Bozen erscheinen. Da das von Österreich aus nicht ohne eine Reise nach Italien zu bewerkstelligen ist, weist der Fall einen ausreichenden grenzüberschreitenden Bezug auf[13]. **123**

9 *Ahlt/Deisenhofer*, Europarecht, S. 181; zu Ansprüchen der Studenten aus Art. 39 EG siehe *Brechmann* in Calliess/Ruffert, EGV, Art. 39, Rz. 16 ff.

10 Siehe dazu *Brechmann* in Calliess/Ruffert, EGV, Art. 39, Rz. 79 ff.

11 Der EuGH hat die Studenten-Problematik in seiner „Angonese"-Entscheidung überhaupt nicht angesprochen, sondern einfach Art. 39 EG angewandt (EuGH vom 6. 6. 2000, Rs. C-281/98, Slg. 2000, I-4139, EuZW 2000, S. 468 ff., 469 ff., Rn. 28 ff., 36 ff., Angonese).

12 *Brechmann* in Calliess/Ruffert, EGV, Art. 39, Rz. 46 ff. und EuGH vom 15. 12. 1995, Rs. C-415/93, Slg. 1995, I-4921, NJW 1996, S. 505 ff., 509, Rn. 89, Bosman.

13 Lt. EuGH (EuGH vom 6. 6. 2000, Rs. C-281/98, Slg. 2000, I-4139, EuZW 2000, S. 468 ff., 469, Rn. 19) fehlte es im Fall Angonese „nicht offensichtlich" an einem Zusammenhang zwischen der mit dem Vorlagebeschluss erbetenen Auslegung des Gemeinschaftsrechts und der Realität bzw. dem Gegenstand des Ausgangsverfahrens. Kritisch dazu *Streinz/Leible* EuZW 2000, 460 und *Leible* JA 2000, 831.

S bewirbt sich bei einer privaten Bank, so dass die Bereichsausnahme[14] für die öffentliche Verwaltung gemäß Art. 39 Abs. 4 EG nicht eingreift[15].

Damit ist auch der sachliche Anwendungsbereich des Art. 39 EG gegeben.

III. Verstoß gegen Arbeitnehmerfreizügigkeit

124 Zu prüfen ist, ob der Umstand, dass S seine Sprachkenntnisse auf Verlangen der Bank nur durch eine in Bozen ausgestellte Bescheinigung nachweisen kann, den S in seiner Freizügigkeit beschränkt.

1. Drittwirkung

125 Das Sprachzeugnis wird zwar von der Verwaltung in Bozen, also einer staatlichen Behörde, ausgestellt, der Grund, warum S das Zeugnis benötigt, liegt aber im entsprechenden Verlangen der Bank, also einer privaten Stelle.

Grundsätzlich schützt die Arbeitnehmerfreizügigkeit vor staatlichen Hoheitsakten[16]. Fraglich ist daher, ob sie auch Drittwirkung in den Rechtsbeziehungen zwischen Privaten entfaltet.

Der EuGH hat bereits 1974 entschieden, dass das Verbot jeglicher auf der Staatsangehörigkeit beruhenden unterschiedlicher Behandlung nicht nur für Akte der staatlichen Behörden gilt, sondern sich auch auf sonstige Maßnahmen erstreckt, die eine kollektive Regelung im Arbeits – und Dienstleistungsbereich enthalten[17], und damit die Drittwirkung grundsätzlich bejaht. Im vorliegenden Fall beruht die Anweisung, das Sprachzeugnis vorzulegen, aber offenbar nicht auf einer solchen kollektiven Regelung.

126 Mit den Urteilen „Bosmann“ und „Angonese“ hat der EuGH den Anwendungsbereich der Drittwirkung gegenüber Privaten erweitert und sich dabei insbesondere von den folgenden Argumenten leiten lassen[18]:

Dem *Wortlaut des Art. 39 EG*, nach dem das Diskriminierungsverbot allgemein formuliert sei und sich nicht speziell an die Mitgliedstaaten richte, dem *Gedanken des „effet utile“* (weil die Beseitigung der Hindernisse für die Freizügigkeit zwischen den Mitgliedstaaten gefährdet wäre, wenn die Abschaffung der Schranken staatlichen Ursprungs durch Hindernisse zunichte gemacht werden könnte, die sich daraus ergeben, dass Vereinigungen und Einrichtungen, die nicht dem öffentlichen Recht unterliegen, von ihrer rechtlichen Autonomie Gebrauch machen), der *einheitlichen Anwendung des Gemeinschaftsrechts* (weil die Arbeitsbedingungen in den verschiedenen Mitgliedstaaten teilweise durch Gesetze oder Verordnungen und teilweise durch von Pri-

---

14 Siehe dazu *Brechmann* in Calliess/Ruffert, EGV Art. 39, Rz. 100 ff., *Ahlt/Deisenhofer*, Europarecht, S. 190 f., und *Streinz*, Europarecht, Rz. 881.

15 *Loibl*, Europarecht – Das Skriptum, S. 97, prüft das erst als Rechtfertigungsgrund.

16 Vgl. *Brechmann* in Calliess/Ruffert, EGV, Art. 39, Rz. 55.

17 EuGH vom 12. 12. 1974, Rs. 36/74, Slg. 1974, 1405, NJW 1975, S. 1093 ff., 1093 (LS), Walrave und Koch./.UCI.

18 EuGH vom 6. 6. 2000, Rs. C-281/98, Slg. 2000, I-4139, EuZW 2000, S. 468 ff., 469, Rn. 30–35, Angonese.

vatpersonen geschlossene Verträge oder sonstige von ihnen vorgenommene Akte geregelt werden. Daher könnte eine Beschränkung des Verbots der Diskriminierung auf Grund der Staatsangehörigkeit auf behördliche Maßnahmen zu Ungleichheiten bei seiner Anwendung führen), sowie der *Parallele zu den gegenüber Privaten geltenden Art. 12 und 141 EG* (weil die Grundfreiheit des Art. 39 EG eine spezifische Anwendung des in Art. 12 EG ausgesprochenen allgemeinen Diskriminierungsverbots darstelle. In diesem Zusammenhang solle Art. 39 ebenso wie Art. 141 EG eine nicht diskriminierende Behandlung auf dem Arbeitsmarkt gewährleisten).

Gegen diese Rechtsprechung werden allerdings auch Einwände vorgebracht. So sei **127**
das Wortlaut-Argument problematisch und die Privatautonomie der Beteiligten werde zu wenig berücksichtigt. Auch systematische Erwägungen (Spezialität der Wettbewerbsregeln gegenüber den Grundfreiheiten) und der Umstand, dass Art. 141 EG – im Gegensatz zu Art. 39 EG – ein Gemeinschaftsgrundrecht sei, auf das sich jeder berufen könne, sprächen gegen den EuGH[19].

Diese Bedenken vermögen im Ergebnis allerdings nicht zu überzeugen: Gegen die Eingrenzung der unmittelbaren Drittwirkung auf Kollektivverträge spricht, dass Art. 39 Abs. 2 EG ein umfassendes Diskriminierungsverbot aus Gründen der Staatsangehörigkeit enthält. Soweit Beschränkungsverbote in den Anwendungsbereich von Art. 39 EG fallen, d.h. insbesondere der Zugang zur Berufsausübung behindert wird, besteht auch hier kein Anlass, eine unmittelbare Wirkung des Art. 39 EG abzulehnen. Ebenso wie die deutschen nationalen Grundrechte wirken auch die Grundfreiheiten umfassend auf die Privatrechtsbeziehungen zwischen Arbeitgeber und Arbeitnehmer ein. Konflikte mit dem Grundsatz der Privatautonomie und der unternehmerischen Freiheit stehen der unmittelbaren Drittwirkung somit nicht grundsätzlich entgegen, sondern sind ggf. im Rahmen einer Abwägung zu lösen[20].

Daher gilt das in Art. 39 EG ausgesprochene Verbot der Diskriminierung auf Grund der Staatsangehörigkeit auch für Privatpersonen[21].

2. Diskriminierungsverbot, Art. 39 Abs. 2 EG

S könnte durch die Verpflichtung, seine Sprachkenntnisse durch die Bozener Verwaltung nachweisen zu müssen, diskriminiert werden.

a) Unmittelbare Diskriminierung

Eine zur unmittelbaren Diskriminierung führende Ungleichbehandlung liegt vor, **128**
wenn unterschiedliche Vorschriften auf gleichartige oder zumindest vergleichbare Situationen angewandt werden, oder wenn dieselbe Vorschrift auf unterschiedliche

---

19 Siehe dazu *Michaelis* NJW 2001, S. 1841 ff., *Streinz/Leible* EuZW 2000, S. 459 ff., insbes. S. 464 f., *Streinz,* Europarecht, Rz. 837, *Ahlt/Deisenhofer*, Europarecht, S. 188, *Brechmann* in Calliess/Ruffert, EGV, Art. 39, Rz. 56.

20 Siehe dazu *Brechmann* in Calliess/Ruffert, EGV, Art. 39, Rz. 57.

21 EuGH vom 6. 6. 2000, Rs. C-281/98, Slg. 2000, I-4139, EuZW 2000, S. 468 ff., 469, Rn. 30–35, Angonese.

Situationen angewandt wird[22]. Hier wird der Sprachnachweis durch die Bozener Verwaltung offenbar sowohl von italienischen als auch nichtitalienischen Bewerbern verlangt, so dass die Maßnahme keine unmittelbare Diskriminierung wegen der Staatsangehörigkeit darstellt[23].

b) Mittelbare Diskriminierung

129 Neben der unmittelbaren verbietet Art. 39 EG auch mittelbare Diskriminierungen, die durch die Anwendung anderer Unterscheidungsmerkmale als der Staatsangehörigkeit tatsächlich zu dem gleichen Ergebnis führen. Eine mittelbare Diskriminierung liegt vor, wenn sich eine Maßnahme ihrem Wesen nach eher auf EU- als auf inländische Arbeitnehmer auswirken kann und so die Gefahr besteht, die EU-Arbeitnehmer besonders zu benachteiligen[24].

Hier kommen als diskriminierende Maßnahmen zum einen das Erfordernis, überhaupt einen Sprachnachweis zu erbringen, und zum anderen dessen Art und Weise (nur in bzw. aus Bozen) in Betracht.

aa) Sprachkenntnisse

130 S will bei einer Bank im deutschsprachigen Teil Italiens arbeiten, so dass er aller Voraussicht nach sowohl mit italienisch- als auch mit deutschsprachigen Kunden und Kollegen zu tun haben wird. Insofern ist es verständlich und nachvollziehbar, dass die Bank schon bei der Einstellung Wert darauf legt, dass er sich in beiden Sprachen angemessen ausdrücken und verständigen kann. Daher ist es grundsätzlich legitim, von einem Bewerber um eine Stelle Sprachkenntnisse eines bestimmten Niveaus und auch die entsprechenden Nachweise zu verlangen[25]. Der Umstand, dass S (staatlicherseits) lt. Sachverhalt gegenüber den Gerichten sprachlich privilegiert[26] ist, steht dem nicht entgegen, zumal ihm dieses Recht ja unbenommen bleibt.

Das Einstellungskriterium, dass ein Bewerber über ausreichende Sprachkenntnisse verfügen muss, begründet hier per se also noch keine Diskriminierung.

bb) Nachweis in bzw. aus Bozen

131 Allerdings erkennt die B nur Sprachnachweise aus Bozen an. Um die Prüfung abzulegen, ist es erforderlich, im Abstand von einem Monat zweimal persönlich in Bozen zu erscheinen. Durch den damit verbundenen Zwang zur Reise nach Bozen (mit Kosten, Zeitaufwand, Nachteilen bei der Prüfungsvorbereitung etc.) wird es Personen, die nicht in der Gegend von Bozen wohnen, sehr schwer oder sogar unmöglich gemacht, die geforderten Kenntnisse nachzuweisen. Da die Mehrheit der Einwohner der Pro-

---

22 Vgl. *Brechmann* in Calliess/Ruffert, EGV, Art. 39, Rz. 49.

23 Siehe dazu auch EuGH vom 6. 6. 2000, Rs. C-281/98, Slg. 2000, I-4139, EuZW 2000, S. 468 ff., 470, Rn. 41, Angonese.

24 Vgl. *Brechmann* in Calliess/Ruffert, EGV, Art. 39, Rz. 49.

25 Vgl. auch EuGH vom 6. 6. 2000, Rs. C-281/98, Slg. 2000, I-4139, EuZW 2000, S. 468 ff., 470, Rn. 44, Angonese.

26 Siehe dazu ausführlich *Schmittmann* VR 2001, S. 97.

vinz Bozen italienische Staatsbürger sind, benachteiligt die Verpflichtung, die geforderte Bescheinigung zu erlangen, die Staatsangehörigen der anderen Mitgliedstaaten im Verhältnis zu diesen Einwohnern. Dem steht auch nicht entgegen, dass Bürger aus anderen Teilen Italiens ebenso benachteiligt sind, denn es ist nicht erforderlich, dass eine Maßnahme bewirkt, dass alle inländischen Arbeitnehmer begünstigt werden oder dass nur Arbeitnehmer aus anderen Mitgliedstaaten und nicht die inländischen Arbeitnehmer benachteiligt werden[27].

Die Art und Weise, wie die Kenntnisse nachgewiesen werden müssen, stellt damit eine Benachteiligung und mittelbare Diskriminierung des S dar.

3. Allgemeines Beschränkungsverbot, Art. 39 Abs. 2 EG

Da S durch das Bewerbungsverfahren diskriminiert wird, kommt es hier nicht mehr darauf an, ob auch ein Verstoß gegen das allgemeine Beschränkungsverbot[28] vorliegt.

IV. Rechtfertigung

Zu prüfen bleibt, ob die Diskriminierung gerechtfertigt ist.

1. Schranken gemäß Art. 39 Abs. 3 EG

Für eine Rechtfertigung gemäß dem ordre-public-Vorbehalt des Art. 39 Abs. 3 EG (öffentliche Ordnung, Sicherheit, Gesundheit) bietet der Sachverhalt keinerlei Anlass.

2. Gemeinwohlvorbehalt

Eine mittelbare Diskriminierung ist zulässig, wenn sie durch zwingende Gründe des Allgemeininteresses gerechtfertigt und verhältnismäßig ist[29]. Zweifelhaft ist schon, ob eine bestimmte Form des *Nachweises* der Zweisprachigkeit (nicht die Zweisprachigkeit als solche) überhaupt im allgemeinen Interesse liegt, oder nicht vielmehr ein – insofern unbeachtliches – Internum der Bank ist. In jedem Fall aber ist nicht zu erkennen, worin der besondere Wert eines gerade in Bozen erworbenen Sprachzeugnisses liegen soll, da entsprechende Prüfungen ohne weiteres auch im Ausland oder zumindest in anderen Teilen Italiens abgenommen werden können. Hinzu kommt, dass S während des Studiums u.a. Italienischkurse belegt hat und davon auszugehen ist, dass er auch dafür entsprechende Nachweise erhält, die die Bank anerkennen könnte. Im Hinblick auf das grds. legitime Ziel, nur zweisprachige Mitarbeiter zu haben, ist es daher nicht verhältnismäßig, die Nachweismöglichkeiten so zu begrenzen, dass praktisch nur Einwohner von Bozen und der näheren Umgebung diese ohne größere Schwierigkeiten erfüllen können. 132

Daher ist die Maßnahme nicht gerechtfertigt.

27 Vgl. EuGH vom 6. 6. 2000, Rs. C-281/98, Slg. 2000, I-4139, EuZW 2000, S. 468 ff., 470, Rn. 39 ff., Angonese.

28 Siehe dazu *Brechmann* in Calliess/Ruffert, EGV, Art. 39, Rz. 52 ff.

29 *Brechmann* in Calliess/Ruffert, EGV, Art. 39, Rz. 51.

B. Ergebnis

Es stellt eine gegen Art. 39 EG verstoßende Diskriminierung auf Grund der Staatsangehörigkeit dar, wenn ein Arbeitgeber verlangt, dass der Bewerber seine Sprachkenntnisse ausschließlich mit einer Bescheinigung nachweist, die in einer einzigen Provinz eines Mitgliedstaats ausgestellt wird[30].

Teil II

133 Zu prüfen ist, ob die Besteuerung des S nach dem deutschen Einkommensteuerrecht, das zwischen beschränkter und unbeschränkter Steuerpflicht unterscheidet, gegen Art. 39 EG verstößt.

Ausführungen zu sekundärem oder sonstigen Gemeinschaftsrecht (siehe dazu Fall 6) sind hier wegen der eindeutigen Fragestellung nicht erforderlich.

Dazu müsste Art. 39 EG anwendbar und die Arbeitnehmerfreizügigkeit auch bei der Einkommensteuer zu beachten sein, und die Besteuerung des S müsste eine ungerechtfertigte Diskriminierung aufgrund der Staatsangehörigkeit darstellen.

A. Arbeitnehmerfreizügigkeit aus Art. 39 EG

Gemäß Art. 39 Abs. 1 EG ist innerhalb der Gemeinschaft die Freizügigkeit der Arbeitnehmer gewährleistet. Diese umfasst die Abschaffung jeder auf der Staatsangehörigkeit beruhenden unterschiedlichen Behandlung der Arbeitnehmer der Mitgliedstaaten in Bezug auf Beschäftigung, Entlohnung und sonstige Arbeitsbedingungen (Art. 39 Abs. 2 EG).

I. Persönlicher Anwendungsbereich Art. 39 EG

134 S ist als Südtiroler italienischer Staatsbürger (Mitgliedstaat, Art. 299 Abs. 1 EG), so dass der persönliche Anwendungsbereich des Art. 39 EG hier eröffnet ist (siehe dazu oben Teil I unter A. I.).

Für den S stellt die Arbeit bei der Bank in Berchtesgaden grundsätzlich eine Tätigkeit als Arbeitnehmer i. S. d. gemeinschaftsrechtlichen Arbeitnehmerbegriffs (siehe dazu oben Teil I unter A. I.) dar. Problematisch könnte hier allerdings sein, dass S einerseits noch einen zweiten Beruf als selbständiger Vermögensberater ausübt und andererseits bei der Bank nur in Teilzeit arbeitet.

Gegen eine Einschränkung des Arbeitnehmerbegriffs durch die zusätzlich ausgeübte freiberufliche Tätigkeit spricht, dass die Arbeitnehmerfreizügigkeit im Interesse des gemeinschaftsrechtlichen Effektivitätsgrundsatzes grundsätzlich weit auszulegen ist (siehe dazu oben Teil I unter A. I.). Für eine solche Beschränkung besteht darüber hinaus auch kein praktisches Bedürfnis, weil sich die möglichen Rechtsfolgen allein auf die Arbeitnehmerstellung des S beziehen und den Rechtskreis als Freiberufler, der

30 Vgl. EuGH vom 6. 6. 2000, Rs. C-281/98, Slg. 2000, I-4139, EuZW 2000, S. 468 ff., 470, Rn. 46, Angonese.

durch die Niederlassungsfreiheit der Art. 43 ff. EG geschützt ist, nicht erweitern. Dass S nebenbei auch freiberuflich als Vermögensberater tätig ist, ändert somit nichts an der (auch) vorhandenen Arbeitnehmereigenschaft als Bankangestellter.

Ebenso verhält es sich hinsichtlich der Tatsache, dass S bei der Bank nur in Teilzeit arbeitet. Denn nur Tätigkeiten, die einen so geringen Umfang haben, dass sie sich als völlig untergeordnet und unwesentlich darstellen, bleiben für die Beurteilung der Arbeitnehmereigenschaft außer Betracht[31]. Hier arbeitet S – wenn auch nur in Teilzeit – als Betriebswirt in einer Bank, so dass nicht davon auszugehen ist, dass es sich um eine untergeordnete und unwesentliche Tätigkeit handelt.

Damit ist S – trotz Teilzeitstelle und Zweitberuf – als Arbeitnehmer i. S. d. Art. 39 EG anzusehen.

Der persönliche Anwendungsbereich des Art. 39 EG ist daher gegeben.

II. Sachlicher Anwendungsbereich

Hier ist auch der notwendige grenzüberschreitende Sachverhalt gegeben (siehe dazu **135**
oben Teil I unter A. II. 1.), da S in Österreich wohnt, aber in Deutschland arbeitet und dort auch besteuert wird. Dass er darüber hinaus auch noch italienischer Staatsangehöriger ist, ist demgegenüber nicht von Bedeutung, da die Regelungen zur beschränkten und unbeschränkten Steuerpflicht gemäß §§ 1 Abs. 1 und 4 bzw. 49 Abs. 1 Nr. 4 a) EStG nicht an die Staatsangehörigkeit, sondern an den Wohn- bzw. Arbeitsort anknüpfen.

S arbeitet bei einer privaten Bank, so dass die Bereichsausnahme[32] für die öffentliche Verwaltung gemäß Art. 39 Abs. 4 EG nicht eingreift[33].

Damit ist auch der sachliche Anwendungsbereich des Art. 39 EG gegeben.

III. Verstoß gegen Arbeitnehmerfreizügigkeit

Zu prüfen ist, ob die deutschen Bestimmungen, die hinsichtlich der Unterscheidung zwischen beschränkt und unbeschränkt Steuerpflichtigen an den Wohnort anknüpfen, den S in seiner Freizügigkeit beschränken.

1. Anwendbarkeit von Art. 39 EG bei direkten Steuern

Ein Problem könnte sich hier allerdings daraus ergeben, dass die fragliche Regelung **136**
des EStG zum Steuerrecht gehört, für das nach Art. 5 i. V. m. Art. 93 ff. EG nur beschränkte Zuständigkeiten der Gemeinschaft bestehen. Zu prüfen ist daher, ob Art. 39 EG das Recht eines Mitgliedstaats (hier: Deutschland) einschränken kann, die Voraussetzungen und Modalitäten der Besteuerung der Einkünfte festzulegen, die Angehörige eines anderen Mitgliedstaats dort (also in Deutschland) erzielen.

31 *Brechmann* in Calliess/Ruffert, EGV, Art. 39, Rz. 10 m.w.N.

32 Siehe dazu *Brechmann* in Calliess/Ruffert, EGV Art. 39, Rz. 100 ff., *Ahlt/Deisenhofer*, Europarecht, S. 190 f., und *Streinz*, Europarecht, Rz. 881.

33 *Loibl*, Europarecht – Das Skriptum, S. 97, prüft das erst als Rechtfertigungsgrund.

Dazu ist zunächst zu klären, wie weit die Mitgliedstaaten bei der Einkommensteuer den Bindungen des (primären) Gemeinschaftsrechts unterliegen. Im Bereich des Steuerrechts besteht gemäß Art. 93 EG ein Harmonisierungsauftrag nur für die indirekten Steuern. Danach erlässt der Rat die Bestimmungen zur Harmonisierung der Rechtsvorschriften über die Umsatzsteuern, die Verbrauchsabgaben und sonstige indirekte Steuern[34], soweit diese Harmonisierung für die Errichtung und das Funktionieren des Binnenmarkts notwendig ist. Hier weist das Finanzamt zu Recht darauf hin, dass es sich bei der Einkommensteuer um eine „direkte Steuer" handelt[35]. Damit fällt die Einkommensteuer nicht unter Art. 93 EG. Es gibt auch keine dem Art. 93 EG entsprechenden Vertragsbestimmungen für die direkten Steuern[36]. Im Umkehrschluss aus Art. 93 EG und aus dem Prinzip der begrenzten Einzelermächtigung in Art. 5 EG ergibt sich vielmehr, dass die Regelungsbefugnis für die direkten Steuern bei den Mitgliedstaaten liegt. Dasselbe zeigt auch Art. 293 2. Spiegelstrich EG, nach dem die Mitgliedstaaten untereinander Verhandlungen zur Beseitigung der Doppelbesteuerung innerhalb der Gemeinschaft einleiten können. Der Bereich der direkten Steuern als solcher fällt beim gegenwärtigen Stand des Gemeinschaftsrechts daher nicht in die Zuständigkeit der Gemeinschaft, sondern in die der Mitgliedstaaten[37].

Aus der Regelungsbefugnis der Mitgliedstaaten im Bereich der direkten Steuern folgt allerdings nicht, dass diese völlig frei von den Bindungen des Europarechts sind. Denn nach der st. Rspr. des EuGH haben sie ihre verbleibenden Befugnisse unter Wahrung des Gemeinschaftsrechts auszuüben[38].

Angesichts der eindeutigen Rspr. des EuGH insbesondere zu den Steuerfällen dürfte ein anderes Ergebnis hier kaum vertretbar sein.

137 Geht man daher mit dem EuGH davon aus, dass Art. 39 EG grundsätzlich auch auf die direkten Steuern anzuwenden ist, so stellt sich die Frage, wie weit er die Befugnisse der Mitgliedstaaten einschränken kann. Nach Art. 39 Abs. 2 EG umfasst die Freizügigkeit innerhalb der Gemeinschaft die Abschaffung jeder auf der Staatsangehörigkeit beruhenden unterschiedlichen Behandlung der Arbeitnehmer der Mitgliedstaaten, namentlich in Bezug auf die Entlohnung. Steuern werden dort also nicht ausdrücklich erwähnt. Insbesondere die hier zu prüfende Einkommensteuer hängt aber unmittelbar mit der in Art. 39 Abs. 2 genannten „Entlohnung" zusammen. Denn der Grundsatz der Gleichbehandlung auf dem Gebiet der Entlohnung wäre wirkungslos, wenn er durch diskriminierende nationale Vorschriften über die Einkommensteuer be-

34 Zu den sonstigen indirekten Steuern gehören beispielsweise Kapitalverkehr-, Beförderungs- oder Versicherungssteuern (*Waldhoff* in Calliess/Ruffert, EGV, Art. 93, Rz. 4).

35 Direkte und indirekte Steuern unterscheiden sich dadurch, dass bei direkten Steuern der Steuerschuldner die Steuer auch (regelmäßig) trägt, während bei indirekten Steuern (regelmäßig) eine Überwälzung auf Dritte, in der Regel den Verbraucher, erfolgt (*Birk*, Steuerrecht, Rz. 43).

36 Bei den direkten Steuern besteht somit nur die Möglichkeit, gemäß Art. 94 i.V.m. 95 Abs. 2 EG zu harmonisieren, was im Bereich der Einkommensteuer aber noch nicht erfolgt ist (vgl. *Everett* DStZ 2006, S. 357 ff., 357).

37 EuGH vom 17. 1. 2008, Rs. C-152/05, NJW 2008, S. 569 f., 569, Rz 16 m.w.N., Eigenheimzulage. Ebenso *Brechmann* in Calliess/Ruffert, EGV, Art. 39, Rz. 54.

38 EuGH vom 17. 1. 2008, Rs. C-152/05, NJW 2008, S. 569 f., 569, Rz 16 m.w.N., Eigenheimzulage, EuGH vom 14. 2. 1995, Rs. C-279/93, Slg. 1995, I-225, NJW 1995, S. 1207 ff., 1208, Rn. 21, Schumacker, sowie *Brechmann* in Calliess/Ruffert, EGV, Art. 39, Rz. 64, je m.w.N. Dahinter steht der Grundsatz der Vertragstreue aus Art. 10 EG.

einträchtigt werden könnte. Daher hat der Rat in Art. 7 der Verordnung (EWG) Nr. 1612/68[39] auch vorgeschrieben, dass ein Arbeitnehmer, der Staatsangehöriger eines Mitgliedstaats ist, im Hoheitsgebiet der anderen Mitgliedstaaten die gleichen steuerlichen Vergünstigungen genießt wie die inländischen Arbeitnehmer[40].

Nach der Rechtsprechung des EuGH folgt somit aus Art. 39 EG, dass ein Mitgliedstaat einen Staatsangehörigen eines anderen Mitgliedstaates, der seine Freizügigkeit als Arbeitnehmer ausübt und in dem betreffenden Staat arbeitet, bei der Erhebung der direkten Steuern nicht schlechter behandeln darf als einen eigenen Staatsangehörigen, der sich in der gleichen Lage befindet[41]. Im konkreten Fall bedeutet dies, dass das deutsche Steuerrecht den S gegenüber einem deutschen Steuerpflichtigen, der sich in derselben Lage befindet, nicht benachteiligen darf.

2. Unmittelbare Diskriminierung

Eine zur unmittelbaren Diskriminierung führende Ungleichbehandlung liegt vor, **138**
wenn unterschiedliche Vorschriften auf gleichartige oder zumindest vergleichbare Situationen angewandt werden, oder wenn dieselbe Vorschrift auf unterschiedliche Situationen angewandt wird[42]. Nach § 1 Abs. 1 Satz 1 und Abs. 4 Satz 1 EStG richtet sich die Unterscheidung zwischen der beschränkten und der unbeschränkten Steuerpflicht allein nach dem Wohnort bzw. dem Ort des gewöhnlichen Aufenthalts. Nach dem deutschen EStG kommt es somit nicht darauf an, ob der Steuerpflichtige Deutscher oder (EU-)Ausländer ist. Die Unterscheidung zwischen der unbeschränkten und der beschränkten Steuerpflicht bewirkt somit keine unmittelbare Diskriminierung wegen der Staatsangehörigkeit[43].

3. Mittelbare Diskriminierung

Neben der unmittelbaren verbietet Art. 39 EG auch mittelbare Diskriminierungen[44]. **139**

Die Vorschriften des deutschen EStG gelten hier unabhängig von der Staatsangehörigkeit des Steuerpflichtigen. Es besteht aber die Gefahr, dass sich nationale Rechtsvorschriften, die nach dem Wohnsitz differenzieren, indem sie Gebietsfremden bestimmte Steuervergünstigungen verweigern, die sie Gebietsansässigen gewähren, hauptsächlich zum Nachteil der Angehörigen anderer Mitgliedstaaten auswirken, da Gebietsfremde meist Ausländer sind. Daher können Steuervergünstigungen, die den Gebietsansässigen eines Mitgliedstaats vorbehalten werden, grundsätzlich eine mittelbare Diskriminierung aufgrund der Staatsangehörigkeit darstellen[45].

39 Siehe Fn. 3.
40 EuGH vom 14. 2. 1995, Rs. C-279/93, Slg. 1995, I-225, NJW 1995, S. 1207 ff., 1208, Rn. 23 m.w.N., Schumacker.
41 EuGH vom 14. 2. 1995, Rs. C-279/93, Slg. 1995, I-225, NJW 1995, S. 1207 ff., 1208, Rn. 24, Schumacker.
42 Vgl. *Brechmann* in Calliess/Ruffert, EGV, Art. 39, Rz. 49.
43 Siehe dazu auch EuGH vom 6. 6. 2000, Rs. C-281/98, Slg. 2000, I-4139, EuZW 2000, S. 468 ff., 470, Rn. 41, Angonese.
44 Siehe dazu oben Teil I unter A. III. 2. b).
45 Vgl. EuGH vom 14. 2. 1995, Rs. C-279/93, Slg. 1995, I-225, NJW 1995, S. 1207 ff., 1208, Rn. 27–29, Schumacker.

Hier könnte die Diskriminierung darin liegen, dass ein EU-Arbeitnehmer, der nicht in Deutschland wohnt, aber dort arbeitet, höher besteuert wird als ein Arbeitnehmer, der in Deutschland wohnt und dort die gleiche Beschäftigung ausübt.

Da die Diskriminierung eine Ungleichbehandlung vergleichbarer Sachverhalte voraussetzt, kommt es entscheidend darauf an, ob sich Gebietsansässige und Gebietsfremde im Hinblick auf die direkten Steuern in einer vergleichbaren Situation befinden.

a) Grundregel: Unterschied zwischen Gebietsfremden und Gebietsansässigen

140 Gegen eine solche Vergleichbarkeit spricht nach Ansicht des EuGH[46], dass das Einkommen, das ein Gebietsfremder im Hoheitsgebiet eines Staates erzielt, meist nur einen Teil seiner Gesamteinkünfte darstellt. Der Schwerpunkt der Einkünfte wird dagegen an seinem Wohnort liegen. Außerdem kann die persönliche Steuerkraft des Gebietsfremden, die sich aus der Berücksichtigung seiner Gesamteinkünfte sowie seiner persönlichen Lage und seines Familienstands ergibt, am leichtesten an dem Ort beurteilt werden, an dem der Mittelpunkt seiner persönlichen Interessen und seiner Vermögensinteressen liegt. Dieser Ort ist in der Regel der ständige Wohn- und Aufenthaltsort der betroffenen Person[47]. Demgegenüber ist die Situation des Gebietsansässigen eine andere, da bei ihm der Schwerpunkt der Einkünfte in der Regel im Wohnsitzstaat liegt. Im übrigen verfügt im allgemeinen dieser Staat über alle erforderlichen Informationen, um die Gesamtsteuerkraft des Steuerpflichtigen unter Berücksichtigung seiner persönlichen Lage und seines Familienstands zu beurteilen.

Daher ist es in der Regel nicht diskriminierend, wenn ein Mitgliedstaat Gebietsfremden bestimmte Steuervergünstigungen versagt, die er Gebietsansässigen gewährt, weil sich diese beiden Gruppen von Steuerpflichtigen nicht in einer vergleichbaren Lage befinden. Art. 39 EG steht somit der Anwendung von Rechtsvorschriften eines Mitgliedstaats nicht grundsätzlich entgegen, nach denen das Einkommen eines Gebietsfremden, der eine nichtselbständige Beschäftigung in diesem Staat ausübt, höher besteuert wird als das eines Gebietsansässigen, der die gleiche Beschäftigung ausübt[48].

b) Ausnahme nach Anteilen des Einkommens

141 Auch wenn die Anknüpfung an den Wohnort nach der EuGH-Rspr. grundsätzlich zulässig ist, bleibt abschließend noch zu prüfen, ob sich eine Ausnahme aus den Umständen des konkreten Falles ergibt. Denn in der Schumacker-Entscheidung hat der

46 Zum folgenden siehe EuGH vom 14. 2. 1995, Rs. C-279/93, Slg. 1995, I-225, NJW 1995, S. 1207 ff., 1208, Rn. 31 ff., Schumacker.

47 So geht auch das internationale Steuerrecht, u.a. das Muster-Doppelbesteuerungsabkommen der Organisation für wirtschaftliche Zusammenarbeit und Entwicklung (OECD), davon aus, dass es grundsätzlich Sache des Wohnsitzstaats ist, den Steuerpflichtigen unter Berücksichtigung der seine persönliche Lage und seinen Familienstand kennzeichnenden Umstände umfassend zu besteuern (EuGH vom 14. 2. 1995, Rs. C-279/93, Slg. 1995, I-225, NJW 1995, S. 1207 ff., 1208, Rn. 33, Schumacker).

48 Vgl. EuGH vom 14. 2. 1995, Rs. C-279/93, Slg. 1995, I-225, NJW 1995, S. 1207 ff., 1208, Rn. 34 f., Schumacker.

EuGH den Grundsatz für den Fall eingeschränkt, dass der Gebietsfremde im Wohnsitzstaat „keine nennenswerten" Einkünfte hat und sein zu versteuerndes Einkommen im wesentlichen aus einer Tätigkeit bezieht, die er im Beschäftigungsstaat ausübt, so dass der Wohnsitzstaat nicht in der Lage ist, ihm die Vergünstigungen zu gewähren, die sich aus der Berücksichtigung seiner persönlichen Lage und seines Familienstands ergeben[49]. Denn in diesem Fall besteht zwischen der Situation eines solchen Gebietsfremden und der eines Gebietsansässigen, der eine vergleichbare nichtselbständige Beschäftigung ausübt, kein objektiver Unterschied, der eine Ungleichbehandlung hinsichtlich der Berücksichtigung der persönlichen Lage und des Familienstands des Steuerpflichtigen bei der Besteuerung rechtfertigen könnte. Im Fall eines Gebietsfremden, der in einem anderen Mitgliedstaat als dem seines Wohnsitzes den wesentlichen Teil seiner Einkünfte und praktisch die Gesamtheit seiner Familieneinkünfte erzielt, besteht die Diskriminierung darin, dass seine persönliche Lage und sein Familienstand weder im Wohnsitzstaat noch im Beschäftigungsstaat berücksichtigt[50] werden[51].

c) Einkommensverteilung im konkreten Fall

Hier erzielt S sein Einkommen ungefähr zu gleichen Teilen als freiberuflicher Vermö- **142**
gensverwalter in Österreich und als Bankangestellter in Deutschland. Bei einer solchen hälftigen Aufteilung des Gesamteinkommens sind beide Anteile als gleich „wesentlich" i. S. d. EuGH-Rspr. anzusehen. Es kann – im Gegensatz zur Konstellation im Fall Schumacker – also nicht die Rede davon sein, dass S in Österreich keine nennenswerten Einkünfte erzielt. Im Fall Gschwind hat der EuGH es sogar für zulässig gehalten, bestimmte Steuervergünstigungen davon abhängig zu machen, dass bei Gebietsfremden mindestens 90% des Einkommens in Deutschland der Steuer unterliegen[52]. Bei einer Verteilung von etwa 50:50 ist damit erst recht davon auszugehen, dass das österreichische Recht dem S ausreichend Möglichkeiten bietet, seine persönliche Situation zu berücksichtigen[53].

Nach dem Bearbeiterhinweis werden keine besonderen Kenntnisse des Steuerrechts – erst recht nicht des österreichischen Rechts – vorausgesetzt. Der Hinweis im Sachverhalt, dass beim österreichischen Einkommensteil entsprechende Abzüge vorgenommen wurden, legt dieses Argument allerdings nahe.

---

49 In dem Fall hatte die Familie des belgischen Staatsangehörigen Schumacker, der in Belgien wohnte, aber in Deutschland arbeitete, „praktisch die Gesamtheit ihrer Familieneinkünfte" in Deutschland erzielt (vgl. EuGH vom 14. 2. 1995, Rs. C-279/93, Slg. 1995, I-225, NJW 1995, S. 1207 ff., 1209, Rn. 38, Schumacker). Infolge des Schumacker-Urteils wurde u.a. § 1 Abs. 3 EStG durch das Jahressteuergesetz 1996 geändert (BT-Drs. 13/1558 vom 31. 5. 1995, S. 15 ff., 148) und die dortige 90%-Regelung eingeführt.

50 Denn im Wohnsitzstaat fehlen – mangels dortigem Einkommen – die finanziellen und im Beschäftigungsstaat die rechtlichen Voraussetzungen.

51 EuGH vom 14. 2. 1995, Rs. C-279/93, Slg. 1995, I-225, NJW 1995, S. 1207 ff., 1208/1209, Rn. 36 ff., Schumacker.

52 EuGH vom 14. 9. 1999, Rs. C-391/97, Slg. 1999, I-5451, NJW 2000, S. 941 ff., 943, Rn. 32, Frans Gschwind./.Finanzamt Aachen-Außenstadt.

53 Im Fall „Gschwind" hatte der Anteil des Einkommens im Wohnsitzstaat sogar nur bei ca. 42% gelegen (EuGH vom 14. 9. 1999, Rs. C-391/97, Slg. 1999, I-5451, NJW 2000, S. 941 ff., 943, Rn. 29, Gschwind).

Daher bietet der Sachverhalt hier keinen Anlass, von der Grundregel abzuweichen. S wird durch die Besteuerung somit nicht diskriminiert.

4. Allgemeines Beschränkungsverbot, Art. 39 Abs. 2 EG

Da S schon wegen der Verteilung seiner Einkommensquellen – konkret dadurch, dass er ungefähr die Hälfte des Einkommens in Österreich erzielt – nicht mit einem „rein deutschen" Arbeitnehmer vergleichbar ist, liegt keine entsprechende Ungleichbehandlung und damit auch kein Verstoß gegen das allgemeine Beschränkungsverbot[54] vor.

B. Ergebnis

Die Besteuerung des S verstößt hier nicht gegen Art. 39 EG.

Weiterführende Hinweise

Streinz, Rudolf: Europarecht, Rz. 781 ff., 796, 802, 804 ff., 837, 877 ff.

EuGH vom 14. 2. 1995, Rs. C-279/93, Slg. 1995, I-225 = NJW 1995, S. 1207 ff., Finanzamt Köln-Altstadt./.Roland Schumacker.

EuGH vom 15. 12. 1995, Rs. C-415/93, Slg. 1995, I-4921 = NJW 1996, 505 ff. = EuZW 1996, S. 82 ff., Union royale belge des sociétés de football association ASBL u.a./.Jean-Marc Bosman.

EuGH vom 6. 6. 2000, Rs. C-281/98, Slg. 2000, I-4139 = EuZW 2000, S. 468 ff., Roman Angonese./. Cassa di Risparmio di Bolzano SpA.

Everett, Mary: Der Einfluss der EuGH-Rechtsprechung auf die direkten Steuern, DStZ 2006, S. 357 ff.

Knobbe-Kneuk, Brigitte: Freizügigkeit und direkte Besteuerung (Anmerkung zu dem Urteil des EuGH, EuZW 1995, 177 – Finanzamt Köln Altstadt/Roland Schumacker), EuZW 1995, S. 167 ff.

Leible, Stefan: Drittwirkung der Grundfreiheiten, JS 2000, S. 830 ff.

Michaelis, Lars Oliver: Unmittelbare Drittwirkung der Grundfreiheiten – Zum Fall Angonese, NJW 2001, S. 1841 ff.

Schmittmann, Jens: Der praktische Fall: Europarecht und Sprachenstreit, VR 2001, S. 97 ff.

Streinz, Rudolf: Unmittelbare Drittwirkung der Freizügigkeit der Arbeitnehmer in Individualarbeitsverträgen, JuS 2000, S. 1111 ff.

Streinz, Rudolf/Leible, Stefan: Die unmittelbare Drittwirkung der Grundfreiheiten – Überlegungen aus Anlass von EuGH vom 6. 6. 2000, Rs. C-281/98, Slg. 2000, I-4139, EuZW 2000, S. 459 ff., Roman Angonese./.Cassa di Risparmio di Bolzano SpA.

54 Siehe dazu *Brechmann* in Calliess/Ruffert, EGV, Art. 39, Rz. 52 ff.

Ausblick auf den Vertrag von Lissabon[55] 143

Bisherige Nummerierung des Vertrages zur Gründung der Europäischen Gemeinschaft (EG)	Nummerierung im Vertrag von Lissabon	Neue Nummerierung des Vertrages über die Arbeitsweise der Europäischen Union (AEUV)
Art. 5	Prinzipien werden künftig in Art. 3b (künftig Art. 5) EUV geregelt	
Art. 12 Abs. 1 und 2	Art. 16d Abs. 1 und 2	Art. 18 Abs. 1 und 2
Art. 39–42	Art. 39–42	Art. 45–48
Art. 43–48	Art. 43–48	Art. 49–54
Art. 93	Art. 93	Art. 113
Art. 141	Art. 141	Art. 157
Art. 299 Abs. 1	Im Wesentlichen ersetzt durch Art. 49c Abs. 1 (künftig Art. 52 Abs. 1) EUV	

55 Synopse nach Übereinstimmungstabelle zu Art. 5 des Vertrags von Lissabon, ABl. 2007 Nr. C 306/202 ff. Konsolidierte Fassungen des „Vertrags über die Europäische Union“ (EUV) und des neuen „Vertrags über die Arbeitsweise der Europäischen Union“ (AEUV, bisher: „Vertrag zur Gründung der Europäischen Gemeinschaft“) sind im Abl. 2008 Nr. C-115/1 ff. abgedruckt.

Anhang

Prüfungsschema Arbeitnehmerfreizügigkeit (Art. 39 ff. EG)

144 1. Arbeitnehmer, Art. 39 EG

2. Grenzüberschreitender Bezug

3. Keine Bereichsausnahme für die öffentlicher Verwaltung, Art. 39 Abs. 4 EG

4. Keine abschließende gemeinschaftsrechtliche Harmonisierung

5. Nationale Maßnahme, die Niederlassung unterbindet, behindert oder weniger attraktiv macht:

Offene Diskriminierung — Versteckte Diskriminierung — Beschränkung

6. Rechtfertigung nach
   Art. 39 Abs. 3 EG
   Ausnahme: Art. 39 Abs. 2 EG

Ausnahme für Ausübungsregelungen entsprechend *Keck* bei bloßer Beschränkung, str.

Rechtfertigung nach Art. 39 Abs. 3 EG, Verhältnismäßigkeit

Rechtfertigung aus zwingenden Erfordernissen, Verhältnismäßigkeit

7. Beachtung der Gemeinschaftsgrundrechte

Fall 5

Filialapotheken auf dem Vormarsch

Pflichtfach/Schwerpunktbereich, Schwierigkeitsgrad: mittel/hoch

Die in den Niederlanden ansässige und nach dortigem Recht ordnungsgemäß gegründete Kapitalgesellschaft A, die dort ihren Satzungssitz hat, betreibt dort eine Reihe von Apotheken. Sie möchte ihr Filialnetz auch auf Deutschland ausdehnen. Zu diesem Zweck möchte sie in Deutschland eine GmbH gründen, die die verschiedenen Filialen betreibt und die über die gemeinsame Geschäftspolitik des Unternehmens wacht. Die Filialen sollen von angestellten approbierten Apothekern geleitet werden, die den Weisungen der Geschäftsleitung der GmbH unterliegen. **145**

A gründet die besagte GmbH und beantragt bei der zuständigen Behörde eine Betriebserlaubnis für eine erste Filiale in der Stadt S. Diese wird auch erteilt und für sofort vollziehbar erklärt. Die Behördenleitung ist sich zwar bewusst, dass sie damit gegen § 8 ApoG verstößt, sieht sich hieran aber wegen der Vorgaben des Europarechts nicht gebunden. Die übrigen Voraussetzungen für die Erlaubniserteilung liegen vor. Die Anordnung der sofortigen Vollziehbarkeit wird damit begründet, dass die freie Niederlassung von A nicht durch gerichtliche Auseinandersetzungen behindert werden dürfe. A will unmittelbar nach Erlaubniserteilung mit dem Betrieb der Apotheke beginnen.

Konkurrent X, der in S in unmittelbarer Nähe zu A eine Apotheke in Form eines einzelkaufmännischen Unternehmens führt, klagt vor dem zuständigen Verwaltungsgericht und stellt bei Gericht einen entsprechenden Antrag auf einstweiligen Rechtsschutz. Er ist der Auffassung, die Behörde hätte sich nicht über § 8 ApoG hinweg setzen dürfen. Zum einen könne eine Behörde deutsche Gesetze nicht so ohne Weiteres unangewendet lassen. Eine Verwerfungskompetenz besitze ausschließlich das Bundesverfassungsgericht. Zudem sei die Vorschrift europarechtlich aus Gründen des Gesundheitsschutzes gerechtfertigt. A hält dem entgegen, die Anträge des X seien bereits unzulässig, da es keine Norm gebe, die vor Konkurrenz schütze.

1. Ist die Betriebserlaubnis zu Recht ergangen?
2. Wie wird das zuständige Gericht über den Eilantrag entscheiden?

§ 8 ApoG

Mehrere Personen zusammen können eine Apotheke nur in der Rechtsform einer Gesellschaft bürgerlichen Rechts oder einer offenen Handelsgesellschaft betreiben; in diesen Fällen bedürfen alle Gesellschafter der Erlaubnis. Beteiligungen an einer Apotheke in Form einer Stillen Gesellschaft und Vereinbarungen, bei denen die Vergütung für dem Erlaubnisinhaber gewährte Darlehen oder sonst überlassene Vermögenswerte am Umsatz oder am Gewinn der Apotheke ausgerichtet ist, insbesondere auch am Umsatz oder Gewinn ausgerichtete Mietverträge sind unzulässig.

Vorüberlegung

146 Der zugrunde liegende Fall, in dem wieder die Internet-Apotheke Doc Morris die Hauptrolle spielt, wurde im Jahre 2007 vom OVG des Saarlandes[1] entschieden. Diesmal ging es nicht um Fragen des freien Warenverkehrs, sondern der Niederlassungsfreiheit. Doc Morris wollte ein Apothekenfilialnetz in Deutschland in Form einer Kapitalgesellschaft etablieren. Dem steht zwar das Apothekengesetz in der derzeitigen Fassung entgegen. Die Genehmigungsbehörde gab dem entsprechenden Antrag aber gleichwohl statt, um dem Europarecht zum Durchbruch zu verhelfen. Das rief die potentiellen Konkurrenten auf den Plan.

Die Aufgabe wird in zwei Fragen behandelt, um den Stoff zu entzerren und den Aufbau weniger komplex zu gestalten. Zunächst geht es um die materielle Frage, ob die Betriebserlaubnis rechtmäßig war. Auf den ersten Blick fällt auf, dass die Erlaubnis nicht im Einklang mit § 8 ApoG steht. Es kann im Weiteren also nur darum gehen, ob diese Norm ihrerseits mit höherrangigem Recht in Einklang steht. Zu denken ist hier einerseits an das deutsche Verfassungsrecht, andererseits an das Europäische Gemeinschaftsrecht.

Das Bundesverfassungsgericht hat dem Gesetzgeber bei der Ausgestaltung der apothekenrechtlichen Berufsregelungen bisher einen großen Spielraum eingeräumt. Deshalb ist zu prognostizieren, dass diese Regelungen, insbesondere § 8 ApoG, dort Bestand haben werden. Anders ist es mit dem Europarecht. Der EuGH zeigt regelmäßig wenig Verständnis für nationale Normen, die sich protektionistisch für die einheimischen Berufsträger auswirken. Vor diesem Hintergrund erscheint es durchaus denkbar, dass der Gerichtshof § 8 ApoG als europarechtswidrig einstufen würde.

Im Zentrum der Prüfung der Niederlassungsfreiheit gem. Art. 43 EG steht die Frage nach der Rechtfertigung. Das deutsche Apothekengesetz dient dem Gesundheitsschutz der Bevölkerung und verfolgt damit ein auch vom Gemeinschaftsrecht anerkanntes Ziel. Fraglich ist aber, ob die konkrete Maßnahme des Gesetzgebers auch verhältnismäßig ist. Dies ist eher zu verneinen.

Damit ist aber noch nicht gesagt, dass die deutschen Behörden § 8 ApoG ohne Weiteres unangewendet lassen können. Vielmehr dürften sie einfaches Gesetzesrecht, das gegen Verfassungsrecht verstößt, nicht selbst verwerfen. Wie die Lage im Zusammenhang mit Europarecht ist, ist umstritten. Hier wird eine ausführliche Auseinandersetzung erwartet.

Im prozessualen Teil der zweiten Frage soll der einstweilige Rechtsschutz nach VwGO wiederholt werden. Insbesondere geht es um Konstellationen, in denen ein Dritter, also der Konkurrent, Rechtsschutz sucht.

Der Schwierigkeitsgrad der Klausur ist als mittel bis hoch einzustufen, da einige spezielle Fragen von nationalem und Gemeinschaftsrecht angesprochen werden. Die Klausur eignet sich gut als Examensklausur im Öffentlichen Recht, kann aber in Tei-

1 OVG des Saarlandes vom 22. 1. 2007, 3 W 14/06, NVwZ-RR 2008, S. 95 ff.

len auch im Schwerpunkt Europarecht im Rahmen einer Examensabschlussklausur oder einer vorlesungsbegleitenden Abschlussklausur geschrieben werden.

Gliederung

Frage 1 147

A. Rechtsgrundlage

B. Formelle Rechtmäßigkeit

C. Materielle Rechtmäßigkeit
- I. Einschränkung von § 1 ApoG durch § 8 ApoG
- II. Verstoß gegen Grundrechte des Grundgesetzes
- III. Verstoß gegen die Niederlassungsfreiheit gem. Art. 43 EG
  - 1. Anwendungsbereich der Niederlassungsfreiheit
  - 2. Gewährleistungsinhalt
  - 3. Rechtfertigung aus Gründen des Gesundheitsschutzes
  - 4. Verwerfungspflicht deutscher Behörden

D. Ergebnis

Frage 2

A. Zulässigkeit
- I. Verwaltungsrechtsweg
- II. Statthafter Antrag
- III. Antragsbefugnis
- IV. Rechtsschutzbedürfnis
- V. Antragsgegner
- VI. Beteiligten- und Prozessfähigkeit
- VII. Ergebnis

B. Begründetheit
- I. Grundrechtsbetroffenheit
- II. Ergebnis

Musterlösung

Frage 1

148 Zu prüfen ist die Rechtmäßigkeit der Betriebserlaubnis. Es ist nach einer Rechtsgrundlage zu suchen, deren Voraussetzungen in formeller und materieller Hinsicht erfüllt sein müssen.

A. Rechtsgrundlage

Rechtsgrundlage für die Erlaubniserteilung ist § 1 ApoG.

B. Formelle Rechtmäßigkeit

Die formelle Rechtmäßigkeit ist vorliegend unproblematisch. Insbesondere hat die zuständige Behörde gehandelt und Verfahrens- und Formfehler sind nicht ersichtlich.

C. Materielle Rechtmäßigkeit

I. Einschränkung von § 1 ApoG durch § 8 ApoG

149 Weiterhin müssten die materiellen Voraussetzungen für die Erlaubniserteilung vorliegen. Diese sind in den §§ 2 ff. ApoG geregelt. Nach § 8 ApoG darf eine Apotheke nicht in der Form einer Kapitalgesellschaft betrieben werden. Bei der A handelt es sich indes um eine solche. Das so genannte Fremdbetriebsverbot verbietet also die hier angestrebte Eröffnung einer Apotheke durch die A. Bei Zugrundelegung allein des deutschen Apothekengesetzes hätte die Erlaubnis nicht ergehen dürfen, sie wäre rechtswidrig.

Jedoch könnte § 8 ApoG gegen höherrangiges Recht, insbesondere deutsche Grundrechte oder europäische Grundfreiheiten verstoßen. Im Falle eines Verstoßes gegen Grundrechte wäre die Norm nichtig, im Falle des Verstoßes gegen Gemeinschaftsrecht unanwendbar. Bei Verstößen gegen höherrangiges Recht fragt sich allerdings in einem zweiten Schritt, ob und wie die Behörde dies bei ihrer Entscheidungsfindung berücksichtigen darf.

II. Verstoß gegen Grundrechte des Grundgesetzes

150 In Betracht kommt zunächst ein Verstoß gegen Grundrechte des Grundgesetzes, insbesondere die Berufsfreiheit gem. Art. 12 Abs. 1 GG. Das Fremdbetriebsverbot hindert Wirtschaftsteilnehmer daran, Apotheken in bestimmten Rechtsformen, insbesondere in Form der Kapitalgesellschaft, zu betreiben. Darin liegt ein unmittelbarer Eingriff in deren Berufsfreiheit. Das Bundesverfassungsgericht[2] hat jedoch bereits entschieden, dass es sich bei der Regelung des § 8 ApoG um eine Berufsausübungsregelung handele, die aus übergeordneten Gründen des Gemeinwohls gerechtfertigt sei.

2 BVerfGE 17, 232.

Die besondere Situation beim Verkauf von Medikamenten rechtfertige es, den Apothekenbetrieb nur selbständig tätigen Apothekern selbst vorzubehalten. Nur so könne den Belangen des Gesundheitsschutzes ausreichend Rechnung getragen werden. Dem ist unter der Prämisse zuzustimmen, dass das Bundesverfassungsgericht dem Gesetzgeber bei der Auswahl und Gewichtung der einer Normierung zugrunde liegenden Gemeinwohlbelange eine weite Einschätzungsprärogative zuzubilligen hat. Deren Grenzen sind vorliegend nicht verletzt. Ein Verstoß gegen Art. 12 Abs. 1 GG liegt nicht vor.

Hier kann man bei guter Argumentation auch zum gegenteiligen Ergebnis kommen. Dann stellt sich aber die weitergehende Frage, ob die Behörde die Grundrechtswidrigkeit bei ihrer Entscheidung berücksichtigen darf. Die Frage ist zu verneinen, weil die Verwerfungskompetenz allein beim Bundesverfassungsgericht liegt.

III. Verstoß gegen die Niederlassungsfreiheit gem. Art. 43 EG

Allerdings könnte das Fremdbetriebsverbot aus § 8 ApoG unanwendbar sein, wenn es gegen Europäisches Gemeinschaftsrecht verstößt und dieser Verstoß von der genehmigenden Behörde unmittelbar zu beachten ist. Zu prüfen ist also zunächst die Niederlassungsfreiheit selbst, sodann die Frage der Verwerfungspflicht innerstaatlicher Behörden.

Vertretbar erscheint es auch, zunächst die Verwerfungspflicht zu prüfen und in einem zweiten Schritt auf die materielle Frage einzugehen.

1. Anwendungsbereich der Niederlassungsfreiheit

Vorliegend möchte eine niederländische Kapitalgesellschaft A in Deutschland eine zusätzliche Niederlassung gründen. Sie könnte damit von ihrer sekundären Niederlassungsfreiheit gem. Art. 43 Abs. 1 S. 2 EG Gebrauch machen. Nach dem Wortlaut der genannten Vorschrift sind Gründungsvorgänge wie der geplante vom sachlichen Anwendungsbereich der Niederlassungsfreiheit erfasst. 151

In persönlicher Hinsicht ist, da eine ausländische Gesellschaft in Deutschland tätig sein möchte, zusätzlich Art. 48 EG heranzuziehen. Danach werden nach dem Recht eines Mitgliedstaates gegründete Gesellschaften, die ihren Sitz, ihre Hauptverwaltung oder ihre Hauptniederlassung in der Gemeinschaft haben, Staatsangehörigen der Mitgliedstaaten gleichgestellt. A ist eine Kapitalgesellschaft, die ihren Sitz in den Niederlanden hat und dort ordnungsgemäß gegründet wurde. Damit wird sie einem Staatsangehörigen eines Mitgliedstaates gleichgestellt. Weiterhin verlangt Art. 43 Abs. 1 S. 2 EG im Rahmen der sekundären Niederlassung, dass die betreffende Person in der Gemeinschaft ansässig ist. Auch dies ist vorliegend der Fall. Der persönliche Anwendungsbereich der Niederlassungsfreiheit ist eröffnet[3].

3 Zu den persönlichen Voraussetzungen der Niederlassungsfreiheit siehe im Einzelnen *Streinz*, Europarecht, Rz. 786.

2. Gewährleistungsinhalt

152 Der Gebrauch der Niederlassungsfreiheit müsste durch das deutsche Gesetz beeinträchtigt sein. § 8 ApoG ist als deutsches Parlamentsgesetz eine nationale Maßnahme. Die Niederlassungsfreiheit gilt nicht nur als Verbot offener und versteckter Diskriminierungen, sondern seit dem Urteil in der Rechtssache[4] Gebhard anerkanntermaßen auch als Beschränkungsverbot. Vorliegend werden Inländer und Ausländer durch das Fremdbetriebsverbot formal und tatsächlich unterschiedlich behandelt, so dass eine Diskriminierung ausscheidet. Allerdings wird die Apothekengründung in Deutschland durch das Verbot erschwert und weniger attraktiv, so dass nach der Gebhard-Formel eine Beschränkung anzunehmen ist[5]. Teilweise wird gefordert, die Anwendung des Beschränkungsverbots auf Marktzugangsregelungen zu begrenzen[6]. Ob dem zu folgen ist, kann hier allerdings offen bleiben, weil das Fremdbetriebsverbot bereits die Gründung von Zweitniederlassungen erschwert und sich damit auf den Marktzugang auswirkt. § 8 ApoG wird in jedem Fall vom Gewährleistungsinhalt der Niederlassungsfreiheit in ihrer Ausprägung als Beschränkungsverbot erfasst.

3. Rechtfertigung aus Gründen des Gesundheitsschutzes

153 Es ist folglich nach einer Rechtfertigung für das Fremdbetriebsverbot zu suchen. Für Beschränkungen der Niederlassungsfreiheit kommt einerseits eine Rechtfertigung aus Art. 46 Abs. 1 EG, andererseits aus zwingenden Erfordernissen des Allgemeininteresses in Betracht, wenn die Maßnahme verhältnismäßig, insbesondere geeignet und erforderlich ist[7].

Vorliegend spricht Art. 46 Abs. 1 EG von einer Rechtfertigung aus Gründen der öffentlichen Gesundheit, so dass vorrangig auf diesen geschriebenen Rechtfertigungsgrund abzustellen sein könnte. Allerdings bezieht sich der Wortlaut ausdrücklich nur auf Sonderregelungen für Ausländer. Eine solche beinhaltet das Fremdbetriebsverbot gerade nicht. Mithin ist nicht Art. 46 Abs. 1 EG anzuwenden, sondern nach zwingenden Erfordernissen zu fragen.

Durch das Fremdbetriebsverbot soll sichergestellt werden, dass aufgrund des Sonderrechts für Apotheken eine qualitativ hochwertige Arzneimittelversorgung der Bevölkerung gewährleistet ist. Der Einfluss von Fachfremden soll zurückgedrängt werden. Dadurch soll die Gesundheit der Verbraucher geschützt werden, indem dem Apotheker ermöglicht werden soll, sich im Rahmen der Beratung voll auf gesundheitliche Aspekte zu konzentrieren. Der Gesundheitsschutz ist ein zwingendes Erfordernis.

154 Fraglich ist aber, ob das Verbot zur Erreichung dieses Zwecks verhältnismäßig ist. Das Fremdbetriebsverbot ist geeignet, den Zweck des Gesundheitsschutzes zu fördern. Jedoch fragt sich, ob der Gesundheitsschutz auch durch weniger einschneidende Maßnahmen zu erreichen wäre, ob also § 8 ApoG erforderlich ist. Denkbar wäre eine

---

4 EuGH vom 30. 11. 1995, Rs. C-55/94, Slg. 1995, I-4165, Gebhard./.Consiglio dell'Ordine degli Avvocati e Procuratori di Milano.

5 Den Wortlaut der Gebhard-Formel siehe in Fn. 7 bei Fall 3.

6 Siehe bereits Fall 3.

7 *Streinz*, Europarecht, Rz. 830.

Pflicht, einen approbierten Apotheker mit der Leitung der Apotheke zu betrauen[8]. Allerdings wäre dies nur dann ein gleich geeignetes Mittel, wenn dadurch eine ebenso gute Beratungsqualität wie in selbst geführten Apotheken erreicht werden könnte. Dagegen könnte sprechen, dass angestellte Apotheker möglicherweise in ein Abhängigkeitsverhältnis zu den Kapitalgebern der Gesellschaft geraten könnten und sich die Kapitalinteressen gegen fachliche Fragen durchsetzen könnten. Diese Gefahren lassen sich aber wiederum möglicherweise durch die Ausgestaltung des Angestelltenverhältnisses (ggf. Weisungsfreiheit und Unabhängigkeit) ausräumen. Wo dies wegen der Struktur der Kapitalgesellschaft nicht möglich ist, müsste diese als Rechtsform jedoch untersagt werden[9].

Die Ausführungen zeigen, dass eine differenzierte Behandlung von Kapitalgesellschaften geboten ist. Wo sich durch die Ausgestaltung der Arbeitsverhältnisse ein ausreichendes Schutzniveau erreichen lässt, ist auch die Form der Kapitalgesellschaft zuzulassen. In ihrer jetzigen Ausgestaltung ist § 8 ApoG nach alledem jedenfalls nicht erforderlich, um den Gesundheitsschutz zu gewährleisten. Die Vorschrift verstößt gegen die Niederlassungsfreiheit.

Ein anderes Ergebnis ist hier nur mit guter Begründung vertretbar. Es ist relativ offensichtlich, dass § 8 ApoG zu grobmaschig ist, um vor der Niederlassungsfreiheit Bestand zu haben. Eine Einschätzungsprärogative des nationalen Gesetzgebers wird im Zusammenhang mit Grundfreiheiten nur begrenzt anerkannt. Daher rührt auch die Tatsache, dass hier die Prüfungen bei Art. 12 GG einerseits und Art. 43 EG andererseits trotz ähnlicher Fragestellung zu unterschiedlichen Resultaten führen.

4. Verwerfungspflicht deutscher Behörden

Ist ein Verstoß zu bejahen, so stellt sich die Frage der Verwerfungspflicht für nationale 155
Behörden. Gegen eine solche Pflicht wird eingewandt, dass nationale Behörden grundsätzlich an die gesetzgeberischen Entscheidungen gebunden sind und nicht selbst Gesetze unangewendet lassen dürfen, wenn es keine gerichtliche Entscheidung gibt, die eine solche Nichtanwendung gebieten. Der Verwaltung komme die Funktion zu, gesetzgeberische Entscheidungen nachzuvollziehen und nicht, sie in Frage zu stellen. Eine voraussetzungslose Verwerfungspflicht gefährde das funktionale Gefüge der Gewalten[10]. Vielmehr sei die Verwerfungspflicht zumindest auf offensichtliche Fälle und solche Fälle zu beschränken, in denen bereits eine Entscheidung des Gerichtshofs vorliege[11].

Demgegenüber hat der EuGH eine entsprechende Verwerfungspflicht festgestellt[12]. Auch das OVG des Saarlandes[13] hat im Anschluss daran nunmehr ausgesprochen, dass im Einzelfall eine Nichtanwendung durch nationale Behörden erfolgen könne. Dem ist unter dem Aspekt zuzustimmen, dass nur auf diese Weise der praktischen Wirksamkeit des Europarechts (effet utile) in ausreichendem Maße Rechnung getra-

8 Hierzu ausführlich *Martini*, DVBl. 2007, S. 10 ff., 13 ff.
9 *Martini*, DVBl. 2007, S. 10 ff., 16.
10 Ablehnend deshalb *Martini*, DVBl. 2007, S. 10 ff., 16 f.
11 So etwa *Pietzcker* in FS Everling, S. 1095; *Martini*, DVBl. 2007, S. 10 ff., 17; *Streinz/Herrmann*, EuZW 2006, S. 455 ff., 458.
12 Vgl. EuGH vom 22. 6. 1989, Rs. 103/88, Slg. 1989, 1839 ff., 1870, Fratelli Costanzo./.Comune di Milano.
13 OVG des Saarlandes vom 22. 1. 2007, 3 W 14/06, NVwZ-RR 2008, S. 95 ff.

gen werden kann. Man könnte nicht mehr von einer unmittelbaren Anwendbarkeit von Gemeinschaftsrecht sprechen, wollte man die Verwerfungspflicht auf offensichtliche Fälle beschränken. Da die nationalen Vorschriften, die gemeinschaftsrechtswidrig sind, nicht nichtig, sondern nur unanwendbar werden, ist die Situation auch anders gelagert als im Falle der Verfassungswidrigkeit. Die Verwaltung fällt kein Nichtigkeitsverdikt, sondern lässt eine weiterhin gültige Norm nur im Einzelfall unangewandt. Die Behörde durfte § 8 ApoG unangewendet lassen.

Hier ist die Gegenauffassung gut vertretbar, da sie in der Literatur viele Anhänger hat. In diesem Fall ist, da kein offensichtlicher Verstoß vorliegt, § 8 ApoG anzuwenden.

D. Ergebnis

Im Ergebnis verstößt § 8 ApoG gegen die Niederlassungsfreiheit gem. Art. 43 EG und muss deshalb unangewandt bleiben. Die Betriebserlaubnis ist daher, da weitere Bedenken gegen ihren Erlass nicht bestehen, rechtmäßig.

Frage 2

Der Antrag auf einstweiligen Rechtsschutz wird Erfolg haben, soweit er zulässig und begründet ist.

A. Zulässigkeit

I. Verwaltungsrechtsweg

156 Im Eilverfahren ist der Verwaltungsrechtsweg eröffnet, wenn dies auch in der Hauptsache der Fall ist. Mangels aufdrängender oder abdrängender Sonderzuweisung ist § 40 Abs. 1 VwGO anzuwenden. Danach müsste zunächst eine öffentlich-rechtliche Streitigkeit vorliegen. Herr X wendet sich gegen eine Betriebserlaubnis, die seinem Konkurrenten A erteilt wurde. Die maßgeblichen Normen des Apothekengesetzes sind öffentlich-rechtlicher Natur, so dass eine öffentlich-rechtliche Streitigkeit vorliegt. Diese ist auch nichtverfassungsrechtlicher Art, da es an der Verfassungsunmittelbarkeit fehlt. Mithin ist der Verwaltungsrechtsweg eröffnet.

II. Statthafter Antrag

157 Laut Sachverhalt möchte Herr X im Wege des einstweiligen Rechtsschutzes gegen die Betriebserlaubnis vorgehen. Es handelt sich um einen den Konkurrenten A begünstigenden Verwaltungsakt im Sinne von § 35 S. 1 VwVfG, der einen Dritten, Herrn X, belastet. In der Hauptsache müsste Herr X hiergegen mit der Anfechtungsklage vorgehen.

Als statthafter Antrag kommt demnach ein solcher auf Wiederherstellung der aufschiebenden Wirkung des Widerspruchs gegen die Betriebserlaubnis gem. §§ 80a Abs. 3 S. 2, 80 Abs. 5 VwGO in Betracht[14]. Teilweise wird auch vertreten, gem.

---

14 Vgl. *Kopp/Schenke*, VwGO, § 80a, Rz. 17 m.w.N.

§§ 80a Abs. 3 S. 1, 80a Abs. 1 Nr. 2 VwGO sei in einem solchen Fall die Aussetzung der Vollziehung zu beantragen[15]. Da § 80a VwGO den einstweiligen gerichtlichen Rechtsschutz des § 80 VwGO lediglich auf Verwaltungsakte mit Doppelwirkung erstrecken will, ist nicht ersichtlich, wieso bei diesen ein anderer Antrag als im Falle des § 80 Abs. 5 VwGO erforderlich sein soll. Der Streit kann vorliegend aber auf sich beruhen, da sich dem Sachverhalt nicht entnehmen lässt, welche Antragsfassung Herr X gewählt hat. Es sind also beide Fassungen denkbar.

III. Antragsbefugnis

Weiterhin müsste Herr X auch antragsbefugt sein (§ 42 Abs. 2 VwGO analog). Es **158** muss möglich erscheinen, dass er durch die Betriebserlaubnis für A in seinen subjektiv-öffentlichen Rechten verletzt ist. Dies ist vorliegend deshalb problematisch, weil Herr X nicht Adressat der Genehmigung, sondern ein Dritter ist. Ein solcher kann nur dann vor dem Verwaltungsgericht Rechtsschutz erlangen, wenn ihm eine ihn besonders schützende Norm zur Verfügung steht.

Mangels Sonderbeziehung zwischen X und der Behörde ist zunächst nach einer einfach-gesetzlichen Vorschrift zu suchen, die neben der Allgemeinheit auch Herrn X in seiner konkreten Lage zu schützen bestimmt ist. Der hier allein in Betracht kommende § 8 ApoG soll jedoch vor allem die Allgemeinheit vor Gesundheitsgefahren schützen. Ein Drittschutz für Wettbewerber wohnt ihm nicht inne[16].

Ein Drittschutz kann somit allein aus Grundrechten folgen. In Betracht kommt vorliegend insbesondere die Berufsfreiheit. Zwar ist allgemein anerkannt, dass Art. 12 Abs. 1 GG grundsätzlich nicht vor Konkurrenz schützt. Jedoch sind Konstellationen denkbar, in denen der Staat durch seine Maßnahmen derart auf die private Konkurrenzsituation einwirkt, dass einzelne Marktteilnehmer einem Verdrängungs- und Auszehrungswettbewerb ausgesetzt sind. In einem solchen Fall kann Art. 12 Abs. 1 GG eingreifen. Jedenfalls sind die Anforderungen an die Antragsbefugnis gerade im einstweiligen Rechtsschutzverfahren nicht zu überspannen, um keine irreparablen Schäden für einzelne Marktteilnehmer zu verursachen. Vorliegend reicht es daher für die Möglichkeit der Rechtsverletzung aus, dass nicht ausgeschlossen werden kann, dass der Staat durch die Erteilung der Erlaubnis an A die Marktsituation von A unter Verstoß gegen Art. 12 Abs. 1 GG beeinträchtigt hat[17]. X ist antragsbefugt.

Vertretbar ist es, bereits an dieser Stelle den Antrag scheitern zu lassen. Art. 12 Abs. 1 GG kann auch so ausgelegt werden, dass ein Konkurrentenschutz in der vorliegenden Konstellation ausgeschlossen erscheint.

IV. Rechtsschutzbedürfnis

Fraglich ist weiterhin, ob für den Antrag auf einstweiligen Rechtsschutz ein Rechts- **159** schutzbedürfnis besteht. Dieses ist unter zwei Gesichtspunkten problematisch. Zum

15 *Schoch* in Sch/Schm-A/P, VwGO, § 80a, Rz. 49 f.

16 Ebenso OVG des Saarlandes vom 22. 1. 2007, 3 W 14/06, NVwZ-RR 2008, S. 95 ff, 97, Rz. 40, unter Verweis auf BVerwG NJW 1989, S. 1175.

17 Zur Begründung siehe ausführlich OVG des Saarlandes vom 22. 1. 2007, 3 W 14/06, NVwZ-RR 2008, S. 95 ff., 97, Rz. 42 ff.

einen kann einstweiliger Rechtsschutz nach §§ 80a Abs. 3 S. 2, 80 Abs. 5 VwGO nur gewährt werden, wenn in der Hauptsache bereits ein Rechtsmittel (Widerspruch oder Anfechtungsklage) eingelegt wurde, das nicht offensichtlich unzulässig ist und das keine aufschiebende Wirkung entfaltet. Zum anderen ist fraglich, ob im Rahmen von § 80a VwGO zunächst ein Antrag bei der Behörde gestellt werden muss, bevor das Gericht eingeschaltet werden darf.

Vorliegend hat Herr X bereits fristgerecht Anfechtungsklage erhoben. Diese ist auch nicht offensichtlich unzulässig. Sie entfaltet auch keine aufschiebende Wirkung, da die Behörde gem. § 80 Abs. 2 S. 1 Nr. 4 VwGO die sofortige Vollziehbarkeit angeordnet hat.

Weiterhin ist problematisch, ob gerichtlicher Rechtsschutz erst nach einem erfolglosen Antrag bei der Behörde zulässig ist. Einen solchen hat X hier nämlich nicht gestellt. Für ein solches Antragserfordernis könnte sprechen, dass § 80a Abs. 3 S. 2 VwGO auch auf die Vorschrift des § 80 Abs. 6 VwGO verweist, die einen Antrag vorsieht[18]. Teilweise wird dieser Verweis jedoch als Redaktionsversehen angesehen und in Fällen wie dem vorliegenden nicht angewendet[19]. Der Streit kann vorliegend aber offen bleiben, da A sofort mit dem Apothekenbetrieb beginnen will. In einem solchen Fall ist ein vorheriger Antrag bei der Behörde auch nach § 80 Abs. 6 VwGO nicht notwendig, da im Sinne seines Satzes 2 Nr. 2 die Vollstreckung droht[20].

V. Antragsgegner

160 Der richtige Antragsgegner ist nach § 78 VwGO zu ermitteln. Der Sachverhalt enthält keinen Hinweis auf eine Regelung nach § 78 Abs. 1 Nr. 2 VwGO. Folglich ist die Trägerkörperschaft der zuständigen Genehmigungsbehörde richtiger Klagegegner.

VI. Beteiligten- und Prozessfähigkeit

Herr X ist nach § 61 Nr. 1 Alt. 1 VwGO und der Behördenträger als Antragsgegner nach § 61 Nr. 1 Alt. 2 VwGO beteiligtenfähig. Herr X ist nach § 62 Abs. 1 Nr. 1, und der Träger nach § 62 Abs. 3 (a.A. § 62 Abs. 1 Nr. 1 VwGO) prozessfähig.

VII. Ergebnis

Da weitere Bedenken nicht bestehen, ist der Antrag zulässig.

B. Begründetheit

161 Ein Antrag nach §§ 80a Abs. 3 S. 2, 80 Abs. 5 VwGO ist begründet, wenn das Aussetzungsinteresse des Antragstellers das Vollziehungsinteresse der Behörde überwiegt. Dies ist zunächst – da die VzA selbst vorliegend unproblematisch ist – nach den Erfolgsaussichten der Klage in der Hauptsache zu beurteilen. Bei Rechtsmitteln Dritter kann grundsätzlich nur die Verletzung drittschützender Normen geprüft werden. Da

18 In diesem Sinne *Heydemann*, NVwZ 1993, S. 419 ff.
19 Vgl. *Kopp/Schenke*, VwGO § 80a, Rz. 21.
20 Nds. OVG, DVBl. 1993, S. 123, 124 ; OVG RP, NVwZ 1993, S. 591, 592.

bereits Art. 12 Abs. 1 GG als potentiell drittschützende Norm ermittelt wurde, ist zunächst zu fragen, ob dieses Grundrecht betroffen ist. Erst in einem zweiten Schritt kann die Rechtmäßigkeit der Betriebserlaubnis geprüft werden.

Das OVG des Saarlandes[21] prüft demgegenüber sogleich, ob § 8 ApoG anwendbar ist. Dies ist u.E. nicht richtig, weil es darauf erst ankommt, wenn der Drittanfechtende ein Recht darauf hat, dass die Rechtmäßigkeit überprüft wird. Gleichwohl kann es nicht als falsch gewertet werden, wenn der Bearbeiter im Anschluss hieran die Frage des Art. 12 Abs. 1 GG offenlässt.

I. Grundrechtsbetroffenheit

Fraglich ist demnach, ob der Schutzbereich von Art. 12 Abs. 1 GG durch die Erteilung der Betriebserlaubnis an A tangiert ist. Dies wäre zu bejahen, wenn durch die Erlaubnis in einer Art und Weise in die Marktverhältnisse eingegriffen würde, dass Apotheker wie X in einen Verdrängungs- oder Auszehrungswettbewerb gerieten. Dem Sachverhalt lässt sich eine derart weitgehende Wirkung der Erlaubniserteilung nicht entnehmen. Es erscheint daher nicht gerechtfertigt, hier einen Konkurrentenschutz für X aus der Berufsfreiheit herzuleiten. Bereits die Grundrechtsbetroffenheit ist zu verneinen.

Es wurde bereits darauf hingewiesen, dass aus diesem Grund auch schon die Antragsbefugnis verneint werden kann. Umgekehrt erscheint es nur bei guter Begründung möglich, den Schutzbereich von Art. 12 Abs. 1 GG als eröffnet anzusehen. Dann müssen weiter die bereits bei Frage 1 erörterten Punkte behandelt werden.

II. Ergebnis

Mangels Verletzung drittschützender Normen ist der Antrag zwar zulässig, aber unbegründet.

Weiterführende Hinweise

OVG des Saarlandes vom 22. 1. 2007, 3 W 14/06, NVwZ-RR 2008, S. 95 ff.

Martini, Mario: Doc. Morris ante portas – zu Risiken und Nebenwirkungen der Niederlassungsfreiheit des Art. 48 EG für das Berufsrecht der Apotheker, DVBl. 2007, S. 10 ff.

Streinz, Rudolf/Herrmann, Christoph: Und wieder Doc Morris: Das apothekenrechtliche Mehr- und Fremdbesitzverbot aus der Perspektive des Gemeinschaftsrechts, EuZW 2006, S. 455 ff.

Ausblick auf den Vertrag von Lissabon[22] 162

Bisherige Nummerierung des Vertrages zur Gründung der Europäischen Gemeinschaft (EG)	Nummerierung im Vertrag von Lissabon	Neue Nummerierung des Vertrages über die Arbeitsweise der Europäischen Union (AEUV)
Art. 39–48	Art. 39–48	Art. 45–54

21 OVG des Saarlandes vom 22. 1. 2007, 3 W 14/06, NVwZ-RR 2008, S. 95 ff.

22 Synopse nach Übereinstimmungstabelle zu Art. 5 des Vertrags von Lissabon, ABl. 2007 Nr. C-306/202 ff. Konsolidierte Fassungen des „Vertrags über die Europäische Union" (EUV) und des neuen „Vertrags über die Arbeitsweise der Europäischen Union" (AEUV, bisher: „Vertrag zur Gründung der Europäischen Gemeinschaft") sind im Abl. 2008 Nr. C-115/1 ff. abgedruckt.

Anhang I

Prüfungsschema Niederlassungsfreiheit (Art. 43 ff.)

163

1. Selbständiger, Art. 43; Gesellschaften, Art. 48 EG
2. Grenzüberschreitender Bezug
3. Keine Bereichsausnahme für Ausübung öffentlicher Gewalt, Art. 45 EG
4. Keine abschließende gemeinschaftsrechtliche Harmonisierung
5. Nationale Maßnahme, die Niederlassung unterbindet, behindert oder weniger attraktiv macht:

Offene Diskriminierung → 6. Rechtfertigung nach Art. 46 EG Verhältnismäßigkeit

Versteckte Diskriminierung → Rechtfertigung nach Art. 46 EG, Verhältnismäßigkeit → Rechtfertigung aus zwingenden Erfordernissen, Verhältnismäßigkeit

Beschränkung → Ausnahme für Ausübungsregelungen entsprechend *Keck* bei bloßer Beschränkung, str. → Rechtfertigung nach Art. 46 EG, Verhältnismäßigkeit → Rechtfertigung aus zwingenden Erfordernissen, Verhältnismäßigkeit

7. Beachtung der Gemeinschaftsgrundrechte

Anhang II

Prüfungsschema Kapitalverkehrsfreiheit (Art. 56 ff. EG)

1. Lex specialis im Gemeinschaftsrecht? 164

2. Kapitalverkehr i.S.v. Art. 56 Abs. 1 EG
   (Abgrenzung zu anderen Grundfreiheiten, Art. 56 Abs. 2 EG)

3. Grenzüberschreitender Bezug

4. Unmittelbare oder mittelbare, tatsächliche oder potentielle Beschränkung des Kapitalverkehrs

5. Maßnahme gilt

   - unterschiedslos
   - unterschiedlich

6. Rechtfertigung gem. Art. 58 Abs. 1b EG
   - Verstoß gegen innerstaatliche Rechts- und Verwaltungsvorschriften
   - Meldeverfahren
   - Öffentliche Sicherheit und Ordnung

   Verhältnismäßigkeit

   Rechtfertigung aus zwingenden Erfordernissen (umstr., ob neben Art. 58 EG noch zu prüfen), Verhältnismäßigkeit

   Rechtfertigung gem. Art. 58 Abs. 1a EG, Verhältnismäßigkeit

7. Beachtung der Gemeinschaftsgrundrechte

Fall 6

Das Niederlassungsrecht der Gesellschaften

Pflichtfach/Schwerpunktbereich, Schwierigkeitsgrad: mittel/hoch

Teil I

165 Die niederländische Gesellschaft U wurde im Jahr 1990 als „Besloten Vennootschap" (BV) nach niederländischem Recht wirksam gegründet und in das entsprechende niederländische Handelsregister eingetragen. Nach dem niederländischen Recht ist die BV eine juristische Person in Form einer Kapitalgesellschaft, die u.a. Verträge schließen, klagen und verklagt werden kann. Sie entspricht damit einer deutschen GmbH.

Im Jahr 2001 erwarben die vier Berliner Kaufleute A, B, C und D sämtliche Geschäftsanteile und verlegten die Verwaltungstätigkeit der U gänzlich nach Berlin. Ein formaler Gründungsakt nach deutschem Recht wurde nicht vollzogen. Die Geschäfte laufen gut, und nachdem man bisher nur in gemieteten Räumen tätig war, möchte die Firmenleitung nun eine eigene repräsentative Firmenzentrale in Berlin-Mitte errichten. Nach dem Erwerb eines passenden Grundstücks in der Nähe des Reichstags beantragte Geschäftsführer A für die U beim zuständigen Bezirksamt Mitte von Berlin die entsprechende Baugenehmigung. Diese wird unter Hinweis auf Verstöße gegen verschiedene bauordnungsrechtliche Bestimmungen – zu Unrecht – abgelehnt.

Gegen die Ablehnung der Baugenehmigung legt die U, ordnungsgemäß vertreten durch A, form- und fristgerecht Widerspruch ein. Die Widerspruchsbehörde weist den Widerspruch mit der Begründung zurück, die U habe ihren Verwaltungssitz aufgrund der Tatsache, dass alle ihre Geschäftsanteile von Deutschen erworben worden seien, nach Deutschland verlegt. Dort sei sie aber nicht wirksam gegründet worden, so dass es an einer anerkennenswerten Rechtspersönlichkeit fehle. Ohne Rechtspersönlichkeit hätte die U aber nicht als Antragsteller in einem Baugenehmigungsverfahren auftreten dürfen. Bereits deshalb könne keine Genehmigung erteilt werden. Daraufhin erhebt die U, wiederum ordnungsgemäß vertreten durch A, form- und fristgerecht Klage vor dem zuständigen VG gegen das Land Berlin und beantragt, das Bezirksamt Mitte zu verpflichten, ihr die Baugenehmigung zu erteilen. Zur Begründung führt sie unter anderem aus, dass die Aberkennung ihrer Rechtspersönlichkeit gemeinschaftsrechtswidrig sei.

Hat die Klage der U Aussicht auf Erfolg? Wie wird das VG entscheiden?

Gehen Sie davon aus, dass das Gericht auch die europarechtlichen Fragen ohne Vorlage an den EuGH beantworten kann und dass es keine Richtlinie oder sonstiges sekundäres Gemeinschaftsrecht gibt, das die aufgeworfenen Fragen regelt. Nach § 2 des Bezirksverwaltungsgesetzes Berlin sind die Bezirke Selbstverwaltungseinheiten Berlins ohne Rechtspersönlichkeit, so dass sie für das Land Berlin handeln. Sie nehmen gemäß Art. 66 Abs. 2 Satz 2 der Verfassung von Berlin regelmäßig die örtlichen Verwaltungsaufgaben wahr[1].

Teil II

Die V mit Sitz in Amsterdam ist ebenfalls eine „Besloten Vennootschap“ (BV) nach niederländischem Recht (siehe oben). Sie erwirbt in Berlin ein Grundstück, um dort eine Filiale für die Abwicklung ihrer Verkaufsaktivitäten auf dem deutschen Markt zu errichten. Die beantragte Baugenehmigung wird ihr mit Bescheid des zuständigen Bezirksamts Berlin-Mitte mit der Begründung verwehrt, das geplante Gebäude halte die bauordnungsrechtlich vorgesehenen Abstandsflächen zu einem Nachbargrundstück knapp nicht ein und dieser Fehler sei aufgrund der geringen Größe des Grundstücks auch durch eine Verkleinerung des Gebäudes nicht zu beheben. Das Verwaltungsgericht Berlin weist die auf die Erteilung der Baugenehmigung gerichtete Verpflichtungsklage ab und lässt die Berufung nicht zu. Auch der Antrag auf Zulassung der Berufung beim Oberverwaltungsgericht Berlin-Brandenburg hat keinen Erfolg. Sowohl VG als auch OVG führen zur Begründung aus, dass im Falle der V keine Verpflichtung der Verwaltung zur Erteilung der Baugenehmigung bestehe, da der V die Grundrechte des GG nicht zustünden und sie daher – im Gegensatz zu deutschen Bauantragsstellern in vergleichbaren Fällen – keinen Anspruch auf Befreiung vom Erfordernis der Einhaltung der Abstandsflächen habe.

G möchte wegen der Verletzung ihres Eigentums Verfassungsbeschwerde erheben. Ist ein entsprechender Antrag zulässig?

Die Ausführungen zum Baurecht sind als zutreffend zu unterstellen.

Auszug: Bauordnung für Berlin (BauO Bln)

§ 71 Baugenehmigung, Baubeginn

(1) Die Baugenehmigung ist zu erteilen, wenn dem Bauvorhaben keine öffentlich-rechtlichen Vorschriften entgegenstehen, die im bauaufsichtlichen Genehmigungsverfahren zu prüfen sind.

1 Siehe dazu *Musil/Kirchner*, Das Recht der Berliner Verwaltung, Rz. 16 ff., 84 ff.

Vorüberlegungen

166 Die Klausur behandelt Fragen der allgemeinen Rechtsfähigkeit und der Grundrechtsfähigkeit ausländischer Handelsgesellschaften in Deutschland. Teil I orientiert sich an der grundlegenden „Überseering“-Entscheidung des EuGH aus dem Jahr 2002[2]. Er wurde allerdings aus dem Zivil- ins Verwaltungsrecht übertragen.

Bei Teil I ist nach den Erfolgsaussichten einer verwaltungsgerichtlichen Klage gefragt, so dass schulmäßig nach Zulässigkeit und Begründetheit aufzubauen ist. Da der Sachverhalt zu den baurechtlichen Fragen nur rudimentäre Angaben liefert, liegt der Schwerpunkt der Klausur erkennbar nicht in diesem Bereich. Problematisch ist vielmehr die – ausdrücklich angesprochene – Rechtsfähigkeit der U bzw. deren Fehlen. Bei der U handelt es sich laut Sachverhalt um eine juristische Person nach niederländischem Recht. Inzwischen wurden alle Gesellschaftsanteile von Deutschen erworben, die U aber nicht nach deutschem Recht wirksam (neu) gegründet, weil z.B. keine Eintragung in Handelsregister erfolgt ist. Daher ist die U offenbar keine juristische Person in einer Form des deutschen Rechts (z.B. GmbH, AG). Die Aberkennung der Rechtspersönlichkeit durch das VG Berlin verwehrt es der U praktisch, in Deutschland als Gesellschaft tätig werden zu können. Darin könnte ein Verstoß gegen die Niederlassungsfreiheit der 43 und 48 EG liegen, was an geeigneter Stelle zu erörtern ist[3]. Sekundäres Gemeinschaftsrecht ist nach dem eindeutigen Bearbeitervermerk dagegen nicht zu untersuchen.

Die Musterlösung prüft die Frage der Rechtsfähigkeit dort, wo sie sich zum ersten Mal stellt, nämlich bei der Klagebefugnis. Es erscheint allerdings vertretbar, sich an dieser Stelle auch noch mit der „Möglichkeitstheorie“ zu behelfen und die Frage erst bei der Beteiligten- oder Prozessfähigkeit zu erörtern. Eine Verlagerung in die Begründetheitsprüfung scheint demgegenüber weniger geeignet. Und eine Umgehung des Problems durch die Lösung des II. Zivilsenats des BGH aus dem Jahr 2002, die U zumindest als BGB-Gesellschaft nach deutschem Recht anzuerkennen[4], dürfte vor dem Hintergrund der gefestigten Überseering-Rechtsprechung kaum mehr vertretbar sein. Andererseits stellt es auch keinen Fehler dar, wenn dieser Ansatz an geeigneter Stelle in gebotener Kürze erörtert (und im Ergebnis abgelehnt) wird.

Auch bei Teil II erfolgt die Einkleidung der Probleme in deutsches Prozessrecht. Hier verlangt die Fallfrage die Erörterung der Zulässigkeit einer Verfassungsbeschwerde. Gleichwohl sollte rasch auffallen, dass der Fall kaum Fragen des deutschen Verfassungsprozessrechts aufwirft. Demgemäß sind die Schwerpunkte bei der Bearbeitung zu setzen.

Hinsichtlich der Prüfung der Rechtsfähigkeit deuten die Angaben im Sachverhalt drauf hin, dass die Rechtsfiguren der „juristischen Person“ nach niederländischem bzw. deutschem Recht als solche grundsätzlich vergleichbar sind. Ausführungen da-

2 EuGH vom 5. 11. 2002, Rs. C-208/00, Slg. 2002, I-9919 = EuZW 2002, 754 ff., Überseering BV./.Nordic Construction Company Baumanagement GmbH.

3 Ein Prüfungsschema zur Niederlassungsfreiheit ist im Anhang zu Fall 3 abgedruckt.

4 BGH vom 1. 7. 2002, II ZR 380/00, BGHZ 151, 204 ff. = BGH NJW 2002, S. 3539 ff.

zu, ob die U auch nach deutschem Recht als „juristische Person" anzusehen ist, erscheinen daher nicht angebracht.

Bei der zentralen Frage der Grundrechtsfähigkeit EG-ausländischer juristischer Personen gemäß Art. 19 III GG ist weniger das Ergebnis, als vielmehr die Erarbeitung eines rechtskonstruktiv überzeugenden Weges dorthin von Interesse.

Die Klausur behandelt Grundlagen der Niederlassungsfreiheit und ist daher sowohl im Pflichtfach als auch im Schwerpunktbereich einsetzbar. Der Schwierigkeitsgrad ist als mittel bis hoch einzustufen.

Gliederung

Teil I **167**

A. Zulässigkeit der Klage
- I. Verwaltungsrechtsweg
- II. Statthafte Klageart
- III. Klagebefugnis
  - 1. Möglichkeitstheorie
  - 2. Rechtsfähigkeit der U?
  - 3. Anerkennung der Rechtsfähigkeit nach niederländischem Recht in Deutschland
    - a) Keine Spezialvorschriften des sekundären Gemeinschaftsrechts
    - b) Niederlassungsfreiheit aus Art. 43, 48 EG
      - aa) Persönlicher Anwendungsbereich Art. 43, 48 EG
      - bb) Sachlicher Anwendungsbereich Art. 43, 48 EG
      - cc) Verstoß gegen Niederlassungsfreiheit
        - (1) Diskriminierungsverbot
        - (2) Allgemeines Beschränkungsverbot
      - dd) Rechtfertigung der Beschränkung
        - (1) Missbrauch, Umgehung des nationalen (Gesellschafts-) Rechts
        - (2) Schranken gemäß Art. 46 EG
        - (3) Gemeinwohlvorbehalt
      - ee) Keine Rechtfertigung
- IV. Vorverfahren
- V. Klagegegner, Beteiligtenfähigkeit
- VI. Form, Frist
- VII. Ergebnis Zulässigkeit

B. Begründetheit der Klage

C. Ergebnis

Teil II

A. Beteiligtenfähigkeit, Art. 93 Abs. 1 Nr. 4 a GG, § 90 Abs. 1 BVerfGG
   I. Juristische Person
   II. Ausländische juristische Person
      1. Niederlassungsfreiheit, Art. 43 i.V.m. 48 EG
      2. Diskriminierungsverbot
      3. Auslegung des Art. 19 Abs. 3 GG

B. Verhalten der öffentlichen Gewalt

C. Beschwerdebefugnis

D. Rechtswegerschöpfung

E. Weitere Zulässigkeitsvoraussetzungen

F. Ergebnis

Musterlösung

Teil I

Die Klage der U hat Aussicht auf Erfolg, wenn sie zulässig und begründet ist.

A. Zulässigkeit der Klage

I. Verwaltungsrechtsweg

Zunächst müsste der Verwaltungsrechtsweg eröffnet sein. Eine öffentlich-rechtliche Streitigkeit im Sinne von § 40 Abs. 1 VwGO liegt vor, da es sich bei den einschlägigen und streitentscheidenden Normen des Bau(ordnungs)rechts um öffentlich-rechtliche Vorschriften handelt. Die Streitigkeit ist auch nichtverfassungsrechtlicher Art. Mithin ist der Verwaltungsrechtsweg eröffnet. **168**

Verfahren vor dem EuGH sind hier offensichtlich nicht zu erörtern.

II. Statthafte Klageart

Die statthafte Klageart richtet sich nach dem Begehren des Klägers. Hier begehrt die U die Erteilung einer Baugenehmigung gemäß § 71 Abs. 1 BauO Bln. Bei der Baugenehmigung handelt es sich um einen Verwaltungsakt im Sinne von §§ 42 Abs.1 VwGO, 35 Satz 1 VwVfG. Mithin ist die Verpflichtungsklage nach § 42 Abs. 1 VwGO die richtige Klageart. Mit der Verpflichtungsklage in Form der Versagungsgegenklage (gegen die Ablehnung eines beantragten VA) kann die U ihr Klageziel in vollem Umfang erreichen. **169**

III. Klagebefugnis

1. Möglichkeitstheorie

Die U müsste gemäß § 42 Abs. 2 VwGO auch klagebefugt sein, das heißt, es müsste möglich erscheinen, dass sie einen Anspruch auf die Erteilung der Baugenehmigung hat. Nach § 71 Abs. 1 BauO Bln „ist" die Baugenehmigung zu erteilen, wenn dem Bauvorhaben keine öffentlich-rechtlichen Vorschriften entgegenstehen, die im bauaufsichtlichen Genehmigungsverfahren zu prüfen sind. Auf die Erteilung der Genehmigung besteht somit grundsätzlich ein Anspruch, wenn die gesetzlichen Voraussetzungen vorliegen, so dass es nicht ausgeschlossen erscheint, dass der U ein entsprechender Anspruch zusteht. **170**

Problematisch könnte hier allerdings sein, dass die Baubehörde der U die Rechtsfähigkeit abgesprochen hat, da sie keine anerkennenswerte Rechtspersönlichkeit besitze. Da ein Rechtsanspruch notwendigerweise voraussetzt, dass der U überhaupt Rechte zustehen können, sie also mindestens teilrechtsfähig ist, ist die Rechtsfähigkeit der U zu prüfen.

Es erscheint vertretbar, die Rechtsfähigkeit der U an dieser Stelle noch nicht zu erörtern und stattdessen insoweit ebenfalls mit der Möglichkeitstheorie zu arbeiten. Die Frage sollte dann aber wenigstens kurz problematisiert werden.

2. Rechtsfähigkeit der U?

171 Laut Sachverhalt ist die U als juristische Person nach niederländischem Recht gegründet worden. Nunmehr sind alle Gesellschaftsanteile von Deutschen erworben. Eine Neugründung nach deutschem Gesellschaftsrecht, z.B. in der Form einer GmbH, ist nicht erfolgt (z.B. kein Handelsregistereintrag, § 11 GmbHG). Daher ist die U keine juristische Person in einer Form des deutschen Rechts (z.B. GmbH nach § 13 Abs. 1 GmbHG, AG nach § 1 Abs. 1 AktG). Ihr könnte daher nur dann Rechtsfähigkeit zukommen, wenn ihre nach niederländischem Recht unstreitig bestehende Rechtsfähigkeit auch von den deutschen Verwaltungsbehörden und Gerichten zu beachten wäre. Das Bezirksamt Mitte und die Widerspruchsbehörde haben dies abgelehnt.

Die U beruft sich demgegenüber auf das europäische Gemeinschaftsrecht. Zu prüfen ist daher, ob das Gemeinschaftsrecht hier zu einer Anerkennung der niederländischen Rechtsfähigkeit der U durch die deutschen Behörden zwingt.

3. Anerkennung der Rechtsfähigkeit nach niederländischem Recht in Deutschland

Ein Anspruch der U auf Anerkennung ihrer Rechtsfähigkeit könnte sich hier aus der Niederlassungsfreiheit aus Art. 43 und 48 EG-Vertrag (EG) ergeben.

a) Keine Spezialvorschriften des sekundären Gemeinschaftsrechts

172 Die Niederlassungsfreiheit aus Art. 43 und 48 EG ist hier unmittelbar anwendbar, da laut Bearbeitervermerk keine spezielleren Normen des Sekundärrechts eingreifen, die den Sachverhalt regeln und vorrangig zu prüfen wären[5].

Weitere Ausführungen hierzu sind wegen des eindeutigen Hinweises im Bearbeitervermerk nicht erforderlich. Da Art. 12 EG hinter spezielle Diskriminierungsverbote zurücktritt („unbeschadet besonderer Bestimmungen"), ist auf ihn nicht einzugehen.

b) Niederlassungsfreiheit aus Art. 43, 48 EG

173 Nach Art. 43 EG ist die Beschränkung der freien Niederlassung von Staatsangehörigen eines Mitgliedstaates im Hoheitsgebiet eines anderen Mitgliedstaates grundsätzlich verboten. Art. 43 EG gilt unmittelbar allerdings nur für Staatsangehörige, also natürliche Personen, und damit nicht für die U als Gesellschaft.

Allerdings stehen nach Art. 48 EG für die Anwendung der Niederlassungsrechte („dieses Kapitel" in Art. 48 Abs. 1 EG = Kapitel 2, Art. 43–48 EG) die Gesellschaften, die nach den Rechtsvorschriften eines Mitgliedstaates gegründet wurden und die ihren satzungsmäßigen Sitz, ihre Hauptverwaltung oder ihre Hauptniederlassung innerhalb der Gemeinschaft haben, den natürlichen Personen, die Staatsangehörige der Mitgliedstaaten sind, gleich. Als Gesellschaften i.S.d. Art. 48 Abs. 1 EG gelten gemäß Art. 48 Abs. 2 EG die Gesellschaft bürgerlichen Rechts und des Handelsrechts

5 Vgl. *Loibl*, Europarecht – Das Skriptum, S. 100. Der EuGH hat die Frage des sekundären Gemeinschaftsrechts in seiner Entscheidung „Überseering" nicht aufgeworfen (EuGH vom 5. 11. 2002, Rs. C-208/00, Slg. 2002, I-9919, EuZW 2002, S. 754 ff., Überseering).

einschließlich der Genossenschaften und der sonstigen juristischen Personen des öffentlichen und privaten Rechts mit Ausnahme derjenigen, die keinen Erwerbzweck verfolgen.

aa) Persönlicher Anwendungsbereich Art. 43, 48 EG

Mangels gegenteiliger Angaben ist davon auszugehen, dass es sich bei der U als Kapi- 174
talgesellschaft in der Form der B.V. um eine Gesellschaft i.S.d Art. 48 Abs. 2 EG handelt. Diese ist in den Niederlanden (Mitgliedstaat, Art. 299 Abs. 1 EG) gegründet worden und hat dort offenbar weiterhin ihren satzungsmäßigen Sitz (unterstellt mangels anderer Angaben).

Damit ist der persönliche Anwendungsbereich der Niederlassungsfreiheit, die gem. Art. 43 Abs. 2 EG auch juristischen Personen zusteht[6], eröffnet.

bb) Sachlicher Anwendungsbereich Art. 43, 48 EG

Zu prüfen ist, ob die Nichtanerkennung der U als eigene Rechtspersönlichkeit in 175
Deutschland auch sachlich einen Verstoß gegen die Niederlassungsfreiheit darstellt.

Die Niederlassungsfreiheit umfasst das Recht zur Aufnahme und Ausübung selbständiger Erwerbstätigkeiten sowie zur Errichtung von Unternehmen und zur Ausübung der Unternehmertätigkeit nach den Bestimmungen, die im Niederlassungsstaat für dessen eigene Angehörige gelten. Für Gesellschaften folgt aus Art. 48 EG unmittelbar, dass diese das Recht haben, ihre Tätigkeit in einem anderen Mitgliedstaat auszuüben, wobei ihr satzungsmäßiger Sitz, ihre Hauptverwaltung oder ihre Hauptniederlassung dazu dient, ihre Zugehörigkeit zu einem Mitgliedstaat zu bestimmen[7]. Die Inanspruchnahme der Niederlassungsfreiheit setzt zwingend die Anerkennung dieser Gesellschaften durch alle Mitgliedstaaten voraus, in denen sie sich niederlassen wollen[8].

Hier hat die U die Baugenehmigung beantragt, um in Berlin eine Firmenzentrale zu errichten. Die Beantragung der Baugenehmigung und der daraus resultierende Prozess vor dem VG Berlin gehören somit zur geschäftlichen Tätigkeit der U, so dass ihr Vorgehen grundsätzlich unter die Niederlassungsfreiheit fällt.

Eine Einschränkung der Niederlassungsfreiheit könnte sich bei Gesellschaften allerdings aus Art. 293 EG ergeben. Danach leiten die Mitgliedstaaten untereinander Verhandlungen ein, um zugunsten ihrer Staatsangehörigen u.a. die gegenseitige Anerkennung der Gesellschaften i.S.d. Art. 48 Abs. 2 EG und die Beibehaltung der Rechtspersönlichkeit bei Verlegung des Sitzes von einem Staat zum anderen sicherzustellen. In der „Daily Mail"-Entscheidung hat sich der EuGH noch auf diese Vorschrift berufen. In dem Fall ging es darum, ob die Sitzverlagerung einer englischen Aktiengesell-

6 *Bröhmer* in Calliess/Ruffert, EGV, Art. 43, Rz. 8.

7 Vgl. EuGH vom 5. 11. 2002, Rs. C-208/00, Slg. 2002, I-9919, EuZW 2002, S. 754 ff., 755, Rn. 56 f., Überseering, und EuGH vom 30. 9. 2003, Rs. C-167/01, Slg. 2003, I-10155, EuZW 2003, S. 687 ff., 693, Rn. 97, Kamer van Koophandel en Fabrieken voor Amsterdam./.Inspire Art Ltd.

8 EuGH, vom 5. 11. 2002, Rs. C-208/00, Slg. 2002, I-9919, EuZW 2002, S. 754 ff., 755, Rn. 59, Überseering. Allgemein zur Niederlassungsfreiheit siehe *Streinz*, Europarecht, Rz. 886.

schaft ohne vorherige Liquidation (also der Aufgabe der Registrierung der AG in England) von einer Genehmigung der englischen Steuerbehörde abhängig gemacht werden kann. Der EuGH hat damals eine Ausnahme für Beschränkungen der Niederlassungsfreiheit durch den *Wegzugsstaat* zugelassen, da Art. 293 EG dort Abkommen zwischen den Mitgliedstaaten vorsehe[9].

176 Gegen die Verneinung des Anwendungsbereichs unter Hinweis auf Daily Mail spricht allerdings, dass es sich hier um eine andere Konstellation handelt: Es geht nicht um die Beurteilung der Folgen einer Sitzverlegung durch den Staat, aus dem *heraus* der Sitz verlegt wird („Wegzugsfreiheit" aus den Niederlanden), sondern um die deutsche Sicht, also desjenigen Staates, in den *herein* die Verlegung erfolgt. Im Sinne der Niederlassungsfreiheit ist das der Staat der (neuen) Niederlassung.

In „Überseering" stellt der EuGH außerdem klar, dass die Daily Mail-Rechtsprechung nicht bedeute, dass der „Zuzugsstaat" die Inanspruchnahme der Niederlassungsfreiheit durch eine (in einem anderen Mitgliedstaat wirksam gegründete) Gesellschaft von der Beachtung seines nationalen Gesellschaftsrechts abhängig machen dürfe. „Daily Mail" könne daher nicht entnommen werden, dass in einem solchen Fall die Anerkennung der Rechts- und Parteifähigkeit einer Gesellschaft im Zuzugsstaat nicht den Bestimmungen des EG-Vertrags über die Niederlassungsfreiheit unterliege. Dies gelte selbst dann, wenn nach dem Recht des Mitgliedstaats der Niederlassung angenommen wird, dass die Gesellschaft ihren tatsächlichen Verwaltungssitz dorthin verlegt hat[10].

Eine Einschränkung des Anwendungsbereichs der Niederlassungsfreiheit wegen Art. 293 EG ist daher nicht geboten. Da die U als niederländische Gesellschaft in Deutschland tätig werden will, ist auch der grenzüberschreitende Bezug gegeben[11].

Die U kann sich somit grundsätzlich auf die Niederlassungsfreiheit berufen, wenn deutsches Recht sie nicht als parteifähige juristische Person ansieht[12].

cc) Verstoß gegen Niederlassungsfreiheit

Zu prüfen ist, ob in der Nichtanerkennung als (deutsche) Rechtspersönlichkeit und der daraus folgenden Verneinung der Parteifähigkeit der U eine ungerechtfertigte Diskriminierung bzw. eine ungerechtfertigte Beschränkung der Niederlassungsfreiheit und damit ein Verstoß gegen Art. 43 und 48 EG liegt.

(1) Diskriminierungsverbot

177 Fraglich ist, ob die Nichtanerkennung die U diskriminiert. Eine Diskriminierung liegt nach st. Rspr. des EuGH vor, wenn „vergleichbare Sachverhalte rechtlich unterschiedlich oder unterschiedliche Sachverhalte rechtlich gleich behandelt werden". Das be-

---

9 EuGH vom 27. 9. 1988, Rs. 81/87, Slg. 1988, 5483, NJW 1989, S. 2186 ff., The Queen./.Treasury und Kommissioners of Inland Revenue, ex parte Daily Mail und General Trust.

10 Vgl. EuGH vom 5. 11. 2002, Rs. C-208/00, Slg. 2002, I-9919, EuZW 2002, S. 754 ff., 757, Rn. 72 f., Überseering.

11 Vgl. *Bröhmer* in Calliess/Ruffert, EGV, Art. 43, Rz. 6.

12 Vgl. *Bröhmer* in Calliess/Ruffert, EGV, Art. 43, Rz. 6.

deutet die rechtliche Schlechterbehandlung eines zu beurteilenden Sachverhalts mit Gemeinschaftsrechtsbezug gegenüber einem reinen Inlandsachverhalt[13]. Die fragliche Regelung muss nicht an die Staatsangehörigkeit anknüpfen, es genügt, wenn die Anknüpfung an ein beliebiges Tatbestandsmerkmal EU-Ausländer de facto schlechter stellt[14].

Für eine Diskriminierung könnte hier sprechen, dass die U eine niederländische/ausländische Gesellschaft ist, der die Rechtspersönlichkeit abgesprochen wird. Maßgeblicher Anknüpfungspunkt ist hier aber nicht die „Staatsangehörigkeit" der U, sondern die Betrachtung der U durch das VG Berlin nach der so genannten „Sitztheorie". Sie besagt, dass sich die Rechtsfähigkeit eines Verbandes nach demjenigen Recht richtet, welches am Ort des tatsächlichen Verwaltungssitzes des Verbandes gilt[15]. Im Gegensatz dazu steht die „Gründungstheorie", wonach es auf das Gründungsstatut der Gesellschaft ankommt[16]. Ursprünglich deutsche Gesellschaften, die ihren Sitz ins EU-Ausland verlegt haben, würden nach der Sitztheorie genauso als „ausländische" angesehen, so dass insofern eine Gleichbehandlung und damit formal keine Diskriminierung vorliegt. Es gibt auch keine inländischen Vergleichsgesellschaften, die in einer ähnlichen Lage sind.

In der „Überseering"-Entscheidung ist der EuGH auf eine mögliche Diskriminierung als solche überhaupt nicht eingegangen.

(2) Allgemeines Beschränkungsverbot

Neben dem Diskriminierungs- enthält Art. 43 Abs. 1 auch ein allgemeines Beschrän- **178**
kungsverbot[17]. Danach sind auch formal diskriminierungsfreie Regelungen verboten, die zwar nicht an die Staatsangehörigkeit anknüpfen, sondern die Niederlassungsfreiheit in irgendeiner Weise faktisch verhindern oder weniger attraktiv machen[18]. Hier wird die Rechtspersönlichkeit der U verneint, so dass sie praktisch nicht handlungsfähig ist.

Da alle Geschäftsanteile der U von Deutschen erworben wurden, wäre allerdings zu überlegen, ob sie (wenigstens) als deutsche Gesellschaft bürgerlichen Rechts nach den §§ 705 ff. BGB und damit gemäß § 14 Abs. 2 BGB als rechtsfähige Personengesellschaft anzuerkennen wäre. Tatsächlich hat der II. Zivilsenat des BGH im Jahr 2002 mit Hinweis auf (damals) neuere Rechtsprechung zur Rechts- und Parteifähigkeit der GbR im Falle einer „Limited Company" nach dem Recht der Kanalinsel Jersey, die ihren Sitz wohl ebenfalls nach Deutschland verlegt hatte, diesen Weg gewählt[19]. Der Ansatz unterstellt allerdings, dass die ausländische Kapitalgesellschaft durch die Sitzverlegung nach Deutschland als GbR oder nach den §§ 105 ff. HGB als

13 Vgl. *Bröhmer* in Calliess/Ruffert, EGV, Art. 43, Rz. 20.
14 Vgl. *Bröhmer* in Calliess/Ruffert, EGV, Art. 43, Rz. 21.
15 *Wernicke,* EuZW 2002, S. 758 ff., 759. Allgemein zur „Sitztheorie" siehe *Palandt/Heldrich*, BGB, Anh. zu Art. 12 EGBGB Rz. 6 ff.
16 Vgl. *Palandt/Heldrich*, BGB, Anh. zu Art. 12 EGBGB Rz. 6 ff.
17 Siehe dazu *Bröhmer* in Calliess/Ruffert, EGV, Art. 43, Rz. 28 ff., und *Streinz*, Europarecht, Rz. 803 ff.
18 *Lorz*, Fallrepetitorium Europarecht, S. 114.
19 BGH vom 1. 7. 2002, II ZR 380/00, BGHZ 151, 204 ff. = BGH NJW 2002, S. 3539 ff.

OHG neu gegründet wurde. Würde der alte Sitzstaat der Gründungstheorie folgen, gäbe es rechtlich plötzlich zwei Gesellschaften (alte im Herkunftsland, neue in D) mit demselben Aktivvermögen. Fraglich bliebe außerdem, ob die ausnahmslose Aberkennung der Haftungsprivilegs mit der Niederlassungsfreiheit der Gesellschafter (Gesellschaft haftet immer unbeschränkt) vereinbar ist, insbes. ob dies zum Schutz der Gläubiger stets geeignet und erforderlich ist[20]. Diese Lösung vermag also nicht zu überzeugen und ist daher abzulehnen.

Im Lichte von „Überseering" dürfte das so heute auch nicht mehr vertretbar sein, siehe auch unten.

Daher hat die U nach der Sitztheorie konsequenterweise keine andere Wahl, als sich in Deutschland in der passenden Rechtsform (z.B. als GmbH) neu zu gründen, um die entsprechenden Rechte in Anspruch nehmen zu können[21].

179 Gemäß Art. 43 und 48 EG genießt sie aber auch als *niederländische* Gesellschaft das Recht, von ihrer Niederlassungsfreiheit Gebrauch machen zu dürfen. Der Umstand, dass die Anteile nunmehr von Deutschen erworben wurden, ändert daran nichts, da das offensichtlich nicht zum Verlust der Rechtspersönlichkeit nach niederländischem Recht geführt hat; die U ist damit nach wie vor eine durch Art. 43 und 48 EG berechtigte Gesellschaft[22]. Das gilt umso mehr, als nach EuGH die Existenz der U untrennbar mit der Eigenschaft als Gesellschaft niederländischen Rechts zusammenhängt, da eine Gesellschaft jenseits der Rechtsordnung, die ihre Gründung und Existenz regelt, keine Realität hat. Die Pflicht zur Neugründung kommt so einer Verneinung der Niederlassungsfreiheit gleich[23].

Um die Niederlassungsfreiheit zu gewähren, ist der „aufnehmende" Staat daher verpflichtet, die Rechts- und Parteifähigkeit der niederlassungswilligen Gesellschaft zu achten, die diese Gesellschaft nach dem Recht ihres Gründungsstaates besitzt[24], um so die Niederlassung zu ermöglichen. Er muss auch das Gründungsstatut akzeptieren, so dass es nicht genügt, wenn er sie nur nach seinem eigenen Recht anerkennt. Die Nichtanerkennung der U als eigene Rechtspersönlichkeit in Deutschland und die daraus resultierende Verweigerung des entsprechenden Rechtsschutzes (= Klageabweisung weil unzulässig) stellt damit eine Beschränkung der Niederlassungsfreiheit dar.

dd) Rechtfertigung der Beschränkung

Zu prüfen bleibt, ob die Beschränkung der Niederlassungsfreiheit gerechtfertigt sein könnte.

---

20 Vgl. *Ahlt/Deisenhofer*, Europarecht, S. 201.

21 Vgl. EuGH vom 5. 11. 2002, Rs. C-208/00, Slg. 2002, I-9919, EuZW 2002, S. 754 ff., 757, Rn. 79, Überseering.

22 Vgl. EuGH vom 5. 11. 2002, Rs. C-208/00, Slg. 2002, I-9919, EuZW 2002, S. 754 ff., 757, Rn. 80, Überseering, sowie BGHZ 154, 185 = BGH NJW 2003, S. 1461 ff.

23 Vgl. EuGH vom 5. 11. 2002, Rs. C-208/00, Slg. 2002, I-9919, EuZW 2002, S. 754 ff., 757, Rn. 81, Überseering.

24 Vgl. EuGH vom 5. 11. 2002, Rs. C-208/00, Slg. 2002, I-9919, EuZW 2002, S. 754 ff., 757, Rn. 95, Überseering.

(1) Missbrauch, Umgehung des nationalen (Gesellschafts-)Rechts

Abgesehen davon, dass der Sachverhalt nichts dazu hergibt, dass die U nur zur missbräuchlichen oder betrügerischen Umgehung deutschen Gesellschaftsrechts gegründet wurde, hat der EuGH inzwischen entschieden, dass die bloße Nutzung der günstigeren Regelungen eines Mitgliedstaates für sich genommen keinen Missbrauch, sondern nur die Nutzung der Niederlassungsfreiheit darstellt[25]. **180**

Daher muss das hier nicht weiter vertieft werden.

(2) Schranken gemäß Art. 46 EG

Für eine Rechtfertigung gemäß dem ordre-public-Vorbehalt des Art. 46 Abs. 1 EG (öffentliche Ordnung, Sicherheit oder Gesundheit) bietet der Sachverhalt keinen Anlass.

Daher muss das hier nicht weiter vertieft werden. Der EuGH hat das in der „Überseering"-Entscheidung ebenfalls nicht weiter problematisiert.

(3) Gemeinwohlvorbehalt

Schließlich kann sich die Rechtfertigung auch aus zwingenden Gründen des Gemeinwohls ergeben. In Betracht kommen hier insbesondere die Rechtssicherheit, der Gläubigerschutz, der Schutz der Minderheitsgesellschafter und der Arbeitnehmer sowie die Fiskalinteressen[26]. **181**

Zwar lässt sich laut EuGH nicht ausschließen, dass diese Gründe unter bestimmten Umständen und Voraussetzungen Beschränkungen der Niederlassungsfreiheit rechtfertigen können[27]. Sie erlauben aber nicht, dass eine Gesellschaft, die in einem Mitgliedstaat ordnungsgemäß gegründet wurde und dort ihren satzungsmäßigen Sitz hat, die Rechts- und Parteifähigkeit abgesprochen wird. Denn eine solche Maßnahme käme der Negierung der den Gesellschaften in Art. 43 und 48 zuerkannten Niederlassungsfreiheit gleich[28].

ee) Keine Rechtfertigung

Die Beschränkung der Niederlassungsfreiheit ist daher nicht gerechtfertigt. Damit muss auch die Sitztheorie für die Konstellation „Sitzverlegung aus Sicht des Niederlassungsstaates" aufgegeben werden, da sie zur Nichtanerkennung der Gesellschaft führt, was – wie gezeigt – gegen Art. 43 und 48 EG verstößt. **182**

Der BGH (VII. Zivilsenat) hat das im Nachgang zu „Überseering" auch konsequent befolgt und die Lösung des II. Zivilsenats (Anerkennung der ausländischen Gesellschaft als GbR, s.o.) ausdrücklich

---

25 Vgl. EuGH vom 30. 9. 2003, Rs. C-167/01, Slg. 2003, I-10155, EuZW 2003, S. 687 ff., 692 Rn. 95 ff. m.w.N., Inspire Art.

26 Vgl. EuGH vom 5. 11. 2002, Rs. C-208/00, Slg. 2002, I-9919, EuZW 2002, S. 754 ff., 757, Rn. 86 ff., Überseering; siehe dazu auch EuGH vom 30. 9. 2003, Rs. C-167/01, Slg. 2003, I-10155, EuZW 2003, S. 687 ff., 693, Rn. 107 ff., Inspire Art.

27 Vgl. EuGH vom 5. 11. 2002, Rs. C-208/00, Slg. 2002, I-9919, EuZW 2002, S. 754 ff., 757, Rn. 92, Überseering.

28 Vgl. EuGH vom 5. 11. 2002, Rs. C-208/00, Slg. 2002, I-9919, EuZW 2002, S. 754 ff., 757, Rn. 93, Überseering.

verworfen[29]. Für den umgekehrten Fall (Folgen der Verlegung aus Sicht des Herkunftslandes, „Daily Mail"-Konstellation, s. o.) bleibt die Sitztheorie dagegen von Bedeutung. Die Rechtsprechung des EuGH erlaubt bei konsequenter Anwendung allerdings auch die grenzüberschreitende Sitzverlegung unter Wahrung der (möglicherweise) günstigeren Regelungen des Herkunftslandes bzw. bestimmter Normen des Niederlassungslandes, was – abgesehen von Missbrauch und Betrug – grds. zulässig ist[30]. Es könnte daher de lege ferenda zu einem Wettbewerb der Gesellschaftsrechte der Mitgliedstaaten kommen[31].

Die Nichtanerkennung der Rechtspersönlichkeit der U durch das VG Berlin verstößt nach der EuGH-Rechtsprechung gegen Art. 43 und 48 EG und ist daher gemeinschaftsrechtswidrig.

Daher ist die U hier als rechtsfähig anzusehen, so dass sie Anspruch auf die Erteilung der Baugenehmigung haben könnte. Sie ist daher klagebefugt.

IV. Vorverfahren

Laut Sachverhalt hat U, vertreten durch A, das nach § 68 Abs. 1 Satz 1 VwGO erforderliche Vorverfahren erfolglos durchgeführt.

V. Klagegegner, Beteiligten- und Prozessfähigkeit

183 Das Land Berlin ist nach § 78 Abs. 1 Nr. 1 VwGO auch der richtige Klagegegner. Nach den obigen Ausführungen ist die U hier gemäß § 61 Nr. 1 1. Alt. VwGO beteiligtenfähig und – vertreten durch den Geschäftsführer A – gemäß § 62 Abs. 2 VwGO auch prozessfähig. Beim Land Berlin ergibt sich die Beteiligtenfähigkeit aus den §§ 61 Nr. 1 2. Alt. VwGO. Die Prozessfähigkeit des Landes Berlin ergibt sich aus § 62 Abs. 1 Nr. 1 VwGO, wenn man juristischen Personen durch ihre Organe vermittelte Handlungs- und Geschäftsfähigkeit zuerkennt (sog. Organtheorie). Folgt man dem nicht, gilt § 62 Abs. 3 VwGO (sog. Vertretungstheorie)[32].

VI. Form, Frist

An der Einhaltung der Formerfordernisse bestehen aufgrund des Sachverhalts keine Bedenken. Die Klage wurde auch fristgemäß eingelegt.

VII. Ergebnis Zulässigkeit

Da auch keine sonstigen Bedenken gegen die Einhaltung der allgemeinen Sachentscheidungsvoraussetzungen bestehen, ist die Klage zulässig.

---

29 BGHZ 154, 185 = BGH NJW 2003, S. 1461 ff.

30 Vgl. EuGH vom 30. 9. 2003, Rs. C-167/01, Slg. 2003, I-10155, EuZW 2003, S. 687 ff., 692, Rn. 95 ff., Inspire Art.

31 Siehe dazu *Freitag* EuZW 1999, S. 267 ff.

32 Siehe dazu *Hufen*, Verwaltungsprozessrecht, Rz. 29 ff., und *Schenke*, Verwaltungsprozessrecht, Rz. 477 ff.

B. Begründetheit der Klage

Die Verpflichtungsklage ist gem. § 113 Abs. 5 VwGO begründet, soweit die Ablehnung der Baugenehmigung rechtswidrig, die U dadurch in ihren Rechten verletzt und die Sache spruchreif ist. Dies ist jedenfalls dann der Fall, wenn die U einen Anspruch auf die Erteilung der Baugenehmigung hat. **184**

Nach § 71 Abs. 1 BauO Bln ist die Baugenehmigung zu erteilen, wenn dem Bauvorhaben keine öffentlich-rechtlichen Vorschriften entgegenstehen, die im bauaufsichtlichen Genehmigungsverfahren zu prüfen sind. Unter dieser Voraussetzung hat die U somit einen Anspruch auf die Erteilung der Baugenehmigung. Da sie als rechtsfähig anzusehen ist, kann ihr dieser auch zustehen.

Hier hat das Bezirksamt Mitte die Erteilung der Baugenehmigung laut Sachverhalt zu Unrecht abgelehnt. Es ist daher davon auszugehen, dass dem Vorhaben tatsächlich keine von der Bauaufsicht zu prüfenden Vorschriften entgegenstehen. Die U hat damit Anspruch auf die Erteilung der Baugenehmigung.

Die Klage ist damit auch begründet.

Wer hier weiteren Klärungsbedarf sieht bzw. den Sachverhalt für nicht ausreichend hält, kann das mit den entsprechenden Formulierungen bzw. Hinweisen ebenfalls vertreten, etwa im Sinne von „Der SV lässt hier keine abschließende Prüfung zu, aber der Anspruch auf die Baugenehmigung wäre begründet, wenn hier keine Vorschriften entgegenstünden.".

C. Ergebnis

Die Klage der U hat Aussicht auf Erfolg, weil sie zulässig und – soweit dem Sachverhalt zu entnehmen – auch begründet ist. Das VG Berlin wird daher das Land Berlin verpflichten, der U die beantragte Baugenehmigung zu erteilen.

Teil II

Die Verfassungsbeschwerde der V ist zulässig, wenn die dafür notwendigen gesetzlichen Voraussetzungen nach Art. 93 Abs. 1 Nr. 4a GG, §§ 90 ff. BVerfGG vorliegen.

A. Beteiligtenfähigkeit, Art. 93 Abs. 1 Nr. 4a GG, § 90 Abs. 1 BVerfGG

Dazu müsste V zunächst beteiligtenfähig, also „Jedermann" i.S.d. Art. 93 Abs. 1 Nr. 4a GG, § 90 Abs. 1 BVerfGG sein. Die Beteiligtenfähigkeit folgt der Grundrechtsfähigkeit. Es kommt also darauf an, ob der V Grundrechte (hier insbesondere aus Art. 14 GG) zustehen. Bei juristischen Personen wie der V richtet sich die Grundrechtsfähigkeit nach Art. 19 Abs. 3 GG. Danach gelten die Grundrechte auch für inländische juristische Personen, soweit sie ihrem Wesen nach auf diese anwendbar sind. **185**

Problematisch könnte hier allerdings sein, dass es sich bei der V um eine juristische Person nach niederländischem Recht mit Sitz in Amsterdam handelt.

I. Juristische Person

Art. 19 Abs. 3 GG enthält keine näheren Angaben darüber, was unter „juristischen Personen" i.S. dieser Norm zu verstehen ist. Kapitalgesellschaften wie die AG (jur. Person gemäß § 1 Abs. 1 Satz 1 AktG) und die GmbH (jur. Person gemäß § 13 Abs. 1 GmbHG) gehören aber unstreitig dazu[33]. Laut Sachverhalt ist die V als BV eine der deutschen GmbH vergleichbare juristische Person nach niederländischem Recht, so dass davon auszugehen ist, dass sie grundsätzlich die Merkmale einer juristischen Person i.S.d. Art. 19 Abs. 3 GG erfüllt.

Im Gegensatz zu Teil I stellt sich hier nicht die (weitere) Frage nach dem grundsätzlichen Charakter der V als juristischer Person in Deutschland, weil sie weiterhin von den Niederlanden aus agiert, so dass Gründungs- und Sitzstaat nicht auseinander fallen. Das Problem des Teils I, ob die V in Deutschland überhaupt eine juristische Person ist, ist daher nicht zu erörtern.

II. Ausländische juristische Person

186 Eine dem Art. 19 Abs. 3 GG vergleichbare Bestimmung für nicht-inländische juristische Personen kennt das GG nicht. Insofern könnte das dafür sprechen, dass die deutschen Grundrechte für die V nicht gelten. Ein solches Ergebnis würde allerdings dazu führen, dass ausländische juristische Personen in rechtlicher Hinsicht wesentlich schlechter gestellt wären als beispielsweise vergleichbare deutsche Gesellschaften. Darin könnte ein Verstoß gegen europarechtliche Diskriminierungsverbote, insbesondere aus der Niederlassungsfreiheit der V nach Art. 43 und 48 EG, liegen.

Zu prüfen ist daher, ob Art. 19 Abs. 3 GG europarechtskonform ausgelegt werden kann oder nach dem Grundsatz des Anwendungsvorrangs des Europarechts hier nur teilweise angewandt werden darf.

Gegen die völlige Nichtanwendung des Art. 19 Abs. 3 GG spricht bereits der Umstand, dass damit *jegliche* Grundlage für die Grundrechtsfähigkeit juristischer Personen entfallen würde.

1. Niederlassungsfreiheit, Art. 43 i.V.m. 48 EG

187 Mit dem Neubau möchte die V eine Filiale in Berlin errichten, um die Verkäufe auf dem deutschen Markt abzuwickeln. Es geht ihr also darum, als niederländische (Mitgliedstaat, Art. 299 Abs. 1 EG) Handelsgesellschaft in Deutschland (Mitgliedstaat, Art. 299 Abs. 1 EG) grenzüberschreitend eine dauernde selbständige Tätigkeit auszuüben. Damit ist der persönliche und sachliche Anwendungsbereich der Niederlassungsfreiheit des Art. 43 Abs. 2 EG (i.V.m. Art. 48 EG) eröffnet (siehe dazu oben bei Teil I unter A. III. 3. b)).

Da Art. 12 EG hinter spezielle Diskriminierungsverbote zurücktritt („unbeschadet besonderer Bestimmungen"), ist auf ihn nicht einzugehen.

2. Diskriminierungsverbot

188 Eine Diskriminierung liegt nach st. Rspr. des EuGH vor, wenn „vergleichbare Sachverhalte rechtlich unterschiedlich oder unterschiedliche Sachverhalte rechtlich gleich

33 Siehe *Dreier* in Dreier (Hrsg.), GG, Bd. I, Art. 19 III Rz. 44.

behandelt werden". Das bedeutet die rechtliche Schlechterbehandlung eines zu beurteilenden Sachverhalts mit Gemeinschaftsrechtsbezug gegenüber einem reinen Inlandsachverhalt[34].

Daher verlangt das Diskriminierungsverbot in seinem Anwendungsbereich von den Mitgliedstaaten, juristische Personen anderer Mitgliedstaaten auch bei Regelungen mit Verfassungsrang wie inländische juristische Personen zu behandeln[35].

3. Auslegung des Art. 19 Abs. 3 GG

Art. 19 Abs. 3 GG würde dem europarechtlichen Gleichbehandlungsanspruch genügen, wenn er den (ausländischen) juristischen Personen aus EG-Mitgliedstaaten die gleiche Grundrechtsberechtigung wie deutschen juristischen Personen zuspräche. Gegen eine Auslegung des Art. 19 Abs. 3 GG dahingehend, dass er alle ausländischen juristischen Personen wie deutsche berechtigen wolle, spricht allerdings der Wortlaut der Norm. Denn das Tatbestandsmerkmal „inländisch" erhält am zwanglosesten einen Sinn, wenn man daraus den Umkehrschluss zieht, ausländische juristische Personen sollten gerade keine Grundrechtsberechtigung erhalten. Für eine solche Auslegung spricht auch der von den historischen Verfassungsgebern intendierte und im Wortlaut hinreichend deutlich zum Ausdruck kommende Sinn und Zweck des Art. 19 Abs. 3 GG, der Bundesrepublik Deutschland im Verhältnis zu anderen Staaten durch Schaffung von Verhandlungsmasse eine bessere Position zur Durchsetzung der Interessen deutscher juristischer Personen im Ausland zu verschaffen (fremdenrechtlicher Aktionsspielraum). 189

Die Kenntnis dieses Zwecks des Art. 19 Abs. 3 GG ist bei klausurmäßiger Bearbeitung nicht zu erwarten.

Geht man daher grundsätzlich davon aus, dass das Merkmal „inländisch" tatsächlich einer Begrenzung auf bestimmte juristische Personen dienen soll, wäre zu überlegen, was konkret unter „Inland" zu verstehen ist. Den EG-mitgliedstaatlichen juristischen Personen käme eine Grundrechtsberechtigung wie deutschen dann zu, wenn unter „Inland" im Sinne des Art. 19 Abs. 3 GG auch das EG-Ausland zu fassen wäre. Allerdings wäre eine solche Auslegung kaum noch mit dem Wortlaut vereinbar, und auch die in der Präambel und Art. 23 GG abzulesende integrationsoffene Haltung des Grundgesetzes vermag letztlich nichts daran zu ändern, dass das „Inland" des Grundgesetzes nur das deutsche Staatsgebiet ist, so dass diese Lösung abzulehnen ist.

Zu überlegen wäre schließlich noch, ob sich Art. 19 Abs. 3 GG europarechtskonform dahingehend auslegen lässt, dass der Wortlaut in Fällen mit EG-Bezug teleologisch um das Merkmal „inländisch" reduziert wird. Ein derartiges Auslegungsergebnis wäre mit dem Wortlaut des Art. 19 Abs. 3 GG zwar vereinbar, würde ihm aber in Fällen mit EG-Bezug einen Sinn unterschieben, der seinem Sinn und Zweck in Fällen ohne derartigen Bezug diametral entgegensteht. Die Grenzen dessen, was noch als Aus- 190

---

34 Vgl. *Bröhmer* in Calliess/Ruffert, EGV, Art. 43, Rz. 20.

35 Ausführlich zum Verhältnis von Gemeinschafts- und nationalem Recht siehe *Streinz*, Europarecht, Rz. 190 ff.

legung zu fassen ist, wären damit überschritten. Gegen eine derartige europarechtskonforme Auslegung spricht überdies noch der Umstand, dass dieselbe Vorschrift gespalten auszulegen wäre je nach Vorliegen oder Fehlen eines EG-Bezugs[36].

Art. 19 Abs. 3 GG lässt sich mithin nicht in einer Weise auslegen, die im Einklang mit Art. 43 Abs. 2 EG steht. Er muss daher insoweit unangewendet bleiben, als dies zur Vermeidung seiner diskriminierenden Wirkung nötig ist. Dafür genügt es, dass Tatbestandsmerkmal „inländisch" unangewendet zu lassen[37], zumal bei einer völligen Nichtanwendung jegliche Grundlage für die Grundrechtsfähigkeit juristischer Personen entfiele.

Nach Art. 19 Abs. 3 GG gelten die Grundrechte somit auch für die V, so dass sie beteiligtenfähig[38] ist.

B. Verhalten der öffentlichen Gewalt

191 Die Verfassungsbeschwerde der V muss sich gegen ein Verhalten der öffentlichen Gewalt richten (Art. 93 Abs. 1 Nr. 4a GG, § 90 Abs. 1 BVerfGG). Die „öffentliche Gewalt" umfasst u.a. die Exekutive wie die Judikative (vergl. Art. 1 Abs. 3 GG). Daher handelt es sich sowohl bei dem Ablehnungsbescheid als auch den Gerichtsentscheidungen um Akte der öffentlichen Gewalt.

C. Beschwerdebefugnis

Die V müsste beschwerdebefugt sein. Dies ist der Fall, wenn eine Verletzung ihrer Grundrechte möglich erscheint. Dazu muss sich die V zunächst auf ein ihr zustehendes Grundrecht berufen. Das von der V geltend gemachte Grundrecht auf Eigentum (Art. 14 Abs. 1 GG) steht der V zu, wenn dieses Grundrecht seinem Wesen nach auf juristische Personen anwendbar ist (Art. 19 Abs. 3 GG). Dies ist der Fall, da das Grundrecht auf Eigentum nicht an natürliche Qualitäten des Menschen anknüpft und sich juristische Personen daher dem Staat gegenüber in einer Gefährdungslage wie natürliche Personen (grundrechtstypische Gefährdungslage) befinden. Weiterhin muss die spezifische Verletzung dieses Grundrechts möglich erscheinen. Bei der Verwehrung des Bebauens des Grundstücks der V durch die angegriffenen staatlichen Akte handelt es sich um einen Eingriff in den durch das Eigentumsgrundrecht geschützten Bereich. Dass dieser Eingriff die V in ihrem Eigentumsgrundrecht verletzt, erscheint angesichts der abweichenden, grundrechtsbasierten Entscheidungspraxis bei deutschen Bauantragstellern als möglich. Um eine mögliche Verletzung spezifischen Verfassungsrechts handelt es sich bei dieser möglichen Verletzung dann, wenn sie unter grundlegender Verkennung des Einflusses der Grundrechte zustande gekommen ist. Dies ist vorliegend der Fall, da die angegriffenen Entscheidungen auf der Annahme basieren, der V stünden keine Grundrechte zu. Da die V von der möglichen

---

36 Für eine europarechtskonforme Auslegung *Huber* in v. Mangoldt/Klein/Starck, GG, Art. 19, Rz. 308 ff.

37 Für eine Lösung über den Anwendungsvorrang *Schoch*, VBlBW 2003, S. 297 ff., 305.

38 Das Bundesverfassungsgericht hat die Frage der Grundrechtsfähigkeit EG-ausländischer juristischer Personen offen gelassen in BVerfG NJW 2004, S. 3031 f., 3031 m.w.N.

Grundrechtsverletzung auch selbst, gegenwärtig und unmittelbar betroffen ist, ist sie beschwerdebefugt.

D. Rechtswegerschöpfung

Aus § 124a Abs. 5 Satz 4 i.V.m. § 152 Abs. 1 VwGO folgt, dass die Ablehnung des **192**
Antrags auf Zulassung der Berufung unanfechtbar ist und weder Revision noch Beschwerde (§§ 132ff. und 146ff. VwGO) möglich sind[39], so dass der Rechtweg gegen die Ablehnung der Baugenehmigung erschöpft ist (§ 90 Abs. 2 Satz 1 BVerfGG).

E. Weitere Zulässigkeitsvoraussetzungen

Die weiteren Voraussetzungen für die Zulässigkeit einer Verfassungsbeschwerde sind entweder erfüllt (Prozess- und Postulationsfähigkeit, Rechtsschutzbedürfnis, Fehlen von Rechtshängigkeit sowie Rechts- bzw. Gesetzeskraft) bzw. der V ist deren Erfüllung möglich (Frist und Form).

F. Ergebnis

Die Verfassungsbeschwerde der V ist daher zulässig.

Weiterführende Hinweise

Streinz, Rudolf: Europarecht, Rz. 190ff., 649, 781ff., 886

EuGH vom 5. 11. 2002, Rs. C-208/00, Slg. 2002, I-9919 = EuZW 2002, 754ff., Überseering BV./.Nordic Construction Company Baumanagement GmbH.

EuGH vom 30. 9. 2003, Rs. C-167/01, Slg. 2003, I-10155 = EuZW 2003, S. 687 ff. m.w.N, Kamer van Koophandel en Fabrieken voor Amsterdam./.Inspire Art Ltd.

VG Aachen vom 6. 3. 2007, 2 K 2560/05 (JURIS): Unter Hinweis auf „Überseering" ist die Zweigniederlassung einer Gesellschaft mit beschränkter Haftung nach englischem Recht („private company limited bei shares") jedenfalls gemäß § 61 Nr. 2 VwGO parteifähig.

Bayer, Walter: Die EuGH-Entscheidung „Inspire Art" und die deutsche GmbH im Wettbewerb europäischer Rechtsordnungen, BB 2003, S. 2357 ff.

Freitag, Robert: Der Wettbewerb der Rechtsordnungen im Internationalen Gesellschaftsrecht, EuZW 1999, S. 267 ff.

Guckelberger, Annette: Zum Grundrechtsschutz ausländischer juristischer Personen, AöR 2006, S. 619 ff.

Horn, Norbert: Deutsches und europäisches Gesellschaftsrecht und die EuGH-Rechtsprechung zur Niederlassungsfreiheit – Inspire Art, NJW 2004, S. 893 ff.

Kindler, Peter: Auf dem Weg zur Europäischen Briefkastengesellschaft? – Die „Überseering"-Entscheidung des EuGH und das internationale Privatrecht, NJW 2003, S. 1073

Knapp, Andreas: Überseering: Zwingende Anerkennung von ausländischen Gesellschaften? – Zugleich Anmerkungen zum Urteil des EuGH vom 5. 11. 2002, Rs. C-208/00 (Überseering), DNotZ 2003, S. 85 ff.

39 *Kopp/Schenke*, VwGO, § 124a Rz. 64.

Wernicke, Thomas: Anmerkung zu EuGH vom 5. 11. 2002, Rs. C-208/00, Slg. 2002, I-9919 (Überseering BV./.Nordic Construction Company Baumanagement GmbH), EuZW 2002, S. 758 ff.

193 Ausblick auf den Vertrag von Lissabon[40]

Bisherige Nummerierung des Vertrages zur Gründung der Europäischen Gemeinschaft (EG)	Nummerierung im Vertrag von Lissabon	Neue Nummerierung des Vertrages über die Arbeitsweise der Europäischen Union (AEUV)
Art. 12 Abs. 1 und 2	Art. 16d Abs. 1 und 2	Art. 18 Abs. 1 und 2
Art. 43–48	Art. 43–48	Art. 49–54
Art. 293	aufgehoben	
Art. 299 Abs. 1	Im Wesentlichen ersetzt durch Art. 49c Abs. 1 (künftig Art. 52 Abs. 1) EUV	

40 Synopse nach Übereinstimmungstabelle zu Art. 5 des Vertrags von Lissabon, ABl. 2007 Nr. C 306/202 ff. Konsolidierte Fassungen des „Vertrags über die Europäische Union" (EUV) und des neuen „Vertrags über die Arbeitsweise der Europäischen Union" (AEUV, bisher: „Vertrag zur Gründung der Europäischen Gemeinschaft") sind im Abl. 2008 Nr. C-115/1 ff. abgedruckt.

Fall 7

Probleme mit dem BAföG

Pflichtfach/Schwerpunktbereich, Schwierigkeitsgrad: mittel

Frau A ist deutsche Staatsbürgerin und legte in Deutschland ihre Abiturprüfung ab. **194**
Anschließend zog sie nach Großbritannien und arbeitete dort für ein Jahr als Au-pair-Kraft in einem Haushalt. Sie begann sodann an einer britischen Hochschule ein Studium, für das sie bei der zuständigen deutschen Behörde Ausbildungsförderung nach dem BAföG beantragte. Der Antrag wurde mit der Begründung abgelehnt, nach den einschlägigen Regelungen könne eine solche Förderung nur gewährt werden, wenn die Ausbildung die Fortsetzung eines mindestens einjährigen Besuchs einer deutschen Ausbildungsstätte darstelle. Frau A habe ihre Ausbildung aber für ein Jahr unterbrochen.

Frau A klagt nach erfolglosem Vorverfahren form- und fristgerecht vor dem deutschen Verwaltungsgericht. Sie ist der Auffassung, sie besitze einen Anspruch aufgrund ihrer Freizügigkeitsrechte, die sowohl im EG-Vertrag als auch in dazu ergangenen Verordnungen festgeschrieben seien. Zudem sei die EU mittlerweile auch für die Bildung zuständig, was den europarechtlichen Anspruch noch verstärke. Die Bundesregierung hält dem entgegen, allein aus Freizügigkeitsrechten könne kein Anspruch auf Sozialleistungen folgen. Zumindest sei der Anspruchsausschluss des deutschen Rechts zum Schutze der Leistungsfähigkeit des deutschen Sozialsystems gerechtfertigt.

Hat die Klage Aussicht auf Erfolg? Gehen Sie davon aus, dass das Verwaltungsgericht in europarechtliche Hinsicht selbst entscheiden kann, ohne den EuGH anrufen zu müssen. Gehen Sie weiter davon aus, dass die Voraussetzungen einer Ausbildungsförderung bei Frau A im Übrigen vorliegen.

Die maßgebliche Vorschrift des **§ 5 Abs. 2 BAföG** lautet auszugsweise:

„Auszubildenden ... wird Ausbildungsförderung geleistet für den Besuch einer im Ausland gelegenen Ausbildungsstätte, wenn

...

3. eine Ausbildung nach dem mindestens einjährigen Besuch einer inländischen Ausbildungsstätte an einer Ausbildungsstätte in einem Mitgliedstaat der Europäischen Union fortgesetzt wird

und ausreichende Sprachkenntnisse vorhanden sind. ..."

Vorüberlegungen

195 Der zugrunde liegende Fall wurde erst kürzlich vom EuGH[1] entschieden. Der Gerichtshof stellte fest, dass eine Norm des deutschen BAföG nicht mit Gemeinschaftsrecht vereinbar sei, weil sie eine in Deutschland absolvierte Vorausbildung zur Voraussetzung für die Gewährung von Studienbeihilfen macht. Im Zentrum des Falles steht dabei die Anwendung des Freizügigkeitsrechts aus Art. 18 EG.

Die materielle Aufgabenstellung ist eingebettet in eine verwaltungsprozessuale Klage, so dass zunächst deren Zulässigkeitsvoraussetzungen zu prüfen sind; diese werfen allerdings keine größeren Probleme auf. Auch wird im Bearbeitervermerk darauf hingewiesen, dass eine Vorlage zum EuGH nicht angezeigt ist.

Da der Fall vor einem deutschen Verwaltungsgericht angesiedelt ist und dieses eine Maßnahme deutscher Behörden auf der Grundlage des BAföG prüft, muss in der Begründetheit zunächst deutsches Recht angewandt werden, das dann gegebenenfalls europarechtlich zu modifizieren ist. Der Einstieg erfolgt also über die abgedruckte Norm des § 5 Abs. 2 BAföG, der die Rechtsgrundlage für staatliche Studienbeihilfen, aber auch für deren Versagung darstellt. Die einengenden Voraussetzungen dieser Norm könnten mit Gemeinschaftsrecht kollidieren, so dass sie nicht mehr anwendbar wären.

Zu beginnen ist mit der Arbeitnehmerfreizügigkeit, auch wenn von vornherein klar ist, dass diese mangels Arbeitnehmereigenschaft nicht einschlägig ist. Sodann ist der Weg frei für die Prüfung der zentralen Norm des Falles, Art. 18 EG. Der EuGH leitet immer häufiger Ansprüche der Unionsbürger aus der Freizügigkeit im Rahmen der Unionsbürgerschaft ab. Dies zu verdeutlichen, wurde der vorliegende Fall in das Buch aufgenommen. Während der Gerichtshof entsprechende Ansprüche bis vor kurzem noch auf Art. 18 EG in Verbindung mit Art. 12 EG stützte, reicht ihm nun Art. 18 EG allein zur Begründung aus. Die Ableitung von positiven Leistungsrechten aus der Freizügigkeit ist indes insbesondere im deutschen Schrifttum auf massive Kritik gestoßen, weshalb in der Falllösung hierauf einzugehen ist. Wir mit dem EuGH der sachliche und persönliche Anwendungsbereich von Art. 18 EG bejaht, muss schließlich noch die Rechtfertigung erörtert werden, die dann aber kaum gelingen dürfte.

Der mittelschwere Fall eignet sich gut als Examensklausur im Pflichtfach, weil er Probleme des deutschen Rechts mit solchen des Europarechts verbindet. Aber auch als Abschlussklausur im Wahlfach Europarecht ist er vorstellbar.

1 EuGH vom 23. 10. 2007, verb. Rs. C-11/06 und C-12/06, Slg. 2007, I-9161 = NVwZ 2008, S. 767 ff., Rhiannon Morgan./.Bezirksregierung Köln und Iris Bucher./.Landrat Kreis Düren – BAföG.

Gliederung

A. Zulässigkeit **196**
  I. Verwaltungsrechtsweg
  II. Statthafte Klageart
  III. Klagebefugnis
  IV. Vorverfahren
  V. Form, Frist
  VI. Ergebnis

B. Begründetheit
  I. Anspruchsgrundlage
  II. Anspruchsvoraussetzungen
  III. Verstoß gegen Art. 39 EG und Art. 7 VO 1612/68
  IV. Verstoß gegen Art. 18 EG
    1. Sachlicher Anwendungsbereich
      a) Anwendbarkeit auf Studienbeihilfen
      b) Anwendung ohne Art. 12 EG
    2. Persönlicher Anwendungsbereich
    3. Gewährleistungsinhalt
    4. Rechtfertigung durch zwingende Erfordernisse des Allgemeininteresses
      a) Zwingendes Erfordernis
      b) Verhältnismäßigkeit
  V. Ergebnis

Musterlösung

Die Klage der A hat Aussicht auf Erfolg, wenn sie zulässig und begründet ist.

A. Zulässigkeit

I. Verwaltungsrechtsweg

197 Zunächst müsste der Verwaltungsrechtsweg eröffnet sein. Eine öffentlich-rechtliche Streitigkeit im Sinne von § 40 Abs. 1 VwGO liegt vor, da es sich bei den einschlägigen und streitentscheidenden Normen des BAföG um öffentlich-rechtliche Vorschriften handelt. Die Streitigkeit ist auch nichtverfassungsrechtlicher Art. Mithin ist der Verwaltungsrechtsweg eröffnet.

II. Statthafte Klageart

Die statthafte Klageart richtet sich nach dem Begehren des Klägers. Frau A möchte erreichen, dass sie eine finanzielle Förderung aufgrund des BAföG erhält. Diese Förderung ist ihr durch Bescheid verwehrt worden. Der ablehnende Bescheid muss aufgehoben und ein positiver Bescheid muss erlassen werden. Bei den Bescheiden handelt es sich um Verwaltungsakte im Sinne von § 35 S. 1 VwVfG. Mithin ist die Verpflichtungsklage die richtige Klageart. Mit der Verpflichtungsklage in Form der Versagungsgegenklage kann Frau A ihr Klageziel in vollem Umfang erreichen.

III. Klagebefugnis

198 Frau A müsste auch klagebefugt sein, das heißt, es müsste möglich erscheinen, dass sie einen Anspruch auf die erstrebte Förderung oder zumindest auf ermessensfehlerfreie Entscheidung hat. In § 5 Abs. 2 BAföG ist ein Leistungsanspruch festgeschrieben, wenn die dort genannten Voraussetzungen erfüllt sind. Diese erfüllt Frau A jedoch offensichtlich nicht, da sie sich unmittelbar vor dem Förderzeitraum im europäischen Ausland aufgehalten hatte. Es erscheint jedoch möglich, dass die Voraussetzung des Besuchs einer inländischen Ausbildungsstätte gegen Europäisches Gemeinschaftsrecht verstößt. Wäre dies zu bejahen, wäre sie unanwendbar und der Anspruch ohne ihr Vorliegen zu gewähren. Mithin ist die Möglichkeit einer Rechtsverletzung zu bejahen und Frau A klagebefugt.

IV. Vorverfahren

A müsste das nach § 68 Abs. 1 S. 1 VwGO erforderliche Vorverfahren erfolglos durchgeführt haben. Dies ist entsprechend den Angaben im Sachverhalt erfolgt.

V. Form, Frist

An der Einhaltung der Form- und Fristerfordernisse bestehen aufgrund des Sachverhalts keine Bedenken.

VI. Ergebnis

Da Bedenken gegen die Einhaltung der allgemeinen Sachentscheidungsvoraussetzungen nicht bestehen, ist die Klage zulässig.

B. Begründetheit

Die Verpflichtungsklage ist gem. § 113 Abs. 5 VwGO begründet, soweit die Ablehnung der Förderung rechtswidrig, Frau A dadurch in ihren Rechten verletzt und die Sache spruchreif ist. Dies ist der Fall, wenn A einen Anspruch auf die begehrte Förderung hat.

I. Anspruchsgrundlage

Als Anspruchsgrundlage kommt § 5 Abs. 2 BAföG in Betracht. Dessen Voraussetzungen müssten vorliegen. **199**

II. Anspruchsvoraussetzungen

Da in formeller Hinsicht keine Bedenken bestehen, ist allein fraglich, ob die Voraussetzungen des § 5 Abs. 2 BAföG in materieller Hinsicht erfüllt sind. Hierzu müsste A ihre Ausbildung in einem anderen EU-Mitgliedstaat fortsetzen, nachdem sie mindestens ein Jahr ihre Ausbildung im Inland absolviert hat. Da sie aber zuvor als Au-pair-Kraft im Ausland gelebt hat, erfüllt sie diese Voraussetzung nicht.

Die in § 5 Abs. 2 Nr. 3 BAföG enthaltene Bestimmung könnte jedoch unanwendbar sein, wenn sie gegen Europäisches Gemeinschaftsrecht verstößt. In Betracht kommen Verstöße gegen die Arbeitsnehmerfreizügigkeit und das dazu ergangene Sekundärrecht einerseits oder Verstöße gegen das allgemeine Freizügigkeitsrecht andererseits.

An dieser Stelle müsste das Verwaltungsgericht an sich überlegen, ob es die fraglichen Bestimmungen dem EuGH zur Vorabentscheidung vorlegt. Dieses wurde jedoch durch den Bearbeitervermerk ausgeschlossen.

III. Verstoß gegen Art. 39 EG und Art. 7 VO 1612/68

Zunächst ist ein Verstoß gegen Art. 39 EG und Art. 7 VO 1612/68 zu prüfen. Damit die genannten Vorschriften verletzt sein können, müssen sie zunächst anwendbar sein. Die Ausbildungsförderung nach BAföG kann zwar grundsätzlich eine soziale Vergünstigung i.S.v. Art. 7 Abs. 2 VO darstellen. Jedoch ist die Verordnung nur auf eine Person anwendbar, die durch die Ausübung einer tatsächlichen und echten Tätigkeit, die ihr die Eigenschaft als Arbeitnehmer verschafft hat, bereits Zugang zum Arbeitsmarkt gefunden hat[2]. Dies trifft auf A gerade nicht zu. Aus demselben Grund ist sie auch nicht Arbeitnehmerin im Sinne von Art. 39 EG. **200**

2 Vgl. EuGH vom 11. 7. 2002, Rs. C-224/98, Slg. 2002, I-6191, EuZW 2002, S. 635 ff., 636, Rn. 18, Marie-Nathalie D'Hoop./.Office national de l'emploi; st. Rspr.

Anhaltspunkte für ein von Familienangehörigen abgeleitetes Recht lassen sich dem Sachverhalt nicht entnehmen. Mithin scheidet ein Verstoß gegen Art. 39 EG und Art. 7 VO 1612/68 aus.

IV. Verstoß gegen Art. 18 EG

1. Sachlicher Anwendungsbereich

a) Anwendbarkeit auf Studienbeihilfen

201 In Betracht kommt jedoch ein Verstoß gegen das Recht auf Freizügigkeit gem. Art. 18 Abs. 1 EG. Das Freizügigkeitsrecht beinhaltet das Recht, sich im Hoheitsgebiet der Mitgliedstaaten frei zu bewegen und aufzuhalten. Vorliegend tritt hier das Problem auf, dass § 5 Abs. 2 BAföG sich nicht direkt auf die Bewegungsfreiheit innerhalb der Gemeinschaft bezieht. Vielmehr wird eine bestimmte staatliche Leistung an den früheren Aufenthalt geknüpft. Diese Regelung betrifft die Freizügigkeit allenfalls mittelbar. Begleitrechte dieses Freizügigkeitsrechts, die den Aufenthalt und die soziale Eingliederung erleichtern, sind nach dem Wortlaut des Art. 18 Abs. 1 EG von diesem Recht nicht ohne Weiteres mit umfasst. Eine Ausweitung des Anwendungsbereichs auch auf Begleitrechte hat für das Verhältnis von Gemeinschaft und Mitgliedstaaten erhebliche Folgen.

Dementsprechend hat der Gerichtshof in früheren Urteilen festgestellt, dass eine Förderung, die Studenten für den Lebensunterhalt gewährt werden, nicht in den Anwendungsbereich des Vertrages fallen[3]. Diese Rechtsprechung hat er in späteren Jahren ausdrücklich aufgegeben. Auch Studienbeihilfen könnten von Art. 18 Abs. 1 EG erfasst sein und damit in den Anwendungsbereich des Vertrages fallen[4]. Der Gerichtshof führt aus, mittlerweile sei in den Vertrag ein Kapitel aufgenommen worden, das sich mit der allgemeinen und beruflichen Bildung beschäftige. Nach Art. 149 Abs. 1 EG sei der Gemeinschaft die Aufgabe zugewiesen, zur Entwicklung einer hochwertigen Bildung beizutragen. Deshalb müsse sie auch darüber wachen können, dass die Mitgliedstaaten Studierwillige aus anderen Mitgliedstaaten sozial gleich behandle wie Inländer[5]. Auch die Richtlinie 2004/38 spreche für eine Einbeziehung solcher Begleitrechte, indem sie anordne, dass Angehörige anderer Mitgliedstaaten ihr Freizügigkeitsrecht unter den gleichen Bedingungen ausüben könnten wie Inländer[6].

202 In der Literatur wird diese generelle Einbeziehung sozialer Begleitrechte für ein Studium in den Anwendungsbereich von Art. 18 Abs. 1 EG zum Teil heftig kritisiert[7]. Es wird darauf hingewiesen, dass nur solche Rechte von Art. 18 Abs. 1 EG erfasst sein könnten, die zur effektiven Verwirklichung der Freizügigkeit erforderlich sind. Wür-

---

3 EuGH vom 21. 6. 1988, Rs. 39/86, Slg. 1988, 3161, Rn. 15, Lair./.Universität Hannover; EuGH vom 21. 6. 1988, Rs. 197/86, Slg. 1988, 3205, Rn. 18, Brown./.Secretary of State for Scotland.

4 EuGH vom 15. 3. 2005, Rs. C-209/03, Slg. 2005, I-2119 = NJW 2005, S. 2055 ff. = EuZW 2005, S. 276 ff., The Queen, auf Antrag von Dany Bidar./.London Borough of Ealing und Secretary of State for Education and Skills.

5 EuGH vom 15. 3. 2005, Rs. C-209/03, Slg. 2005, I-2119, NJW 2005, S. 2055 ff., 2056, Rn. 39 ff., Bidar.

6 EuGH vom 15. 3. 2005, Rs. C-209/03, Slg. 2005, I-2119, NJW 2005, S. 2055 ff., 2056, Rn. 43, Bidar.

7 Vgl. *Bode*, EuZW 2005, S. 279 ff.

de man alle Rechtspositionen einbeziehen, die Auswirkungen auf den Aufenthalt haben, weil sie ihn beispielsweise erleichtern oder attraktiver machen, so würde jede Abgrenzung zu den Grundfreiheiten obsolet. Es wäre keine wirtschaftliche Betätigung mehr erforderlich, um eine volle Gleichstellung mit Inländern, auch im sozialen Bereich, verlangen zu können[8]. Der bloße Hinweis auf das Bildungskapitel reiche in diesem Zusammenhang nicht aus, um einen Bezug zu Art. 18 Abs. 1 EG herzustellen. Das Bildungskapitel verlange lediglich bestimmte Fördermaßnahmen durch die Gemeinschaft, nicht aber eine soziale Gleichstellung.

Der Streit wirkt sich auf das Ergebnis aus, so dass er von den Bearbeitern entschieden werden muss. Der gegenüber dem EuGH kritischen Position ist zuzugeben, dass sie die dogmatisch stringentere Lösung parat hat. Allerdings will auch der EuGH keine völlige Gleichstellung aller Unionsbürger aufgrund von Art. 18 Abs. 1 EG. Es bedarf zusätzlicher Anknüpfungspunkte, die ein gemeinschaftliches Integrationsinteresse begründen. Dies ist hier die Verantwortung für die Bildung. Mit dieser Erwägung kann eine Unterfütterung von Art. 18 Abs. 1 EG mit sozialen Begleitrechten zumindest im Bildungsbereich als vertretbar angesehen werden[9]. Art. 18 Abs. 1 EG kann vorliegend betroffen sein.

Hier kann auch das gegenteilige Ergebnis vertreten werden, wobei die Literaturauffassung dazu zwingt, für die weiteren Fragen zu einem Hilfsgutachten überzugehen.

b) Anwendung ohne Art. 12 EG

Hinzu tritt ein konstruktives Problem. In früheren Entscheidungen hat der EuGH in 203
Fällen wie dem vorliegenden immer betont, dass zusätzlich auf das allgemeine Diskriminierungsverbot aus Art. 12 Abs. 1 EG abzustellen sei, um einen Anspruch auf staatliche Leistungen zu begründen[10]. Sein jüngstes Urteil zum deutschen BAföG enthält demgegenüber keinen Verweis mehr auf das Diskriminierungsverbot[11]. Dies kann als Ausdruck eines erweiterten Verständnisses des Anwendungsbereichs von Art. 18 Abs. 1 EG gewertet werden. Man kann das Urteil des EuGH so deuten, dass die Freizügigkeit nach seiner Auffassung wie die Grundfreiheiten nicht mehr nur das unmittelbare Recht auf Bewegungsfreiheit, sondern auch soziale Begleitrechte gewähre. Eines Rückgriffs auf das allgemeine Diskriminierungsverbot bedarf es bei einer solchen Sichtweise nicht mehr.

Folgt man dem Gerichtshof in der oben skizzierten Annahme, dass aus der Freizügigkeit gem. Art. 18 Abs. 1 EG auch soziale Begleitrechte abgeleitet werden könnten, so kann man auch den hier vollzogenen weiteren Schritt mitgehen. Art. 18 EG wird dadurch den Grundfreiheiten in seinem Anwendungsbereich angenähert und zu einer echten Freiheit ausgebaut. Des konstruktiven Rückgriffs auf Art. 12 EG bedarf es nicht mehr.

---

8 *Bode,* EuZW 2005, S. 279 ff., 280.
9 Ähnlich *Düsterhaus,* EuZW 2005, S. 325 f.
10 Vgl. etwa EuGH vom 11. 7. 2002, Rs. C-224/98, Slg. 2002, I-6191, EuZW 2002, S. 635 ff., 636, D'Hoop.
11 EuGH vom 23. 10. 2007, verb. Rs. C-11/06 und C-12/06, Slg. 2007, I-9161 = NVwZ 2008, S. 767 ff., Morgan und Bucher – BAföG.

Auch hier ist die Gegenauffassung vertretbar. Immerhin gibt der EuGH keine Begründung, warum er den Fall des BAföG und den vom Sachverhalt vergleichbar gelagerten Fall D'Hoop nicht gleich löst.

2. Persönlicher Anwendungsbereich

204 Weiterhin müsste der persönliche Anwendungsbereich eröffnet sein. Hier könnte problematisch sein, dass sich Frau A gegenüber ihrem eigenen Mitgliedstaat auf die Freizügigkeit berufen will. Fälle ohne Auslandsbezug fallen von vornherein nicht in den Anwendungsbereich der Freiheiten des EG-Vertrags. Jedoch betont der Gerichtshof in ständiger Rechtsprechung, dass die vom EG-Vertrag auf dem Gebiet der Freizügigkeit gewährten Erleichterungen nicht ihre volle Wirkung entfalten könnten, wenn ein Staatsangehöriger eines Mitgliedstaats von ihrer Wahrnehmung durch Hindernisse aufgehalten werden könnte, die seinem Aufenthalt in einem anderen Mitgliedstaat infolge einer Regelung seines Herkunftsstaats entgegenstehen, die Nachteile allein daran knüpft, dass er von ihr Gebrauch gemacht hat[12]. Dem ist zuzustimmen, so dass sich Frau A, die sich bereits zu Zwecken der Arbeit als Au-pair-Kraft in einen anderen Mitgliedstaat begeben hat und damit von ihrer Freizügigkeit Gebrauch gemacht hat, gegenüber Deutschland auf Art. 18 Abs. 1 EG berufen kann.

3. Gewährleistungsinhalt

205 Fraglich ist des Weiteren der Gewährleistungsinhalt des Freizügigkeitsrechts. Konstruiert man soziale Begleitrechte unter Rückgriff auf Art. 12 EG, so sind nur offen und versteckt diskriminierende Maßnahmen vom Anwendungsbereich der Freizügigkeit erfasst, nicht aber bloße Beschränkungen. Demgegenüber verzichtet der Gerichtshof in der zugrunde liegenden Entscheidung auf das Diskriminierungsverbot und prüft folgerichtig nur eine Beschränkung der Freizügigkeit. Diese sieht er darin, dass Studierende durch die fragliche Regelung abgehalten werden könnten, sich zu Zwecken der Ausbildung in einen anderen Mitgliedstaat zu begeben[13].

Ob dieser Ausweitung des Anwendungsbereichs zu folgen ist, kann offen bleiben, wenn in § 5 Abs. 2 BAföG auch eine zumindest versteckte Diskriminierung liegt. Dies kann hier unter dem Aspekt bejaht werden, dass derjenige, der sich in einen anderen Mitgliedstaat begibt, schlechter gestellt wird als derjenige, der seine Ausbildung ausschließlich im Inland absolviert. Der Wegzug ist Anknüpfungspunkt einer versteckten Diskriminierung, weshalb hier auch das Diskriminierungsverbot betroffen ist.

4. Rechtfertigung durch zwingende Erfordernisse des Allgemeininteresses

Es kommt eine Rechtfertigung aufgrund von zwingenden Erfordernissen in Betracht. Die unterschiedliche Behandlung muss auf objektiven, von der Staatsangehörigkeit

---

12 So ausdrücklich EuGH vom 23. 10. 2007, verb. Rs. C-11/06 und C-12/06, Slg. 2007, I-9161, NVwZ 2008, S. 767 ff., 768, Rn. 26, Morgan und Bucher – BAföG.

13 EuGH vom 23. 10. 2007, verb. Rs. C-11/06 und C-12/06, Slg. 2007, I-9161, NVwZ 2008, S. 767 ff., 769, Rn. 30 f., Morgan und Bucher – BAföG.

der Betroffenen unabhängigen Erwägungen beruhen und in einem angemessenen Verhältnis zu dem zulässigerweise verfolgten Zweck stehen[14].

a) Zwingendes Erfordernis

Im dem Fall zugrunde liegenden Ausgangsverfahren hat Deutschland eine Reihe von Gründen vorgebracht, die die Einschränkungen des § 5 Abs. 2 BAföG rechtfertigen sollen. Zunächst habe Deutschland ein Interesse daran, dass die Ausbildungsförderung nur denjenigen Gewährt werde, die zu einem erfolgreichen Studium in der Lage seien. Zudem solle das Erfordernis einer ersten Ausbildungsphase die Studierenden in die Lage versetzen zu prüfen, ob sie für ihr Studium die richtige Wahl getroffen hätten. Zu diesen vorgebrachten Gründen führt der EuGH zu Recht aus, dass die angegriffene Regelung weder dazu beitrage, eine Qualitätsauslese zu treffen, noch eine freie Ausbildungswahl zu ermöglichen[15]. Die genannten Gründe scheiden damit schon von vornherein aus. **206**

Als anerkennenswertes zwingendes Erfordernis kommt hier aber das Interesse des Mitgliedstaats in Betracht, seine Sozialsysteme vor übermäßigen Belastungen zu schützen. Insbesondere dürfen die Mitgliedstaaten nach der Rechtsprechung des EuGH darauf achten, dass sich die Studierenden, denen sie Unterhaltsbeihilfen gewähren, bis zu einem gewissen Grad in die Gesellschaft dieses Staates eingegliedert haben[16]. So können sie unter anderem sicherstellen, dass kein Sozialtourismus entsteht.

b) Verhältnismäßigkeit

Fraglich ist aber, wie weit die Maßnahmen gehen dürfen, die diesem Zweck dienen sollen. Was die Geeignetheit betrifft, so besteht hinsichtlich der Förderung des genannten Zwecks durch die deutsche Regelung keine Bedenken. Sie schränkt den Kreis der Berechtigten ein und minimiert so die finanziellen Belastungen für das Fördersystem. **207**

Jedoch könnte es an der Erforderlichkeit fehlen. Anerkanntermaßen darf ein Mitgliedstaat zwar einen gewissen Grad an Integration verlangen, um eine Studienförderung zu gewähren. Von § 5 Abs. 2 Nr. 3 BAföG wird jedoch verlangt, dass mindestens ein einjähriger Studienabschnitt im Herkunftsland zurückgelegt worden sein muss. Diese Regelung ist zu starr und lässt keine Möglichkeit zu, die hinreichende Integration auch auf andere Weise zu belegen. So erscheint es beispielsweise denkbar, dass die hinreichende Integration bereits durch einen vorhergegangenen Schulbesuch in Deutschland sichergestellt ist. So war es in den Ausgangsverfahren. Im Ergebnis geht die Regelung damit über das hinaus, was zur Sicherung der Leistungsfähigkeit des

14 EuGH vom 15. 3. 2005, Rs. C-209/03, Slg. 2005, I-2119, NJW 2005, S. 2055 ff., 2057, Rn. 54, Bidar, sowie EuGH vom 23. 10. 2007, verb. Rs. C-11/06 und C-12/06, Slg. 2007, I-9161, NVwZ 2008, S. 767 ff., 769, Rn. 33, Morgan und Bucher – BAföG.

15 EuGH vom 23. 10. 2007, verb. Rs. C-11/06 und C-12/06, Slg. 2007, I-9161, NVwZ 2008, S. 767 ff., 769, Rn. 35 ff., Morgan und Bucher – BAföG.

16 EuGH vom 15. 3. 2005, Rs. C-209/03, Slg. 2005, I-2119, NJW 2005, S. 2055 ff., 2057, Rn. 56 f., Bidar.

deutschen Sozialsystems erforderlich ist[17].

Die Vorschrift des § 5 Abs. 2 Nr. 3 BAföG, die eine mindestens einjährige Ausbildung in Deutschland vorschreibt, verstößt gegen das Freizügigkeitsrecht aus Art. 18 Abs. 1 EG und ist daher im vorliegenden Fall unanwendbar.

V. Ergebnis

Nach dem Bearbeitervermerk liegen die Voraussetzungen für die Gewährung von Ausbildungsförderung im Übrigen vor. Frau A hat somit einen Anspruch auf Gewährung von Leistungen nach dem BAföG. Die Klage ist zulässig und begründet.

Weiterführende Hinweise

EuGH vom 11. 7. 2002, Rs. C-224/98, Slg. 2002, I-6191 = DÖV 2002, S. 1037 ff. = EuZW 2002, S. 635 ff., Marie-Nathalie D'Hoop./.Office national de l'emploi.

EuGH vom 15. 3. 2005, Rs. C-209/03, Slg. 2005, I-2119 = NJW 2005, S. 2055 ff. = EuZW 2005, S. 276 ff., The Queen, auf Antrag von Dany Bidar./.London Borough of Ealing und Secretary of State for Education and Skills.

EuGH vom 23. 10. 2007, verb. Rs. C-11/06 und 12/06, Slg. 2007, I-9161 = NVwZ 2008, S. 767 ff., Rhiannon Morgan./.Bezirksregierung Köln und Iris Bucher./.Landrat Kreis Düren – BAföG.

Bode, Stephanie: Anmerkung zu EuGH vom 15. 3. 2005, Rs. C-209/03 (Bidar), EuZW 2005, S. 279 ff.

Düsterhaus, Dominik: Bidar und BAföG: Nachlese zum Urteil EuGH, EuZW 2005, 277 – Bidar mit Anmerkung Bode, EuZW 2005, S. 325 f.

208 Ausblick auf den Vertrag von Lissabon[18]

Bisherige Nummerierung des Vertrages zur Gründung der Europäischen Gemeinschaft (EG)	Nummerierung im Vertrag von Lissabon	Neue Nummerierung des Vertrages über die Arbeitsweise der Europäischen Union (AEUV)
Art. 12	Art. 16d	Art. 18
Art. 18	Art. 18	Art. 21
Art. 39	Art. 39	Art. 45
Art. 149	Art. 149	Art. 165

17 Ebenso EuGH vom 23. 10. 2007, verb. Rs. C-11/06 und C-12/06, Slg. 2007, I-9161, NVwZ 2008, S. 767 ff., 770, Rn. 46 ff., Morgan und Bucher – BAföG.

18 Synopse nach Übereinstimmungstabelle zu Art. 5 des Vertrags von Lissabon, ABl. 2007 Nr. C-306/202 ff. Konsolidierte Fassungen des „Vertrags über die Europäische Union" (EUV) und des neuen „Vertrags über die Arbeitsweise der Europäischen Union" (AEUV, bisher: „Vertrag zur Gründung der Europäischen Gemeinschaft") sind im Abl. 2008 Nr. C-115/1 ff. abgedruckt.

Fall 8

Autobahnblockade

Pflichtfach/Schwerpunktbereich, Schwierigkeitsgrad: mittel

Schon seit langem ist der immer weiter steigende Transitverkehr auf der Inntal-Autobahn und über den Brenner-Pass den Umweltschützern in Deutschland und Österreich ein Dorn im Auge. Demonstrationen in größeren Städten Süddeutschlands und Österreichs haben allerdings bisher bei den politisch Verantwortlichen keine Wirkung gezeigt. Deshalb beschließt man, zu härteren Maßnahmen zu greifen. An einem Tag mit besonders viel Schwerlastverkehr wird für 30 Stunden die gesamte Inntal-Autobahn inklusive des Brenners sowohl auf deutscher wie auf österreichischer Seite blockiert, indem die Umweltschützer auf den Fahrbahnen mehrere öffentliche Versammlungen abhalten, die auf die Umweltzerstörung durch den Transitverkehr aufmerksam machen soll. Die Versammlungen auf deutscher Seite (also auf der A 93 bei Kiefersfelden (Landkreis Rosenheim)) sind der zuständigen Behörde ordnungsgemäß angezeigt worden. Diese hatte keinen Anlass gesehen, die Versammlung zu verbieten, da sie nach deutschem Recht zulässig sei. Hinzu kam, dass die Organisatoren des Aktionstags im Vorfeld eng mit den Polizei- und Verkehrsbehörden der einzelnen Länder zusammengearbeitet hatten, um einen ordnungsgemäßen Ablauf der Versammlung zu gewährleisten. Außerdem hatten sie auch die Medien sowie mehrere Automobilclubs (wie den ADAC in Deutschland und den ÖAMTC[1] in Österreich) eingebunden, damit sie die Öffentlichkeit und die Vereinsmitglieder rechtzeitig vor dem Demonstrationstermin über Ausweichmöglichkeiten informieren konnten. 209

Herr X ist ein bayerischer Spediteur, der vor allem grenzüberschreitende Warenlieferungen nach Österreich und Italien durchführt. Er hatte sich in der Woche vor dem Aktionstag mehrfach an die zuständige deutsche Behörde gewandt, um die Sperrung der Autobahn zu verhindern, weil er wirtschaftlich in erheblichem Umfang von diesen Warenlieferungen abhängig ist. Nachdem ihm dabei kein Erfolg beschieden war, möchte er das Vorgehen der deutschen Behörde nunmehr wenigstens zur Vermeidung künftiger Behinderungen gerichtlich überprüfen lassen. Er ist der Auffassung, die Behörde sei aufgrund von Gemeinschaftsrecht verpflichtet gewesen, die internationalen Transitrouten offen zu halten. Durch das Unterlassen eines Demonstrationsverbots habe sich Deutschland eines Gemeinschaftsrechtsverstoßes schuldig gemacht.

1. Ist diese Auffassung richtig? Gehen Sie davon aus, dass es kein relevantes sekundäres Gemeinschaftsrecht gibt.
2. Wie kann Herr X seine Auffassung gerichtlich zur Geltung bringen?

1 Österreichischer Automobil-, Motorrad- und Touring-Club.

Konvention zum Schutze der Menschenrechte und Grundfreiheiten[2] *(Auszug):*

Art. 10 Freiheit der Meinungsäußerung

Jede Person hat das Recht auf freie Meinungsäußerung. Dieses Recht schließt die Meinungsfreiheit und die Freiheit ein, Informationen und Ideen ohne behördliche Eingriffe und ohne Rücksicht auf Staatsgrenzen zu empfangen und weiterzugeben. Dieser Artikel hindert die Staaten nicht, für Radio-, Fernseh- oder Kinounternehmen eine Genehmigung vorzuschreiben.

Die Ausübung dieser Freiheiten ist mit Pflichten und Verantwortung verbunden; sie kann daher Formvorschriften, Bedingungen, Einschränkungen oder Strafdrohungen unterworfen werden, die gesetzlich vorgesehen und in einer demokratischen Gesellschaft notwendig sind für die nationale Sicherheit, die territoriale Unversehrtheit oder die öffentliche Sicherheit, zur Aufrechterhaltung der Ordnung oder zur Verhütung von Straftaten, zum Schutz der Gesundheit oder der Moral, zum Schutz des guten Rufes oder der Rechte anderer, zur Verhinderung der Verbreitung vertraulicher Informationen oder zur Wahrung der Autorität und der Unparteilichkeit der Rechtsprechung.

Art. 11 Versammlungs- und Vereinigungsfreiheit

Jede Person hat das Recht, sich frei und friedlich mit anderen zu versammeln und sich frei mit anderen zusammenzuschließen; dazu gehört auch das Recht, zum Schutz seiner Interessen Gewerkschaften zu gründen und Gewerkschaften beizutreten.

Die Ausübung dieser Rechte darf nur Einschränkungen unterworfen werden, die gesetzlich vorgesehen und in einer demokratischen Gesellschaft notwendig sind für die nationale oder öffentliche Sicherheit, zur Aufrechterhaltung der Ordnung oder zur Verhütung von Straftaten, zum Schutz der Gesundheit oder der Moral oder zum Schutz der Rechte und Freiheiten anderer. Dieser Artikel steht rechtmäßigen Einschränkungen der Ausübung dieser Rechte für Angehörige der Streitkräfte, der Polizei oder der Staatsverwaltung nicht entgegen.

2 Fassung der Bekanntmachung vom 17. 5. 2002, BGBl. II 2002 S. 1054 ff. Siehe dazu *Streinz*, Europarecht, Rz. 73 ff.

Vorüberlegungen

Der Fall ist der Schmidberger-Entscheidung[3] des EuGH nachgebildet, wurde aber nach Deutschland „verlegt". Im Originalfall hatte der österreichische Spediteur Schmidberger die Republik Österreich auf Schadensersatz verklagt, weil sie im Jahr 1998 die Blockade der Brenner-Autobahn durch Umweltschützer nicht unterbunden hatte. **210**

Im Rahmen der Klausur wurde auf diese prozessuale Einkleidung verzichtet. Bei Frage 1 geht es allein um die materielle Rechtslage. Zu prüfen ist ein Verstoß gegen die Grundfreiheiten, wobei zunächst einmal herauszuarbeiten ist, dass der Schwerpunkt hier auf der Warenverkehrs- und nicht auf der Dienstleistungsfreiheit des X liegt. Da laut Fragestellung kein relevantes sekundäres Gemeinschaftsrecht existiert, geht es allein um einen Verstoß gegen Art. 28, 29 EG. Wie bei Fall 1 ist auch hier eine schulmäßige Prüfungsfolge der Art. 28 ff. EG zu erstellen[4].

Als Maßstab für die Prüfung einer Beeinträchtigung der Warenverkehrsfreiheit kommt hier insbes. die sog. „Dassonville"-Formel in Betracht, nach der alle unmittelbaren oder mittelbaren, tatsächlichen oder potenziellen Behinderungen des innergemeinschaftlichen Handels als „Maßnahmen gleicher Wirkung" anzusehen sind[5]. Dies dürfte bei der Blockade einer so wichtigen Verkehrsverbindung zwischen Deutschland, Österreich und Italien kaum zu verneinen sein. Erörterungen zur Fortentwicklung der Rspr. durch „Keck" und „Cassis de Dijon" sind dagegen nicht angebracht, weil es erkennbar nicht um Verkaufsmodalitäten, Vertriebsregelungen o.ä. geht.

Innerhalb der weiteren Prüfung des Art. 28 EG liegt ein Hauptproblem darin, ob man die Blockade der Autobahn durch die Umweltschützer den deutschen Behörden und damit dem Mitgliedstaat Deutschland zurechnen kann. Denn nur dann handelt es sich um „staatliche Maßnahmen" i.S.d. Art. 28 EG. Da die Behörden die Demonstration hier nicht durch positives Tun gefördert, sondern „nur" nicht verboten haben, liegt juristisch betrachtet eine Unterlassung vor. Unterlassungen sind aber nur dann relevant, wenn dadurch gegen Handlungspflichten verstoßen wird. Zu erörtern ist daher, ob aus der Warenverkehrsfreiheit auch eine entsprechende Pflicht der Mitgliedstaaten folgt, gegen Beeinträchtigungen der Freiheit durch Privatpersonen vorzugehen. Der EuGH hat dies im Schmidberger-Urteil grundsätzlich bejaht, aber gleichzeitig Rechtfertigungsmöglichkeiten zugelassen.

Die Frage, ob das Unterlassen der deutschen Behörden gerechtfertigt sein kann, bildet demgemäß den zweiten Schwerpunkt bei Frage 1. Der EuGH räumt den nationalen Behörden einen weiten Ermessensspielraum zur Abwägung der Interessen ein. Diese müssen einerseits die Warenverkehrsfreiheit, andererseits aber auch europäischen Rechtsgrundsätzen, die EMRK und deutsche Grundrechte beachten. Im Ergebnis

---

3 EuGH vom 2. 6. 2003, Rs. C-112/00, Slg. 2003, I-5659, NJW 2003, 3185 ff., Eugen Schmidberger Internationale Transporte und Planzüge./.Republik Österreich.

4 Ein entsprechendes Prüfungsschema ist im Anhang zu Fall 1 abgedruckt.

5 Vgl. EuGH vom 11. 6. 1974, Rs. 8/74, Slg. 1974, 837 = NJW 1975, 515 ff., Dassonville. Zur Dassonville-Formel siehe *Streinz*, Europarecht, Rz. 828.

kommt der durch Art. 10 und 11 EMRK geschützten Meinungsäußerungs- und Versammlungsfreiheit im Rahmen der Interessenabwägung eine so hohe Bedeutung zu, dass die Entscheidung der deutschen Behörden noch als ermessensgerecht anzusehen ist.

Bei Frage 2 wurde auf eine konkrete prozessuale Einkleidung, z.B. für Schadensersatzansprüche, verzichtet. Es geht es vor allem darum, die geeigneten Verfahrensarten zu erkennen, nach der Begründetheit einer möglichen Klage ist dagegen nicht gefragt. Die recht pauschale Fragestellung spricht außerdem für eine eher überschlägige Prüfung. In Betracht kommt neben dem Rechtsschutz durch den EuGH vor allem der durch die deutschen Verwaltungsgerichte[6]. Der Sachverhalt weist zusammen mit den Fragen darauf hin, dass Herr X erst nach der Blockade gerichtlichen Beistand sucht. Hier sind weniger spezifische europarechtliche Kenntnisse als der Umgang mit der VwGO gefragt, um die Abgrenzung einer Fortsetzungs- von der allgemeinen Feststellungsklage darzustellen.

Der Fall behandelt eine Standardkonstellation aus dem Bereich des Europarechts und muss daher sowohl im Pflichtfach als auch im Schwerpunktbereich beherrscht werden. Der Schwierigkeitsgrad ist mittel.

Gliederung

211 **Frage 1**

A. Warenverkehrsfreiheit als betroffene Grundfreiheit

B. Keine Regelung durch sekundäres Gemeinschaftsrecht

C. Warenverkehrsfreiheit aus Art. 28, 29 EG
   - I. Persönlicher Anwendungsbereich der Art. 28, 29 EG
   - II. Sachlicher Anwendungsbereich
   - III. Verstoß gegen Warenverkehrsfreiheit
     - 1. Mengenmäßige Beschränkung, Art. 28, 29 EG
     - 2. Sonstige Maßnahme gleicher Wirkung, Art. 28, 29 EG
   - IV. Rechtfertigung
     - 1. Schranken gemäß Art. 30 EG
     - 2. Ungeschriebene Rechtfertigungsgründe, insbesondere durch entgegenstehende Grundrechte
       - a) Anliegen der Demonstranten als Rechtfertigungsgrund?
       - b) Meinungsäußerungs- und Versammlungsfreiheit, Art. 10 und 11 EMRK

D. Ergebnis

6 Prüfungsschemata zu den wichtigsten Verfahrensarten vor dem EuGH sind im Anhang zu Fall 9 abgedruckt (Rz. 244).

Frage 2

A. Rechtsschutz vor europäischen Gerichten

B. Rechtsschutz vor deutschen Gerichten
  I. Verwaltungsgerichtlicher Rechtsschutz
  II. Zivilgerichtlicher Rechtsschutz
  III. Verfassungsgerichtlicher Rechtsschutz

C. Ergebnis

Musterlösung

Frage 1

A. Warenverkehrsfreiheit als betroffene Grundfreiheit

212 Herr X als Spediteur konnte wegen bzw. während der Blockade der Inntal-Autobahn offensichtlich keine Transporte von, nach und durch Österreich und Italien mehr durchführen.

Zu prüfen ist daher, ob das Verhalten der deutschen Behörden gegen die Warenverkehrsfreiheit der Art. 28 und 29 EG verstößt. Denn die Warenverkehrsfreiheit schützt u.a. das Recht, Waren zu befördern und zu besitzen[7].

Andererseits wäre auch an die Dienstleistungsfreiheit des Art. 49 EG zu denken, da Herr X mit seiner Spedition bestimmte Dienstleistungen erbringt. Die Abgrenzung erfolgt nach dem Schwerpunkt des Gesamtvorgangs[8]. Herr X kann zwar durch die Blockade auf einer bestimmten Strecke keine Waren mehr befördern. Das hindert ihn aber nicht, seine Dienste als Spediteur weiterhin anzubieten und – zumindest theoretisch – z.B. auf andere Straßen ausweichen; möglicherweise wird er auch für Umgehungsfahrten o.ä. bzw. nach dem Ende der Blockade besonders gefragt sein. Aus dem weiten Spektrum seiner Spediteursleistungen ist somit nur ein kleiner Bereich betroffen, in dem tatsächlich nichts befördert werden kann. Daher liegt der Schwerpunkt hier konkret auf den Waren, die nicht mehr von A nach B kommen, und nicht auf der Spediteurstätigkeit als solcher[9].

B. Keine Regelung durch sekundäres Gemeinschaftsrecht

Die Warenverkehrsfreiheit aus Art. 28 und 29 EG ist nur anwendbar, wenn keine speziellere Norm des Sekundärrechts eingreift, die den Sachverhalt (abschließend) regelt[10]. Die ist laut Bearbeitervermerk der Fall, so dass das Verhalten der Behörden unmittelbar an den Art. 28, 29 EG zu messen ist.

C. Warenverkehrsfreiheit aus Art. 28, 29 EG

213 Nach Art. 28 EG sind mengenmäßige Einfuhrbeschränkungen sowie alle Maßnahmen gleicher Wirkung zwischen den Mitgliedstaaten verboten. Nach Art. 29 EG gilt dasselbe auch für Ausfuhrbeschränkungen.

---

7 *Kingreen* in Calliess/Ruffert, EGV, Art. 28–30, Rz. 123. Siehe dazu auch *Streinz*, Europarecht, Rz. 782 ff.

8 *Kingreen* in Calliess/Ruffert, EGV, Art. 28–30, Rz. 122.

9 Der EuGH hat die Dienstleistungsfreiheit im Urteil Schmidberger überhaupt nicht angesprochen (EuGH vom 2. 6. 2003, Rs. C-112/00, Slg. 2003, I-5659, NJW 2003, S. 3185 ff., Schmidberger).

10 Vgl. *Loibl*, Europarecht – Das Skriptum, S. 82. Der EuGH hat das in seiner Entscheidung Schmidberger nicht weiter problematisiert (EuGH vom 2. 6. 2003, Rs. C-112/00, Slg. 2003, I-5659, NJW 2003, S. 3185 ff., Schmidberger).

I. Persönlicher Anwendungsbereich der Art. 28, 29 EG

Herr X ist deutscher Spediteur und damit – unterstellt – auch deutscher Staatsbürger ~~(Mitgliedstaat, Art. 299 Abs. 1 EG)~~. Damit ist der persönliche Anwendungsbereich der Warenverkehrsfreiheit, die jedenfalls den Unionsbürgern zusteht[11], eröffnet.

II. Sachlicher Anwendungsbereich

Schutzobjekt der Art. 28, 29 EG sind Gemeinschaftswaren im Sinne des Art. 23 Abs. 2 EG (Waren, die aus den Mitgliedstaaten stammen, sowie Waren aus Drittländern, die sich in den Mitgliedstaaten im freien Verkehr befinden). „Waren" sind Erzeugnisse, die einen Geldwert haben und daher Gegenstand von Handelsgeschäften sein können[12]; bei den Speditionsgütern des Herrn X ist das unproblematisch der Fall.

Da nach dem Wortlaut der Art. 28, 29 EG nur Maßahmen „zwischen den Mitgliedstaaten" verboten sind, bedarf es eines grenzüberschreitenden Sachverhalts. Bei einem internen Sachverhalt, dessen Elemente sämtlich nicht über die Grenzen eines Mitgliedstaates hinausweisen, liegt keine Beeinträchtigung der Warenverkehrsfreiheit vor[13].

Hier könnte es sich um einen rein innerstaatlichen Fall handeln, weil es um eine Autobahnblockade in Deutschland, das Verhalten der deutschen Behörden und einen deutschen Spediteur geht.

Herr X führt laut Sachverhalt allerdings auch grenzüberschreitende Warenlieferungen von Deutschland nach Österreich und Italien (Mitgliedstaaten, Art. 299 Abs. 1 EG) durch. Außerdem ist die Inntal-Autobahn mit dem Brenner eine der Haupt-Straßenverbindungen zwischen Österreich und Italien und damit allgemein zwischen Nord- und Südeuropa bzw. innerhalb der EU, und die Blockade richtete sich ausdrücklich gegen die Umweltzerstörung durch den Transitverkehr. Damit ist ein ausreichender grenzüberschreitender Bezug vorhanden.

Die Warenverkehrsfreiheit schützt u.a. das Recht, Waren zu befördern und zu besitzen[14], so dass die Speditionstätigkeit des Herrn X auch zu den von Art. 28, 29 EG geschützten Tätigkeiten zählt.

Wenn man die Dienstleistungsfreiheit (Art. 49 EG) nicht schon bei den Vorüberlegungen (s.o.) abgelehnt hat, müsste man spätestens hier eine kurze Abgrenzung vornehmen.

Damit ist auch der sachliche Anwendungsbereich der Art. 28, 29 EG gegeben.

III. Verstoß gegen Warenverkehrsfreiheit

Zu prüfen ist, ob der Umstand, dass die deutschen Behörden die – nach deutschem **214**
Recht zulässige – Versammlung auf der Inntal-Autobahn nicht verboten haben, gegen die Warenverkehrsfreiheit der Art. 28, 29 EG verstößt.

11 Vgl. *Kingreen* in Calliess/Ruffert, EGV, Art. 28–30, Rz. 124.
12 Vgl. *Kingreen* in Calliess/Ruffert, EGV, Art. 28–30, Rz. 120.
13 Vgl. *Kingreen* in Calliess/Ruffert, EGV, Art. 28–30, Rz. 38 m.w.N. Siehe auch *Streinz*, Europarecht, Rz. 792 und 811.
14 *Kingreen* in Calliess/Ruffert, EGV, Art. 28–30, Rz. 123.

1. Mengenmäßige Beschränkung, Art. 28, 29 EG

Eine „mengenmäßige Beschränkung" der Ein- und Ausfuhr durch die Versammlung liegt hier nicht vor.

2. Sonstige Maßnahme gleicher Wirkung, Art. 28, 29 EG

Nach Art. 28 und 29 EG sind auch alle Maßnahmen mit gleicher Wirkung wie Ein- und Ausfuhrbeschränkungen zwischen den Mitgliedstaaten verboten.

Nach st. Rspr. des EuGH seit dem „Dassonville"-Urteil von 1974[15] bedeutet dies, dass alle unmittelbaren oder mittelbaren, tatsächlichen oder potenziellen Beeinträchtigungen der Handelsströme innerhalb der Gemeinschaft beseitigt werden[16].

Erörterungen zur Fortentwicklung der Rspr.[17] durch „Cassis de Dijon" und „Keck" sind hier nicht angebracht, weil es bei der Blockade erkennbar nicht um Verkaufsmodalitäten, Vertriebsregelungen o.ä. geht.

Hier hat die 30-stündige Blockade der Inntal-Autobahn bewirkt, dass dort auch keine Handelswaren mehr transportiert werden konnten. Das dürfte bei einer solchen Hauptverkehrsverbindung zu einer unmittelbaren und tatsächlichen, zumindest aber zu einer potentiellen Beeinträchtigung der Handelsströme von, nach und durch Österreich geführt haben. Daher führte die Versammlung objektiv zu einer Beeinträchtigung des freien Warenverkehrs.

Fraglich ist allerdings, ob das hier für eine Verletzung der Warenverkehrsfreiheit i.S.d. Art. 28, 29 EG ausreicht. Denn die Grundfreiheiten der Art 23. ff EG richten sich als transnationale Integrationsnormen vor allem an die Mitgliedstaaten[18]. Hier aber wurde die Autobahn nicht von den deutschen Behörden, sondern von Umweltschützern, also Privatpersonen, blockiert.

215 Nach der Rechtsprechung des EuGH verbietet der für die Verwirklichung des Binnenmarktes unabdingbare Art. 28 EG nicht nur Maßnahmen, die auf den Staat zurückgehen und selbst Beschränkungen für den Handel zwischen den Mitgliedstaaten schaffen. Die Norm ist auch anwendbar, wenn ein Mitgliedstaat nicht die erforderlichen Maßnahmen ergriffen hat, um gegen Beeinträchtigungen des freien Warenverkehrs einzuschreiten, deren Ursachen nicht auf den Staat zurückgehen[19].

---

15 EuGH vom 11. 6. 1974, Rs. 8/74, Slg. 1974, 837 = NJW 1975, S. 515 ff., Dassonville.

16 Sog. „Dassonville"-Formel, vgl. EuGH vom 2. 6. 2003, Rs. C-112/00, Slg. 2003, I-5659, NJW 2003, S. 3185 ff., 3186 Rn. 56 m.w.N., Schmidberger. Siehe dazu ausführlich *Streinz*, Europarecht, Rz. 828, *Kingreen* in Calliess/Ruffert, EGV, Art. 28–30, Rz. 37 ff., *Loibl*, Europarecht – Das Skriptum, S. 83 ff. und *Ahlt/Deisenhofer*, Europarecht, S. 168 ff.

17 Siehe dazu *Streinz*, Europarecht, Rz. 828 und 864.

18 Siehe dazu *Kingreen* in Calliess/Ruffert, EGV, Art. 28–30, Rz. 104.

19 Vgl. EuGH vom 2. 6. 2003, Rs. C-112/00, Slg. 2003, I-5659, NJW 2003, S. 3185 ff., 3186, Rn. 57, Schmidberger, mit Hinweis auf EuGH vom 9. 12. 1997, Slg. 1997, I-6959 = NJW 1998, S. 1931 ff., Kommission./.Frankreich – Agrarblockaden = *Streinz*, Europarecht, Rz. 840 (Fall 45 und Lösung). In dem Fall ging es um Proteste französischer Landwirte gegen landwirtschaftliche Erzeugnisse aus anderen Mitgliedstaaten in den Jahren 1993 und 1994 (u.a. durch das Anhalten von Lastwagen mit solchen Erzeugnissen in Frankreich und die Vernichtung ihrer Ladung, durch Angriffe auf Lastwagenfahrer, durch die Bedrohung französischer Supermärkte, die landwirtschaftliche Erzeugnisse aus anderen Mitgliedstaaten verkauften und durch die Beschädigung dieser Waren in französischen Geschäften). Die EG-Kommission erhob

Denn der innergemeinschaftliche Handelsverkehr kann – ebenso wie durch eine Handlung – auch dadurch beeinträchtigt werden, dass ein Mitgliedstaat untätig bleibt oder es versäumt, ausreichende Maßnahmen zur Beseitigung von Hemmnissen für den freien Warenverkehr (und damit für einen der tragenden Grundsätze der Gemeinschaft) zu treffen, die in seinem Gebiet durch Handlungen von Privatpersonen geschaffen wurden, die sich gegen Erzeugnisse aus anderen Mitgliedstaaten richten[20].

Außerdem sind die Mitgliedstaaten gemäß Art. 10 Abs. 1 Satz 1 EG verpflichtet, u.a. alle geeigneten Maßnahmen allgemeiner oder besonderer Art zur Erfüllung der Verpflichtungen zu treffen, die sich aus dem EG-Vertrag ergeben. Sie müssen darüber hinaus auch alle Maßnahmen unterlassen, die die Verwirklichung der Ziele des Vertrags gefährden könnten (Art. 10 Abs. 2 EG).

Daher *verbieten* die Art. 28 und 29 EG den Mitgliedstaaten nicht nur eigene Handlun- **216**
gen oder Verhaltensweisen, die zu einem Handelshemmnis führen könnten („Abwehrfunktion" der Grundfreiheit[21]), sondern *verpflichten* sie in Verbindung mit Art. 10 EG auch dazu, alle erforderlichen und geeigneten Maßnahmen zu ergreifen, um in ihrem Gebiet die Beachtung dieser Grundfreiheit sicherzustellen („Schutzfunktion" der Grundfreiheit[22]). Angesichts der grundlegenden Bedeutung des freien Warenverkehrs im System der Gemeinschaft und insbesondere für das ordnungsgemäße Funktionieren des Binnenmarktes muss daher jeder Mitgliedstaat den freien Warenverkehr in seinem Gebiet gewährleisten. Er muss die erforderlichen und geeigneten Maßnahmen ergreifen, um gegen Beeinträchtigungen durch Handlungen von Privatpersonen einzuschreiten, unabhängig davon, ob diese Handlungen die Einfuhr, die Ausfuhr oder die bloße Durchfuhr von Waren betreffen[23]. Den Staaten kommt somit eine Art „Garantenstellung" für die Sicherung der Warenverkehrsfreiheit zu[24].

Wenn also der freie Warenverkehr durch Handlungen von Privatpersonen beeinträchtigt wird, müssen die zuständigen nationalen Stellen auch dann angemessene Maßnahmen zur Gewährleistung der Warenverkehrsfreiheit ergreifen, wenn sich die Waren nur auf der Durchfuhr (hier durch Österreich nach Italien oder nach Deutschland) befinden. Die gilt insbesondere, wenn es sich – wie hier mit der Inntal-Autobahn und dem Brenner – um eine der Hauptrouten des Überland-Handelsverkehrs zwischen Nordeuropa und Norditalien handelt[25].

Daraus ergibt sich als Zwischenergebnis, dass der Umstand, dass die deutschen Behörden die Versammlung und damit die Blockade der Inntal-Autobahn nicht untersagt haben, eine Beeinträchtigung des innergemeinschaftlichen Warenverkehrs darstellen

---

daher Klage vor dem EuGH, um feststellen zu lassen, dass Frankreich keine ausreichenden Maßnahmen zum Schutz des Warenverkehrs getroffen habe; der EuGH gab der Klage statt.

20 Vgl. EuGH vom 2. 6. 2003, Rs. C-112/00, Slg. 2003, I-5659, NJW 2003, S. 3185 ff., 3186 Rn. 58, Schmidberger.

21 Siehe dazu *Kingreen* in Calliess/Ruffert, EGV, Art. 28–30, Rz. 11, sowie *Streinz*, Europarecht, Rz. 836.

22 Siehe dazu *Kingreen* in Calliess/Ruffert, EGV, Art. 28–30, Rz. 12 ff.

23 Vgl. EuGH vom 2. 6. 2003, Rs. C-112/00, Slg. 2003, I-5659 ff., NJW 2003, S. 3185 ff., 3186 f., Rn. 59 f., Schmidberger.

24 Vgl. *Loibl*, Europarecht – Das Skriptum, S. 83. Siehe dazu auch *Streinz*, Europarecht, Rz. 839 ff. (Fall 45).

25 Vgl. EuGH vom 2. 6. 2003, Rs. C-112/00, Slg. 2003, I-5659, NJW 2003, S. 3185 ff., 3187 f., Rn. 62 f. Schmidberger.

kann und daher als „Maßnahme gleicher Wirkung" wie mengenmäßige Beschränkungen i.S.d. Art. 28, 29 EG anzusehen ist[26].

IV. Rechtfertigung

Zu prüfen bleibt, ob die Nichtuntersagung der Versammlung gerechtfertigt ist, weil ein Verstoß gegen die gemeinschaftsrechtlichen Verpflichtungen nur vorliegt, wenn die Nichtuntersagung nicht objektiv gerechtfertigt werden kann[27].

1. Schranken gemäß Art. 30 EG

217 Nach Art. 30 EG sind bestimmte Verbote und Beschränkungen der Ein-, Aus- und Durchfuhr zulässig, die sich auf Gründe der „öffentlichen Sittlichkeit, Ordnung und Sicherheit" sowie weitere Schutzgüter (Gesundheit, Leben von Mensch und Tier, nationale Kulturgüter etc.) stützen. Bei der Blockade des Warenverkehrs auf der Inntal-Autobahn geht es aber nicht um ein staatliches Verbot bzw. eine staatliche Beschränkung; es handelt sich vielmehr um eine „Maßnahme gleicher Wirkung" als Folge der Demonstration, so dass schon zweifelhaft erscheint, ob Art. 30 EG, der im Gegensatz zu Art. 28, 29 EG die „Maßnahmen gleicher Wirkung" nicht ausdrücklich erwähnt, hier überhaupt einschlägig ist. In jedem Fall aber ist die Blockade des Warenverkehrs hier nicht „aus Gründen" der öffentlichen Sittlichkeit etc. und auch nicht final „zum Schutz" der genannten Rechtsgüter erfolgt, so dass eine Rechtfertigung nach Art. 30 EG im Ergebnis nicht in Betracht kommt[28].

2. Ungeschriebene Rechtfertigungsgründe, insbesondere durch entgegenstehende Grundrechte

Neben den ausdrücklichen Schrankenbestimmungen des Art. 30 EG kommen als weitere Rechtfertigungsgründe das kollidierende Verfassungsrecht sowie „immanente Schranken" bzw. „zwingende Erfordernisse" in Betracht, wie sie der EuGH in der sog. „Cassis-Formel" entwickelt hat[29].

a) Anliegen der Demonstranten als Rechtfertigungsgrund?

218 Die Demonstranten wollten hier auf die Umweltzerstörung durch den Transitverkehr aufmerksam machen, so dass es denkbar wäre, die Warenverkehrsfreiheit durch die Ziele der Versammlung (Umwelt- und Gesundheitsschutz) einzuschränken.

Im vorliegenden Fall geht es allerdings nicht um das Verhalten der Demonstranten, sondern um die Frage, ob die deutschen Behörden sich gemeinschaftsrechtswidrig

---

26 Vgl. EuGH vom 2. 6. 2003, Rs. C-112/00, Slg. 2003, I-5659, NJW 2003, S. 3185 ff., 3187 f., Rn. 64, Schmidberger.

27 Vgl. EuGH vom 2. 6. 2003, Rs. C-112/00, Slg. 2003, I-5659, NJW 2003, S. 3185 ff., 3187 f., Rn. 64, Schmidberger.

28 Der EuGH hat in Rn. 78 des Schmidberger-Urteils Art. 36 EG (alt = Art. 30 EG heute) erwähnt, im Folgenden aber nicht weiter geprüft (EuGH vom 2. 6. 2003, Rs. C-112/00, Slg. 2003, I-5659, NJW 2003, S. 3185 ff., 3188, Rn. 78, Schmidberger).

29 Vgl. dazu EuGH vom 2. 6. 2003, Rs. C-112/00, Slg. 2003, I-5659, NJW 2003, S. 3185 ff., 3188 Rn. 78, *Kingreen* in Calliess/Ruffert, EGV, Art. 28–30, Rz. 75 ff. und *Streinz*, Europarecht, Rz. 827.

verhalten haben, indem sie die Autobahnblockade nicht verhinderten. Für die Beurteilung der Frage, ob ein Mitgliedstaat gegen Gemeinschaftsrecht verstoßen hat, ist aber allein das Handeln oder Unterlassen dieses Staates in Betracht zu ziehen. Daher ist allein das Ziel zu berücksichtigen, das die nationalen Stellen mit der stillschweigend erteilten Genehmigung bzw. der Nichtuntersagung der Versammlung verfolgten[30]. Insofern kommt es hier auf die spezifischen Ziele der Demonstration nicht an.

b) Meinungsäußerungs- und Versammlungsfreiheit, Art. 10 und 11 EMRK

Die Inntal-Autobahn wurde durch eine Demonstration blockiert. Daher könnte die Zulassung der Demonstration durch die Grundrechte der Demonstranten (also kollidierendes Verfassungsrecht, insbes. Meinungsäußerungs- und Versammlungsfreiheit) gerechtfertigt sein.

Nach ständiger Rechtsprechung gehören die Grundrechte zu den allgemeinen Rechtsgrundsätzen, deren Wahrung der EuGH zu sichern hat. Dabei lässt sich der EuGH von den gemeinsamen Verfassungstraditionen der Mitgliedstaaten sowie von den Hinweisen leiten, die die völkerrechtlichen Verträge über den Schutz der Menschenrechte geben, an deren Abschluss die Mitgliedstaaten beteiligt waren oder denen sie beigetreten sind. Hierbei kommt der EMRK besondere Bedeutung zu. Daher können in der Gemeinschaft keine Maßnahmen als rechtens anerkannt werden, die mit der Beachtung der so anerkannten und gewährleisteten Menschenrechte unvereinbar sind. Da die Grundrechte demnach sowohl von der Gemeinschaft als auch von ihren Mitgliedstaaten zu beachten sind, stellt der Schutz dieser Rechte ein berechtigtes Interesse dar, das grundsätzlich geeignet ist, eine Beschränkung von gemeinschaftsrechtlichen Verpflichtungen zu rechtfertigen. Das gilt auch für Verpflichtungen, die sich aus einer vertraglich gewährleisteten Grundfreiheit wie der Freiheit des Warenverkehrs ergeben[31].

Mit dem Vertrag von Lissabon[32] wird der Rückgriff auf die EMRK und sonstige Grundrechte wesentlich vereinfacht, denn nach Art. 6 Abs. 1 Satz 1 EUV (Lissabon-Fassung) erkennt die Union die Rechte, Freiheiten und Grundsätze der Grundrechte-Charta der Union[33] an, die mit den Verträgen gleichrangig ist. Außerdem wird die EU nach Art. 6 Abs. 2 Satz 1 EUV der EMRK beitreten. Des weiteren ist in Art. 6 Abs. 3 EUV festgelegt, dass die Grundrechte, wie sie in der EMRK gewährleistet sind und wie sie sich aus der gemeinsamen Verfassungsüberlieferung der Mitgliedstaaten ergeben, als allgemeine Grundsätze Teil des Unionsrechts sind.

Hier kommt insbesondere eine Rechtfertigung durch Art. 10 und 11 EMRK in Betracht. **219** Danach hat u.a. jede Person das Recht auf freie Meinungsäußerung und das Recht, sich frei und friedlich mit anderen zu versammeln, wobei gemäß Art. 10 Abs. 2 und Art. 11 Abs. 2 EMRK jeweils bestimmte Einschränkungen zulässig sind.

---

30 Vgl. EuGH vom 2. 6. 2003, Rs. C-112/00, Slg. 2003, I-5659, NJW 2003, S. 3185 ff., 3187, Rn. 66 ff., Schmidberger.

31 Vgl. EuGH vom 2. 6. 2003, Rs. C-112/00, Slg. 2003, I-5659, NJW 2003, S. 3185 ff., 3187, Rn. 71 ff. m.w.N., Schmidberger. Siehe dazu auch *Kingreen* in Calliess/Ruffert, EGV, Art. 28–30, Rz. 79.

32 ABl. 2007 Nr. C 306/1 ff.

33 Vom 7. 12. 2000, ABl. 2000 Nr. C 364/1 ff. Siehe dazu *Streinz*, Europarecht, Rz. 56, 64, 755 ff.

Mit dem Vertrag von Lissabon könnten hier gemäß Art. 6 Abs. 1 Satz 1 EUV (Lissabon-Fassung) auch die Art. 11 Abs. 1 und 12 Abs. 1 der europäischen Grundrechte-Charta (Freiheit der Meinungsäußerung, Versammlungs- und Vereinigungsfreiheit) herangezogen werden.

Die Meinungsäußerungs- und Versammlungsfreiheit sind somit ausdrücklich durch die EMRK anerkannt und stellen darüber hinaus wesentliche Grundlagen einer demokratischen Gesellschaft dar. Nach den jeweiligen Absätzen 2 sind aber bestimmte (durch Ziele des Allgemeininteresses gerechtfertigte) Beschränkungen zulässig. Daher kann die Ausübung dieser Rechte beschränkt werden, sofern diese Beschränkungen tatsächlich dem Gemeinwohl dienenden Zielen der Gemeinschaft entsprechen und nicht einen im Hinblick auf den mit den Beschränkungen verfolgten Zweck unverhältnismäßigen, nicht tragbaren Eingriff darstellen, der die geschützten Rechte in ihrem Wesensgehalt antastet[34].

Demgemäß sind die bestehenden Interessen abzuwägen, und es ist anhand sämtlicher Umstände des jeweiligen Einzelfalls festzustellen, ob das richtige Gleichgewicht zwischen diesen Interessen gewahrt worden ist. Dabei haben die zuständigen staatlichen Stellen ein weites Ermessen[35].

Im vorliegenden Fall war die Versammlung nach deutschem Recht korrekt angemeldet und von den Behörden nicht untersagt worden. Außerdem handelte es sich um eine einmalige und insgesamt doch recht punktuelle Aktion, mit der Bürger ihre Grundrechte ausübten und bei der sie eine ihnen im öffentlichen Leben wichtig erscheinende Meinung äußerten. Die Demonstration diente auch nicht dem *Zweck*, den Handel mit Waren einer bestimmten Art oder Herkunft zu beeinträchtigen. Hinzu kommt, dass die Behörden verschiedene Rahmen- und Begleitmaßnahmen getroffen hatten, um die Störungen des Straßenverkehrs möglichst gering zu halten (u.a. Zusammenarbeit von Polizei, den Veranstaltern der Demonstration und verschiedenen Automobilclubs, um einen ordnungsgemäßen Ablauf der Versammlung zu gewährleisten, Informationen über Ausweichmöglichkeiten schon lange vor dem Demonstrationstermin).

220 Andererseits hätte ein Verbot oder auch nur eine räumliche und/oder zeitliche Begrenzung der Demonstration einen wesentlichen Teil der Wirkung genommen und die Rechte der Teilnehmer unangemessen beschränken können. Außerdem war nicht auszuschließen, dass es dadurch auch zu anderen, weniger beherrschbaren Aktionen („wilde" Demonstrationen, Streitigkeiten zwischen Gegnern und Befürwortern der Maßnahmen, Gewalttätigkeiten o.ä.) gekommen wäre.

Im Rahmen des ihnen eingeräumten weiten Ermessens durften die deutschen Behörden daher vernünftigerweise annehmen, dass das mit der Versammlung in legitimer Weise verfolgte Ziel im vorliegenden Fall nicht durch Maßnahmen erreicht werden konnte, die den innergemeinschaftlichen Handel weniger beschränkt hätten. Die Ermessensausübung zugunsten der Veranstaltung war vor dem Hintergrund der Rechte

34 Vgl. EuGH vom 2. 6. 2003, Rs. C-112/00, Slg. 2003, I-5659, NJW 2003, S. 3185 ff., 3188, Rn. 79 f. m.w.N., Schmidberger.

35 Vgl. EuGH vom 2. 6. 2003, Rs. C-112/00, Slg. 2003, I-5659, NJW 2003, S. 3185 ff., 3188, Rn. 79 ff. m.w.N., Schmidberger.

aus Art. 10 und 11 EMRK daher zulässig, so dass die Beeinträchtigung der Warenverkehrsfreiheit gerechtfertigt ist[36].

C. Ergebnis

Die deutschen Behörden, die die Versammlung auf der Inntal-Autobahn und die daraus resultierende Blockade nicht untersagt haben, haben sich nicht gemeinschaftsrechtswidrig verhalten[37]. Die Auffassung von Herrn X ist somit falsch.

Frage 2

A. Rechtsschutz vor europäischen Gerichten

Rechtsschutz vor europäischen Gerichten kommt nur in Betracht, wenn X sich direkt **221**
an den EuGH oder das Gericht erster Instanz wenden könnte, um mitgliedstaatliche Verstöße gegen Gemeinschaftsrecht zu rügen. Dies ist nur im Ausnahmefall möglich. Im dezentralen Rechtsschutzsystem der Europäischen Gemeinschaft sind grundsätzlich die mitgliedstaatlichen Gerichte zur Entscheidung über Klagen einzelner Bürger berufen.

Ausnahmsweise können auch Einzelpersonen Nichtigkeitsklage gem. Art. 230 EG oder Untätigkeitsklage gem. Art. 232 EG erheben. Diese beiden Möglichkeiten scheiden hier aber schon deshalb aus, weil die genannten Rechtsschutzverfahren Maßnahmen der Gemeinschaft zum Gegenstand haben, während es bei der Blockade um das Verhalten deutscher Behörden geht. Es bleibt nur, ein Vertragsverletzungsverfahren durch die Kommission (Art. 226 EG) anzuregen[38].

B. Rechtsschutz vor deutschen Gerichten

I. Verwaltungsgerichtlicher Rechtsschutz

Da es sich um Maßnahmen der Behörden handelt, käme ein verwaltungsgerichtliches **222**
Verfahren in Betracht. Der Verwaltungsrechtsweg ist eröffnet, weil es um die versammlungs- und ggf. polizeirechtlichen Befugnisse der Behörden geht, so dass eine öffentlich-rechtliche Streitigkeit gem. § 40 Abs. 1 VwGO vorliegt. Der Umstand, dass diese Normen hier möglicherweise im Lichte des europäischen Rechts, insbesondere der Warenverkehrsfreiheit, auszulegen sind, steht dem öffentlich-rechtlichen Charakter der Streitigkeit nicht entgegen.

Die statthafte Klageart richtet sich grundsätzlich nach dem Begehren des Klägers, das sachgerecht auszulegen ist (vgl. § 88 VwGO). Hier geht es dem X darum, zur Vermeidung zukünftiger Behinderungen für die Zukunft klären zu lassen, ob die deutschen

---

36 Ebenso *Streinz*, Europarecht, Rz. 841.

37 Vgl. EuGH vom 2. 6. 2003, Rs. C-112/00, Slg. 2003, I-5659, NJW 2003, S. 3185 ff., 3189, Rn. 94, Schmidberger, und *Kingreen* in Calliess/Ruffert, EGV, Art. 28–30, Rz. 218.

38 Siehe dazu *Streinz*, Europarecht, Rz. 340 ff. und 578 ff.

Behörden rechtmäßig gehandelt haben. Er erstrebt damit weder den Erlass eines neuen noch die Aufhebung eines schon bestehenden Verwaltungsakts, so dass Verpflichtungs- und Anfechtungsklage gemäß § 42 Abs. 1 VwGO nicht in Betracht kommen. Auch eine Fortsetzungsfeststellungsklage (§ 113 Abs. 1 Satz 4 VwGO) scheidet aus, da Versammlungen unter freiem Himmel gemäß Art. 8 GG i.V.m. den §§ 14 ff. des Versammlungsgesetzes grundsätzlich keiner Erlaubnis bedürfen, so dass die Nicht-Untersagung einer Demonstration demgemäß auch keinen (Erlaubnis-)Verwaltungsakt darstellt[39]. Für eine allgemeine Leistungsklage[40] könnte zwar sprechen, dass X ein Interesse daran hat, zukünftig nicht mehr durch Demonstrationen behindert zu werden. Der Sachverhalt bietet allerdings keinerlei Anhaltspunkte dafür, dass X tatsächlich schon jetzt ein behördliches Einschreiten gegen weitere Autobahnblockaden etc. anstrebt, so dass auch diese Klageart nicht greift. Dem Interesse des X an der Überprüfung des bereits abgeschlossenen Verwaltungshandelns wird vielmehr mit einer Feststellungsklage am besten Rechung getragen.

223 Hier geht es dem X um die Feststellung, dass die Behörde ein Demonstrationsverbot hätte erlassen müssen. Bei einem solchen Verbot handelt es sich um einen Verwaltungsakt i.S.d. § 35 VwVfG. Fraglich ist daher, ob hier eine Fortsetzungsfeststellungsklage in (doppelt) analoger Anwendung des § 113 Abs. 1 Satz 4 VwGO[41] oder eine allgemeine Feststellungsklage nach § 43 Abs. 1 VwGO statthaft ist.

Eine unmittelbare Anwendung des § 113 Abs. 1 Satz 4 VwGO scheidet aus, weil hier tatsächlich kein Verwaltungsakt erlassen wurde, gegen den sich die Klage richten könnte; es liegt vielmehr die Situation einer Verpflichtungsklage (X begehrte den Erlass eines Demonstrationsverbots, vgl. § 42 Abs. 1 VwGO) vor. Außerdem hatte sich das Verpflichtungsbegehren hier durch den Zeitablauf schon vor Klageerhebung erledigt – ein nachträgliches Demonstrationsverbot wäre schließlich sinnlos –, während § 113 Abs. 1 Satz 4 VwGO dem Wortlaut nach nur für die Erledigung des Verwaltungsakts nach Klageerhebung gilt. Für die (doppelt) analoge Anwendung des § 113 Abs. 1 Satz 4 VwGO ist daher nur Raum, wenn hier eine planwidrige Gesetzeslücke vorliegt[42].

224 Ob in einer solchen Konstellation die allgemeine Feststellungsklage die richtige Klageart ist, so dass es an einer entsprechenden Gesetzeslücke fehlt, ist umstritten. Die bislang wohl überwiegende Ansicht lehnt die Anwendung des § 43 Abs. 1 VwGO ab. Zur Begründung wird darauf verwiesen, dass ein Verwaltungsakt kein feststellungsfähiges Rechtsverhältnis i.S.d. § 43 VwGO darstelle. Denn § 113 Abs. 1 Satz 4 VwGO wäre überflüssig, wenn es sich bei der Rechtswidrigkeit eines Verwaltungsakts per se um ein Rechtsverhältnis handeln würde. Außerdem sei die Feststellungsklage gemäß § 43 Abs. 2 VwGO grundsätzlich subsidiär. Gegen diese Argumente lässt sich allerdings vorbringen, dass der Verwaltungsakt durch die Erledigung gemäß § 43 Abs. 2 VwVfG[43] kraft Gesetzes unwirksam wird. Außerdem ließe sich die Frage der Rechts-

39 Siehe dazu *Pieroth/Schlink/Kniesel*, Polizei- und Ordnungsrecht, § 21 Rz. 2 und 9.
40 Zur allgemeinen Leistungsklage siehe *Schenke*, Verwaltungsprozessrecht, § 8.
41 Siehe dazu *Schenke*, Verwaltungsprozessrecht, Rz. 330 m.w.N.
42 Allgemein zur Analogie im Recht siehe Palandt/*Heinrichs*, BGB, Einleitung vor § 1, Rz. 48 m.w.N.
43 Bzw. den entsprechenden Vorschriften der Verwaltungsverfahrensgesetze der Länder.

widrigkeit auch in ein feststellbares Rechtsverhältnis umformulieren, etwa dahingehend, ob die Behörde verpflichtet war, den Verwaltungsakt zu erlassen. Folgt man allerdings der Ansicht, dass bei vorprozessualer Erledigung die allgemeine Feststellungsklage statthaft ist, so hängt die richtige Klageart maßgeblich vom Zeitpunkt der Erledigung (vor oder nach Klageerhebung) ab. Das würde dazu führen, dass bei gleichem Klageziel (Feststellung der Rechtswidrigkeit der Ablehnung eines Verwaltungsakts) unterschiedliche Zulässigkeitsvoraussetzungen für die Klage gelten würden. Da bei der Fortsetzungsfeststellungsklage grundsätzlich die Voraussetzungen für die Anfechtungs- bzw. Verpflichtungsklage (mindestens analog) gelten, würden diese bei einer Feststellungsklage umgangen, was zu Widersprüchen mit § 43 Abs. 2 VwGO führt. Außerdem würde die Annahme eines Rechtsverhältnisses das Begehren des Klägers uminterpretieren. Denn ihm geht es hier ersichtlich darum, feststellen zu lassen, dass der Nichterlass eines bestimmten Verwaltungsakts (hier des Demonstrationsverbots) rechtwidrig war.

Diese Erwägungen sprechen gegen die allgemeine Feststellungsklage, so dass für die **225** Fälle der vorprozessualen Erledigung des Verpflichtungsbegehrens eine Regelungslücke besteht. Diese ist vor dem Hintergrund des Art. 19 Abs. 4 GG auch planwidrig, da nicht zu erkennen ist, warum gerade in diesen Fällen kein effektiver Rechtsschutz gewährt werden soll. Auch die für einen Analogieschluss notwendige vergleichbare Interessenlage ist gegeben, denn ein Interesse des Klägers an der Feststellung der Rechtswidrigkeit eines bestimmten Behördenhandelns besteht nicht nur bei Erledigung während des gerichtlichen Verfahrens, sondern auch, wenn die Anfechtungs- und Verpflichtungsklage noch gar nicht erhoben wurde und wegen der Erledigung auch nicht mehr erhoben werden kann.

Daher ist hier die Fortsetzungsfeststellungsklage in doppelt analoger Anwendung des § 113 Abs. 1 Satz 4 VwGO die statthafte Klageart. Danach kann das Gericht feststellen, dass die Ablehnung des (schon vor Klageerhebung erledigten) Verwaltungsakts rechtswidrig gewesen ist, wenn der Kläger ein berechtigtes Interesse an dieser Feststellung hat.

Hier hatte sich der Erlass eines Demonstrationsverbots bereits vor Klageerhebung durch Zeitablauf erledigt (§ 43 Abs. 2 VwVfG), weil die Demonstration bereits stattgefunden hat. Die erforderliche Klagebefugnis (analog § 42 Abs. 2 VwGO) ergibt sich hier aus der Warenverkehrsfreiheit gemäß Art. 28, 29 EG sowie der Berufsfreiheit des X aus Art. 12 GG, da nicht von vornherein völlig ausgeschlossen ist, dass er durch die Duldung der Demonstration seitens der Behörden in seinen daraus folgenden Grundfreiheiten und -rechten verletzt worden ist.

Hinsichtlich der weiteren Zulässigkeitsvoraussetzungen bei der Fortsetzungsfeststel- **226** lungsklage ist umstritten, ob auch bei Erledigung vor Klageerhebung ein Vorverfahren (§§ 68 ff. VwGO) durchzuführen ist und welche Klagefristen einzuhalten sind. Gegen die Notwendigkeit eines Widerspruchsverfahrens zumindest bei Erledigung vor Ablauf der Widerspruchsfrist spricht, dass die mit dem Widerspruch erstrebte Aufhebung des Verwaltungsakts nach der Erledigung nicht mehr erfolgen kann, und es außerdem nicht Aufgabe der Verwaltung ist, verbindlich die Rechtswidrigkeit eines erledigten Verwaltungsakts festzustellen[44]. Da mangels gegenteiliger Angaben im Sachverhalt davon auszugehen ist, dass diese Widerspruchsfrist hier noch läuft, ist ein Vorverfahren entbehrlich.

Fraglich ist weiterhin, ob die Fortsetzungsfeststellungsklage in analoger Anwendung der § 74 Abs. 1 Satz 1 oder 2 VwGO (je nachdem, ob ein Widerspruchsverfahren erforderlich ist oder nicht) fristgebunden ist. Dagegen spricht, dass ein erledigter Verwaltungsakt keine Regelungswirkung mehr entfaltet, so dass aus Gründen der Bestandskraft (Rechtssicherheit) kein Anlass für eine zeitliche Beschränkung besteht[45]. Daher steht eine Frist hier der Klage nicht entgegen.

Das nach § 113 Abs. 1 Satz 4 VwGO notwendige Feststellungsinteresse ergibt sich hier aus der Wiederholungsgefahr[46], da nicht ausgeschlossen werden kann, dass es zu weiteren Demonstrationen bzw. Versammlungen auf der Autobahn kommt, gegen die die Behörde ebenfalls nicht einschreitet. Da hier nichts dagegen spricht, dass auch die übrigen allgemeinen Zulässigkeitsvoraussetzungen erfüllt sind, ist die Überprüfung des Verwaltungshandelns durch eine Fortsetzungsfeststellungsklage zulässig. Soweit das Gericht nicht selbst über die europarechtlichen Fragen entscheiden kann, müsste es die Sache ggf. gemäß Art. 234 EG dem EuGH vorlegen.

II. Zivilrechtlicher Rechtsschutz

227 Herr X möchte das Verhalten der Behörden „zur Vermeidung zukünftiger Behinderungen" gerichtlich prüfen lassen. Hierbei handelt es sich um eine öffentlich-rechtliche Streitigkeit, für die gemäß § 40 Abs. 1 Satz 1 VwGO die Verwaltungsgerichte zuständig sind (siehe oben). Da es ihm offenbar auch nicht um Schadensersatzansprüche (etwa aus Amtshaftung, § 839 BGB i.V.m. Art. 34 GG) geht, kommt ein zivilrechtlicher Rechtsschutz nicht in Betracht.

III. Verfassungsgerichtlicher Rechtsschutz

Eine Verfassungsbeschwerde nach Art. 93 Abs. 1 Nr. 4a GG, §§ 13 Nr. 1 8a, 90 ff. BVerfGG würde in jedem Fall daran scheitern, dass derzeit der Rechtsweg noch nicht erschöpft ist (§ 90 Abs. 2 BVerfGG).

C. Ergebnis

Herr X hätte hier die Möglichkeit, vor dem deutschen Verwaltungsgericht Fortsetzungsfeststellungsklage zu erheben.

Die Fallfrage legt lediglich die hier vorgenommene überschlägige Prüfung nahe. Es ist allerdings auch nicht als falsch zu bewerten, wenn die Zulässigkeit der verwaltungsgerichtlichen Klage ausführlicher und entsprechend den üblichen Prüfungsschemata durchgeprüft wird. Demgegenüber scheitern die anderen Rechtsschutzformen schon im Ansatz, weshalb hier eine ausführlichere Prüfung nicht angezeigt ist.

---

44 Vgl. BVerwGE 26, 161 ff, 167. Zum Streitstand siehe *Schenke*, Verwaltungsprozessrecht, Rz. 339, 665 f.

45 Zum Streitstand siehe *Schenke*, Verwaltungsprozessrecht, Rz. 339, 703.

46 Siehe dazu *Schenke*, Verwaltungsprozessrecht, Rz. 339, 579 ff.

Weiterführende Hinweise

Streinz, Rudolf: Europarecht, Rz. 578 ff., 781 ff., 800, 804 ff., 828, 837, 842, 860 ff., 877 ff.

EuGH vom 11. 6. 1974, Rs. 8/74, Slg. 1974, 837 = NJW 1975, S. 515 ff., Dassonville.

EuGH vom 2. 6. 2003, Rs. C-112/00, Slg. 2003, I-5659 = NJW 2003, S. 3185 ff., Eugen Schmidberger Internationale Transporte und Planzüge./.Republik Österreich.

Leidenmüller, Franz: Zur Haftung der Mitgliedsstaaten für durch Unterlassung begangene Verstöße gegen die Grundfreiheiten des EG-Vertrages, The European Legal Forum 2003, S. 185 ff.
Lindner, Josef Franz: Anmerkung zu EuGH vom 2. 6. 2003, Rs. C-112/00 (Schmidberger), BayVBl 2003, S. 623 ff.
Lindner, Josef Franz: Die gemeinschaftsrechtliche Dimension des Polizeirechts – Eine dogmatische Analyse, JuS 2005, S. 302 ff.
Mann, Thomas/Ripke, Stefan: Überlegungen zur Existenz und Reichweite eines Gemeinschaftsgrundrechts der Versammlungsfreiheit, EuGRZ 2004, S. 125 ff.
Streinz, Rudolf; Freier Warenverkehr und Grundrechte – Staatshaftung, JuS 2004, S. 429 ff.

Ausblick auf den Vertrag von Lissabon[47] 228

Bisherige Nummerierung des Vertrages über die Europäischen Union (EUV)	Nummerierung im Vertrag von Lissabon	Neue Nummerierung des Vertrages über die Europäischen Union (EUV)
Art. 6	Art. 6	Art. 6

Bisherige Nummerierung des Vertrages zur Gründung der Europäischen Gemeinschaft (EG)	Nummerierung im Vertrag von Lissabon	Neue Nummerierung des Vertrages über die Arbeitsweise der Europäischen Union (AEUV)
Art. 10	Im Wesentlichen ersetzt durch Art. 3a Abs. 3 (künftig Art. 4 Abs. 3) EUV	
Art. 23	Art. 23	Art. 28
Art. 28–31	Art. 28–31	Art. 34–37
Art. 43–48	Art. 43–48	Art. 49–54
Art. 226–234	Art. 226–234	Art. 258–267
Art. 299 Abs. 1	Im Wesentlichen ersetzt durch Art. 49c Abs. 1 (künftig Art. 52 Abs. 1) EUV	

47 Synopse nach Übereinstimmungstabelle zu Art. 5 des Vertrags von Lissabon, ABl. 2007 Nr. C 306/202 ff. Konsolidierte Fassungen des „Vertrags über die Europäische Union" (EUV) und des neuen „Vertrags über die Arbeitsweise der Europäischen Union" (AEUV, bisher: „Vertrag zur Gründung der Europäischen Gemeinschaft") sind im Abl. 2008 Nr. C-115/1 ff. abgedruckt.

Fall 9

Bananenstreit[1]

Pflichtfach/Schwerpunktbereich, Schwierigkeitsgrad: mittel

229 Herr Z betreibt in Deutschland ein Unternehmen, das Bananen importiert. Bisher hatte er vorwiegend so genannte Dollarbananen importiert, d.h. Bananen aus Drittländern außerhalb des Gemeinschaftsgebietes. Diese hatte er aufgrund einer für Deutschland geltenden Sonderregelung günstig einkaufen können.

Auf der Grundlage von Art. 34 EG erlässt der Rat nunmehr eine gemeinsame Bananenmarktordnung, die den gemeinschaftsweiten Handel mit Bananen und deren Einfuhr aus Drittländern auf eine einheitliche Grundlage stellt. Unter anderem werden die Einfuhrkontingente gleichmäßig auf die Vermarkter verteilt, um die bisher bestehenden Wettbewerbsverzerrungen auf dem Gemeinschaftsmarkt für Bananen zu beseitigen. Die neue Ordnung dient außerdem dazu, den Absatz von Bananen aus der Gemeinschaft und afrikanischen, karibischen und pazifischen Staaten (den so genannten AKP-Staaten) zu fördern.

Die Einführung der Bananenmarktordnung hat für Z einschneidende Konsequenzen. Sein Einfuhrkontingent für Dollarbananen wird auf der Grundlage der Bananenmarktordnung von der zuständigen deutschen Behörde per Bescheid stark reduziert. Dadurch soll auch anderen Vermarktern Zugang zu diesem Marktsegment verschafft werden. Umgekehrt kann Herr Z diesen Umsatzeinbruch aber nicht durch den Import von Gemeinschaftsbananen wettmachen, weil die Exporteure der entsprechenden Kontingente durch langfristige Lieferverträge mit konkurrierenden Vermarktern gebunden sind. Infolge der so entstehenden Umsatzeinbußen ist Herr Z gezwungen, ein Drittel seines Personals zu entlassen. Das will sich Z nicht bieten lassen. Er ist der Auffassung, die Bananenmarktordnung verstoße gegen Gemeinschaftsgrundrechte. Zumindest sei eine Übergangs- oder Härtefallregelung erforderlich gewesen, um seinen Grundrechten gerecht zu werden.

1. Hat er Recht? Gehen Sie davon aus, dass in der Bananenmarktordnung keine Übergangs- oder Härtefallregelung vorgesehen ist[2].
2. Kann Herr Z mit Aussicht auf Erfolg vor Gemeinschaftsgerichten gegen die Bananenmarktordnung vorgehen?
3. Kann Herr Z nach Erschöpfung des innerstaatlichen Rechtswegs Verfassungsbeschwerde mit der Behauptung erheben, die Bananenmarktordnung als Rechtsgrundlage der gegen ihn ergangenen Bescheide verstoße gegen Grundrechte des Grundgesetzes?

---

1 Siehe auch *Streinz*, Europarecht, Rz. 658, Fall 27, der die vorliegende Konstellation unter einem anderen Aspekt beleuchtet.
2 In der realen Bananenmarkt-VO 404/93 ist in Art. 27 und 30 eine Härtefallklausel vorgesehen.

Vorüberlegungen

Der vorliegende Fall hat den berühmten „Bananenstreit" zwischen Deutschland und der EU zum Hintergrund. Die EU hatte in einer neuen Bananenmarktordnung festgelegt, dass Deutschland künftig nicht mehr im bisherigen Umfang günstige Dollarbananen importieren sollte, sondern sich wie die übrigen Mitgliedstaaten mit AKP-Bananen oder solchen aus überseeischen Departements Frankreichs eindecken sollte. Hiergegen regte sich Widerstand in Deutschland. Der Streit beschäftigte nahezu alle nationalen Gerichtszweige und auch die europäische Gerichtsbarkeit. Es wurden alle Rechtsfragen geklärt, die in irgendeinem Zusammenhang mit dem Bananenmarkt stehen konnten. Ein Aspekt des Streits wird etwa in Streinz, Rz. 658, Fall 27 behandelt; der vorliegende Fall behandelt einen anderen, nämlich den grundrechtlichen Aspekt. **230**

Zum einen geht es um die Reichweite der europäischen Grundrechte. Diese wurden vom EuGH infolge eines Kompetenzstreits mit nationalen Verfassungsgerichten als ungeschriebene allgemeine Rechtsgrundsätze des Gemeinschaftsrechts entwickelt. Der vorliegende Fall bietet insbesondere im Rahmen von Frage 1 eine gute Gelegenheit, Schutzbereich und Rechtfertigungsmöglichkeiten im Rahmen europäischer Grundrechte auszuloten. Frage 2 bestimmt dann prozessuale Möglichkeiten der Durchsetzung von Grundrechtsschutz vor europäischen Gerichten.

Des Weiteren ist die Reichweite der deutschen Grundrechte im Zusammenhang mit europarechtlich vorgeprägten Sachverhalten problematisch. Dieser Fragestellung wird in Frage 3 nachgegangen. Die Rechtsprechung des Bundesverfassungsgerichts war hier lange schwankend, so dass im Zusammenhang mit dem Bananenstreit die Hoffnung aufkam, das Gericht könne wieder dazu übergehen, auch gemeinschaftsrechtliche Sachverhalte am Maßstab deutscher Grundrechte messen. Im Gegensatz dazu hat es seine Rechsprechung präzisiert und verschärft.

In Frage 1 sind die europäischen Grundrechte zu behandeln. Da deren Herleitung vom EuGH im Wege richterlicher Rechtsfortbildung erfolgt ist, sollte im Rahmen des Gutachtens kurz auf die Rechts- und Erkenntnisquellen der Grundrechte eingegangen werden. Sodann müssen die in Betracht kommenden Gemeinschaftsgrundrechte im Einzelnen durchgeprüft werden. Vorliegend kommen die Eigentumsfreiheit, die Berufsfreiheit und der allgemeine Gleichheitssatz in Betracht. Grob kann man sagen, dass die Prüfung ähnlich einer deutschen Grundrechtsprüfung verläuft. Im Ergebnis kann man hier unterschiedlicher Auffassung sein, ob ein Grundrechtsverstoß vorliegt oder nicht.

Bei Frage 2 gilt es zu erkennen, dass Rechtsschutz vor europäischen Gerichten hier nicht in Betracht kommt. Rechtsschutz gegen Verordnungen kann nur im Ausnahmefall gem. Art. 230 Abs. 4 EG gesucht werden. Ein solcher liegt ersichtlich nicht vor.

Frage 3 schließlich gibt Anlass, über die Zuständigkeit des Bundesverfassungsgerichts für die Überprüfung von Gemeinschaftsrechtsakten am Maßstab der Grundrechte des Grundgesetzes nachzudenken. An dieser Stelle sollte die Solange-Rechtsprechung und ihre Weiterentwicklung durch das Bundesverfassungsgericht angesprochen werden. Wichtig ist es auch, die Problematik an der richtigen Stelle im Aufbau der Verfassungsbeschwerde zu prüfen. Die Beschwerdebefugnis ist in der vorliegenden Konstellation der richtige Ort für die entsprechenden Erörterungen.

Die mittelschwere Klausur eignet sich sowohl im Pflichtfach Öffentliches Recht als auch im Schwerpunkt Europarecht als Prüfungsaufgabe. Die Fragen des Grundrechtsschutzes auf europäischer Ebene dürften mittlerweile zum Allgemeingut öffentlich-rechtlicher Wissensvermittlung gehören.

Gliederung

231 **Frage 1**

A. Herleitung der Gemeinschaftsgrundrechte

B. Verletzung der Eigentumsfreiheit

C. Verletzung der Berufsfreiheit
- I. Eingriff in den Schutzbereich
- II. Rechtfertigung
  - 1. Gemeinwohlbelange und Wesensgehalt
  - 2. Verhältnismäßigkeit

D. Verletzung des Gleichheitssatzes
- I. Vorliegen einer Ungleichbehandlung
- II. Rechtfertigung

E. Ergebnis

Frage 2

A. Zuständigkeit

B. Beteiligtenfähigkeit

C. Zulässiger Klagegegenstand

D. Klageberechtigung

E. Ergebnis

Frage 3

A. Zuständigkeit

B. Beteiligtenfähigkeit

C. Beschwerdegegenstand

D. Beschwerdebefugnis

E. Ergebnis

Musterlösung

Frage 1

Zu prüfen ist, ob die Bananenmarktordnung gegen Grundrechte des Gemeinschaftsrechts verstößt.

A. Herleitung der Gemeinschaftsgrundrechte

Der EG-Vertrag enthält keinen geschriebenen Grundrechtekatalog. Die Grundrechte-Charta stellt noch kein verbindliches Recht dar[3]. Deshalb ist fraglich, woraus sich die Grundrechte des Gemeinschaftsrechts herleiten. 232

Um der Bindung der Europäischen Gemeinschaft an den Grundsatz der Rechtsstaatlichkeit Genüge zu tun, sah sich der EuGH schon früh gehalten, Gemeinschaftsgrundrechte im Wege der Rechtsfortbildung als allgemeine Rechtsgrundsätze des Primärrechts zu entwickeln[4]. Im Anschluss an diese Rechtsprechung ordnet Art. 6 Abs. 2 EUV an, dass die Grundrechte aus den gemeinsamen Verfassungsüberlieferungen der Mitgliedstaaten einerseits und der Europäischen Menschenrechtskonvention herzuleiten sind. Im Ergebnis entsteht auf diese Weise ein Grundrechtskanon, der dem des Grundgesetzes ähnlich ist[5]. Verpflichtete der Gemeinschaftsgrundrechte sind vorrangig die Gemeinschaftsorgane, hier also der Gemeinschaftsgesetzgeber bei Erlass der Bananenmarktordnung. Als verletzte Grundrechte kommen vorliegend die Eigentumsfreiheit, die Berufsfreiheit und der Gleichheitssatz in Betracht.

Die Herleitung der Gemeinschaftsgrundrechte sollte in der Klausur kurz dargestellt werden, da eine geschriebene Anknüpfung im EG-Vertrag fehlt. Es ist allerdings nicht als gravierender Fehler zu werten, wenn sogleich mit einzelnen Grundrechten begonnen wird.

B. Verletzung der Eigentumsfreiheit

Zu denken ist zunächst an eine Verletzung der Eigentumsfreiheit[6]. Problematisch ist allerdings bereits, ob der Schutzbereich dieses Grundrechts eröffnet ist. Der EuGH verneint dies im Falle der Bananenmarktordnung[7]. Er führt aus, kein Wirtschaftsteilnehmer könne ein Eigentumsrecht an einem Marktanteil geltend machen. Auch schütze die Eigentumsfreiheit im vorliegenden Zusammenhang nicht das Vertrauen auf die Beibehaltung einer bestehenden Situation. Dem Gerichtshof ist hier zuzustimmen, da die Eigentumsfreiheit nicht die Erwerbsmöglichkeit, sondern nur das Erworbene schützen will. Eine Verletzung der europäischen Eigentumsfreiheit ist von vornherein abzulehnen. 233

---

3 *Streinz*, Europarecht, Rz. 758.
4 Vgl. *Streinz*, Europarecht, Rz. 753 ff.
5 Näher *Ahlt/Deisenhofer*, Europarecht, S. 75 ff.
6 Vgl. dazu EuGH vom 14. 5. 1974, Rs. 4/73, Slg. 1974, 491, J. Nold KG./.Kommission der Europäischen Gemeinschaften, sowie *Streinz*, Europarecht, Rz. 773.
7 EuGH vom 5. 10. 1994, Rs. C-280/93, Slg. 1994, I-4973, NJW 1995, S. 945 ff., 948, Rn. 78 ff., Deutschland./.Rat – Bananenmarkt.

Die gegenteilige Auffassung ist kaum vertretbar. Es bestehen nach dem Sachverhalt keine Anhaltspunkte dafür, dass das Unternehmen des Z durch die Auswirkungen der Bananenmarktordnung in seiner Existenz bedroht wäre.

C. Verletzung der Berufsfreiheit

I. Eingriff in den Schutzbereich

234 In Betracht kommt aber einer Verletzung der Berufsfreiheit. Ein Eingriff in den Schutzbereich lässt sich mit dem EuGH bejahen, da Herr Z als Bananenimporteur seine Berufsausübung den neuen Regelungen der Bananenmarktordnung anpassen muss und dabei erhebliche finanzielle Einbußen erleidet[8].

II. Rechtfertigung

1. Gemeinwohlbelange und Wesensgehalt

Fraglich ist, ob dieser Eingriff gerechtfertigt ist. Der EuGH[9] prüft, ob die mit der Bananenmarktordnung eingeführten Beschränkungen dem Gemeinwohl dienten und ob die Berufsfreiheit nicht in ihrem Wesensgehalt angetastet würde. Letzteres verneint er zu Recht. Als Gemeinwohlbelang führt der Gerichtshof die Sicherung des Absatzes von Gemeinschafts- und AKP-Bananen an. Dies entspreche den Zielen der Gemeinsamen Agrarpolitik nach Art. 33 Abs. 1 EG. Die traditionellen Vermarkter von Dollarbananen sollten dazu bewegt werden, Gemeinschaftsbananen zu vertreiben, während die traditionellen Vermarkter von Gemeinschaftsbananen auch Dollarbananen importieren sollten. Es gehe also auch um die Beseitigung von Wettbewerbsverzerrungen.

Dem EuGH ist darin zuzustimmen, dass es sich bei der Absatzsicherung und der Beseitigung von Wettbewerbsverzerrungen um Gemeinwohlbelange handelt, die die Berufsfreiheit beschränken können.

2. Verhältnismäßigkeit

235 Allerdings muss auch im Zusammenhang mit Gemeinschaftsgrundrechten weiter geprüft werden, ob die Regelungen der Bananenmarktordnung zu diesen Zwecken verhältnismäßig sind. Der Gerichtshof prüft an diesem Punkt in dem zugrunde liegenden Urteil lediglich, ob die Bananenmarktordnung offensichtlich ungeeignet ist. Dies verneint er und damit auch einen Verstoß gegen die Berufsfreiheit.

Dieses Vorgehen des EuGH ist Ausdruck seiner allgemeinen Tendenz, bei der Beurteilung von Akten der Gemeinschaft großzügiger zu verfahren als bei mitgliedstaatlichen Akten. Dem kann schon deshalb nicht gefolgt werden, weil die Gemeinschaft ebenso an das Primärrecht gebunden ist wie die Mitgliedstaaten.

---

8 Vgl. EuGH vom 5. 10. 1994, Rs. C-280/93, Slg. 1994, I-4973, NJW 1995, S. 945 ff., 948, Rn. 81 ff., Bananenmarkt.

9 EuGH vom 5. 10. 1994, Rs. C-280/93, Slg. 1994, I-4973, NJW 1995, S. 945 ff., 948, Rn. 81 ff., Bananenmarkt.

Zu prüfen ist demnach, ob die Bananenmarktordnung verhältnismäßig im herkömmlichen Sinne, also geeignet und erforderlich ist[10]. Die Bananenmarktordnung ist geeignet, die genannten Gemeinwohlziele zu erreichen.

Fraglich ist aber, ob ein milderes, zur Zielerreichung gleich wirksames Mittel ersichtlich ist. Um die Verzerrungen auf dem Gemeinschaftsmarkt zu beseitigen, bedurfte es einer so durchgreifenden und umwälzenden Neuordnung des Marktes, wie sie die Bananenmarktordnung vorgenommen hat. Vor diesem Hintergrund wären weniger weitgehende Regelungen weniger wirksam gewesen. Allerdings werden die bisherigen Vermarkter von Dollarbananen wie Herr Z durch die Neuregelung schwer getroffen. Dies lässt sich daran ablesen, dass Herr Z ein Drittel seines Personals entlassen musste. Hier wäre daran zu denken gewesen, ob nicht Übergangsregelungen notwendig gewesen wären, um einen schonenden Übergang zu der neuen Ordnung zu ermöglichen. So wäre der Berufsfreiheit eines Teils der Vermarkter besser gewahrt worden. Eine Übergangsregelung hätte auch die Wirksamkeit der Marktneuordnung als solche nicht in Frage gestellt. Vor diesem Hintergrund erscheint die Bananenmarktordnung als unnötig harte Regelung. Sie ist nicht erforderlich und verstößt gegen die Berufsfreiheit von Herrn Z. **236**

Hier kann auch die gegenteilige Auffassung vertreten werden. Wer mit dem EuGH einen eingeschränkten Prüfungsmaßstab bei der Verhältnismäßigkeit annimmt, gelangt zu einer Vereinbarkeit mit der Berufsfreiheit.

D. Verletzung des Gleichheitssatzes

I. Vorliegen einer Ungleichbehandlung

Schließlich kommt eine Verletzung des Gleichheitssatzes in Betracht. Dieser ergibt sich im Rahmen der Gemeinsamen Agrarpolitik aus der Sonderregelung in Art. 34 Abs. 2 UAbs. 2 EG. Danach hat die gemeinsame Organisation jede Diskriminierung zwischen Erzeugern oder Verbrauchern innerhalb der Gemeinschaft auszuschließen. **237**

Der EuGH verneint bereits das Vorliegen einer Diskriminierung/Ungleichbehandlung, da es vor der Einführung der Bananenmarktordnung sehr heterogene nationale Regelungen gegeben habe, so dass es an der Vergleichbarkeit der Sachverhalte fehle[11]. Hier können die Vergleichsgruppen jedoch in der Weise bestimmt werden, dass auf die Vermarkter von Dollarbananen im Vergleich zu denjenigen von Gemeinschaftsbananen abgestellt wird. Eine relevante Ungleichbehandlung liegt darin, dass Letztere nunmehr auch einen Zugang zum Markt für Dollarbananen erhalten, während den bisherigen Importeuren von Dollarbananen der Zugang zum Markt für Gemeinschaftsbananen aufgrund der langfristigen Lieferverträge faktisch verwehrt ist.

Auch hier gilt wieder, dass es vertretbar ist, dem EuGH zu folgen.

---

10 Eine vollständige Prüfung der Verhältnismäßigkeit findet sich etwa in EuGH vom 6. 12. 2005, verb. Rs. C-453/03, C-11/04, C-12/04 und C-194/04, Slg. 2005, I-10423 = EWS 2006, S. 73 ff., The Queen, auf Antrag von ABNA Ltd u.a./.Secretary of State for Health und Food Standards Agency.; siehe auch *Streinz*, Europarecht, Rz. 772, insbesondere Fn. 37.

11 EuGH vom 5. 10. 1994, Rs. C-280/93, Slg. 1994, I-4973, NJW 1995, S. 945 ff., 947, Rn. 66 ff., Bananenmarkt.

II. Rechtfertigung

Diese Ungleichbehandlung müsste sich rechtfertigen lassen. Der EuGH führt als rechtfertigendes Ziel wiederum den Abbau von Wettbewerbsverzerrungen und der Abschottung von Märkten an und gelangt so (hilfsweise) zu einer Rechtfertigung der Ungleichbehandlung[12]. Aber auch hier müsste sich noch eine Verhältnismäßigkeitsprüfung anschließen, die zum gleichen Ergebnis gelangt wie bei der Berufsfreiheit.

E. Ergebnis

Der EuGH hält die Bananenmarktordnung für grundrechtskonform. Dem ist aus den genannten Gründen nicht zuzustimmen. Vielmehr ist wegen des Fehlens von Übergangsregelungen einen Verstoß gegen die Berufsfreiheit und den Gleichheitssatz anzunehmen. Herr Z hat Recht.

Frage 2

In Betracht kommt eine Nichtigkeitsklage vor dem Gericht erster Instanz gem. Art. 230 Abs. 4 EG. Diese müsste zulässig sein.

A. Zuständigkeit

238 Für Nichtigkeitsklagen natürlicher Personen ist im ersten Rechtszug gem. Art. 225 Abs. 1 EG nicht der Gerichtshof, sondern das Gericht erster Instanz zuständig.

B. Beteiligtenfähigkeit

Herr Z ist nach Art. 230 Abs. 4 EG aktiv beteiligtenfähig. Das Parlament und der Rat sind als Urheber der Bananenmarktordnung nach Art. 230 Abs. 1 EG passiv beteiligtenfähig.

C. Zulässiger Klagegegenstand

Zulässiger Klagegegenstand können die in Art. 230 Abs. 1 EG genannten Handlungen der Organe, mit Ausnahme von Empfehlungen und Stellungnahmen, sein. Vorliegend geht es um die Bananenmarktordnung als Verordnung des Rates und des Parlaments, die zulässiger Klagegegenstand ist.

D. Klageberechtigung

239 Herr Z gehört nicht zu den nach Art. 230 Abs. 2 EG privilegiert Klageberechtigten. Er muss daher noch die zusätzlichen Voraussetzungen des Art. 230 Abs. 4 EG erfüllen.

---

12 EuGH vom 5. 10. 1994, Rs. C-280/93, Slg. 1994, I-4973, NJW 1995, S. 945 ff., 947, Rn. 66 ff., Bananenmarkt.

Die Bananenmarktordnung ist weder formal eine Entscheidung, noch direkt an Z adressiert. Somit scheidet die erste Variante einer Klageberechtigung aus. Zu prüfen bleibt, ob es sich um eine Entscheidung handelt, die, obwohl als Verordnung ergangen, Herrn Z unmittelbar und individuell betrifft.

Zu prüfen ist also zunächst, ob eine Einzelfallentscheidung im Gewande einer Verordnung vorliegt. Dies ist bereits zu verneinen, da die Bananenmarktordnung als generelle Marktordnung gedacht ist und nicht auf Personen wie Herrn Z zugeschnitten ist. Aber selbst wenn man den Entscheidungscharakter bejahte, scheitert die Klageberechtigung an der individuellen Betroffenheit. Herr Z ist nicht derart aus dem Kreis der Normadressaten herausgehoben, dass von einem gegenüber anderen Marktteilnehmern erhöhten Grad an Individualisierung auszugehen wäre. Es fehlt daher insgesamt an einer Klageberechtigung nach Art. 230 Abs. 4 EG[13].

E. Ergebnis

Eine Nichtigkeitsklage des Herrn Z vor dem Gericht erster Instanz wäre mangels Klageberechtigung bereits unzulässig. Weitere Möglichkeiten, gegen die Bananenmarktordnung vor Gemeinschaftsgerichten vorzugehen, bestehen nicht. Es erscheint lediglich denkbar, einen Mitgliedstaat dazu zu veranlassen, die Verordnung im Rahmen einer Nichtigkeitsklage vor dem EuGH überprüfen zu lassen.

Frage 3

Herr Z kann Verfassungsbeschwerde erheben, wenn eine solche zulässig ist.

A. Zuständigkeit

Das Bundesverfassungsgericht ist gem. Art. 93 Abs. 1 Nr. 4a GG, §§ 13 Nr. 8a, 90 ff. BVerfGG für die Verfassungsbeschwerde zuständig. **240**

B. Beteiligtenfähigkeit

Herr Z ist wie jedermann gem. § 90 Abs. 1 BVerfGG beschwerdefähig.

C. Beschwerdegegenstand

Zulässiger Beschwerdegegenstand ist gem. § 90 Abs. 1 BVerfGG jeder Akt der öffentlichen Gewalt. Dazu gehören die Maßnahmen aller drei Gewalten. Als Akte in diesem Sinne sind die Bescheide sowie die darauf ergangenen Urteile anzusehen.

Falsch ist es, hier auf die Bananenmarktordnung selbst abzustellen. Diese stellt zwar einen Akt der öffentlichen Gewalt dar, aber nicht der deutschen, sondern der europäischen. Auch die Mitwirkungs-

---

13 Zu den Voraussetzungen im Einzelnen siehe *Ahlt/Deisenhofer*, Europarecht, S. 146 ff.

akte der deutschen Vertreter in den Gemeinschaftsorganen stellen nach ständiger Rechtsprechung des Bundesverfassungsgerichts keine tauglichen Gegenstände einer Verfassungsbeschwerde dar[14].

D. Beschwerdebefugnis

241 Fraglich ist jedoch, ob Herr Z behaupten kann, durch die Akte der öffentlichen Gewalt in seinen Grundrechten verletzt zu sein. Eine Verletzung muss zumindest möglich erscheinen. Herr Z bringt vor, die Bananenmarktordnung verletze ihn in seinen Grundrechten.

Bereits im Ansatz problematisch ist, ob das Bundesverfassungsgericht zur Überprüfung der Bananenmarktordnung am Maßstab des Grundgesetzes, insbesondere der Grundrechte, berufen ist. Die Frage war in der Vergangenheit heftig umstritten[15], und auch die Position des Gerichts dazu hat gewechselt. Aus der Sicht der Europäischen Gemeinschaft war dabei immer eindeutig, dass jegliches Gemeinschaftsrecht jeglichem nationalen Recht, auch Verfassungsrecht, vorgeht. Daraus folgt dann zwingend die Unzuständigkeit nationaler Gerichte für eine Überprüfung von Gemeinschaftsrechtsakten am Maßstab nationalen Verfassungsrechts.

242 Das Bundesverfassungsgericht hat sich in seiner Solange I-Entscheidung[16] in Widerspruch zu dieser Position begeben. Es führte aus, solange das Gemeinschaftsrecht keinen dem Grundgesetz vergleichbaren Grundrechtsschutz gewährleiste, könne Gemeinschaftsrecht auch am Maßstab der Grundrechte gemessen werden. In der Solange II-Entscheidung bezog es die gegenteilige Position. Es meint, solange der europäische Grundrechtsschutz dem des Grundgesetzes im Wesentlichen gleich zu achten sei, übe es seine Gerichtsbarkeit nicht aus[17]. Diese Rechtsprechung hat es nunmehr – nach aufgrund des Maastricht-Urteils[18] aufgekommenen Zweifeln – weiter gefestigt. Verfassungsbeschwerden und Vorlagen von Gerichten, die eine Verletzung von Grundrechten des Grundgesetzes durch sekundäres Gemeinschaftsrecht geltend machen, seien von vornherein unzulässig, wenn ihre Begründung nicht darlege, dass die europäische Rechtsentwicklung einschließlich der Rechtsprechung des EuGH nach Ergehen der Solange II-Entscheidung des Bundesverfassungsgerichts unter den nach dem Grundgesetz erforderlichen Grundrechtsstandard gesunken sei. Deshalb müsse die Begründung im Einzelnen darlegen, dass der jeweils als unabdingbar gebotene Grundrechtsschutz generell nicht gewährleistet sei. Dies erfordere eine genaue Gegenüberstellung des Grundrechtsschutzes auf nationaler und auf Gemeinschaftsebene[19].

Diesen Erwägungen ist zuzustimmen. In pragmatischer Manier vermeidet das Bundesverfassungsgericht einen Justizkonflikt mit dem Europäischen Gerichtshof, ohne ganz auf seine Kontrollfunktion im europäischen Kontext zu verzichten.

---

14 BVerfGE 22, 293, 295; dazu *Streinz*, Europarecht, Rz. 242 ff.; anders *Ahlt/Deisenhofer*, Europarecht, S. 52.
15 Polemisch etwa *Scholz*, NJW 1990, S. 941 ff.
16 BVerfGE 37, 271.
17 BVerfGE 73, 339.
18 BVerfGE 89, 155.
19 BVerfGE 102, 147.

Da Herr Z den genannten Darlegungspflichten nicht nachgekommen ist und wohl auch nicht nachkommen konnte, ist eine Rechtsverletzung nicht möglich. Es fehlt an der Abtragsbefugnis.

Die Gegenauffassung ist mit guter Begründung vertretbar. Insbesondere kann man darlegen, dass – wie das bereits ergangene und bei Frage 1 dargestellte EuGH-Urteil zeige – im Einzelfall kein vergleichbarer Grundrechtsschutz bestehe. Wer zu diesem Ergebnis gelangt, muss nun die Begründetheit prüfen, in deren Rahmen sich aber dieselben Fragen stellen wie unter Teil 1.

E. Ergebnis

Im Ergebnis ist die Verfassungsbeschwerde, die sich gegen die Bananenmarktordnung richtet, unzulässig.

Weiterführende Hinweise

EuGH vom 5. 10. 1994, Rs. C-280/93, Slg. 1994, I-4973 = NJW 1995, S. 945 ff. = EuZW 1994, S. 688 ff., Deutschland./.Rat – Bananenmarkt.

BVerfG vom 29. 5. 1974, 2 BvL 52/71, BVerfGE 37, 271 ff. = NJW 1974, S. 2176 ff., Solange I.

BVerfG vom 22. 10. 1986, 2 BvR 197/83, BVerfGE 73, 339 ff. = NJW 1987, S. 577 ff., Solange II.

BVerfG vom 12. 10. 1993, 2 BvR 2159/92, BVerfGE 89, 155 ff. = NJW 1993, S. 3047 ff., Maastricht.

BVerfG vom 7. 6. 2000, 2 BvL 1/97, BVerfGE 102, 147 ff. = NJW 2000, S. 3124 ff., Bananenmarkt.

Ausblick auf den Vertrag von Lissabon[20] 243

Bisherige Nummerierung des Vertrages über die Europäischen Union (EUV)	**Nummerierung im Vertrag von Lissabon**	**Neue Nummerierung des Vertrages über die Europäischen Union (EUV)**
Art. 6	Art. 6	Art. 6

Bisherige Nummerierung des Vertrages zur Gründung der Europäischen Gemeinschaft (EG)	**Nummerierung im Vertrag von Lissabon**	**Neue Nummerierung des Vertrages über die Arbeitsweise der Europäischen Union (AEUV)**
Art. 33	Art. 33	Art. 39
Art. 34	Art. 34	Art. 40
Art. 225	Art. 225	Art. 256

20 Synopse nach Übereinstimmungstabelle zu Art. 5 des Vertrags von Lissabon, ABl. 2007 Nr. C-306/202 ff. Konsolidierte Fassungen des „Vertrags über die Europäische Union" (EUV) und des neuen „Vertrags über die Arbeitsweise der Europäischen Union" (AEUV, bisher: „Vertrag zur Gründung der Europäischen Gemeinschaft") sind im Abl. 2008 Nr. C-115/1 ff. abgedruckt.

Anhang

Prüfungsschemata wichtiger Verfahrensarten vor dem EuGH und dem Gericht erster Instanz

244 **A. Wichtige Verfahrensarten**

Europarechtliche Klausuraufgaben haben oft auch Verfahren vor dem EuGH und dem Gericht erster Instanz zum Gegenstand. Im Folgenden sind die Prüfungsschemata der wichtigsten Verfahrensarten zusammengestellt. Es werden behandelt:

- Vorabentscheidungsverfahren, Art. 234 EG (dazu sogleich B.)
- Vertragsverletzungsverfahren, Art. 226 EG (dazu sogleich C)
- Nichtigkeitsklage, Art. 230 EG (dazu sogleich D.)
- Untätigkeitsklage, Art. 232 EG (dazu sogleich E.)
- Schadensersatzklage, Art. 235 EG (dazu sogleich F.)

B. Vorabentscheidungsverfahren, Art. 234 EG

I. Zulässigkeit

1. Zuständigkeit

Gem. Art. 234 Abs. 1 EG ist der Gerichtshof für die Beantwortung von Vorlagefragen nationaler Gerichte zuständig.

2. Vorlageberechtigung

Vorlageberechtigt sind gem. Art. 234 Abs. 2 GG alle Gerichte der Mitgliedstaaten.

3. Vorlagegegenstand

In Art. 234 Abs. 1 EG sind die drei zulässigen Vorlagegegenstände genannt.

4. Entscheidungserheblichkeit

Die Beantwortung der Vorlagefrage muss für den Ausgangsrechtsstreit entscheidungserheblich sein. Ob dies allerdings der Fall ist, beurteilt grundsätzlich das die Frage stellende Gericht.

II. Sachentscheidung

Soweit der EuGH die Vorlage für zulässig erachtet, beantwortet er die gestellten Vorlagefragen in der Sache.

C. Vertragsverletzungsverfahren, Art. 226 EG

I. Zulässigkeit

1. Zuständigkeit

Gem. Art. 226 Abs. 2 EG ist der Gerichtshof für das Vertragsverletzungsverfahren zuständig.

2. Klageberechtigung

Art. 226 EG spricht der Kommission ausdrücklich die Klageberechtigung im Vertragsverletzungsverfahren zu.

3. Vorverfahren

Vor Klageerhebung hat die Kommission gem. Art. 226 EG ein Vorverfahren durchzuführen. Dazu hat sie zunächst ein erstes Mahnschreiben an den Mitgliedstaat zu richten. Darin muss sie die Tatsachen mitteilen, in denen sie den Vertragsverstoß sieht, erklären, dass sie ein Vertragsverletzungsverfahren eingeleitet hat und dem Mitgliedstaat eine Frist zur Äußerung setzen.

Räumt der Mitgliedstaat den Verstoß nicht aus, so ist eine begründete Stellungnahme abzugeben, die die wesentlichen Tatsachen und Rechtsgründe enthält, aus denen sich nach Auffassung der Kommission der Vertragsverstoß ergibt. Die begründete Stellungnahme ist mit einer Frist zur Beseitigung des Verstoßes zu versehen.

4. Streitgegenstand
Der Streitgegenstand der Klage vor dem EuGH richtet sich nach der begründeten Stellungnahme. Die begründete Stellungnahme wiederum darf nicht über das erste Mahnschreiben hinausreichen.

5. Rechtsschutzinteresse
Die Kommission muss grundsätzlich kein Rechtsschutzinteresse nachweisen. Jedoch ist es erforderlich, dass sie von dem Vertragsverstoß überzeugt ist.

II. Begründetheit

Nach Art. 226 EG kann die Kommission den Gerichtshof anrufen, wenn ihrer Auffassung nach ein Mitgliedstaat gegen eine Verpflichtung aus dem EG-Vertrag verstoßen hat. Die Klage ist daher begründet, wenn die von der Kommission behaupteten Tatsachen zutreffen und sich aus diesen Tatsachen ein Verstoß gegen Gemeinschaftsrecht ergibt, der dem beklagten Mitgliedstaat – zuzurechnen ist.

D. Nichtigkeitsklage, Art. 230 EG

Hier ist in der Zulässigkeit zu differenzieren zwischen privilegiert Klageberechtigten und sonstigen Klageberechtigten.

I. Zulässigkeit

1. Zuständigkeit
Für Nichtigkeitsklagen privilegiert Klageberechtigter ist der EuGH selbst zuständig.
Für Nichtigkeitsklagen natürlicher und juristischer Personen ist im ersten Rechtszug gem. Art. 225 Abs. 1 EG nicht der Gerichtshof, sondern das Gericht erster Instanz zuständig.

2. Beteiligtenfähigkeit
Aktiv beteiligtenfähig sind die Mitgliedstaaten, die in Art. 230 Abs. 2 und 3 EG genannten Organe und Einrichtungen sowie natürliche und juristische Personen gem. Art. 230 Abs. 4 EG.

Passiv beteiligtenfähig sind die in Art. 230 Abs. 1 EG genannten Organe.

3. Zulässiger Klagegegenstand
Zulässiger Klagegegenstand können die in Art. 230 Abs. 1 EG genannten Handlungen der Organe, mit Ausnahme von Empfehlungen und Stellungnahmen, sein.

4. Klageberechtigung
Privilegiert Klageberechtigte im Sinne von Art. 230 Abs. 2 EG müssen keine besondere Klageberechtigung nachweisen und brauchen insbesondere durch den angefochtenen Akt nicht betroffen zu sein.

Art. 230 Abs. 3 EG regelt die teilprivilegiert Klageberechtigten, die die Wahrung ihrer Rechte anstreben müssen.

Natürliche und juristische Personen sind nicht privilegiert klageberechtigt und können gem. Art. 230 Abs. 4 EG nur gegen an sie gerichtete Entscheidungen sowie solche Akte, die sie unmittelbar und individuell betreffen, vorgehen.

5. Klagefrist
Die Nichtigkeitsklage muss gem. Art. 230 Abs. 5 EG binnen zwei Monaten erhoben werden.

II. Begründetheit

Die Nichtigkeitsklage ist begründet, wenn mindestens einer der in Art. 230 Abs. 2 EG genannten Nichtigkeitsgründe zutrifft:
- Unzuständigkeit
- Verletzung wesentlicher Formvorschriften
- Verletzung des Vertrags oder einer bei seiner Durchführung anzuwendenden Rechtsnorm
- Ermessensmissbrauch

E. Untätigkeitsklage, Art. 232 EG

Hier ist ebenso wie bei der Nichtigkeitsklage in der Zulässigkeit zu differenzieren zwischen privilegiert Klageberechtigten und sonstigen Klageberechtigten.

I. Zulässigkeit

1. Zuständigkeit

Für Untätigkeitsklagen privilegiert Klageberechtigter ist der EuGH selbst zuständig.

Für Untätigkeitsklagen natürlicher und juristischer Personen ist im ersten Rechtszug gem. Art. 225 Abs. 1 EG nicht der Gerichtshof, sondern das Gericht erster Instanz zuständig.

2. Beteiligtenfähigkeit

Aktiv beteiligtenfähig sind die Mitgliedstaaten, die in Art. 232 Abs. 1 EG genannten Organe sowie natürliche und juristische Personen gem. Art. 232 Abs. 3 EG und die EZB nach Art. 232 Abs. 4 EG.

Passiv beteiligtenfähig sind die in Art. 232 Abs. 1 EG genannten Organe sowie gem. Art. 232 Abs. 4 EG die EZB.

3. Zulässiger Klagegegenstand

Zulässiger Klagegegenstand kann gem. Art. 232 Abs. 1 EG bei privilegiert Klageberechtigten die Unterlassung eines Beschlusses durch ein dort genanntes Organs sein.

Natürliche und juristische Personen müssen gem. Art. 232 Abs. 3 EG rügen, dass ein Organ es unterlassen habe, einen anderen Akt als eine Empfehlung oder Stellungnahme an sie zu richten.

4. Klageberechtigung

Privilegiert Klageberechtigte im Sinne von Art. 232 Abs. 1 EG müssen keine besondere Klageberechtigung nachweisen. Die EZB ist gem. Art. 232 Abs. 4 EG nur in ihrem Zuständigkeitsbereich klageberechtigt.

Natürliche und juristische Personen sind nicht privilegiert klageberechtigt und können gem. Art. 232 Abs. 3 EG nur gegen die Unterlassung eines Aktes vorgehen, der an sie zu richten wäre oder durch den sie unmittelbar und individuell betroffen wären.

5. Vorverfahren

Vor Erhebung der Untätigkeitsklage ist ein Vorverfahren durchzuführen. Art. 232 Abs. 2 EG fordert, dass zunächst ein Aufforderungsschreiben ergangen ist, auf das sodann nicht binnen zwei Monaten geantwortet wurde.

6. Klagefrist

Die Untätigkeitsklage muss gem. Art. 232 Abs. 2 EG binnen zwei Monaten nach Ablauf der Antwortfrist erhoben werden.

II. Begründetheit

Die Untätigkeitsklage ist begründet, wenn Das beklagte Organ aufgrund von Gemeinschaftsrecht verpflichtet gewesen wäre, den erstrebten Akt zu erlassen.

F. Schadensersatzklage, Art. 235 EG

I. Zulässigkeit

1. Zuständigkeit

Für Klagen der Mitgliedstaaten ist der EuGH zuständig, für Klagen natürlicher und juristischer Personen das Gericht erster Instanz.

2. Beteiligtenfähigkeit

Aktiv beteiligtenfähig sind die Mitgliedstaaten sowie natürliche und juristische Personen.

Passiv beteiligtenfähig ist die Europäische Gemeinschaft.

3. Klagegegenstand

Klagegegenstand ist ein rechtswidriges Handeln oder Unterlassen eines Gemeinschaftsorgans, das einen Schaden verursacht hat.

4. Rechtsschutzbedürfnis

Das Rechtsschutzbedürfnis setzt voraus, dass keine anderen Rechtsbehelfe zur Verfügung stehen.

5. Verjährung

Die Verjährungsfrist von fünf Jahren wird vom EuGH als Zulässigkeitsvoraussetzung qualifiziert.

II. Begründetheit

Die Klage ist begründet, wenn der in Art. 288 Abs. 2 EG geregelte Schadensersatzanspruch besteht.

Fall 10

Der EuGH und die Landesverteidigung

Pflichtfach/Schwerpunktbereich, Schwierigkeitsgrad: hoch

Teil I

245 Frau K, die als Elektronikerin ausgebildet ist, bewirbt sich bei der Armee des Mitgliedstaats M für den freiwilligen Dienst mit der Waffe. Sie möchte als Elektronikerin im Bereich Instandsetzung arbeiten und auch an Einsätzen der Armee im Ausland teilnehmen. Ihre Bewerbung wird mit der Begründung zurückgewiesen, es sei nach dem Recht des Staates M ausgeschlossen, dass Frauen Dienst mit der Waffe leisteten. Frau K ist empört. Sie ist der Meinung, sie als Frau werde durch diese Regelung diskriminiert. Sie beruft sich auf die Richtlinie 76/207/EWG und meint, das daraus ableitbare Recht auf Gleichbehandlung müsse auch für die Beschäftigung in der Armee gelten. Die Regierung von M meint, für Verteidigung sei die EG nicht zuständig. In der Verfassung von M sei jeglicher Dienst von Frauen an der Waffe untersagt, woran das Europarecht nichts ändern könne.

Hat Frau K Recht?

Teil II

Herr A, der von dem Fall K gehört hat, meint, daraus auch etwas für seine Situation ableiten zu können. Er möchte nicht im Rahmen der deutschen Wehrpflicht zum Dienst bei der Bundeswehr herangezogen werden. Er ist der Ansicht, der Umstand, dass die Wehrpflicht nur für Männer gelte, sei europarechtlich nicht zu halten. Dadurch würden Männer unzulässig benachteiligt. Auch er beruft sich auf die Richtlinie 76/207/EWG und zusätzlich auf die Gleichbehandlungsvorschriften des Primärrechts. Die Benachteiligung zeige sich insbesondere dadurch, dass Männer regelmäßig später in das Berufsleben einsteigen könnten als Frauen.

Nach erfolglosem Widerspruch gegen seinen Einberufungsbescheid erhebt A Klage zum zuständigen Verwaltungsgericht. Die beklagte Wehrverwaltung verweist darauf, dass die Mitgliedstaaten für die Regelung des Wehrdienstes zuständig seien. Zudem gleiche die Wehrpflicht Nachteile aus, die Frauen aufgrund ihrer Belastung durch Schwangerschaft und Kindererziehung erlitten. Das Verwaltungsgericht, das vor dem Hintergrund von Art. 12a GG im Zweifel über die Bedeutung des Gemeinschaftsrechts ist, legt dem EuGH den Fall zur Vorabentscheidung vor.

1. Formulieren Sie entsprechende Vorlagefragen an den EuGH.
2. Wie wird der Gerichtshof im Rahmen eines zulässigen Vorlageverfahrens entscheiden?

Auszug aus der Richtlinie 76/207/EWG[1]*:*

Art. 1

(1) Diese Richtlinie hat zum Ziel, dass in den Mitgliedstaaten der Grundsatz der Gleichbehandlung von Männern und Frauen hinsichtlich des Zugangs zur Beschäftigung, einschließlich des Aufstiegs, und des Zugangs zur Berufsbildung sowie in Bezug auf die Arbeitsbedingungen und in Bezug auf die soziale Sicherheit unter den in Absatz 2 vorgesehenen Bedingungen verwirklicht wird. Dieser Grundsatz wird im Folgenden als „Grundsatz der Gleichbehandlung“ bezeichnet. ...

Art. 2

(1) Der Grundsatz der Gleichbehandlung im Sinne der nachstehenden Bestimmungen beinhaltet, dass keine unmittelbare oder mittelbare Diskriminierung aufgrund des Geschlechts – insbesondere unter Bezugnahme auf den Ehe- oder Familienstand – erfolgen darf. ...

(6) Die Mitgliedstaaten können im Hinblick auf den Zugang zur Beschäftigung einschließlich der zu diesem Zweck erfolgenden Berufsbildung vorsehen, dass eine Ungleichbehandlung wegen eines geschlechtsbezogenen Merkmals keine Diskriminierung darstellt, wenn das betreffende Merkmal aufgrund der Art einer bestimmten beruflichen Tätigkeit oder der Bedingungen ihrer Ausübung eine wesentliche und entscheidende berufliche Anforderung darstellt, sofern es sich um einen rechtmäßigen Zweck und eine angemessene Anforderung handelt.

(7) Diese Richtlinie steht nicht den Vorschriften zum Schutz der Frau, insbesondere bei Schwangerschaft und Mutterschaft, entgegen. ...

Auszug aus Art. 12a GG:

(1) Männer können vom vollendeten achtzehnten Lebensjahr an zum Dienst in den Streitkräften, im Bundesgrenzschutz oder in einem Zivilschutzverband verpflichtet werden. ...

(4) Kann im Verteidigungsfalle der Bedarf an zivilen Dienstleistungen im zivilen Sanitäts- und Heilwesen sowie in der ortsfesten militärischen Lazarettorganisation nicht auf freiwilliger Grundlage gedeckt werden, so können Frauen vom vollendeten achtzehnten bis zum vollendeten fünfundfünfzigsten Lebensjahr durch Gesetz oder auf Grund eines Gesetzes zu derartigen Dienstleistungen herangezogen werden. Sie dürfen auf keinen Fall zum Dienst mit der Waffe verpflichtet werden.

1 Vom 9. 2. 1976 (ABl. 1976 Nr. L-39/40 ff.) in der Fassung der Änderung durch Richtlinie 2002/73/EG vom 23. 9. 2002 (Abl. 2002 Nr. L-269/15 ff.).

Vorüberlegungen

246 Teil I des Falles basiert auf dem Urteil des EuGH in der Rechtssache Kreil[2], das in Deutschland seinerzeit hohe Wellen geschlagen hat. Der EuGH hatte ausgesprochen, dass die europäische Richtlinie 76/207/EWG einem Ausschluss von Frauen vom freiwilligen Dienst an der Waffe in der Armee eines Mitgliedstaats entgegenstehe. Die genannte Richtlinie wurde zwar zwischenzeitlich geändert, ihre vorliegend einschlägigen materiellen Bestimmungen gelten aber bis heute unverändert weiter. In der deutschen Literatur gab es zum Teil heftige Reaktionen, in denen dem EuGH insbesondere die Kompetenz zur Entscheidung dieser Frage abgesprochen wurde. Andere Stimmen waren moderater. Mittlerweile wurde das Grundgesetz dahingehend angepasst, dass der freiwillige Dienst von Frauen in der Bundeswehr möglich ist.

Der zweite Teil des Falles basiert auf dem Urteil in der Rechtssache Dory[3]. Herr Dory war aufgrund der Entscheidung Kreil der Auffassung, er dürfe nicht zum Dienst an der Waffe gezwungen werden, weil es sonst zu einer gemeinschaftsrechtswidrigen Diskriminierung von Männern gegenüber Frauen komme. Diesmal hielt sich der EuGH selbst für unzuständig.

Bei der Falllösung ist immer besonders auf die Fallfrage zu achten. Bei Teil I geht es nur um die materielle Vereinbarkeit des mitgliedstaatlichen Verfassungsrechts mit gemeinschaftsrechtlichen Vorgaben. Im Mittelpunkt der Untersuchung steht zunächst die Frage, ob die genannte Richtlinienbestimmung überhaupt anwendbar ist. Dies wird von Teilen der deutschen Literatur verneint, ist aber richtigerweise zu bejahen. Sodann kann nach rechtfertigenden Umständen für den Ausschluss von Frauen vom Waffendienst gefragt werden. Hier sind die abgedruckten Richtlinienbestimmungen zu verarbeiten.

Teil II behandelt gewissermaßen die umgekehrte Frage nach der Gemeinschaftsrechtskonformität der deutschen Wehrpflicht für Männer. Hier wird man mit dem EuGH die Zuständigkeit des Gerichtshofs verneinen müssen. Wer dies nicht tut, muss nach Rechtfertigungsgründen für die Schlechterstellung von Männern suchen. Hier sind viele Auffassungen vertretbar.

Die vorliegende Aufgabe ist zwar nicht sehr umfangreich, aber doch anspruchsvoll. Es müssen allgemeine Zuständigkeitsfragen gelöst werden. Sodann muss Richtlinienrecht zutreffend auf die jeweilige Situation angewandt werden. Insgesamt ist der Fall vor allem für den Schwerpunktbereich geeignet, weil er viel Grundwissen über das Verhältnis von EG und Mitgliedstaaten voraussetzt. Er kann als Aufgabe mit hohem Schwierigkeitsgrad aber auch im Pflichtfach eingesetzt werden.

---

2 EuGH vom 11. 1. 2000, Rs. C-285/98, Slg. 2000, I-69, BB 2000, S. 204 ff. = EuZW 2000, S. 211 ff., Tanja Kreil./.Bundesrepublik Deutschland.

3 EuGH vom 11. 3. 2003, Rs. C-186/01, Slg. 2003, I-2479, NJW 2003 S. 1379 f. = EuZW 2003, S. 254 ff., Alexander Dory./.Bundesrepublik Deutschland.

Gliederung

Teil I 247

A. Anwendbarkeit von Art. 2 Abs. 1 Richtlinie 76/207/EWG
  I. Generelle Anwendbarkeit des Gemeinschaftsrechts
  II. Anwendbarkeit der konkreten Richtlinienbestimmung

B. Rechtfertigung der Ungleichbehandlung

C. Ergebnis

Teil II

A. Vorlagefragen

B. Vorlageentscheidung
  I. Verstoß gegen Art. 2 Abs. 1 RL 76/207/EWG
    1. Anwendbarkeit
    2. Voraussetzungen und Rechtfertigung
  II. Verstoß gegen Vorschriften des Primärrechts
  III. Ergebnis

Musterlösung

Teil I

248 Die fraglichen Bestimmungen des Mitgliedstaats M könnten gegen die Richtlinie 76/207/EWG, insbesondere gegen deren Art. 2 Abs. 1, verstoßen. Dazu müsste die Richtlinienvorschrift in der vorliegenden Konstellation anwendbar sein und eine Rechtfertigung der mitgliedstaatlichen Normen dürfte nicht in Betracht kommen.

A. Anwendbarkeit von Art. 2 Abs. 1 Richtlinie 76/207/EWG

I. Generelle Anwendbarkeit des Gemeinschaftsrechts

Fraglich ist bereits die generelle Anwendbarkeit des Gemeinschaftsrechts in der vorliegenden Konstellation. Der Mitgliedstaat M macht nämlich geltend, sein Verfassungsrecht verbiete den Einsatz von Frauen an der Waffe.

Der EuGH hat in der Rechtssache Kreil entschieden, dass die Mitgliedstaaten auch bei der Ausgestaltung der Arbeitsverhältnisse in ihren Streitkräften an die Vorgaben des Gemeinschaftsrechts gebunden seien[4]. Zwar seien die Mitgliedstaaten zur Gewährleistung ihrer inneren und äußeren Sicherheit zuständig. Das bedeute jedoch nicht, dass dieser Bereich dem Gemeinschaftsrecht vollständig entzogen sei. Vielmehr weise die Existenz von Bestimmungen über die öffentliche Sicherheit darauf hin, dass der Vertrag die Bedürfnisse der Mitgliedstaaten in puncto Sicherheit zwar anerkenne, nicht aber eine alleinige Kompetenz der Mitgliedstaaten zulasse.

Insbesondere in der deutschen Literatur ist das Urteil Kreil zum Teil auf heftige Kritik gestoßen[5]. Da sich das Verbot des Dienstes an der Waffe für Frauen aus Art. 12a Abs. 4 Satz 2 GG[6] ergebe, breche der EuGH aus den ihm zugewiesenen Kompetenzen aus, wenn er sich über diese Festlegung hinwegsetze. Die Integrationsermächtigung des Art. 23 GG umfasse keine Zuständigkeiten der Europäischen Gemeinschaft für die Verteidigung.

249 Der Kritik ist nicht zu folgen. Zunächst ist bereits fraglich, ob sich die Anwendbarkeit des Gemeinschaftsrechts nur aus der Integrationsermächtigung des Grundgesetzes ableitet, wie das Bundesverfassungsgericht in seiner Maastricht-Entscheidung ausführt[7]. Vielmehr handelt es sich um eine eigenständige Rechtsordnung, deren Vorrang sich bereits aus den Verträgen ergibt. Weiterhin ist den Kritikern zu Recht entgegen gehalten worden, dass – selbst wenn man einen Rechtsanwendungsbefehl für konstitutiv halte – durch die Integrationsermächtigung keine starre Garantie zugunsten des

---

4 EuGH vom 11. 1. 2000, Rs. C-285/98, Slg. 2000, I-69, BB 2000, S. 204 ff., 205, Rz. 15 ff., Kreil; siehe auch EuGH vom 26. 10. 1999, Rs. C-273/97, Slg. 1999, I-7403, EuZW 2000, S. 27 ff., Angela Maria Sirdar./.The Army Board, Secretary of State for Defence.

5 Siehe etwa *Scholz*, DÖV 2000, S. 417 ff.; *Arndt*, NJW 2000, S. 1461 ff.; *Stein*, EuZW 2000, S. 213 f.; siehe auch die weiteren Nachweise bei *Heun* in Dreier (Hrsg.), GG, Bd. I, Art. 12a, Rz. 6, Fn. 37.

6 *In der damals geltenden Fassung lautete Art. 12a Abs.4 Satz 2 GG: „Sie (d.h. Frauen) dürfen auf keinen Fall Dienst mit der Waffe leisten."*

7 BVerfGE 89, 155.

geltenden Verfassungsrechts ausgesprochen werde. Vielmehr beinhaltet die Ermächtigung in den Grenzen des Art. 79 Abs. 3 GG auch materiell verfassungsändernde Gemeinschaftsrechtsakte[8]. Vor diesem Hintergrund ist es nur als konsequent und wohl begründet anzusehen, wenn der EuGH das Gebot der Gleichbehandlung auch in Bereichen zur Geltung bringt, die zur Regelung grundsätzlich den Mitgliedstaaten überlassen sind[9]. Den Vorrang des Gemeinschaftsrechts anerkennend hat der deutsche Gesetzgeber als Reaktion auf die Rechtsache Kreil den Text des Art. 12a Abs. 4 Satz 2 GG geändert.

Im Ergebnis kann daher das Gemeinschaftsrecht auch in der vorliegenden Konstellation grundsätzlich Anwendung finden.

Das Problem der generellen Anwendbarkeit wird vom EuGH zwar nur kurz behandelt. In der deutschen Literatur hat es jedoch einen breiten Raum eingenommen, weshalb hier ein Schwerpunkt der Bearbeitung liegen sollte. Auch wenn man der ablehnenden Position nicht folgen will, muss sie in einem Gutachten kurz dargestellt werden.

II. Anwendbarkeit der konkreten Richtlinienbestimmung

Was die konkrete Anwendbarkeit von Art. 2 Abs. 1 RL 76/207/EWG angeht, so ver- **250**
langt die Vorschrift, dass keine unmittelbare oder mittelbare Diskriminierung von Frauen aufgrund des Geschlechts erfolgt. Durch die Regelung in der Verfassung von M wird es Frau K unmöglich gemacht, Dienst in der Armee zu tun. Hierin liegt eine relevante Ungleichbehandlung gegenüber Männern, so dass Art. 2 Abs. 1 RL 76/207/EWG Anwendung findet. Es ist nach Rechtfertigungsmöglichkeiten zu fragen.

Demgegenüber ist auch nach Inkrafttreten des Vertrages von Lissabon Primärrecht, insbesondere Art. 8 EG, nicht anzuwenden, da sich diese Vorschrift an die Organe der EU und nicht an die Mitgliedstaaten richtet.

B. Rechtfertigung der Ungleichbehandlung

Die Richtlinie 76/207/EWG nennt in Art. 2 Abs. 6 und Abs. 7[10] einige Gründe, aus **251**
denen die Mitgliedstaaten differenzierende Regelungen anwenden dürfen. Aus diesen Gründen könnte das Verbot des Waffeneinsatzes gerechtfertigt sein.

Zunächst könnte es sich beim Dienst an der Waffe um eine berufliche Tätigkeit im Sinne von Art. 2 Abs. 6 handeln, für die das Geschlecht aufgrund ihrer Art oder der Bedingungen ihrer Ausübung eine wesentliche und entscheidende berufliche Anforderung darstellt. Der EuGH führt hierzu zu Recht aus, dass das Geschlecht in der Tat für bestimmte Einsatztätigkeiten im Rahmen der Armee eine unabdingbare Voraussetzung sein kann[11]. Jedoch seien die Mitgliedstaaten bei der Identifikation solcher Tätigkeiten an den Grundsatz der Verhältnismäßigkeit gebunden. Vor diesem Hintergrund sei es nicht gerechtfertigt, wenn Frauen unabhängig von der konkreten Art der

---

8 So *Sieberichs*, NJW 2000, S. 2565.
9 Ebenso *Heun* in Dreier (Hrsg.), GG, Bd. I, Art. 12a GG, Rz. 6, m.w.N.
10 In der Altfassung, die den nachfolgend zitierten Urteilen zugrunde lag, waren dies die Abs. 2 und 3.
11 Vgl. EuGH vom 26. 10. 1999, Rs. C-273/97, Slg. 1999, I-7403, EuZW 2000, S. 27 ff., 28, Rz. 29 ff., Sirdar.

Diensttätigkeit immer vom Waffendienst ausgeschlossen seien[12]. Ein solcher Ausschluss sei nicht erforderlich. Diesen Ausführungen ist zuzustimmen. Mittlerweile haben sie insoweit Eingang in den Richtlinientext gefunden, als das Verhältnismäßigkeitsprinzip nunmehr ausdrücklich dort verankert ist. Eine Rechtfertigung aus Art. 2 Abs. 6 RL 76/207/EWG kommt nicht in Betracht.

Auch Art. 2 Abs. 7 der Richtlinie taugt nach richtiger Ansicht des EuGH nicht zur Rechtfertigung eines vollständigen Ausschlusses von Frauen vom Dienst an der Waffe[13]. Die Vorschrift zielt ersichtlich auf die besonderen Schutzbedürfnisse während Schwangerschaft und Mutterschaft, die mit einem vollständigen Verbot des Dienstes an der Waffe nicht erfüllt werden können.

C. Ergebnis

Im Ergebnis verstößt die Regelung des Mitgliedstaats M gegen Art. 2 Abs. 1 RL 76/207/EWG und ist damit unanwendbar. Frau K hat Recht.

Teil II

A. Vorlagefragen

252 Steht die Richtlinie 76/207/EWG des Rates vom 9. 2. 1976 zur Verwirklichung des Grundsatzes der Gleichbehandlung von Männern und Frauen hinsichtlich des Zugangs zur Beschäftigung, zur Berufsbildung und zum beruflichen Aufstieg sowie in Bezug auf die Arbeitsbedingungen, insbesondere deren Art. 2, einer nationalen Regelung wie der deutschen entgegen, nach der nur Männer der Wehrpflicht unterliegen?

Stehen Vorschriften des europäischen Primärrechts, insbesondere die Art. 3 Abs. 2, 13, 141 EG sowie der allgemeine Gleichheitssatz einer entsprechenden nationalen Regelung entgegen?

Die Fragen müssen nicht im Wortlaut so formuliert sein. Wichtig ist nur, dass auf die Auslegung von Gemeinschaftsrecht Bezug genommen und nicht nach der Gültigkeit von nationalem Recht gefragt wird.

B. Vorlageentscheidung

Der EuGH wird die Wehrpflicht nur für Männer für gemeinschaftsrechtswidrig erklären, wenn diese gegen Vorschriften des Gemeinschaftsrechts verstößt. In Betracht kommt wiederum ein Verstoß gegen Art. 2 Abs. 1 RL 76/207/EWG, zum anderen gegen Vorschriften des Primärrechts.

Da das Sekundärrecht vorrangig anzuwenden ist, muss zunächst die Richtlinie und anschließend das Primärrecht geprüft werden.

---

12 EuGH vom 11. 1. 2000, C-285/98, Slg. 2000, I-69, BB 2000, S. 204 ff., 205, Rz. 25 ff., Kreil.
13 EuGH vom 11. 1. 2000, C-285/98, Slg. 2000, I-69, BB 2000, S. 204 ff., 206, Rz. 30 ff., Kreil.

I. Verstoß gegen Art. 2 Abs. 1 RL 76/207/EWG

1. Anwendbarkeit

Art. 2 Abs. 1 RL 76/207/EWG müsste in der vorliegenden Konstellation anwendbar sein. Hierfür könnte sprechen, dass die RL 76/207/EWG ausweislich ihres Art. 1 Abs. 1 sicherstellen will, dass Männer und Frauen hinsichtlich des Zugangs zur Beschäftigung gleichbehandelt werden. Insoweit ist es nicht ausgeschlossen, Gemeinschaftsrecht auch im Zusammenhang mit der Organisation der Streitkräfte der Mitgliedstaaten anzuwenden. In diesem Sinne hat der Gerichtshof die genannte Richtlinie auf den Zugang zur Beschäftigung in den Streitkräften angewandt und geprüft, ob die mitgliedstaatlichen Maßnahmen den Zweck verfolgen, die öffentliche Sicherheit zu gewährleisten, und ob sie zu diesem Zweck auch verhältnismäßig sind[14]. **253**

In der vorliegenden Konstellation hält der Gerichtshof das Gemeinschaftsrecht indes nicht für anwendbar[15]. Es sei Sache der Mitgliedstaaten, die geeigneten Maßnahmen zur Organisation ihrer äußeren Sicherheit zu treffen. So gehöre die Wehrpflicht in Deutschland zu den wesentlichen Strukturprinzipien der Landesverteidigung. Sie beinhalte eine Dienstverpflichtung, die zwar zu Lasten des Zugangs junger Menschen zum Arbeitsmarkt gehe, aber auch Vorrang vor diesem Eingliederungsziel genieße. Die bewirkte Verzögerung beim Berufszugang falle als solche nicht in den Anwendungsbereich des Vertrages[16].

Die Darlegungen des EuGH sind so zu verstehen, dass er die Hindernisse beim Berufszugang, wie sie für Männer bestehen, lediglich als Reflex einer den Mitgliedstaaten obliegenden Organisationsentscheidung ansieht. Darin ist ihm zu folgen. Derartige Reflexwirkungen können nicht den Anwendungsbereich des Vertrages eröffnen. Was die Beschäftigung im Rahmen der Streitkräfte selbst angeht, so fehlt es bereits an einem Bezug zur Berufstätigkeit, da es sich um eine Dienstpflicht und nicht um ein frei gewähltes Arbeitsverhältnis handelt. Mithin besteht insgesamt keine Verknüpfung mit dem Anwendungsbereich der Richtlinie 76/207/EWG, die auf den Zugang zur Beschäftigung und zur Berufsbildung ausgerichtet ist.

Hier kann auch die Gegenposition vertreten werden. Denkbar erscheint eine Argumentation, wonach die Verzögerung beim Berufseinstieg direkte Folge der Dienstpflicht sei und damit zumindest eine mittelbare Diskriminierung von Männern einhergehe.

2. Voraussetzungen und Rechtfertigung

Wer entgegen der hier vertretenen Lösung Art. 2 Abs. 1 RL 76/207/EWG für anwendbar hält, muss nunmehr prüfen, ob Männer gegenüber Frauen ungleich behandelt werden. Dies ist zu bejahen, da sie später als Frauen einen Beruf ergreifen können. Es ist nach einer Rechtfertigung zu fragen. Hier hat das vorlegende VG erwogen, die Dienstverpflichtung als spezifische Vergünstigung zugunsten von Frauen anzusehen, **254**

14 EuGH vom 26. 10. 1999, Rs. C-273/97, Slg. 1999, I-7403, EuZW 2000, S. 27 ff., 28, Rz. 28, Sirdar; EuGH vom 11. 1. 2000, Rs. C-285/98, Slg. 2000, I-69, BB 2000, S. 204 ff., 205, Rz. 25, Kreil; siehe bereits Teil I des Falles.

15 EuGH vom 11. 3. 2003, Rs. C-186/01, Slg. 2003, I-2479, NJW 2003, 1379 f., Dory.

16 EuGH vom 11. 3. 2003, Rs. C-186/01, Slg. 2003, I-2479, NJW 2003, 1379 f., 1380, Rz. 35 ff., Dory.

durch die mit Schwangerschaft und Kindererziehung verbundene berufliche Ausfallzeiten kompensiert werden[17]. Dies erscheint als nicht unzweifelhaft, da die Dienstverpflichtung nur für Männer allenfalls mittelbar auch als Vergünstigung für Frauen wirkt und gedacht ist[18]. Mithin wäre ein Verstoß zu bejahen.

Auch hier ist die gegenteilige Auffassung vertretbar, die ja auch vom VG Stuttgart erwogen wird.

II. Verstoß gegen Vorschriften des Primärrechts

255 Denkbar erscheint weiterhin, dass die Wehrpflicht nur für Männer gegen Vorschriften des Primärrechts verstößt. Zu denken ist etwa an Art. 3 Abs. 2, 13 und 141 EG. Allerdings sind Art. 3 Abs. 2 und 13 EG nicht unmittelbar anwendbar, so dass Herr A daraus keine Rechte ableiten kann. Art. 141 EG enthält ein Gleichstellungsgebot mit Blick auf das Entgelt, das vorliegend nicht betroffen ist.

Denkbar erscheint schließlich noch ein Verstoß gegen Gemeinschaftsgrundrechte, insbesondere den ungeschriebenen allgemeinen Gleichheitssatz. Dieser ist jedoch in der vorliegenden Konstellation nicht anwendbar. Die Grundrechte des Gemeinschaftsrechts richten sich primär an die Gemeinschaftsorgane. Mitgliedstaaten können Adressaten sein, wenn sie Gemeinschaftsrecht vollziehen oder wenn sonst ein anderer Anknüpfungspunkt für die Adressatenstellung vorhanden ist. Beides ist hier nicht ersichtlich. Da Deutschland somit nicht Adressat des europarechtlichen Gleichheitssatzes ist, scheiden auch Grundrechte als Prüfungsmaßstab aus[19].

III. Ergebnis

Insgesamt liegt weder ein Verstoß gegen Art. 2 Abs. 1 RL 76/207/EWG noch gegen europäisches Primärrecht vor. Die Wehrpflicht nur für Männer verstößt nicht gegen Gemeinschaftsrecht.

Weiterführende Hinweise

EuGH vom 11. 1. 2000, Rs. C-285/98, Slg. 2000, I-69 = BB 2000, S. 204 ff. = EuZW 2000, S. 211 ff., Tanja Kreil./.Bundesrepublik Deutschland.

EuGH vom 11. 3. 2003, Rs. C-186/01, Slg. 2003, I-2479 = NJW 2003, S. 1379 f. = EuZW 2003, S. 254 ff., Alexander Dory./.Bundesrepublik Deutschland.

Scholz, Rupert: Frauen an die Waffe kraft Europarechts? – Zum Verhältnis von Art. 12a Abs. 4 S. 2 GG zur EU-Gleichbehandlungsrichtlinie, DÖV 2000, S. 417 ff.

17 VG Stuttgart NJW 2001, S. 2736 f., 2737.

18 Darauf verweisen zu Recht *Schmidt-De Caluwe/Heselhaus*, NJW 2001, S. 2680 ff., 2681.

19 Vgl. *Heun* in Dreier (Hrsg.), GG, Bd. I, Art. 3, Rz. 10 m.w.N.

Ausblick auf den Vertrag von Lissabon[20] 256

Bisherige Nummerierung des Vertrages zur Gründung der Europäischen Gemeinschaft (EG)	Nummerierung im Vertrag von Lissabon	Neue Nummerierung des Vertrages über die Arbeitsweise der Europäischen Union (AEUV)
Art. 3 I aufgehoben	Im Wesentlichen ersetzt durch die Art. 2b bis 2e (künftig Art. 3 bis 6) AEUV	
Art. 3 II	Art. 3	Art. 8
Art. 8	Im Wesentlichen ersetzt durch Art. 9 (künftig Art. 13) EUV und Art. 245a Abs. 1 (künftig Art. 282) AEUV	
Art. 13	Art. 16e	Art. 19
Art. 141	Art. 141	Art. 157

20 Synopse nach Übereinstimmungstabelle zu Art. 5 des Vertrags von Lissabon, Abl. C-306 vom 17. 12. 2007, S. 202 ff. Konsolidierte Fassungen des „Vertrags über die Europäische Union" (EUV) und des neuen „Vertrags über die Arbeitsweise der Europäischen Union" (AEUV, bisher: „Vertrag zur Gründung der Europäischen Gemeinschaft") sind im Abl. 2008 Nr. C-115/1 ff. abgedruckt.

Fall 11

Das Bundesverwaltungsgericht auf europarechtlichen Abwegen

Pflichtfach/Schwerpunktbereich, Schwierigkeitsgrad: hoch

257 Frau A strebt aufgrund einer Teilzeitqualifizierung in einer Allgemeinarztpraxis in Hamburg die Anerkennung als Praktische Ärztin an. Allerdings sieht die europäische Richtlinie 93/16/EWG vor, dass eine spezifische Ausbildung zur Praktischen Ärztin, wie sie Frau A anstrebt, eine mindestens zweijährige Vollzeitausbildung beinhaltet. Die Mitgliedstaaten dürfen zwar auch eine Teilzeitausbildung zulassen, dies aber nicht unter 60% der wöchentlichen Vollzeitarbeitsdauer.

Frau A hat durchgängig weniger gearbeitet als 60%. Sie ist aber der Auffassung, dass die Vorgaben der Richtlinie, die ordnungsgemäß in deutsches Recht umgesetzt wurden, in Hamburg durch das Hamburgische Ärztegesetz, ihrerseits gemeinschaftsrechtswidrig seien. Zum einen seien alle anderen Facharztausbildungen nach europäischem Recht auch in Teilzeit zu absolvieren. Dazu stehe die Regelung für Praktische Ärzte in Widerspruch und begründe überdies einen Verstoß gegen das europäische Grundrecht auf Gleichbehandlung von Mann und Frau. Außerdem kollidiere die Richtlinie mit den Vorschriften der Richtlinie 76/207/EWG, die eine Gleichbehandlung von Männern und Frauen hinsichtlich des Zugangs zur Beschäftigung, zur Berufsausbildung und zum beruflichen Aufstieg verlange. Da Frauen typischerweise auf Teilzeitbeschäftigung angewiesen seien, sei das Vollzeiterfordernis diskriminierend.

Die gegen die ablehnenden Bescheide erhobene verwaltungsgerichtliche Klage blieb in allen Instanzen ohne Erfolg. Die Verwaltungsgerichte hatten auf rein deutscher Grundlage entschieden und eine Vorlage zum EuGH nicht in Betracht gezogen. Das Bundesverwaltungsgericht hatte das Problem der Richtlinienkollision zwar gesehen, aber auf rein nationaler Grundlage nach den Grundsätzen von lex specialis und lex posterior gelöst. Die Existenz von Gemeinschaftsgrundrechten hatte es nicht einmal erwogen.

Frau A ist empört. Sie erhebt Verfassungsbeschwerde gegen die Richtlinie 93/16/EWG und das sie umsetzende Hamburgische Ärztegesetz. Außerdem rügt sie, ihr sei ihr gesetzlicher Richter entzogen worden. Das letztinstanzliche Bundesverwaltungsgericht sei verpflichtet gewesen, dem EuGH die Frage nach der Auslegung und Gültigkeit der sie belastenden Richtlinienbestimmungen vorzulegen. Die Nichtvorlage verletze sie in ihren Grundrechten.

Hat die Verfassungsbeschwerde Aussicht auf Erfolg? Gehen Sie davon aus, dass das Hamburgische Ärztegesetz eine weitgehend wortgetreue Umsetzung der entsprechenden Richtlinie darstellt. Gehen Sie weiter davon aus, dass der EuGH die sich stellenden Fragen noch nicht abschließend geklärt hat[1].

---

1 Vgl. nunmehr EuGH vom 9. 9. 2003, Rs. C-25/02, EuZW 2003, S. 734 ff., Kathatina Rinke/Ärztekammer Hamburg.

Vorüberlegungen

Dem Fall liegt eine Entscheidung des Bundesverfassungsgerichts aus dem Jahre 2001 zugrunde[2]. Geklagt hatte eine deutsche Facharztanwärterin, die ihre Facharztausbildung auch in Teilzeit absolvieren wollte. Das entsprechende Richtlinienrecht sah demgegenüber nur Vollzeit vor. Das Bundesverfassungsgericht war wie die Beschwerdeführerin der Auffassung, dass das letztinstanzlich zuständige Bundesverwaltungsgericht die gemeinschaftsrechtlichen Vorfragen des Falles dem EuGH hätte vorlegen müssen und dies aus unhaltbaren Erwägungen nicht getan habe. Darin liege ein Entzug des gesetzlichen Richters. **258**

Bereits die Zulässigkeit wirft Probleme auf. So rügt die Beschwerdeführerin eine Grundrechtsverletzung durch europäische Rechtsakte, durch das deutsche Umsetzungsgesetz sowie durch das Verhalten des Bundesverwaltungsgerichts. Hier gilt es zu erkennen, dass sie nur mit der letzten Rüge Erfolg haben kann. Entscheidend ist es auch, dass der Bearbeiter hier Problembewusstsein hinsichtlich des Prüfungsstandortes für die sich stellenden Zulässigkeitsfragen beweist.

Der Aufbau der Begründetheit ist ebenfalls nicht unproblematisch. So ist im Falle des Entzugs des gesetzlichen Richters eine andere Prüfungsfolge angezeigt als bei den anderen Grundrechten. Insbesondere bedeutet jeder Entzug bereits eine Grundrechtsverletzung. Allerdings führt nicht schon jeder Verfahrensverstoß zu einem Entzug des gesetzlichen Richters. Diese an sich schon ungewöhnliche Problematik wird nun durch das Hinzutreten des Europarechts noch verkompliziert. Es muss an der richtigen Stelle geprüft werden, ob eine falsche Handhabung der Vorlagepflicht zu einem Entzug des gesetzlichen Richters führen kann. Hier ist zu differenzieren zwischen einem generellen Verstoß gegen die Vorlagepflicht und deren unhaltbaren Handhabung. In diesem Rahmen ist dann auch zu entscheiden, wie tief in die Prüfung der gemeinschaftsrechtlichen Fragen eingestiegen werden muss. Eine volle Prüfung ist nicht angezeigt, weil dies für die Entscheidung des Bundesverfassungsgerichts nicht notwendig ist. Es ist vielmehr lediglich darzulegen, auf welche europarechtlichen Fragen es angekommen wäre und ob deshalb eine Vorlage angezeigt gewesen wäre.

Insgesamt handelt es sich um eine schwierige Klausur, weil sie komplizierte Aufbaufragen aufwirft. Die materielle Frage der Vorlagepflicht ist zwar geklärt, dennoch gilt es abzuwägen, welche Aspekte des Europarechts für die Falllösung relevant sind und welche nicht. Der Fall eignet sich sowohl für das Pflichtfach als auch für den Schwerpunktbereich.

---

2 BVerfG, 1 BvR 1036/99, NJW 2001, S. 1267 f.

Gliederung

259 A. Zulässigkeit
- I. Zuständigkeit
- II. Beteiligtenfähigkeit
- III. Beschwerdegegenstand
- IV. Beschwerdebefugnis
- V. Rechtswegerschöpfung, Subsidiarität
- VI. Form, Frist
- VII. Ergebnis

B. Begründetheit
- I. Entzug des gesetzlichen Richters
  1. Vorlagepflicht und gesetzlicher Richter
  2. Verstoß gegen die Vorlagepflicht
     - a) Voraussetzungen der Vorlagepflicht
     - b) Vorlagepflicht im konkreten Fall
     - c) Keine Ausnahme ersichtlich
  3. Unhaltbare Handhabung der Vorlagepflicht
- II. Ergebnis

Musterlösung

Die Verfassungsbeschwerde hat Aussicht auf Erfolg, soweit sie zulässig und begründet ist.

A. Zulässigkeit

I. Zuständigkeit

Das BVerfG ist für die Verfassungsbeschwerde gem. Art. 93 Abs. 1 Nr. 4a GG, §§ 13 **260**
Nr. 8a, 90 ff. BVerfGG zuständig.

II. Beteiligtenfähigkeit

Nach § 90 Abs. 1 BVerfGG kann jedermann Verfassungsbeschwerde erheben, also auch Frau A.

III. Beschwerdegegenstand

Als Beschwerdegegenstand kommt jeder Akt der öffentlichen Gewalt in Betracht. Frau A greift hier drei unterschiedliche Hoheitsakte an: zum einen die Richtlinie selbst, zum zweiten das Umsetzungsgesetz, schließlich das letztinstanzliche Urteil des Bundesverwaltungsgerichts.

Was die Richtlinie selbst angeht, so liegt bereits kein tauglicher Beschwerdegegenstand vor. Das Bundesverfassungsgericht überprüft nur Akte der deutschen öffentlichen Gewalt, nicht der europäischen[3]. Hingegen kann das deutsche Umsetzungsgesetz grundsätzlich Gegenstand einer Verfassungsbeschwerde sein. Das letztinstanzliche Urteil ist ebenfalls tauglicher Beschwerdegegenstand.

IV. Beschwerdebefugnis

Gem. § 90 Abs. 1 BVerfGG muss Frau A geltend machen, durch die angegriffenen **261**
Maßnahmen in ihren Grundrechten verletzt zu sein. Eine solche Verletzung müsste möglich erscheinen.

Zunächst ist das Umsetzungsgesetz zu prüfen. Dieses kann grundsätzlich am Maßstab deutscher Grundrechte – hier kämen etwa Art. 3 Abs. 1 GG und Art. 12 Abs. 1 GG in Betracht – gemessen werden. Jedoch ist zu beachten, dass es sich bei dem fraglichen Gesetz um eine Umsetzung der europäischen Richtlinie handelt. Das Bundesverfassungsgericht judiziert für derartige Umsetzungsgesetze in ständiger Rechtsprechung, dass eine Überprüfung durch das Bundesverfassungsgericht uneingeschränkt nur insoweit in Betracht komme, wie dem Gesetzgeber ein Umsetzungsspielraum zukomme. Soweit der Teil des Gesetzes gerügt werde, der lediglich eine Umsetzung von Gemeinschaftsrecht darstelle, sei der für das Gemeinschaftsrecht geltende Maßstab

3 Siehe bereits Fall 9 und die dort in Fn. 14 genannten Fundstellen sowie *Streinz*, Europarecht, Rz. 242 ff.

anzuwenden[4]. Dies ist hier der Fall, weil das Hamburgische Ärztegesetz die Richtlinie wortgetreu umsetzt.

Für die inhaltliche Überprüfbarkeit von Sekundärrecht am Maßstab der deutschen Grundrechte gilt indes, dass eine solche seit der Solange II-Entscheidung des Bundesverfassungsgerichts nicht mehr vorgenommen wird[5]. Nur wenn die Begründung darlegt, dass die europäische Rechtsentwicklung einschließlich der Rechtsprechung des EuGH unter den erforderlichen Grundrechtsstandard abgesunken ist, kommt eine Überprüfung am Maßstab des Grundgesetzes in Betracht [6]. Eine solche Begründung ist hier nicht ersichtlich, so dass mit Blick auf das Ärztegesetz die Beschwerdebefugnis fehlt.

262 Weiterhin wendet sich Frau A gegen das letztinstanzliche Urteil und rügt, dass das Bundesverwaltungsgericht nicht dem EuGH vorgelegt habe. Darin liege ein Grundrechtsverstoß. Hierzu hat das Bundesverfassungsgericht ausgeführt, dass in Fällen der Vorlagepflicht aus Art. 234 EG der EuGH zum gesetzlichen Richter werde. Lege ein nationales Gericht trotz Bestehens dieser Pflicht nicht vor, so könne darin ein Grundrechtsverstoß liegen, nämlich gegen Art. 101 Abs. 1 S. 2 GG. Es kann nicht ausgeschlossen werden, dass das Bundesverwaltungsgericht seine Vorlagepflicht verletzt hat. Mithin ist die Beschwerdebefugnis unter diesem Aspekt gegeben.

Mit Blick auf die drei gerügten Maßnahmen kann auch ein anderer Aufbau gewählt werden. Es erscheint denkbar, alle drei für taugliche Beschwerdegegenstände zu halten und erst bei der Beschwerdebefugnis zu differenzieren. Umgekehrt erscheint es denkbar, die Solange-Problematik bereits im Rahmen des Beschwerdegegenstandes abzuhandeln. Das Bundesverfassungsgericht macht insoweit keine Vorgaben.

V. Rechtswegerschöpfung, Subsidiarität

Die nach § 90 Abs. 2 BVerfGG erforderliche Rechtswegerschöpfung ist vorliegend zu bejahen, da sich A gegen ein letztinstanzliches Urteil des Bundesverwaltungsgerichts wendet. Auch ist die Verfassungsbeschwerde nicht subsidiär, da kein anderer Rechtsweg ersichtlich ist, auf dem Frau A ihr Klageziel noch erreichen könnte.

VI. Form, Frist

Von der Einhaltung der Formerfordernisse aus § 23 BVerfGG und der Frist des § 93 Abs. 1 BVerfGG ist mangels gegenteiliger Angaben im Sachverhalt auszugehen.

VII. Ergebnis

Die Verfassungsbeschwerde gegen das Urteil des Bundesverwaltungsgerichts ist zulässig.

4 Siehe BVerfG, NJW 2001, S. 1267 f., 1268.
5 BVerfGE 73, 339.
6 BVerfGE 102, 147.

B. Begründetheit

Die Verfassungsbeschwerde ist begründet, wenn das Urteil des Bundesverwaltungs- **263**
gerichts Grundrechte von Frau A verletzt. In Betracht kommt eine Verletzung von Art. 101 Abs. 1 S. 2 GG. Grundsätzlich ist im Rahmen einer Verfassungsbeschwerde zunächst ein Eingriff in den Schutzbereich und sodann die verfassungsrechtliche Rechtfertigung zu prüfen. Demgegenüber ist ein Entzug des gesetzlichen Richters verfassungsrechtlich nicht zu rechtfertigen, so dass jeder Eingriff bereits eine Verletzung impliziert[7]. Es ist folglich lediglich zu prüfen, ob ein Entzug des gesetzlichen Richters vorliegt.

I. Entzug des gesetzlichen Richters

1. Vorlagepflicht und gesetzlicher Richter

Grundsätzlich beinhaltet Art. 101 Abs. 1 S. 2 GG das Recht darauf, dass die Zustän- **264**
digkeit des Richters für eine bestimmte Sache vorab gesetzlich eindeutig festgelegt ist. Um diese Fälle geht es vorliegend aber ersichtlich nicht.

Vielmehr wird gerügt, dass eine bestimmte gesetzlich vorgesehene Vorlage an ein anderes Gericht nicht erfolgt sei. Ein solcher Verstoß gegen Verfahrensnormen kann nach ständiger Rechtsprechung des Bundesverfassungsgerichts ebenfalls zu einem Entzug des gesetzlichen Richters führen. Allerdings kann nicht jeder Verfahrensverstoß als Verfassungsverstoß qualifiziert werden. Vielmehr muss eine „willkürlich unrichtige" Anwendung von Verfahrensrecht vorliegen[8].

In diesem Zusammenhang hat das Bundesverfassungsgericht bereits entschieden, dass auch der EuGH gesetzlicher Richter im Sinne von Art. 101 Abs. 1 S. 2 GG ist[9]. Eine Nichtvorlage an den EuGH kann grundsätzlich einen Entzug des gesetzlichen Richters darstellen. Allerdings gilt auch hier, dass nur besonders schwere Verstöße gegen die Vorlagepflicht zu einem Verfassungsverstoß führen.

Im Folgenden ist daher zunächst zu prüfen, ob eine etwaige Vorlagepflicht verletzt wurde und in einem zweiten Schritt, ob die Vorlagepflicht in unhaltbarer Weise gehandhabt wurde[10].

2. Verstoß gegen die Vorlagepflicht

a) Voraussetzungen der Vorlagepflicht

Die Vorlage zum EuGH im Rahmen des Vorabentscheidungsverfahrens ist in Art. 234 **265**
Abs. 2 und 3 EG geregelt. Das Bundesverwaltungsgericht ist ein Gericht eines Mitgliedstaats im Sinne dieser Vorschrift.

7 Vgl. *Pieroth/Schlink*, Grundrechte – Staatsrecht II, Rz. 1073.
8 BVerfGE 75, 223, 234; *Pieroth/Schlink*, Grundrechte – Staatsrecht II, Rz. 1068 m.w.N.
9 BVerfGE 73, 339, 366; BVerfG NJW 2001, S. 1267 f., 1268, m.w.N.
10 Hierzu BVerfG NJW 2001, S. 1267 f., 1268.

Eine Vorlagepflicht besteht in den Fällen des Art. 234 Abs. 3 EG. Danach hat ein letztinstanzliches Gericht grundsätzlich vorzulegen, wenn sich Fragen nach der Auslegung oder Gültigkeit von Gemeinschaftsrecht im Sinne von Art. 234 Abs. 1 EG in einem schwebenden Verfahren stellen. Eine Vorlagepflicht besteht ausnahmsweise nicht, wenn die Frage nicht entscheidungserheblich, vom EuGH bereits entschieden oder derart offenkundig ist, dass keinerlei Raum für vernünftige Zweifel an der richtigen Entscheidung bleibt[11]. Da das Bundesverwaltungsgericht unzweifelhaft als letztinstanzliches Gericht im Sinne von Art. 234 Abs. 3 EG anzusehen ist[12], kommt es allein auf die weitere Voraussetzung an, wonach sich eine europarechtliche Frage in einem bei ihm anhängigen Verfahren stellen muss.

b) Vorlagepflicht im konkreten Fall

266 Vordergründig geht es in dem zu entscheidenden Fall um die Anwendung des Hamburgischen Ärztegesetzes. Dieses ist jedoch als Umsetzungsgesetz von dem hinter ihm stehenden Gemeinschaftsrecht abhängig. Stellte sich heraus, dass die Richtlinie 93/16/EWG tatsächlich gegen Gemeinschaftsrecht verstieße, so wäre sie vom EuGH für nichtig zu erklären. Dies hätte für das umsetzende deutsche Gesetz zur Folge, dass es seinerseits mit dem höherrangigen Gemeinschaftsrecht nicht in Einklang stünde und damit unangewendet bleiben müsste. Es erscheint also grundsätzlich denkbar, dass sich die Frage der Gültigkeit der Richtlinie in dem Ausgangsverfahren stellt.

Konkret kommt ein Verstoß der Richtlinie gegen Gemeinschaftsrecht unter zwei Aspekten in Betracht: zum einen aufgrund einer Kollision mit anderen Richtlinien, insbesondere den Facharztrichtlinien und der Gleichbehandlungsrichtlinie 76/207/EWG, zum anderen aufgrund der Unvereinbarkeit mit Gemeinschaftsgrundrechten.

267 Zunächst ist also denkbar, dass mehrere Richtlinien in ihrem Anwendungsbereich kollidieren. Die Lösung dieser Problematik ist im Gemeinschaftsrecht noch nicht abschließend geklärt[13]. Jedenfalls kann nicht von vornherein davon ausgegangen werden, dass die Nichtübereinstimmung von Richtlinienbestimmungen nach denselben Regeln aufgelöst werden kann wie im deutschen Recht. Hier hätte es einer Klärung durch den EuGH bedurft. Demgegenüber hat das Bundesverwaltungsgericht das Verhältnis der Richtlinien untereinander nach den Grundsätzen von lex specialis und lex posterior selbst bestimmt, ohne eine abweichende Lösung durch das Gemeinschaftsrecht in Erwägung zu ziehen[14]. Mit Blick auf die mögliche Richtlinienkollision bestand also grundsätzlich eine Vorlagepflicht, gegen die das Bundesverwaltungsgericht möglicherweise verstoßen hat.

Auch ein Verstoß gegen Grundrechte des Gemeinschaftsrechts ist ernsthaft in Erwägung zu ziehen. Ein solcher Verstoß gegen das Gebot der Gleichbehandlung ist hier auch nahe liegend, da kein Grund ersichtlich ist, warum die Ausbildung zum Prakti-

---

11 EuGH vom 6. 10. 1982, Rs. 283/81, Slg. 1982, 3415, NJW 1983, S. 1257 f. 1258, CILFIT u.a./.Ministero della Sanità; dazu *Ahlt/Deisenhofer*, Europarecht, S. 129 und *Streinz*, Europarecht, Rz. 639/640.

12 Zur Frage der abstrakten oder konkreten Betrachtungsweise bei Art. 234 Abs. 3 EG siehe *Streinz*, Europarecht, Rz. 637.

13 Dazu BVerfG NJW 2001, S. 1267 f., 1268.

14 Vgl. BVerwG NJW 1999, S. 2752 ff., 2753 f.

schen Arzt nicht auch in Teilzeit sollte erfolgen können. Das Bundesverwaltungsgericht hat demgegenüber die Verletzung von Gemeinschaftsgrundrechten nicht in Erwägung gezogen[15]. Auch unter diesem Aspekt kommt eine Verletzung der Vorlagepflicht in Betracht[16]. Eine Verletzung der Vorlagepflicht ließe sich nur verneinen, wenn einer der vom EuGH anerkannten Ausnahmefälle vorläge.

c) Keine Ausnahme ersichtlich

Was die Entscheidungserheblichkeit angeht, so wurde bereits ausgeführt, dass das Hamburgische Ärztegesetz selbst unanwendbar würde, wenn die zugrunde liegende Richtlinienbestimmung ungültig wäre. Zwar obliegt die Beurteilung der Entscheidungserheblichkeit grundsätzlich dem nationalen Gericht. Jedoch lässt sich den Ausführungen im Sachverhalt entnehmen, dass das Bundesverwaltungsgericht durchaus von der Entscheidungserheblichkeit des Gemeinschaftsrechts ausgegangen ist. **268**

Auch lag noch keine gesicherte Rechtsprechung des Europäischen Gerichtshofs zu den aufgeworfenen Fragen vor. Schließlich liegt die richtige Entscheidung auch nicht derart offen zutage, dass von einer Vorlage hätte abgesehen werden können. Da somit insgesamt kein Ausnahmefall ersichtlich ist, liegt ein Verstoß gegen die Vorlagepflicht vor.

3. Unhaltbare Handhabung der Vorlagepflicht

Allerdings lässt das Bundesverfassungsgericht nicht schon jeden einfachen Verstoß gegen die Vorlagepflicht ausreichen. Vielmehr muss eine unhaltbare Handhabung der Vorlagepflicht vorliegen, um einen Entzug des gesetzlichen Richters bejahen zu können[17]. Die Entscheidung muss sich als willkürlich darstellen. **269**

Das Bundesverfassungsgericht nimmt hier zu Recht eine unhaltbare Handhabung unter zwei Aspekten an. Zum einen hat das Bundesverwaltungsgericht trotz Kenntnis der Kollisionsproblematik zwischen mehreren Richtlinien keine Vorlage erwogen und noch nicht einmal Gemeinschaftsrecht geprüft, obwohl dies zwingend notwendig war. Zum zweiten wurden auch die allein anwendbaren europäischen Grundrechte als Prüfungsmaßstab völlig außer acht gelassen. Diese Verstöße wiegen derart schwer, dass sie in den verfassungsrechtlich relevanten Bereich hineinreichen[18]. Eine unhaltbare Handhabung liegt vor.

II. Ergebnis

Aufgrund der unhaltbaren Handhabung der Vorlagepflicht liegt ein Entzug des gesetzlichen Richters im Sinne von Art. 101 Abs. 1 Satz 2 GG vor. Das Grundrecht ist verletzt, die Verfassungsbeschwerde begründet.

---

15 Vgl. BVerwG NJW 1999, S. 2752 ff., 2754.
16 Ebenso BVerfG NJW 2001, S. 1267 f., 1268.
17 Ausführlich *Sensburg*, NJW 2001, S. 1259 f.
18 BVerfG NJW 2001, S. 1267 f., 1268.

Weiterführende Hinweise

BVerfG, 1 BvR 1036/99, NJW 2001, S. 1267 ff.

Sensburg, Patrick Ernst: Die Vorlagepflicht an den EuGH: Eine einheitliche Rechtsprechung des BVerfG, NJW 2001, S. 1259 f.

270 **Ausblick auf den Vertrag von Lissabon**[19]

Bisherige Nummerierung des Vertrages zur Gründung der Europäischen Gemeinschaft (EG)	**Nummerierung im Vertrag von Lissabon**	**Neue Nummerierung des Vertrages über die Arbeitsweise der Europäischen Union (AEUV)**
Art. 234	Art. 234	Art. 267

19 Synopse nach Übereinstimmungstabelle zu Art. 5 des Vertrags von Lissabon, ABl. Nr. C-306/202 ff. Konsolidierte Fassungen des „Vertrags über die Europäische Union" (EUV) und des neuen „Vertrags über die Arbeitsweise der Europäischen Union" (AEUV, bisher: „Vertrag zur Gründung der Europäischen Gemeinschaft") sind im Abl. 2008 Nr. C-115/1 ff. abgedruckt.

Fall 12

Fehler bei der Richtlinienumsetzung

Pflichtfach/Schwerpunktbereich, Schwierigkeitsgrad: mittel

Teil I

Die S ist eine Stiftung des privaten Rechts in Mitgliedstaat A. Sie führt in ihrer Ambulanz seit dem Jahre 2007 psychotherapeutische Behandlungen durch bei ihr angestellte Diplompsychologen durch. Diese verfügen jeweils über eine entsprechende Zusatzqualifikation als Psychotherapeut, sind aber nicht als Arzt ausgebildet. Eine ärztliche Aufsicht über die Behandlungen findet nicht statt. S möchte für die in der Ambulanz im Jahre 2007 durchgeführten Behandlungen keine Umsatzsteuer entrichten, da diese von der Umsatzsteuer zu befreien seien. Das zuständige Finanzamt verweist auf das Umsatzsteuergesetz des Mitgliedstaats A. Dort ist ausdrücklich geregelt, dass nur Leistungen unter Aufsicht eines Arztes von der Umsatzsteuer zu befreien sind. S meint, dann müsse zu ihren Gunsten Art. 132 Abs. 1 c) der Mehrwertsteuersystem-Richtlinie zur Anwendung kommen. Dort sei nur von „Heilbehandlungen im Bereich der Humanmedizin“ die Rede. Die Mehrwertsteuersystem-Richtlinie ist noch nicht in das Recht des Staates A umgesetzt worden. Allerdings enthielt die Vorgängerin der Mehrwertsteuersystem-Richtlinie, die Richtlinie 77/388/EWG vom 17. Mai 1977, die bis zum 31. 12. 1978 umzusetzen war, in Art. 13 Teil A, Abs. 1 c) eine dem Art. 132 Abs. 1 c) Mehrwertsteuersystem-Richtlinie wortgleich entsprechende Bestimmung. Doch auch diese Umsetzung ist bisher nicht erfolgt. 271

Hat S für das Jahr 2007 einen Anspruch auf Steuerbefreiung?

Auszug Mehrwertsteuersystem-Richtlinie[1]:

KAPITEL 2
Steuerbefreiungen für bestimmte, dem Gemeinwohl dienende Tätigkeiten

Art. 132

(1) Die Mitgliedstaaten befreien folgende Umsätze von der Steuer:

a) ...

c) Heilbehandlungen im Bereich der Humanmedizin, die im Rahmen der Ausübung der von dem betreffenden Mitgliedstaat definierten ärztlichen und arztähnlichen Berufe durchgeführt werden;

d) ...

---

1 RICHTLINIE 2006/112/EG DES RATES vom 28. November 2006 über das gemeinsame Mehrwertsteuersystem, ABl. 2006 Nr. L 347/1 ff.

KAPITEL 3

Umsetzung und Inkrafttreten

Art. 411

(1) Die Richtlinie 67/227/EWG und die Richtlinie 77/388/EWG werden unbeschadet der Verpflichtung der Mitgliedstaaten hinsichtlich der in Anhang XI Teil B genannten Fristen für die Umsetzung in innerstaatliches Recht und der Anwendungsfristen aufgehoben.

(2) Verweisungen auf die aufgehobenen Richtlinien gelten als Verweisungen auf die vorliegende Richtlinie und sind nach Maßgabe der Entsprechungstabelle in Anhang XII zu lesen.

Art. 412

(1) Die Mitgliedstaaten erlassen die Rechts- und Verwaltungsvorschriften, die erforderlich sind, um Artikel 2 Absatz 3, Artikel 44, Artikel 59 Absatz 1, Artikel 399 und Anhang III Nummer 18 dieser Richtlinie mit Wirkung zum 1. Januar 2008 nachzukommen. ...

(2) Die Mitgliedstaaten teilen der Kommission den Wortlaut der wesentlichen innerstaatlichen Rechtsvorschriften mit, die sie auf dem unter diese Richtlinie fallenden Gebiet erlassen.

Art. 413

Diese Richtlinie tritt am 1. Januar 2007 in Kraft.

Art. 414

Diese Richtlinie ist an die Mitgliedstaaten gerichtet.

Teil II

Frau X träumt schon lange von Venedig, wollte aber bisher nicht fahren, weil sie kein Italienisch kann. Auf einer Bahnreise wird sie vor dem Hauptbahnhof der Stadt M in Mitgliedstaat B von einem Werber der Firma Y angesprochen. Er überredet sie, einen Vertrag über einen Italienisch-Fernsprachkurs im Wert von 400,– Euro abzuschließen. Zu Hause angekommen, bereut sie ihre Entscheidung und möchte vom Vertrag zurücktreten. Nach dem innerstaatlichen Recht von B besteht dafür allerdings keine Möglichkeit. Demgegenüber sieht die Richtlinie 85/577/EWG für solche Verträge, die unter den genannten Umständen geschlossen werden, ein entsprechendes Rücktrittsrecht vor. Ausweislich der Erwägungsgründe der Richtlinie sollen dadurch u.a. Verbraucher vor übereilten bzw. unüberlegten Vertragsschlüssen geschützt werden. Als Frau X den Vertrag schloss, war die Frist zur Umsetzung der Richtlinie 85/577/EWG bereits abgelaufen, die Richtlinie von B aber noch nicht in nationales Recht umgesetzt worden.

1. Kann Frau X vom Vertrag zurücktreten?
2. Kann sie, wenn dies nicht der Fall sein sollte, von B Schadensersatz verlangen? Wenden Sie deutsches Staatshaftungsrecht an.

Auszug Richtlinie 85/577/EWG („Haustürwiderrufsrichtlinie")[2]

Art. 1

(1) Diese Richtlinie gilt für Verträge, die zwischen einem Gewerbetreibenden, der Waren liefert oder Dienstleistungen erbringt, und einem Verbraucher geschlossen werden:
- während eines vom Gewerbetreibenden außerhalb von dessen Geschäftsräumen organisierten Ausflugs, oder
- anlässlich eines Besuchs des Gewerbetreibenden
  i) beim Verbraucher in seiner oder in der Wohnung eines anderen Verbrauchers,
  ii) beim Verbraucher an seinem Arbeitsplatz, sofern der Besuch nicht auf ausdrücklichen Wunsch des Verbrauchers erfolgt.

(2) Diese Richtlinie gilt auch für Verträge über andere Warenlieferungen oder Dienstleistungen als diejenigen, für die der Verbraucher den Gewerbetreibenden um einen Besuch gebeten hat, sofern der Verbraucher zum Zeitpunkt seiner Bitte nicht gewusst hat oder aus vertretbaren Gründen nicht wissen konnte, dass die Lieferung bzw. Erbringung dieser anderen Ware oder Dienstleistung zu den gewerblichen oder beruflichen Tätigkeiten des Gewerbetreibenden gehört.

(3) Diese Richtlinie gilt auch für Verträge, bei denen der Verbraucher unter ähnlichen wie in Absatz 1 oder Absatz 2 genannten Bedingungen ein Angebot gemacht hat, obwohl der Verbraucher durch sein Angebot vor dessen Annahme durch den Gewerbetreibenden nicht gebunden war.

(4) Diese Richtlinie gilt auch für vertragliche Angebote, die ein Verbraucher unter ähnlichen wie in Absatz 1 oder Absatz 2 genannten Bedingungen macht, sofern der Verbraucher durch sein Angebot gebunden ist.

Art. 2

Im Sinne dieser Richtlinie bedeutet
- „Verbraucher" eine natürliche Person, die bei den von dieser Richtlinie erfassten Geschäften zu einem Zweck handelt, der nicht ihrer beruflichen oder gewerblichen Tätigkeit zugerechnet werden kann
- „Gewerbetreibender" eine natürliche oder juristische Person, die beim Abschluss des betreffenden Geschäfts im Rahmen ihrer gewerblichen oder beruflichen Tätigkeit handelt, sowie eine Person, die im Namen und für Rechnung eines Gewerbetreibenden handelt.

Art. 4

Der Gewerbetreibende hat den Verbraucher bei Geschäften im Sinne des Artikels 1 schriftlich über sein Widerrufsrecht innerhalb der in Artikel 5 festgelegten Fristen zu belehren und dabei den Namen und die Anschrift einer Person anzugeben, der gegenüber das Widerrufsrecht ausgeübt werden kann. Diese Belehrung ist zu datieren und hat Angaben zu enthalten, die eine Identifizierung des Vertrages ermöglichen. Sie ist dem Verbraucher auszuhändigen
a) im Fall von Artikel 1 Absatz 1 zum Zeitpunkt des Vertragsabschlusses;
b) im Fall von Artikel 1 Absatz 2 spätestens zum Zeitpunkt des Vertragsabschlusses;
c) im Fall von Artikel 1 Absatz 3 und Artikel 1 Absatz 4 zum Zeitpunkt der Abgabe des Angebots durch den Verbraucher.

Die Mitgliedstaaten sorgen dafür, dass ihre innerstaatlichen Rechtsvorschriften geeignete Maßnahmen zum Schutz des Verbrauchers vorsehen, wenn die in diesem Artikel vorgesehene Belehrung nicht erfolgt.

Art. 5

(1) Der Verbraucher besitzt das Recht, von der eingegangenen Verpflichtung zurückzutreten, indem er dies innerhalb von mindestens sieben Tagen nach dem Zeitpunkt, zu dem ihm die in Artikel 4 ge-

---

2 Richtlinie 85/577/EWG des Rates vom 20. Dezember 1985 betreffend den Verbraucherschutz im Falle von außerhalb von Geschäftsräumen geschlossenen Verträgen, ABl. 1985 Nr. L 372/31 ff.

nannte Belehrung erteilt wurde, entsprechend dem Verfahren und unter Beachtung der Bedingungen, die im einzelstaatlichen Recht festgelegt sind, anzeigt. Die Frist gilt als gewahrt, wenn die Anzeige vor Fristablauf abgesandt wird.

(2) Die Anzeige bewirkt, dass der Verbraucher aus allen aus dem widerrufenen Vertrag erwachsenden Verpflichtungen entlassen ist.

Art. 10

Diese Richtlinie ist an die Mitgliedstaaten gerichtet.

Teil III

Mitgliedstaat I erlässt im Dezember 2007 ein Gesetz, das die Anforderungen an die Etikettierung von Olivenöl neu regelt und u.a. die Bestimmungen über die Herkunftsangaben des Öls enthält (im folgenden „Olivenöl-Angaben-Gesetz" (OlölAG)). Eine Mitteilung des OlölAG oder eines Entwurfes hiervon an die Kommission war unterblieben, obwohl es sich um eine nationale „technische Vorschrift" im Sinne des Art. 1 der Richtlinie 98/34/EG handelt. Nach Art. 8 dieser Richtlinie müssen technische Vorschriften für bestimmte Erzeugnisse (u.a. auch landwirtschaftliche Produkte wie Olivenöl) vor der Verabschiedung der Kommission mitgeteilt werden. Die Kommission will wegen eines Verstoßes gegen Art. 8 der Richtlinie 98/34/EG ein Vertragsverletzungsverfahren gegen I einleiten. Das Gesetz tritt zum 1. Januar 2008 in Kraft.

Im Frühjahr 2008 liefert Olivenölhändler O an seinen Abnehmer A in I größere Mengen in Flaschen abgefülltes Olivenöl. Diese Flaschen entsprechen nicht den genannten neuen Etikettierungsvorschriften nach dem OlölAG und sind daher unverkäuflich. A verweigert daher die Zahlung des Kaufpreises. O meint, das neue Gesetz sei wegen Europarechtswidrigkeit unanwendbar und er deshalb nicht daran gebunden. A hingegen ist der Auffassung, selbst wenn das Verfahren beim Erlass des OlölAG gegen die Richtlinie 98/34/EG verstoßen habe, könne sich O im Verhältnis zu ihm nicht darauf berufen.

Hat O einen Zahlungsanspruch gegen A, wenn die Lieferung ansonsten ordnungsgemäß ist? Die Richtlinie 98/34/EG betrifft allein das Verfahren beim Erlass der technischen Vorschriften, enthält aber selbst keine inhaltlichen Anforderungen an die Spezifikation oder Etikettierung der Erzeugnisse.

Auszug Richtlinie 98/34/EG[3]

Art. 8

(1) Vorbehaltlich des Artikels 10[4] übermitteln die Mitgliedstaaten der Kommission unverzüglich jeden Entwurf einer technischen Vorschrift, sofern es sich nicht um eine vollständige Übertragung einer internationalen oder europäischen Norm handelt; in diesem Fall reicht die Mitteilung aus, um

3 RICHTLINIE 98/34/EG DES EUROPÄISCHEN PARLAMENTS UND DES RATES vom 22. Juni 1998 über ein Informationsverfahren auf dem Gebiet der Normen und technischen Vorschriften, ABl. 1998 Nr. L 204/37 ff., geändert durch Richtlinie 98/48/EG des Europäischen Parlaments und des Rates vom 20. Juli 1998, ABl. 1998 Nr. L 217/18 ff.

4 Art. 10 der Richtlinie betrifft verschiedene Ausnahmen, die für den vorliegenden Fall nicht relevant sind.

welche Norm es sich handelt. Sie unterrichten die Kommission gleichzeitig in einer Mitteilung über die Gründe, die die Festlegung einer derartigen technischen Vorschrift erforderlich machen, es sei denn, die Gründe gehen bereits aus dem Entwurf hervor.

Gegebenenfalls – sofern dies noch nicht bei einer früheren Mitteilung geschehen ist – übermitteln die Mitgliedstaaten gleichzeitig den Wortlaut der hauptsächlich und unmittelbar betroffenen grundlegenden Rechts- und Verwaltungsvorschriften, wenn deren Wortlaut für die Beurteilung der Tragweite des Entwurfs einer technischen Vorschrift notwendig ist.

. . .

Die Kommission unterrichtet die anderen Mitgliedstaaten unverzüglich über den Entwurf einer technischen Vorschrift und alle ihr zugegangenen Dokumente. Sie kann den Entwurf auch dem nach Artikel 5 eingesetzten Ausschuss und gegebenenfalls dem jeweils zuständigen Ausschuss zur Stellungnahme vorlegen.

. . .

(2) Die Kommission und die Mitgliedstaaten können bei dem Mitgliedstaat, der einen Entwurf einer technischen Vorschrift unterbreitet hat, Bemerkungen vorbringen, die dieser Mitgliedstaat bei der weiteren Ausarbeitung der technischen Vorschrift soweit wie möglich berücksichtigt.

(3) . . .

Art. 9

(1) Die Mitgliedstaaten nehmen den Entwurf einer technischen Vorschrift nicht vor Ablauf von drei Monaten nach Eingang der Mitteilung gemäß Artikel 8 Absatz 1 bei der Kommission an.

(2) bis (5) *enthalten differenzierte Fristen für verschiedene Fallkonstellationen, die für den vorliegenden Fall nicht relevant sind.*

(6) Die in den Absätzen 3, 4 und 5 genannten Pflichten entfallen,
- wenn die Kommission den Mitgliedstaaten mitteilt, dass sie auf ihre Absicht verzichtet, einen verbindlichen Gemeinschaftsrechtsakt vorzuschlagen oder zu erlassen, oder
- wenn die Kommission die Mitgliedstaaten von der Rücknahme ihres Entwurfs oder Vorschlags unterrichtet oder
- sobald ein verbindlicher Gemeinschaftsrechtsakt von der Kommission oder vom Rat erlassen worden ist.

(7) Die Absätze 1 bis 5 gelten nicht, wenn ein Mitgliedstaat
- aus dringenden Gründen, die durch eine ernste und unvorhersehbare Situation entstanden sind und sich auf den Schutz der Gesundheit von Menschen und Tieren, die Erhaltung von Pflanzen oder die Sicherheit und im Falle von Vorschriften betreffend Dienste auch auf die öffentliche Ordnung, insbesondere auf den Jugendschutz beziehen, gezwungen ist, ohne die Möglichkeit einer vorherigen Konsultation in kürzester Frist technische Vorschriften auszuarbeiten, um sie unverzüglich zu erlassen und in Kraft zu setzen, oder
- aus dringenden Gründen, die durch eine ernste Situation entstanden sind und sich auf den Schutz der Sicherheit und der Integrität des Finanzsystems, insbesondere auf den Schutz der Einleger, der Anleger und der Versicherten, beziehen, gezwungen ist, unverzüglich Vorschriften betreffend die Finanzdienstleistungen zu erlassen und in Kraft zu setzen. Der Mitgliedstaat begründet in der in Artikel 8 genannten Mitteilung die Dringlichkeit der betreffenden Maßnahmen. Die Kommission äußert sich binnen kürzester Frist zu dieser Mitteilung. Bei missbräuchlicher Anwendung dieses Verfahrens trifft sie die erforderlichen Maßnahmen. Das Europäische Parlament wird von der Kommission regelmäßig unterrichtet.

Art. 15

Diese Richtlinie ist an die Mitgliedstaaten gerichtet.

Vorüberlegungen

272 Die Klausur enthält drei Variationen zum Thema „unmittelbare Wirkung von Richtlinien" und greift dabei einige Grundsatzentscheidungen des EuGH zu diesem Themenkreis auf.

Teil I betrifft die „klassische" Variante, in der sich ein Bürger gegenüber einem Mitgliedstaat auf eine nicht bzw. ungenügend oder fehlerhaft umgesetzte Richtlinie beruft. Dem liegt das Urteil in Sachen Dornier-Stiftung gegen Finanzamt Gießen aus dem Jahr 2003 zu Grunde[5]. Über nicht umgesetzte Richtlinien zur Umsatzsteuerbefreiung hatte der EuGH allerdings auch schon im Jahr 1982 zu befinden[6]. In beiden Fällen gab der EuGH den Klägern Recht, die jeweils die Befreiung von der Umsatzsteuer erreichen wollten.

Im Teil II geht es um die so genannte „horizontale" Wirkung der Haustürwiderrufsrichtlinie im Verhältnis von Privatpersonen. Der Fall ist dem EuGH-Urteil „Faccini Dori" nachgebildet[7]. Dort bestätigte der EuGH seine gefestigte Rechtsprechung[8], dass Richtlinien grundsätzlich keine entsprechende Wirkung zukommt. Nach der grundlegenden „Francovich"-Entscheidung[9] kann der Einzelne gegenüber dem betreffenden Mitgliedstaat aber gegebenenfalls Schadensersatzansprüche geltend machen. Dementsprechend enthält dieser Teil zwei Fragen, wobei die zweite Frage nach dem Schadensersatz für den aufmerksamen Bearbeiter bereits darauf hindeutet, dass eine unmittelbare Wirkung der Richtlinie wohl nicht in Betracht kommen kann.

Auch im Teil III geht es um die Wirkung von Richtlinien im Verhältnis zweier Vertragspartner, diesmal jedoch in der besonderen Konstellation eines Verstoßes gegen die Informationsrichtlinie für Normen und technische Verfahren. Hier hat der EuGH insbesondere in der „Unilever Italia"-Entscheidung anerkannt, dass sich der Einzelne auch gegenüber seinem Vertragspartner auf einen solchen Verstoß berufen kann, so dass die entsprechende technische Vorschrift nicht anwendbar ist[10].

Die großen Linien der EuGH-Rechtsprechung zur unmittelbaren Wirkung von Richtlinien seit Grad./.Finanzamt Traunstein[11] gehören zu den Standardthemen des Europarechts und sollten daher bekannt sein. Für alle drei Teile der Klausur sind die einschlägigen Richtlinien in Auszügen mit abgedruckt, so dass es auch darum geht, diese anhand der Kriterien des EuGH für die unmittelbare Wirkung jeweils sachgerecht

5 EuGH vom 6. 11. 2003, Rs. C-45/01, Slg. 2003, I-12911 = DStRE 2004, S. 99 ff., Dornier-Stiftung./. Finanzamt Gießen.

6 EuGH vom 19. 1. 1982, Rs. 8/81, Slg. 1982, 53 = NJW 1982, S. 499 ff., Becker./.Finanzamt Münster.

7 EuGH vom 14. 7. 1994, Rs. C-91/92, Slg. 1994, I-3325 = NJW 1994, 2473 ff., Paola Faccini Dori./.Recreb Srl.

8 Seit EuGH vom 26. 2. 1986, Rs. 152/84, Slg. 1986, 723 = NJW 1986, 2178 ff., Marshall./.Health Authority.

9 EuGH vom 19. 11. 1991, verb. Rs. C-6/90 und C-9/90, Slg. 1991, I-05357 = NJW 1992, S. 165 ff., Francovich, Bonifaci u.a./.Italienische Republik.

10 EuGH vom 26. 9. 2000, Rs. C-443/98, Slg. 2000, I-7535, EuZW 2001, S. 153 ff., Unilever Italia SpA./. Central Food SpA; zuvor auch schon EuGH vom 30. 4. 1996, Rs. C-194/94, Slg. 1996, I-2201, EuZW 1996, S. 379 ff., CIA Security International SA./.Signalson SA u. Securitel SPRL.

11 EuGH vom 6. 10. 1970, Rs. 9/70, Slg. 1970, 825, NJW 70, S. 2182 ff., Grad./.Finanzamt Traunstein.

auszulegen. Frage 2 zu Teil II betrifft daneben das deutsche Staatshaftungsrecht, hier für legislatives Unrecht.

In Teil III ist die Konstellation etwas komplexer, so dass es zunächst darum geht, den Sachverhalt richtig zu erfassen: Das Öl selbst ist einwandfrei, nur die Etikettierung des Öls entspricht nicht den innerstaatlichen Vorschriften. Diese allerdings sind möglicherweise fehlerhaft erlassen worden, weil gegen die Richtlinie 98/34/EG verstoßen wurde. Allerdings enthält die Richtlinie nicht die Anforderungen an die Etikettierung selbst, sondern betrifft nur das Verfahren beim Erlass entsprechender Bestimmungen. Zu prüfen ist daher zum einen, ob ein solcher Verfahrensfehler zur Unanwendbarkeit des OlölAGs führt, und zum anderen, ob sich A seinem Vertragspartner gegenüber darauf berufen kann.

Außerdem ist die Problemstellung in einen konkreten Fall eingebettet („Kann O von A die Zahlung des Kaufpreises verlangen?"). Eine ausführliche zivilrechtliche Darstellung (z.B., ob ein möglicher Verstoß gegen die Richtlinie hier nach deutschem Recht zu einem Rechts- oder einem Sachmangel führt) erscheint allerdings nicht angebracht, zumal kein konkreter Mitgliedstaat genannt wird, dessen Zivilrecht anzuwenden wäre. Vielmehr ist allein die Kernfrage zu bearbeiten, ob A dem O einen möglichen Verstoß gegen die Richtlinie überhaupt entgegenhalten kann.

Der mittelschwere Fall behandelt Standardprobleme im Zusammenhang mit der Richtlinienumsetzung durch die Mitgliedstaaten und ist sowohl für das Pflichtfach als auch den Schwerpunktbereich geeignet.

Gliederung

Teil I **273**

A. Grundsatz: Umsetzungsbedürftigkeit der Richtlinien

B. Anspruch wegen Nicht- bzw. verspäteter Umsetzung
   I. Unmittelbare Wirkung einer Richtlinie?
   II. Ausreichende Konkretisierung der Regelung
   III. Unmittelbare Wirkung im konkreten Fall
      1. Anwendbarkeit der Richtlinie 77/388 EWG
      2. Ärztliche bzw. arztähnliche Heilbehandlung

C. Ergebnis

Teil II

Frage 1

A. Geltung der Richtlinie

B. Vertragspartner als „Gegner"

C. Ergebnis

Frage 2

A. Gemeinschaftsrechtlicher Staatshaftungsanspruch und gesetzgeberisches Unterlassen

B. Anspruchsgrundlage

C. Anspruchsvoraussetzungen
   I. Beamter im haftungsrechtlichen Sinne
   II. Verletzung einer drittgerichteten Amtspflicht
   III. Verschulden
   IV. Kausalität

D. Ergebnis

Teil III

A. Geltung der Richtlinie

B. Vertragspartner als „Gegner"

C. Unmittelbare Wirkung der Richtlinie
   I. Verstoß gegen Mitteilungspflicht relevant?
   II. Rechtsfolge: Unanwendbarkeit des OlölAG

D. Ergebnis

Musterlösung

Teil I

Da das Umsatzsteuergesetz des Staates A laut Sachverhalt keinen Anspruch auf die Steuerbefreiung für das Jahr 2007 vorsah, könnte sich ein solcher Anspruch nur aus der Mehrwertsteuersystem-Richtlinie ergeben.

A. Grundsatz: Umsetzungsbedürftigkeit der Richtlinien

Grundlage für die Steuerbefreiung wäre hier mit der Mehrwertsteuersystem-Richtlinie eine Norm des (sekundären) Gemeinschaftsrechts[12]. Daher ist zunächst zu prüfen, ob die Richtlinie innerhalb des Staates A überhaupt unmittelbar anwendbar ist. **274**

Die unterschiedlichen Formen der Rechtsakte des Gemeinschaftsrechts sind in Art. 249 EG aufgeführt. Nach Art. 249 Abs. 3 EG sind Richtlinien hinsichtlich des zu erreichenden Ziels verbindlich für jeden Mitgliedstaat, an den sie gerichtet sind, überlassen jedoch den innerstaatlichen Stellen die Wahl der Form und der Mittel. Demgegenüber hat eine Verordnung gemäß Art. 249 Abs. 2 EG allgemeine Geltung; sie ist in allen ihren Teilen verbindlich und gilt unmittelbar in jedem Mitgliedstaat.

Aus dem Wortlaut und der Systematik des Art. 249 EG ergibt sich somit, dass Richtlinien grundsätzlich keine unmittelbare *Geltung* in den Mitgliedstaaten besitzen. Die Rechtsfolgen der Richtlinien entstehen in der innerstaatlichen Rechtsordnung regelmäßig erst nach der pflichtgemäßen Umsetzung durch die Mitgliedstaaten[13].

Hier wurde die Mehrwertsteuersystem-Richtlinie laut Sachverhalt noch nicht in das Recht des Mitgliedstaates A umgesetzt. Für das Jahr 2007 kann sich somit auch kein Anspruch aus der Umsetzung der Richtlinie in das innerstaatliche Steuerrecht ergeben.

B. Anspruch wegen Nicht- bzw. verspäteter Umsetzung

Die Mehrwertsteuersystem-Richtlinie trat nach ihrem Art. 413 zum 1. Januar 2007 in Kraft. Die Umsetzungsvorschriften der Art. 411 und 412 dieser Richtlinie enthalten allerdings keine Pflicht, den Art. 132 der Richtlinie auch schon für das Jahr 2007 umzusetzen; frühester Termin für die Umsetzung ist gemäß Art. 412 Abs. 1 Satz 1 der 1. Januar 2008. Auch dies bezieht sich nicht auf Art. 132 der Richtlinie. Ein Anspruch auf Steuerbefreiung aus der Nichtumsetzung der Mehrwertsteuersystem-Richtlinie kommt damit nicht in Betracht. **275**

Allerdings sah auch die Vorgänger-Richtlinie 77/388/EG aus dem Jahr 1977 die entsprechende Umsatzsteuerbefreiung für bestimmte ärztliche und arztähnliche Heilbehandlungen vor. Diese Richtlinie hätte laut Sachverhalt schon vor rund 30 Jahren,

---

12 Siehe dazu allgemein *Streinz*, Europarecht, Rz. 423 ff., und *Ahlt/Deisenhofer*, Europarecht, S. 32 ff.

13 Vgl. *Streinz*, Europarecht, Rz. 433 ff., 444.

nämlich bis zum 31. 12. 1978, in das Recht der Mitgliedstaaten umgesetzt werden müssen. Bei fristgerechter Umsetzung wäre die S daher auch schon für das Jahr 2007 in den Genuss der Steuerbefreiung gekommen, sofern der entsprechende Tatbestand erfüllt ist. Zu prüfen bleibt, ob das hier eine andere Beurteilung rechtfertigt.

I. Unmittelbare Wirkung einer Richtlinie?

276 Nach Art. 249 Abs. 3 EG ist die Richtlinie für jeden Mitgliedstaat, an den sie gerichtet wird (Art. 414 Mehrwertsteuersystem-Richtlinie), hinsichtlich des zu erreichenden Ziels verbindlich, überlässt jedoch den innerstaatlichen Stellen die Wahl der Form und der Mittel. Für die Staaten, an die sie gerichtet ist, begründet sie somit die Pflicht, ein bestimmtes Ziel zu erreichen, das bei Ablauf der durch die Richtlinie selbst festgesetzten Frist erfüllt sein muss. Daraus folgt, dass immer dann, wenn eine Richtlinie ordnungsgemäß durchgeführt wird, ihre Wirkungen den Einzelnen auf dem Wege über die von dem jeweiligen Mitgliedstaat ergriffenen Durchführungsmaßnahmen treffen[14].

Andererseits spricht der Umstand, dass Verordnungen nach Art. 249 Abs. 2 EG unmittelbar gelten und damit unmittelbare Rechtswirkungen erzeugen können, nicht zwingend dafür, dass die weiteren in Art. 249 EG genannten Rechtsakte (wie etwa Richtlinien) in keinem Fall ähnliche Wirkungen entfalten können. Mit der verbindlichen Wirkung der Richtlinien (s. o.) wäre es unvereinbar, grundsätzlich auszuschließen, dass sich betroffene Personen auf die durch die Richtlinie auferlegte Verpflichtung berufen können[15].

277 Besondere Probleme entstehen auch, wenn ein Mitgliedstaat eine Richtlinie nicht ordnungsgemäß – insbesondere wie hier nicht fristgemäß – durchgeführt hat[16]. Das gilt insbesondere in den Fällen, in denen die Mitgliedstaaten durch die Richtlinie zu einem bestimmten Verhalten verpflichtet werden sollen. Denn wenn der Einzelne sich vor Gericht nicht darauf berufen und die staatlichen Gerichte sie nicht als Bestandteil des Gemeinschaftsrechts berücksichtigen könnte(n), würde die praktische Wirksamkeit (der „effet utile“) einer solchen Maßnahme abgeschwächt[17].

Auch ein Vertragsverletzungsverfahren vor dem EuGH nach Art. 226 EG würde in einem solchen Fall nicht helfen, das Gemeinschaftsrecht nachhaltig zu sichern, denn zum einen verhindert es die Verzögerung nicht, und zum anderen ergeht gemäß Art. 228 Abs. 1 EG nur ein Feststellungsurteil[18]. Um zu verhindern, dass die einzelnen Mitgliedstaaten den Eintritt der in der Richtlinie beabsichtigten Rechtswirkungen hinauszögern oder gar durch Nichtumsetzung vereiteln, ist das nicht sonderlich wirksam.

---

14 Vgl. EuGH vom 19. 1. 1982, Rs. 8/81, Slg. 1982, 53, NJW 1982, S. 499 ff., 500 m.w.N., Becker.
15 Vgl. EuGH vom 19. 1. 1982, Rs. 8/81, Slg. 1982, 53, NJW 1982, S. 499 ff., 500 m.w.N., Becker.
16 Vgl. EuGH vom 19. 1. 1982, Rs. 8/81, Slg. 1982, 53, NJW 1982, S. 499 ff., 500 m.w.N., Becker.
17 Vgl. EuGH vom 19. 1. 1982, Rs. 8/81, Slg. 1982, 53, NJW 1982, S. 499 ff., 500 m.w.N., Becker.
18 Vgl. *Streinz*, Europarecht, Rz. 444.

Daher kann ein Mitgliedstaat, der die in der Richtlinie vorgeschriebenen Durchführungsmaßnahmen nicht fristgemäß erlassen hat, dem Einzelnen nicht entgegenhalten, dass er die aus dieser Richtlinie erwachsenen Verpflichtungen nicht erfüllt hat[19].

Aus Sicht des Bürgers bedeutet dies, dass sich der Einzelne gegenüber allen inner- **278** staatlichen nicht richtlinienkonformen Vorschriften auf jene Bestimmungen einer Richtlinie, die inhaltlich als unbedingt und hinreichend genau erscheinen, berufen kann, wenn die Richtlinie nicht fristgemäß umgesetzt wurde. Einzelne können sich auf diese Bestimmungen auch berufen, soweit diese Rechte festlegen, die dem Staat gegenüber geltend gemacht werden können[20]. Durch die Möglichkeit, sich auf die Richtlinie berufen zu können, wird der Vertragsverstoß des Mitgliedstaates angemessen sanktioniert[21]. „Berufen" bedeutet dabei nicht, dass der Einzelne dazu (wie z.B. bei der Einrede der Verjährung) ausdrücklich etwas vortragen oder sich auf die Richtlinie beziehen muss. Die unmittelbare Wirkung der Richtlinie zugunsten des Einzelnen ist vielmehr von allen mitgliedstaatlichen Gerichten und Behörden von Amts wegen zu beachten[22].

Nach der inzwischen gefestigten und anerkannten Rspr. des EuGH[23] kann somit in bestimmten Fällen auch Richtlinien eine „unmittelbare Wirkung"[24] zukommen, wenn die Frist abgelaufen ist und sie nicht oder nicht ordnungsgemäß umgesetzt wurden. Hierbei handelt es sich um die so genannte „vertikale Wirkung", bei der sich der Einzelne gegenüber dem Mitgliedstaat auf eine ihm günstige Richtlinienbestimmung beruft[25].

II. Ausreichende Konkretisierung der Regelung

Um unmittelbare Wirkung zu entfalten, muss die jeweilige Richtlinienbestimmung **279** nach st. Rspr. des EuGH inhaltlich unbedingt und hinreichend genau sein, und die Mitgliedstaaten müssen durch die Richtlinie zu einem bestimmten Verhalten verpflichtet werden[26].

Eine Richtlinienregelung ist unbedingt, wenn sie eine Verpflichtung begründet, die an keine Bedingung geknüpft ist und die zu ihrer Wirksamkeit oder Erfüllung keiner weiteren Maßnahmen der Gemeinschaftsorgane oder der Mitgliedstaaten bedarf. Wenn sie den Mitgliedstaaten bei der Konkretisierung der Verpflichtung einen großen Gestaltungsspielraum überlässt, ist sie somit nicht mehr „unbedingt". Denn dann müsste

19 Vgl. EuGH vom 19. 1. 1982, Rs. 8/81, Slg. 1982, 53, NJW 1982, S. 499 ff., 500 m.w.N., Becker; dahinter steht letztlich der Grundsatz von Treu und Glauben, vgl. *Ruffert* in Calliess/Ruffert, EGV, Art. 249, Rz. 74 und *Ahlt/Deisenhofer*, Europarecht, S. 41.

20 Vgl. EuGH vom 19. 1. 1982, Rs. 8/81, Slg. 1982, 53, NJW 1982, S. 499 ff., 500 m.w.N., Becker.

21 *Ahlt/Deisenhofer*, Europarecht, S. 41.

22 Siehe dazu *Streinz*, Europarecht, Rz. 445.

23 Siehe dazu *Ruffert* in Calliess/Ruffert, EGV, Art. 249, Rz. 73 ff.

24 Auch „unmittelbare Anwendung" oder „Direktwirkung" genannt, siehe *Streinz*, Europarecht, Rz. 444.

25 Für den umgekehrten Fall, dass sich eine staatliche Stelle gegenüber dem Bürger auf Richtlinienvorschriften berufen will („umgekehrt-vertikale Wirkung"), hat der EuGH die unmittelbare Wirkung mit Hinweis auf die Rechtssicherheit und das Rückwirkungsverbot abgelehnt (siehe dazu *Streinz*, Europarecht, Rz. 446 m.w.N.). Zur „horizontalen Drittwirkung" siehe Teil II und III dieser Klausur.

26 Vgl. *Ruffert* in Calliess/Ruffert, EGV, Art. 249, Rz. 79.

der nationale Richter aus der Richtlinie eine bestimmte Norm entwickeln, wobei er mehrere richtlinienkonforme Möglichkeiten hätte. Dies ist aber dem Gesetzgeber vorbehalten, so dass der Richter in dessen Gestaltungsspielraum eingreifen und das Prinzip der Gewaltenteilung verletzen würde[27].

Eine Richtlinienregelung ist hinreichend genau, wenn sie unzweideutig die Verpflichtung des Mitgliedstaates begründet[28].

Nach der Rspr. des EuGH ist eine Richtlinienregelung dann unbedingt und hinreichend genau, wenn sie den berechtigten Personenkreis, den Inhalt des (mindestens) zu gewährenden Rechts und die Person des Verpflichteten festlegt[29].

III. Unmittelbare Wirkung im konkreten Fall

1. Anwendbarkeit der Richtlinie 77/388 EWG

280 Die Richtlinie 77/388 EWG ist durch Art. 411 Abs. 1 i.V.m. Art. 413 der Mehrwertsteuersystem-Richtlinie am 1. Januar 2007 aufgehoben worden. Daher könnte es der S verwehrt sein, sich auf diese Richtlinie zu berufen. Dagegen spricht aber zum einen, dass auch die neue Richtlinie eine entsprechende Steuerbefreiung vorsieht, so dass der Rat offenbar keine inhaltliche Rechtsänderung beabsichtigt hat. Das zeigt auch Art. 411 Abs. 2 Mehrwertsteuersystem-Richtlinie, nach der Verweisungen auf die aufgehobenen Richtlinien als Verweisungen auf die neue Richtlinie gelten. Hinzu kommt, dass die Aufhebung gemäß Art. 411 Abs. 1 ausdrücklich „unbeschadet der Verpflichtung der Mitgliedstaaten hinsichtlich der in Anhang XI Teil B genannten Fristen für die Umsetzung in innerstaatliches Recht und der Anwendungsfristen“ erfolgt, so dass der Rat die Mitgliedstaaten offensichtlich nicht aus der Umsetzungspflicht nach der alten Richtlinie entlassen wollte. Daher kann sich die S auch für das Jahr 2007 noch auf die Nichtumsetzung der Richtlinie 77/388 EWG berufen.

2. Ärztliche bzw. arztähnliche Heilbehandlung

281 Nach Art. 13 Teil A Abs. 1 c) der Richtlinie 77/388/EWG sollten Umsätze aus Heilbehandlungen im Bereich der Humanmedizin, die im Rahmen der Ausübung der von dem betreffenden Mitgliedstaat definierten ärztlichen und arztähnlichen Berufe durchgeführt werden, ab 1979 von der Umsatzsteuer befreit werden. Dazu hätte offensichtlich das Umsatzsteuergesetz des Staates A geändert werden müssen, wobei davon auszugehen ist, dass außer der Gesetzesänderung zur Steuerbefreiung und ggf. der Anpassung der entsprechenden Verwaltungsvorschriften etc. keine weiteren Maßnahmen des Gesetzgebers und der Finanzverwaltung mehr notwendig waren. Die Begriffe „Umsatzsteuer“, „Heilbehandlungen im Bereich der Humanmedizin“ sowie „ärztliche Berufe“ sind ebenfalls als hinreichend bestimmt anzusehen, so dass auch

27 Vgl. *Ahlt/Deisenhofer*, Europarecht, S. 41.
28 Vgl. *Ahlt/Deisenhofer*, Europarecht, S. 41. Siehe dazu auch *Streinz*, Europarecht, Rz. 445, 451 und 453 (Lösung Fall 16).
29 *Ahlt/Deisenhofer*, Europarecht, S. 42 m.w.N.

insofern keine besonderen Abgrenzungen oder Festlegungen durch den Gesetzgeber mehr erforderlich waren.

Allerdings hilft das der S hier noch nicht weiter, weil sie ihre Behandlungen laut Sachverhalt nicht durch Ärzte, sondern durch Diplompsychologen mit entsprechender psychotherapeutischer Zusatzausbildung erbringt. Fraglich ist daher allein, ob es sich dabei um „arztähnliche Berufe" i. S. des Art. 13 Teil A Abs. 1 c) der Richtlinie 77/388 EWG handelt.

Nach der Rechtsprechung des Gerichtshofes sind die Steuerbefreiungen der Richtli- **282**
nie 77/388 EWG eng auszulegen, da sie Ausnahmen von dem allgemeinen Grundsatz darstellen, dass jede Dienstleistung, die ein Steuerpflichtiger gegen Entgelt erbringt, der Mehrwertsteuer unterliegt. Die Auslegung des Wortlauts dieser Bestimmung muss jedoch mit den Zielen in Einklang stehen, die mit den Befreiungen verfolgt werden[30]. Zu diesen Zielen gehört unter anderem, die Kosten der Heilbehandlungen zu senken und diese Behandlungen dem Einzelnen zugänglicher zu machen[31]. Als „Heilbehandlung im Bereich der Humanmedizin" gelten Leistungen, die der Diagnose, Behandlung und, soweit wie möglich, Heilung von Krankheiten oder Gesundheitsstörungen dienen[32].

Für die Arztähnlichkeit spricht hier, dass psychotherapeutische Behandlungen jedenfalls auch von Ärzten mit entsprechender (Zusatz-)Ausbildung[33] durchgeführt werden. Andererseits ist das Aufgabenfeld der Diplompsychologen sehr weit gefächert und umfasst beispielsweise auch Beratungen außerhalb des Gesundheitsbereichs, wie etwa in der Schule. Die Qualifikation als Diplompsychologe genügt daher nicht in jedem Fall für eine arztähnliche Tätigkeit. Hier verfügen die Psychologen aber über eine entsprechende Zusatzqualifikation. Auch die tatsächlich bei der Psychotherapie erbrachten Leistungen sind mit denen vergleichbar, die von Ärzten erbracht werden, und dienen der Diagnose, Behandlung und ggf. Linderung von Krankheiten und Gesundheitsstörungen. Daher spricht hier alles dafür, dass die Heilbehandlungen im Rahmen der Ausübung arztähnlicher Berufe erbracht werden[34].

Des weiteren verlangt Art. 13 Teil A Abs. 1 c) der Richtlinie 77/388/EWG, dass die **283**
entsprechenden Berufe „von den Mitgliedstaaten definiert" sind. Eine solche Definition fehlt hier, weil die Richtlinie noch nicht in innerstaatliches Recht umgesetzt wurde. Allerdings kann das der Anwendung der Richtlinie bzw. deren hinreichender Bestimmtheit nicht entgegenstehen, weil es andernfalls die Mitgliedstaaten in der Hand hätten, über die entsprechenden Definitionen auf die Steuerbefreiung Einfluss zu neh-

30 EuGH vom 6. 11. 2003, Rs. C-45/01, Slg. 2003, I-12911, DStRE 2004, S. 99 ff., 102, Rn. 42 m.w.N., Dornier-Stiftung.

31 EuGH vom 6. 11. 2003, Rs. C-45/01, Slg. 2003, I-12911, DStRE 2004, S. 99 ff., 102, Rn. 43 m.w.N., Dornier-Stiftung.

32 EuGH vom 6. 11. 2003, Rs. C-45/01, Slg. 2003, I-12911, DStRE 2004, S. 99 ff., 103, Rn. 45 m.w.N., Dornier-Stiftung.

33 In Deutschland beispielsweise als „Facharzt für Psychosomatische Medizin und Psychotherapie", „Facharzt für Psychiatrie und Psychotherapie" (oft in Kombination mit dem „Facharzt für Neurologie") oder als „Facharzt für Kinder- und Jugendpsychiatrie und Psychotherapie".

34 Im Ergebnis ebenso EuGH vom 6. 11. 2003, Rs. C-45/01, Slg. 2003, I-12911, DStRE 2004, S. 99 ff., 103, Rn. 45 und 50, Dornier-Stiftung.

men. Zumindest in Fällen wie dem vorliegenden, in denen die materiellen Anforderungen der Richtlinie an die entsprechenden Berufe ohne weiteres erfüllt sind, kann es daher nicht darauf ankommen, ob bzw. wie die Mitgliedstaaten die Berufe definiert haben. Denn Art. 13 Teil A, Abs. 1 c) der Richtlinie 77/388/EWG zählt die Tätigkeiten, die steuerfrei sind, hinreichend genau und unbedingt auf. Daher kann sich auch der Einzelne, der nach objektiven Kriterien die dem Gemeinwohl dienenden Leistungen erbringt, auf die sich die genannten Steuerbefreiungen beziehen, gegenüber allen nicht richtlinienkonformen innerstattlichen Vorschriften unmittelbar auf die Richtlinie berufen[35].

Die Stiftung S erzielte Umsätze aus der Heilbehandlung durch Diplompsychologen. Die Befreiung aufgrund der Richtlinie 77/388/EWG hätte sich für sie auch begünstigend ausgewirkt, weil sie dann im Jahr 2007 für bestimmte Umsätze keine Steuern mehr hätte zahlen müssen. Diese Bestimmung wurde noch nicht in das innerstaatliche Recht umgesetzt. Daher kann sich die S gegenüber der Finanzverwaltung auf die in der Richtlinie enthaltene Steuerbefreiung berufen[36]. Nach dem Grundsatz des Anwendungsvorrangs des Europarechts geht die Richtlinie somit dem entgegenstehenden Umsatzsteuerrecht des Staates A vor[37].

C. Ergebnis

Die S kann für das Jahr 2007 die Befreiung von der Umsatzsteuer für die Heilbehandlung durch Diplompsychologen mit psychotherapeutischer Zusatzausbildung verlangen, obwohl die Steuergesetze des Staates A noch nicht geändert worden waren.

Teil II

Frage 1

Da das hier anzuwendende Recht des Staates B kein Rücktrittsrecht vorsieht, könnte Frau X nur vom Vertrag zurücktreten, wenn sie sich unmittelbar auf das Rücktrittsrecht aus Art. 5 der Richtlinie 85/577/EWG berufen könnte.

A. Geltung der Richtlinie

284 Wie in Teil I geht es auch hier um die unmittelbare Anwendung einer Richtlinie. Hinsichtlich der Umsetzungsbedürftigkeit etc. kann daher auf die obigen Ausführungen verwiesen werden. Um unmittelbare Wirkung zu entfalten, muss die jeweilige Richtlinienbestimmung nach st. Rspr. des EuGH inhaltlich unbedingt und hinreichend genau sein, und die Mitgliedstaaten müssen durch die Richtlinie zu einem bestimmten Verhalten verpflichtet werden[38].

---

35 EuGH vom 6. 11. 2003, Rs. C-45/01, Slg. 2003, I-12911 ff., DStRE 2004, S. 99 ff., 104/105, Rn. 80 und 81, Dornier-Stiftung.
36 Vgl. EuGH, NJW 1982, S. 499 ff., 501 m.w.N., Becker.
37 Vgl. *Streinz*, Europarecht, Rz. 453.
38 Vgl. *Ruffert* in Calliess/Ruffert, EGV, Art. 249, Rz. 79.

B. Vertragspartner als „Gegner“

In Teil I hat sich die S gegenüber dem Finanzamt, also einer staatlichen Behörde, auf die unmittelbare Wirkung einer Richtlinie berufen. Hier geht es dagegen um einen zivilrechtlichen Vertrag der X mit dem privaten Unternehmen Y. Zu prüfen ist daher, ob der Richtlinie auch im Verhältnis privater Vertragspartner untereinander unmittelbare Drittwirkung zukommt.

Die sog. „horizontale[39] Drittwirkung“ von Richtlinien (also insbesondere ihre Heranziehung bei der Beurteilung eines Rechtsverhältnisses zwischen Privatpersonen) ist umstritten. Während sich u.a. Teile des Schrifttums für eine solche Drittwirkung aussprechen[40], lehnt der EuGH sie in st. Rspr. bisher grundsätzlich ab.

Für die horizontale Drittwirkung spricht zum einen die „nützliche Wirkung“ (effet utile). Zum anderen richten sich Richtlinien gemäß Art. 249 Abs. 3 EG an die Mitgliedstaaten und sind für diese sowie für deren Organe verbindlich. Zu diesen Organen gehören aber auch die staatlichen Gerichte, die im Streitfall zu entscheiden haben[41]. Außerdem, so die Befürworter einer horizontalen Drittwirkung, führe die Ablehnung dieser Wirkung dazu, dass eindeutig richtlinienwidrige nationale Rechtsvorschriften mit belastender Wirkung für Einzelne weiter angewendet werden könnten[42]. Auch stehe der Wortlaut des Art. 249 Abs. 3 EG einer Drittwirkung nicht entgegen, und durch die weiteren Voraussetzungen (Umsetzungserfordernis, Fristablauf) bestünden noch hinreichende Unterschiede zur (gemäß Art. 249 Abs. 2 EG unmittelbar geltenden) Verordnung[43].

Vorzugswürdig erscheint allerdings die Auffassung des EuGH, nach dessen ständiger Rechtsprechung den Richtlinien grundsätzlich keine horizontale Drittwirkung zukommt. Zur Begründung führt er an, dass die Möglichkeit, sich gegenüber staatlichen Einrichtungen auf die Richtlinien zu berufen, darauf beruht, dass die Richtlinie nach Art. 249 EG „für jeden Mitgliedstaat, an den sie gerichtet ist“ – und nur für diesen – verbindlich sei. Mit der Anerkennung der „vertikalen“ Drittwirkung solle verhindert werden, dass „der Staat aus seiner Nichtbeachtung des Gemeinschaftsrechts Nutzen ziehen kann“[44]. Es wäre nämlich nicht hinnehmbar, dass der Staat, dem der Gemeinschaftsgesetzgeber den Erlass bestimmter Vorschriften vorschreibt, mit denen seine Beziehungen – oder die Beziehungen staatlicher Einrichtungen – zu den Bürgern geregelt und diesen bestimmte Rechte gewährt werden sollen, sich auf die Nichterfüllung seiner Verpflichtungen berufen könnte, um den Bürgern diese Rechte zu versagen. So hat der EuGH u.a. die Möglichkeit bejaht, sich gegenüber dem Staat (oder staatlichen Einrichtungen) auf einige Bestimmungen der Richtlinien über die Harmo- **285**

39 „Horizontal“, weil beide Parteien auf derselben Ebene stehen.

40 Nachweise bei *Ruffert* in Calliess/Ruffert, EGV, Art. 249, Rz. 83 ff. Für horizontale Wirkung auch OLG Celle vom 28. 8. 1990, 20 U 85/89, EuZW 1990, S. 550 ff. m.w.N.

41 Siehe dazu *Streinz*, Europarecht, Rz. 447.

42 *Herrmann*, EuZW 2006, S. 69 ff., 70.

43 Siehe *Ruffert* in Calliess/Ruffert, EGV, Art. 249, Rz. 86 m.w.N.

44 Vgl. EuGH vom 14. 7. 1994, Rs. C-91/92, Slg. 1994, I-3325, NJW 1994, S. 2473 f., 2474, Rn. 21, 22, Faccini Dori.

nisierung der Mehrwertsteuer zu berufen[45]. Demgegenüber würde eine Ausdehnung dieser Rechtsprechung auf den Bereich der Beziehungen zwischen den Bürgern dazu führen, der Gemeinschaft die Befugnis zuzuerkennen, mit unmittelbarer Wirkung zu Lasten der Bürger Verpflichtungen anzuordnen, obwohl sie dies gemäß Art. 249 Abs. 2 EG nur dort darf, wo ihr die Befugnis zum Erlass von Verordnungen zugewiesen ist[46]. Die nationalen Gerichte sind allerdings gehalten, im Wege der richtlinienkonformen Auslegung dem Gemeinschaftsrecht dadurch Rechnung zu tragen, indem sie die Auslegung des nationalen Rechts soweit wie möglich am Wortlaut und Zweck der Richtlinie ausrichten, um das mit der Richtlinie verfolgte Ziel zu erreichen und auf diese Weise Art. 249 Absatz 3 EWG-Vertrag nachzukommen[47].

Nach der st. Rspr. des EuGH kann eine Richtlinie somit nicht selbst Verpflichtungen für einen Bürger begründen, so dass ihm gegenüber eine Berufung auf die Richtlinie als solche nicht möglich ist[48].

286 Zu überlegen bliebe noch, ob hier nicht ausnahmsweise eine andere Beurteilung gerechtfertigt erscheint, weil die Richtlinie 85/577/EWG zum Schutze der Verbraucher vor übereilten Vertragsschlüssen gedacht ist und der Verbraucherschutz in Art. 153 EG besonders betont wird. Nach dem Wortlaut hat Art. 153 EG allerdings nur eine begrenzte Tragweite. Er spricht zum einen die Verpflichtung der Gemeinschaft aus, einen Beitrag zur Erreichung eines hohen Verbraucherschutzniveaus zu leisten. Zum anderen schafft er eine Gemeinschaftszuständigkeit für spezifische Aktionen im Zusammenhang mit der Verbraucherschutzpolitik, die über die im Rahmen des Binnenmarktes getroffenen Maßnahmen hinausgehen. Die Vorschrift beschränkt sich somit darauf, der Gemeinschaft ein Ziel zu setzen und ihr hierfür Befugnisse einzuräumen, ohne daneben eine Verpflichtung der Mitgliedstaaten oder Einzelner aufzustellen. Daher kann sie es nicht rechtfertigen, dass Richtlinien über den Verbraucherschutz, die nicht fristgerecht umgesetzt worden sind, unmittelbar zwischen Einzelnen in Anspruch genommen werden. Art. 153 EG führt daher selbst bei Richtlinien über den Verbraucherschutz zu keiner Änderung der oben genannten Rechtsprechung[49].

Folglich kann ein Verbraucher ein Widerrufsrecht gegenüber dem Gewerbetreibenden, mit dem er einen Vertrag geschlossen hat, nicht auf die Richtlinie selbst stützen und vor einem nationalen Gericht geltend machen, auch wenn die Maßnahmen zur Umsetzung der Richtlinie nicht innerhalb der vorgesehenen Frist erlassen worden sind [50].

---

45 EuGH vom 14. 7. 1994, Rs. C-91/92, Slg. 1994, I-3325, NJW 1994, S. 2473 f., 2474, Rn. 23, Faccini Dori; siehe dazu ausführlich auch Teil I dieser Klausur.

46 EuGH vom 14. 7. 1994, Rs. C-91/92, Slg. 1994, I-3325, NJW 1994, S. 2473 f., 2474, Rn. 24, Faccini Dori.

47 Siehe dazu EuGH vom 14. 7. 1994, Rs. C-91/92, Slg. 1994, I-3325, NJW 1994, S. 2473 f., 2474, Rn. 26, Faccini Dori, m.w.N.

48 Vgl. EuGH vom 14. 7. 1994, Rs. C-91/92, Slg. 1994, I-3325, NJW 1994, S. 2473 f., 2474, Rn. 20, Faccini Dori und EuGH vom 7. 6. 2007, Rs. C-80/06, ASlg. 2007, I-4473, EuZW 2007 S. 545 f., 546, Rn. 20 m.w.N., Carp Snc di L. Moleri e V. Corsi./.Ecorad Srl. – Bauprodukte-Richtlinie.

49 Siehe dazu EuGH vom 17. 3. 2004, T-183/02, Slg. 2004, II-965, NJW 1996, S. 1401 f., 1402, Rn. 18 ff., El Corte Ingles SA.

50 EuGH vom 14. 7. 1994, Rs. C-91/92, Slg. 1994, I-3325, NJW 1994, S. 2473 f., 2474, Rn. 25, Faccini Dori.

C. Ergebnis

Da der Richtlinie 85/577/EWG hier im Verhältnis zwischen X und Y keine unmittelbare Wirkung zukommt, kann sich Frau X auch nicht auf das dort enthaltene Rücktrittsrecht berufen. Da nach dem Sachverhalt auch keine anderen Rücktrittsgründe zu erkennen sind, kann Frau X somit nicht von dem Vertrag zurücktreten.

Frage 2

Frau X könnte wegen der Nichtumsetzung der Richtlinie 85/577/EWG einen Anspruch auf Schadensersatz gegen B haben.

A. Gemeinschaftsrechtlicher Staatshaftungsanspruch und gesetzgeberisches Unterlassen

In Betracht kommt ein Staatshaftungsanspruch der X wegen der Verletzung von Europäischem Gemeinschaftsrecht. Einen solchen Anspruch hat der Gerichtshof in seinen Entscheidungen Francovich[51] und Brasserie du Pêcheur[52] richterrechtlich entwickelt. Er leitet ihn aus folgenden Prinzipien ab: praktische Wirksamkeit des Vertrages (effet utile), effektiver Schutz der Rechte Einzelner, staatliche Mitwirkungspflicht gem. Art. 10 EG und Parallele zur Haftung der Gemeinschaft aus Art. 288 Abs. 2 EG. Der Gerichtshof sieht die Staatshaftung als allgemeinen Rechtsgrundsatz des Gemeinschaftsrechts an. Nach anfänglich heftiger Kritik erkennt auch die Literatur mittlerweile die Existenz dieses Anspruchs an[53]. **287**

Fraglich ist aber, ob er auch in Fällen von Gemeinschaftsrechtsverletzungen durch den nationalen Gesetzgeber gilt. Denn zumindest nach deutschem Staatshaftungsrecht ist die Haftung für „legislatives Unrecht" umstritten und jedenfalls stark eingeschränkt[54]. Allerdings würde der gemeinschaftsrechtliche Anspruch völlig vereitelt, würde man dem generellen Einwand folgen, dass bei legislativem Unrecht keine Haftung besteht[55]. Auch der EuGH hat beispielsweise in den Fällen Faccini Dori und El Corte Ingels SA ausdrücklich klargestellt, dass die Mitgliedstaaten unter bestimmten Umständen den Bürgern die durch die Nichtumsetzung einer Richtlinie verursachten Schäden ersetzen müssen[56]. Mithin ist vorliegend ein Staatshaftungsanspruch wegen Gemeinschaftsrechtsverletzung nicht ausgeschlossen.

---

51 EuGH 19. 11. 1991, verb. Rs. C-6/90 und C 9/90, Slg. 1991, I-5357, Francovich, Bonifaci u.a./.Italienische Republik, dazu *Streinz*, Europarecht, Rz. 462 (Fall 19 mit Lösung).

52 EuGH vom 5. 3. 1996, verb. Rs. C-46/93 und C-48/93, Slg. 1996, I-1029, Brasserie du Pêcheur, dazu *Streinz*, Europarecht, Rz. 418/419 (Fall 13 mit Lösung).

53 Siehe *Streinz*, Europarecht, Rz. 417 ff. mit ausführlichen Literaturnachweisen nach Rz. 422.

54 *Streinz*, Europarecht, Rz. 419. Siehe zur Amtshaftung in Bereich der Rechtssetzung ausführlich *Maurer*, Allgemeines Verwaltungsrecht, § 26 Rz. 51 ff.

55 *Streinz*, Europarecht, Rz. 419.

56 EuGH vom 14. 7. 1994, Rs. C-91/92, Slg. 1994, I-3325, NJW 1994, S. 2473 f., Faccini Dori, und EuGH vom 17. 3. 2004, T-183/02, Slg. 2004, II-965, NJW 1996, S. 1401 f., El Corte Inglés, SA.

B. Anspruchsgrundlage

288 Problematisch ist allerdings, welche Anspruchsgrundlage für einen solchen Schadensersatzanspruch in Betracht kommt. Denkbar ist ein Amtshaftungsanspruch gem. § 839 BGB/Art. 34 GG, aber auch eine eigenständige gemeinschaftsrechtliche Anspruchsgrundlage im Rahmen allgemeiner Rechtsgrundsätze. Der BGH hat die Auffassung vertreten, dass in Fällen mit Gemeinschaftsrechtsbezug ein genuin europarechtlicher Anspruch neben das innerstaatliche Recht trete[57]. Demgegenüber wird in der Literatur angenommen, Ausgangspunkt sei das nationale Recht, das durch das Gemeinschaftsrecht modifiziert werde[58]. All diejenigen nationalen Anspruchsvoraussetzungen, die die Durchsetzung des Gemeinschaftsrechts unmöglich machen oder eine Diskriminierung von Fällen mit Auslandsbezug bewirken, müssen dann außer Anwendung bleiben oder gemeinschaftsrechtskonform modifiziert werden.

Der letztgenannten Auffassung gebührt der Vorzug. Sie ermöglicht zum einen die Integration der gemeinschaftsrechtlichen Vorgaben in das nationale Recht, belässt aber zum anderen den Mitgliedstaaten einen Spielraum zur Ausgestaltung des Anspruchs im Rahmen ihres eigenständigen Haftungsregimes.

Grundlage der Haftung ist also vorliegend zunächst ein Amtshaftungsanspruch gem. § 839 BGB/Art. 34 GG, der im Lichte der Vorgaben des Gemeinschaftsrechts angepasst werden muss. Insbesondere muss ein Anspruch bei Vorliegen folgender Voraussetzungen gewährt werden, die in das deutsche Recht zu integrieren sind:

Die verletzte Gemeinschaftsrechtsnorm muss dem Einzelnen Rechte verleihen, und der Verstoß des Mitgliedstaats muss hinreichend qualifiziert sowie für den Schaden kausal sein.

Wie sich der Bearbeiter mit Blick auf die Anspruchsgrundlage entscheidet, ist nicht erheblich. Die Lösung muss nur konsequent sein. Wer der Gegenauffassung folgt, muss die genannten drei Voraussetzungen neben dem deutschen Amtshaftungsanspruch im Rahmen einer eigenständigen europarechtlichen Anspruchsgrundlage prüfen.

C. Anspruchsvoraussetzungen

I. Beamter im haftungsrechtlichen Sinne

289 Es müssten die Voraussetzungen des Amtshaftungsanspruchs vorliegen. Zunächst müsste jemand in Ausübung eines öffentlichen Amtes gehandelt oder etwas pflichtwidrig unterlassen haben. Es muss also hoheitlich gehandelt worden sein. Hier hätte der nationale Gesetzgeber des Mitgliedstaates I die Richtlinie in innerstaatliches Recht umsetzen müssen. Der Erlass von Gesetzen gehört zu den genuin hoheitlichen Aufgaben, so dass die Abgeordneten als „Beamte" i. S. des § 839 Abs. 1 BGB anzusehen sind.

---

57 BGHZ 134, 30.

58 So *Maurer*, Allgemeines Verwaltungsrecht, § 31, Rz. 9.

II. Verletzung einer drittgerichteten Amtspflicht

Durch dieses Unterlassen müsste der Gesetzgeber eine drittgerichtete Amtspflicht verletzt haben. Die Mitgliedstaaten sind verpflichtet, sich bei der Ausübung von Staatsgewalt an die Vorgaben des Europäischen Gemeinschaftsrechts zu halten. Eine dementsprechende Amtspflicht trifft jedes staatliche Organ, auch die Parlamente. Diese haben die Richtlinien gemäß Art. 249 Abs. 3 EG in nationales Recht umzusetzen und dabei die dort vorgegebenen Fristen einzuhalten. Hier wurde die Richtlinie laut Sachverhalt „nicht fristgemäß" umgesetzt. Dadurch hat der Gesetzgeber seine Amtspflicht verletzt. **290**

Fraglich ist, ob auch die Drittgerichtetheit zu bejahen ist. Das ist dann der Fall, wenn die verletzte Norm auch dem Schutz des Betroffenen dienen soll. Hier wird bereits die erste gemeinschaftsrechtliche Vorgabe relevant, wonach die verletzte Gemeinschaftsrechtsnorm dem Einzelnen Rechte verleihen muss[59]. Da es sich bei der Norm um eine Richtlinie (85/577/EWG) handelt, ist wiederum zu prüfen, ob sie inhaltlich unbedingt und hinreichend genau ist, und die Mitgliedstaaten zu einem bestimmten Verhalten verpflichtet[60].

Nach ihrem Art. 1 Abs. 1 gilt die Richtlinie für Verträge, die zwischen einem Gewerbetreibenden, der Waren liefert oder Dienstleistungen erbringt, und einem Verbraucher während eines vom Gewerbetreibenden außerhalb von dessen Geschäftsräumen organisierten Ausflugs oder anlässlich eines Besuchs des Gewerbetreibenden beim Verbraucher in seiner Wohnung oder an seinem Arbeitsplatz, sofern der Besuch nicht auf ausdrücklichen Wunsch des Verbrauchers erfolgt, geschlossen werden. In Art. 2 der Richtlinie werden die Begriffe „Verbraucher" und „Gewerbetreibender" definiert. Diese Bestimmungen sind so genau, dass das nationale Gericht erkennen kann, wer aufgrund der Verpflichtungen Berechtigter und wer Verpflichteter ist. Insoweit ist keine besondere Durchführungsmaßnahme erforderlich. Das nationale Gericht kann sich darauf beschränken, nachzuprüfen, ob der Vertrag unter den in der Richtlinie beschriebenen Umständen abgeschlossen worden und ob er zwischen einem Gewerbetreibenden und einem Verbraucher im Sinne der Richtlinie zustande gekommen ist[61].

Weiterhin sieht Art. 4 der Richtlinie besondere Belehrungspflichten durch den Gewerbetreibenden vor, und Art. 5 regelt das Recht zum Rücktritt vom Vertrag. Diese Bestimmungen lassen zwar den Mitgliedstaaten einen gewissen Gestaltungsspielraum für den Verbraucherschutz im Falle unterbliebener Belehrung durch den Gewerbetreibenden und zur Festlegung der Frist und des Verfahrens für den Widerruf. Dies nimmt jedoch den Richtlinienbestimmungen nichts von ihrer Genauigkeit und Unbedingtheit. Denn dieser Gestaltungsspielraum schließt nicht die Möglichkeit aus, Mindestrechte zu bestimmen. Insoweit ergibt sich aus Art. 5, dass die Frist, innerhalb derer der Rücktritt anzuzeigen ist, mindestens sieben Tage ab dem Zeitpunkt betragen **291**

59 Siehe *Streinz*, Europarecht, Rz. 417.
60 Siehe dazu *Ruffert* in Calliess/Ruffert, EGV, Art. 249, Rz. 79.
61 Siehe EuGH vom 14. 7. 1994, Rs. C-91/92, Slg. 1994, I-3325, NJW 1994, S. 2473 f., 2473, Rn. 12 ff., Faccini Dori.

muss, zu dem der Verbraucher vom Gewerbetreibenden die geforderte Belehrung erhalten hat. Es ist also möglich, den Mindestschutz zu bestimmen, der auf jeden Fall eingeführt werden muss[62].

Die Richtlinienbestimmungen sind damit grundsätzlich als bestimmt und hinreichend genau anzusehen, zumindest was den Mindestschutz von sieben Tagen angeht[63]. Das Rücktrittsrecht aus Art. 5 Abs. 1 der Richtlinie soll auch gerade dem Einzelnen das besondere Recht verleihen, sich ohne weiteres von dem Vertrag lösen zu können. Dieses Recht ist hinreichend genau, auch wenn die Einzelheiten gemäß Art. 9 Abs. 1 der Richtlinie von den Mitgliedstaaten noch näher bestimmt werden müssen. Um dieser Voraussetzung zur Wirksamkeit zu verhelfen, muss auch ein Amtshaftungsanspruch gegen die entsprechende Nichtumsetzung der Richtlinie möglich sein. Ein Verstoß gegen eine drittgerichtete Amtspflicht liegt mithin vor, weil der Gesetzgeber entgegen seiner gemeinschaftsrechtlichen Verpflichtung die Richtlinie nicht umgesetzt hat.

III. Verschulden

292 Dieser Verstoß müsste nach § 839 Abs. 1 Satz 1 BGB schuldhaft gewesen sein. Allerdings fordert das Gemeinschaftsrecht nur einen hinreichend qualifizierten Verstoß gegen Gemeinschaftsrecht. Dies reicht zur Bejahung eines europarechtlich determinierten Schadensersatzanspruches grundsätzlich aus. Somit kommt es nicht auf die Frage von Vorsatz und Fahrlässigkeit, sondern auf die hinreichende Qualifiziertheit, also Schwere des Verstoßes, an. Hier hat der Gesetzgeber eine Richtlinie nicht fristgemäß in nationales Recht umgesetzt. Rechtfertigungsgründe für dieses Unterlassen sind nach dem Sachverhalt nicht erkennbar. Daher ist hier ein hinreichend qualifizierter und offenkundiger Verstoß gegeben.

IV. Kausalität

293 Als Schaden kommen hier in erster Linie die Kosten für den Kurs in Höhe von 400 Euro in Betracht. Fraglich ist, ob ist Frau X bei fristgemäßer Umsetzung tatsächlich zum Rücktritt berechtigt gewesen wäre.

Mit der Richtlinie soll ihren Begründungserwägungen zufolge u.a. der Verbraucherschutz verbessert werden. Außerdem heißt es dort, dass bei außerhalb der Geschäftsräume geschlossenen Verträgen die Initiative zu den Vertragsverhandlungen normalerweise vom Gewerbetreibenden ausgehe und dass der Verbraucher darauf nicht vorbereitet sei und so häufig überrascht werde. Er habe häufig keine Möglichkeit, Qualität und Preis des Angebots mit anderen Angeboten zu vergleichen. Derselben Begründungserwägung zufolge gibt es dieses Überraschungsmoment nicht nur bei Haustürgeschäften, sondern auch bei anderen Verträgen, die auf Initiative des Gewerbetreibenden außerhalb seiner Geschäftsräume abgeschlossen würden. Mit der Richtlinie solle daher dem Verbraucher das Recht eingeräumt werden, innerhalb von mindestens sieben Tagen vom Vertrag zurückzutreten, um ihm die Möglichkeit zu geben,

62 Siehe EuGH vom 14. 7. 1994, Rs. C-91/92, Slg. 1994, I-3325, NJW 1994, S. 2473 f., 2474, Rn. 17, Faccini Dori.

63 EuGH vom 14. 7. 1994, Rs. C-91/92, Slg. 1994, I-3325, NJW 1994, S. 2473 f., 2474, Rn. 17, Faccini Dori.

die Verpflichtungen aus dem Vertrag zu überdenken[64]. Der abgeschlossene Vertrag fällt damit zumindest unter Art. 1 Abs. 4 der Richtlinie, da das Überraschungsmoment und der „Überrumpelungseffekt" durch das Ansprechen auf dem Bahnhof den Verbraucher in eine ähnliche Situation wie ein ungebetener Hausbesuch bringt. X und Y sind hier auch als „Verbraucher" bzw. „Gewerbetreibender" i.S. der Richtlinie anzusehen. Da der Sachverhalt keine näheren bzw. gegenteiligen Angaben enthält, ist somit davon auszugehen, dass Frau X bei ordnungs- und fristgemäßer Umsetzung der Richtlinie zum Rücktritt berechtigt gewesen wäre. Nach Art. 5 Abs. 2 der Richtlinie 85/577/EWG wäre Frau X damit aus allen Verpflichtungen aus dem widerrufenen Vertrag entlassen, so dass auch der Anspruch der Y auf die Kursgebühr entfallen würde. Das wegen der Nichtumsetzung der Richtlinie fehlende Rücktrittsrecht ist somit auch kausal für den Schaden.

D. Ergebnis

Da die Voraussetzungen der Haftung vorliegen und keine Haftungsausschlüsse durchgreifen, ist ein gemeinschaftsrechtlich modifizierter Amtshaftungsanspruch gem. § 839 BGB/Art. 34 GG vorliegend zu bejahen. Frau X kann daher Schadensersatz von B verlangen.

Teil III

Das Olivenöl, das O dem A geliefert hat, entspricht nicht den Etikettierungsvorschrif- **294**
ten nach dem OlölAG des Staates I und ist daher unverkäuflich. Es könnte daher einen Sach- bzw. Rechtsmangel aufweisen, der den A berechtigt, die Zahlung des Kaufpreises zu verweigern. Problematisch ist allerdings, dass die Etikettierungsvorschriften ihrerseits gegen die Richtlinie 98/34/EG verstoßen und daher nicht anwendbar sein könnten, weil sie der Kommission nicht mitgeteilt wurden.

Zu prüfen ist daher, ob A dem Zahlungsanspruch des O entgegenhalten kann, dass O seine Pflichten nach dem OlölAG verletzt hat.

A. Geltung der Richtlinie

Wie in Teil I geht es somit auch hier um die unmittelbare Anwendung einer Richtlinie. Hinsichtlich der Umsetzungsbedürftigkeit etc. kann daher auf die obigen Ausführungen verwiesen werden. Um unmittelbare Wirkung zu entfalten, muss die jeweilige Richtlinienbestimmung nach st. Rspr. des EuGH inhaltlich unbedingt und hinreichend genau sein, und die Mitgliedstaaten müssen durch die Richtlinie zu einem bestimmten Verhalten verpflichtet werden[65].

---

64 Siehe EuGH vom 14. 7. 1994, Rs. C-91/92, Slg. 1994, I-3325, NJW 1994, S. 2473 f., 2473, Rn. 5, Faccini Dori.

65 Vgl. *Ruffert* in Calliess/Ruffert, EGV, Art. 249 EG Rz. 79, sowie *Streinz*, Europarecht, Rz. 445, 451.

B. Vertragspartner als „Gegner"

295 In Teil I hat sich die S gegenüber dem Finanzamt, also einer staatlichen Behörde, auf die unmittelbare Wirkung einer Richtlinie berufen. Hier geht es dagegen um einen zivilrechtlichen Vertrag zwischen A und O. Im Teil II wurde bereits ausgeführt, dass Richtlinien grundsätzlich keine „horizontale Drittwirkung" zwischen Privatpersonen zukommt. Dort berief sich die X gegenüber der Y unmittelbar auf das in der Richtlinie 85/877/EWG normierte Rücktrittsrecht, um sich vom Vertrag lösen zu können. Hier dagegen stellt sich die Situation etwas anders dar: O hat objektiv gegen die Anforderungen des OlölAG verstoßen. Dieses Gesetz wiederum könnte gegen die Richtlinie 98/34/EG verstoßen, weil es der Kommission nicht ordnungsgemäß mitgeteilt worden ist. Doch weder A noch O machen unmittelbar Ansprüche aus dem OlölAG geltend, denn Rechtsgrundlage für den Zahlungsanspruch ist allein der Kaufvertrag, während das OlölAG nur bestimmte objektive Pflichten für die Etikettierung des Öls aufstellt. Fraglich ist daher, ob das Verbot der horizontalen Drittwirkung auch in Konstellationen wie dieser gilt. Konkret geht es darum, ob das nationale Gericht bei der Prüfung, ob das Öl wegen eines Verstoßes gegen die Etikettierungsvorschriften mangelhaft ist, das OlölAG anwenden muss bzw. darf.

C. Unmittelbare Wirkung der Richtlinie

296 Dazu hat der EuGH in seiner Unilever-Entscheidung zunächst wiederholt, dass eine Richtlinie nicht selbst die Verpflichtung Einzelner begründen und daher nicht als solche ihnen gegenüber herangezogen werden kann[66]. Diese Rechtsprechung gelte jedoch nicht für den Fall der Unanwendbarkeit einer technischen Vorschrift, die gegen die Richtlinie 83/189/EWG verstößt[67]. In einem solchen Fall lege die entsprechende Richtlinie keineswegs den materiellen Inhalt der Rechtsnorm fest, auf deren Grundlage das nationale Gericht den bei ihm anhängigen Rechtstreit zu entscheiden hat. Denn die Richtlinie 83/189/EWG begründe weder Rechte noch Pflichten für den Einzelnen. Nach der Rspr. des EuGH muss daher das nationale Gericht in einem Zivilrechtstreit zwischen Einzelnen über vertragliche Rechte und Pflichten die Anwendung einer nationalen technischen Vorschrift ablehnen, die gegen die Richtlinie 83/189/EWG bzw. deren Nachfolgerin 98/34/EG verstößt[68].

I. Verstoß gegen Mitteilungspflicht relevant?

297 Zu prüfen ist somit, ob das OlölAG gegen die Richtlinie 98/34/EG verstößt und daher unbeachtlich ist. Laut Sachverhalt stellt das Gesetz eine „technische Vorschrift" i.S. der Richtlinie dar. Die Richtlinie selbst enthält allerdings keine materiellen bzw. inhaltlichen Vorgaben für die technischen Vorschriften, sondern betrifft nur das Er-

---

66 EuGH vom 26. 9. 2000, Rs. C-443/98, Slg. 2000, I-7535, EuZW, 2001, S. 153 ff., 156, Rn. 50, Unilever (Italia).

67 EuGH vom 26. 9. 2000, Rs. C-443/98, Slg. 2000, I-7535, EuZW 2001, S. 153 ff., 156, Rn. 51, Unilever (Italia). Die Richtlinie 83/189/EWG vom 28. März 1983, ABl. 1983 Nr. L 109/8 ff., ist die Vorgängerbestimmung zur Richtlinie 98/34/EG und wurde durch diese aufgehoben. Siehe allgemein zum Schutz der Warenverkehrsfreiheit durch diese Richtlinien *Streinz*, Europarecht, Rz. 948.

68 Vgl. EuGH vom 26. 9. 2000, Rs. C-443/98, Slg. 2000, I-7535, EuZW 2001, S. 153 ff., 156, Rn. 52, Unilever (Italia). Siehe dazu auch *Streinz*, Europarecht, Rz. 450.

lassverfahren. In Betracht kommt somit allein ein formeller Fehler des Gesetzes. Nach Art. 8 Abs. 1 der Richtlinie müssen die Mitgliedstaaten jeden Entwurf einer technischen Vorschrift unverzüglich der Kommission übermitteln, sofern es sich nicht um eine vollständige Übertragung einer internationalen oder europäischen Norm handelt. Für letzteres ergeben sich hier keinerlei Anhaltspunkte, so dass das Gesetz hier der Kommission hätte mitgeteilt werden müssen.

Fraglich ist, welche Rechtsfolgen sich daraus ergeben und ob sich O insofern auf die Richtlinie berufen kann. Für die Unbeachtlichkeit eines solchen Verfahrensfehlers – und damit die Anwendbarkeit des OlölAGs – spricht zumindest, dass die Richtlinie 98/34/EG in Art. 8 keine besonderen Sanktionen für einen Verstoß vorsieht, so dass die Nichtanwendung der entsprechenden technischen Vorschrift eine zu weitgehende Rechtsfolge darstellen würde. Außerdem wird die Kompetenz der Mitgliedstaaten zum Erlass der entsprechenden Vorschriften durch die Verfahrensbestimmungen nicht in Frage gestellt[69].

Vorzugswürdig erscheint allerdings die Auffassung des EuGH, der sich in der Rechtssache CIA Security entschieden hat, dass sich der Einzelnen auf einen Verstoß gegen die Mitteilungspflichten berufen kann, und dass dieser Verstoß zur Unanwendbarkeit der entsprechenden technischen Vorschrift führt.

Zur Begründung führt er sinngemäß aus, dass die Richtlinie 83/189/EWG durch eine **298**
vorbeugende Kontrolle der technischen Vorschriften den freien Warenverkehr schützen soll, der nach Art. 28 ff. EG zu den Grundlagen der Gemeinschaft gehört. Diese Kontrolle sei sinnvoll, weil die entsprechenden technischen Vorschriften möglicherweise den Warenaustausch zwischen Mitgliedstaaten beschränken könnten. Solche Beschränkung könnten aber nur zugelassen werden, wenn sie notwendig sind, um zwingenden Erfordernissen des allgemeinen Interesses zu genügen. Die durch die Richtlinie geschaffene Kontrolle sei auch wirksam, da alle Entwürfe der von der Richtlinie erfassten technischen Vorschriften mitgeteilt und der Erlass und das Inkraftsetzen dieser Vorschriften (mit Ausnahme besonders dringlicher Maßnahmen) während der in Art. 9 der Richtlinie festgelegten Zeiträume ausgesetzt werden müssen[70]. Die Mitteilung und der Aussetzungszeitraum böten der Kommission und den anderen Mitgliedstaaten somit zum einen Gelegenheit, zu prüfen, ob mit dem fraglichen Entwurf Handels- oder andere Schranken errichtet werden, die gegen den EG-Vertrag verstoßen bzw. die durch den Erlass gemeinsamer oder harmonisierter Maßnahmen verhindert werden müssen. Zum anderen bestehe für die Kommission und die übrigen Mitgliedstaaten die Möglichkeit, Änderungen der geplanten nationalen Maßnahmen vorzuschlagen. Dieses Verfahren erlaube es der Kommission zudem, gemeinschaftliche Normen zur Regelung des Bereichs, der Gegenstand der geplanten Maßnahme ist, vorzuschlagen oder zu erlassen[71].

---

69 Siehe dazu EuGH vom 30. 4. 1996, Rs. C-194/94, Slg. 1996, I-2201, EuZW 1996, S. 379 ff., 382, Rn. 46, CIA Security International SA.

70 Vgl. EuGH vom 30. 4. 1996, Rs. C-194/94, Slg. 1996, I-2201, EuZW 1996, S. 379 ff., 381/382, Rn. 40, CIA Security International SA.

71 Vgl. EuGH vom 30. 4. 1996, Rs. C-194/94, Slg. 1996, I-2201, EuZW 1996, S. 379 ff., 382, Rn. 41, CIA Security International SA.

299 Anschließend verweist der EuGH darauf, dass nach st. Rspr. in allen Fällen, in denen die Bestimmungen einer Richtlinie inhaltlich als unbedingt und hinreichend genau erscheinen, diese Bestimmungen gegenüber allen nicht richtlinienkonformen nationalen Vorschriften herangezogen werden können[72]. Dies sei auch hier der Fall, weil die Art. 8 und 9 der Richtlinie 83/189/EWG eine genau umrissene Verpflichtung der Mitgliedstaaten vorsähen, der Kommission die Entwürfe technischer Vorschriften vor ihrem Erlass mitzuteilen. Da diese Artikel somit inhaltlich unbedingt und hinreichend genau sind, können sie von Einzelnen vor den nationalen Gerichten herangezogen werden[73]. Für die Bestimmungen der hier zu prüfenden Nachfolgerichtlinie 98/34/EG sind keine Gründe für eine abweichende Beurteilung erkennbar.

Als Zwischenergebnis bleibt daher festzuhalten, dass hier ein relevanter Verstoß gegen die Mitteilungspflichten aus der Richtlinie 98/34/EG vorliegt, auf den O sich berufen kann.

II. Rechtsfolge: Unanwendbarkeit des OlölAG

300 Nach der Rspr. des EuGH in der Sache CIA Security führt ein solcher Verstoß zur Unanwendbarkeit der entsprechenden Vorschrift. Der EuGH stellt zunächst fest, dass diese Auswirkung des Verstoßes nicht von einer dahingehenden ausdrücklichen Bestimmung abhänge. Wie oben bereits ausgeführt, sei das Ziel der Richtlinie der Schutz des freien Warenverkehrs durch eine vorbeugende Kontrolle und die Mitteilungspflicht ein wichtiges Mittel zur Verwirklichung dieser gemeinschaftlichen Kontrolle. Die Wirksamkeit dieser Kontrolle sei um so größer, wenn die Richtlinie dahin ausgelegt werde, dass der Verstoß gegen die Mitteilungspflicht einen wesentlichen Verfahrensfehler darstelle, der zur Unanwendbarkeit der fraglichen technischen Vorschriften auf Einzelne führen kann[74]. Der Zweck der Richtlinie gehe außerdem über die reine Information der Kommission hinaus. Er diene auch der Beseitigung oder Verringerung von Handelsschranken und der Einbeziehung der übrigen Mitgliedstaaten und der Kommission, wobei letztere insbesondere die nötige Zeit haben müsse, um Harmonisierungsrichtlinien vorzuschlagen. Auch sei der Wortlaut der Art. 8 und 9 der Richtlinie 83/189/EWG klar, denn er sehe ein Verfahren für die gemeinschaftliche Kontrolle der Entwürfe nationaler Vorschriften vor und mache den Zeitpunkt ihres Inkrafttretens vom Einverständnis oder vom fehlenden Widerspruch der Kommission abhängig[75]. Mit dem Dringlichkeitsverfahren nach Art. 9 Abs. 3 der Richtlinie 83/189/EWG sei außerdem ein Verfahren geschaffen, um Regelungslücken, insbe-

---

72 EuGH vom 30. 4. 1996, Rs. C-194/94, Slg. 1996, I-2201, EuZW 1996, S. 379 ff., 382, Rn. 42, CIA Security International SA, mit Hinweis auf EuGH vom 19. 1. 1982 (Rs. 8/81, Slg. 1982, 53, Becker) und EuGH vom 19. 11. 1991 (verb. Rs. C-6/90 und C-9/90, Slg. 1991, I-5357, Francovich, Bonifaci u.a./.Italienische Republik).

73 Vgl. EuGH vom 30. 4. 1996, Rs. C-194/94, Slg. 1996, I-2201, EuZW 1996, S. 379 ff., 382, Rn. 44, CIA Security International SA.

74 Vgl. EuGH vom 30. 4. 1996, Rs. C-194/94, Slg. 1996, I-2201, EuZW 1996, S. 379 ff., 382, Rn. 48, CIA Security International SA.

75 Vgl. EuGH vom 30. 4. 1996, Rs. C-194/94, Slg. 1996, I-2201, EuZW 1996, S. 379 ff., 382, Rn. 50, CIA Security International SA.

sondere im Bereich der Sicherheit, zu vermeiden, die sich aus der Unanwendbarkeit der jeweiligen technischen Vorschrift ergeben könnten[76].

Daher sei die Richtlinie 83/189/EWG im Ergebnis dahin auszulegen, dass der Verstoß gegen die Mitteilungspflicht zur Unanwendbarkeit der betreffenden technischen Vorschriften führt, so dass sie Einzelnen nicht entgegengehalten werden können[77].

D. Ergebnis

Das Gericht darf das OlölAG hier nicht als Maßstab für die Frage, ob ein Mangel vorliegt, heranziehen, weil es wegen eines Verstoßes gegen die Mitteilungspflichten aus der Richtlinie 98/34/EG nicht anwendbar ist. A kann sich dem O gegenüber daher nicht auf dessen Verstoß gegen das OlölAG berufen und muss somit den Kaufpreis bezahlen.

Weiterführende Hinweise

Streinz, Rudolf: Europarecht, Rz. 418–420, 433–453, 461–463, 948.

EuGH vom 19. 1. 1982, Rs. 8/81, Slg. 1982, 53 ff. = NJW 1982, S. 499 ff., Becker./.Finanzamt Münster.

EuGH vom 19. 11. 1991, verb. Rs. C-6/90 und C-9/90, Slg. 1991, I-05357 ff. = NJW 1992, 165 ff., Francovich u.a./.Italienische Republik.

EuGH vom 14. 7. 1994, Rs. C-91/92, Slg. 1994, I-3325 ff. = NJW 1994, 2473 ff., Paola Faccini Dori./ .Recreb Srl.

EuGH vom 30. 4. 1996, Rs. C-194/94, Slg. 1996, I-2201 ff. = EuZW 1996, S. 379 ff., CIA Security International SA./.Signalson SA u. Securitel SPRL.

EuGH vom 26. 9. 2000, Rs. C-443/98, Slg. 2000, I-7535 ff. = EuZW 2001, 153 ff., Unilever Italia SpA./. Central Food SpA.

EuGH vom 6. 11. 2003, Rs. C-45/01, Slg. 2003, I-12911 ff. = DStRE 2004, S. 99 ff., Dornier-Stiftung./.Finanzamt Gießen.

Dörr, Claus: Der gemeinschaftsrechtliche Staatshaftungsanspruch in der Rechtsprechung des Bundesgerichtshofs, DVBl 2006, S. 598 ff.

Fronia, Joachim: Anmerkung zu EuGH vom 30. 4. 1996, Rs. C-194/94 (CIA Security International SA) , EuZW 1996, S. 383 ff.

Giesberts, Ludger/Eickelberg, Jan: Rechtliche Grundlagen einer Verletzung subjektiv-öffentlicher Rechte beim EG-Staatshaftungsanspruch im Bereich des harmonisierten Sekundärrechts, EuZW 2005, S. 231.

Gundel, Jörg: Neue Grenzlinien für die Direktwirkung nicht umgesetzter EG-Richtlinien unter Privaten – Zur Unanwendbarkeit richtlinienwidriger nationaler Verbotsgesetze im Konflikt unter Privaten, EuZW 2001, S. 143 ff.

Hesselhaus, Sebastian: Unmittelbare Wirkung von Richtlinien zwischen Privaten, JA 2001, 647 ff.

Hummel, David: Zum Anwendungsvorrang von EG-Richtlinien im Zivilrecht – Sinn und Zweck der EuGH-Vorlage des BGH zur Frage der Nutzungsentschädigung im Fall einer Ersatzlieferung an einen Verbraucher, EuZW 2007, S. 268 ff.

76 Vgl. EuGH vom 30. 4. 1996, Rs. C-194/94, Slg. 1996, I-2201, EuZW 1996, S. 379 ff., 382, Rn. 53, CIA Security International SA.

77 Vgl. EuGH vom 30. 4. 1996, Rs. C-194/94, Slg. 1996, I-2201, EuZW 1996, S. 379 ff., 383, Rn. 58, CIA Security International SA.

Micklitz, Hans-Wolfgang: Kurzkommentar zu EuGH vom 26. 9. 2000, Rs. C-443/98, Unilever Italia SpA, EWiR 2001, S. 497 f.

Streinz, Rudolf: Notifizierungspflicht gem. EG-Informationsrichtlinie – Auswirkung nicht umgesetzter Richtlinien auf Privatrechtsverhältnisse, JuS 2001, 809 ff. (EuGH, vom 26. 9. 2000, Rs. C-443/98, Unilever Italia SpA).

Walzel, Daisy/Becker, Thomas: Grundzüge der Richtlinienrechtsprechung der EuGH, JURA 2007, 653 ff.

301 Ausblick auf den Vertrag von Lissabon[78]

Bisherige Nummerierung des Vertrages zur Gründung der Europäischen Gemeinschaft (EG)	**Nummerierung im Vertrag von Lissabon**	**Neue Nummerierung des Vertrages über die Arbeitsweise der Europäischen Union (AEUV)**
Art. 10	Im Wesentlichen ersetzt durch Art. 3a Abs. 3 (künftig Art. 4 Abs. 3) EUV	
Art. 28–30	Art. 28–30	Art. 34–36
Art. 153 Abs. 1, 3, 4, 5	Art. 153 Abs. 1, 3, 4, 5	Art. 169 Abs. 1, 3, 4, 5
Art. 153 Abs. 2	Art. 6a	Art. 12
Art. 226–234	Art. 226–234	Art. 258–267
Art. 249	Art. 249	Art. 288
Art. 288	Art. 288	Art. 340

78 Synopse nach Übereinstimmungstabelle zu Art. 5 des Vertrags von Lissabon, ABl. 2007 Nr. C 306/202 ff. Konsolidierte Fassungen des „Vertrags über die Europäische Union" (EUV) und des neuen „Vertrags über die Arbeitsweise der Europäischen Union" (AEUV, bisher: „Vertrag zur Gründung der Europäischen Gemeinschaft") sind im Abl. 2008 Nr. C-115/1 ff. abgedruckt.

Fall 13

Der mitgliedstaatliche Vollzug von Gemeinschaftsrecht

Pflichtfach/Schwerpunktbereich, Schwierigkeitsgrad: hoch

Teil I

Der Weinmarkt in der EG leidet dauerhaft unter der Überproduktion bestimmter **302**
Weinsorten. Deshalb besteht im Rahmen der gemeinsamen Marktorganisation für Wein seit langem die Möglichkeit, die so genannte „obligatorische Destillation" von Tafelwein anzuordnen, wenn in einem Weinwirtschaftsjahr mit besonders hohen Erträgen ein Verfall des Weinpreises zu befürchten ist. Durch die obligatorische Destillation können die Erzeuger verpflichtet werden, den überschüssigen Wein zu einem garantierten Mindestpreis zur Destillation abzuliefern. Der bei der Destillation gewonnene Alkohol wird dem Trinkalkoholmarkt zugeführt, wobei die Mengen, die auch dort keinen Absatz finden können, als Kraftstoff verwendet werden. Rechtsgrundlage für die Destillation ist eine Bestimmung in der EG-Verordnung über die gemeinsame Marktorganisation für Wein[1]. Diese Verordnung sieht außerdem vor, dass „die Mitgliedstaaten die notwendigen Maßnahmen treffen müssen, um die Einhaltung der Gemeinschaftsvorschriften auf dem Weinsektor zu gewährleisten".

In einem Weinwirtschaftsjahr mit besonders hoher Überproduktion ordnete die zuständige Kommission die obligatorische Destillation an. Danach sollten von deutschen Erzeugern insgesamt 70.000 Hektoliter Wein destilliert werden. Die deutschen Behörden erließen zur Umsetzung der Maßnahme 600 Verwaltungsakte gegen deutsche Winzer. Diese legten jeweils fest, wie viel Wein vom Winzer abzuliefern bzw. zu destillieren sei. Eine sofortige Vollziehung der Bescheide wurde nicht angeordnet. Rund 500 Winzer erhoben Widerspruch gegen den Bescheid. Die Widerspruchsführer wandten sich meist gegen Diskriminierungen bei der Bemessung der auf sie entfallenden Menge. Während der aufschiebenden Wirkung der Bescheide verkauften die Winzer den betroffenen Wein und vereitelten so die Maßnahme der EG, weil dadurch tatsächlich nur etwa 9.000 hl Wein destilliert wurden. Die Gemeinschaft möchte ein Vertragsverletzungsverfahren gegen Deutschland einleiten.

Mit Aussicht auf Erfolg?

---

1 Die Marktordnung für Wein ist derzeit in VO (EG) 1493/1999 des Rates vom 17. Mai 1999 über die gemeinsame Marktorganisation für Wein (ABl. 1999 Nr. L 179/1 ff.) geregelt. Auf die Einzelheiten dieser Marktordnung kommt es im Rahmen dieser Klausur nicht an, daher wird auf den Abdruck verzichtet. Im April 2008 hat der EU-Ministerrat eine Reform der Marktorganisation für Wein verabschiedet, die zum 1. August 2008 in Kraft treten sollte.

Teil II

Auch der Zuckermarkt in der EG ist durch strukturelle Überschüsse gekennzeichnet. Nach der gemeinsamen Marktordnung für Zucker wird bei der Ausfuhr von Zucker aus der EG auf den Weltmarkt die Differenz zwischen dem Weltmarktpreis und dem höheren gemeinschaftsinternen Interventionspreis in Form einer Ausfuhrerstattung ausgeglichen. Die hierfür benötigten Beträge konnte die Gemeinschaft nach der im Streitjahr geltenden EG-Verordnung über die Marktordnung für Zucker[2] durch die Erhebung der so genannten Tilgungsabgabe auf die Zuckerhersteller umlegen. In den vorangegangenen Jahren war durch die Ausfuhrerstattungen ein erhebliches Defizit entstanden. Dieses sollten die Zuckerhersteller nun nachträglich ausgleichen. Daher beschloss die Gemeinschaft, im Streitjahr von den Zuckerherstellern die Tilgungsabgabe zu verlangen.

In Deutschland erlegt das zuständige Hauptzollamt der Zuckerfabrik AG (Z) per Bescheid eine Abgabe in Höhe von einer Million Euro auf. Nachdem der Einspruch zurückgewiesen wurde, beantragte Z beim Finanzgericht, die Vollziehung des Abgabenbescheides auszusetzen, und erhob Anfechtungsklage. Die der Tilgungsabgabe zugrunde liegende EG-Verordnung sei ungültig, da sie insbesondere gegen das Rückwirkungsverbot verstoße. Das Finanzgericht ist der Auffassung, dass tatsächlich ein Verstoß gegen das Rückwirkungsverbot vorliege.

Kann es die Aussetzung der Vollziehung anordnen?

Finanzgerichtsordnung (FGO, Auszug)

§ 40

(1) Durch Klage kann die Aufhebung, in den Fällen des § 100 Abs. 2 auch die Änderung eines Verwaltungsakts (Anfechtungsklage) sowie die Verurteilung zum Erlass eines abgelehnten oder unterlassenen Verwaltungsakts (Verpflichtungsklage) oder zu einer anderen Leistung begehrt werden.

(2) Soweit gesetzlich nichts anderes bestimmt ist, ist die Klage nur zulässig, wenn der Kläger geltend macht, durch den Verwaltungsakt oder durch die Ablehnung oder Unterlassung eines Verwaltungsakts oder einer anderen Leistung in seinen Rechten verletzt zu sein.

§ 69

(1) Durch Erhebung der Klage wird die Vollziehung des angefochtenen Verwaltungsakts vorbehaltlich des Absatzes 5 nicht gehemmt, insbesondere die Erhebung einer Abgabe nicht aufgehalten. ...

(2) Die zuständige Finanzbehörde kann die Vollziehung ganz oder teilweise aussetzen. Auf Antrag soll die Aussetzung erfolgen, wenn ernstliche Zweifel an der Rechtmäßigkeit des angefochtenen Verwaltungsakts bestehen oder wenn die Vollziehung für den Betroffenen eine unbillige, nicht durch überwiegende öffentliche Interessen gebotene Härte zur Folge hätte. Die Aussetzung kann von einer Sicherheitsleistung abhängig gemacht werden. Soweit die Vollziehung eines Grundlagenbescheides ausgesetzt wird, ist auch die Vollziehung eines Folgebescheides auszusetzen. Der Erlass eines Folgebescheides bleibt zulässig. Über eine Sicherheitsleistung ist bei der Aussetzung eines Folgebescheides zu entscheiden, es sei denn, dass bei der Aussetzung der Vollziehung des Grundlagenbescheides die Sicherheitsleistung ausdrücklich ausgeschlossen worden ist. Ist der Verwaltungsakt schon vollzogen, ...

2 Die Marktordnung für Zucker ist derzeit in VO (EG) 318/2006 des Rates vom 20. Februar 2006 über die gemeinsame Marktorganisation für Zucker (ABl. 2006 Nr. L 58/1 ff.) geregelt. Auf die Einzelheiten dieser Marktordnung kommt es im Rahmen dieser Klausur nicht an, daher wird auf den Abdruck verzichtet.

(3) Auf Antrag kann das Gericht der Hauptsache die Vollziehung ganz oder teilweise aussetzen; Absatz 2 Satz 2 bis 6 und § 100 Abs. 2 Satz 2[3] gelten sinngemäß. Der Antrag kann schon vor Erhebung der Klage gestellt werden. Ist der Verwaltungsakt im Zeitpunkt der Entscheidung schon vollzogen, kann das Gericht ganz oder teilweise die Aufhebung der Vollziehung, auch gegen Sicherheit, anordnen. Absatz 2 Satz 8 gilt entsprechend. In dringenden Fällen kann der Vorsitzende entscheiden.

(4) Der Antrag nach Absatz 3 ist nur zulässig, wenn die Behörde einen Antrag auf Aussetzung der Vollziehung ganz oder zum Teil abgelehnt hat. Das gilt nicht, wenn

1. die Finanzbehörde über den Antrag ohne Mitteilung eines zureichenden Grundes in angemessener Frist sachlich nicht entschieden hat oder
2. eine Vollstreckung droht.

---

3 § 100 Abs. 2 FGO betrifft die Festsetzung bestimmter Geldbeträge durch das Gericht und ist für den Klausurfall nicht relevant.

Vorüberlegungen

303 In dieser Klausur geht es in zwei Varianten um den Einfluss des Europarechts auf den vorläufigen Rechtsschutz nach deutschem Recht. Damit besteht eine gewisse Parallele zu Fall 14, bei dem es ebenfalls um die Auswirkungen des europäischen Rechts auf grundlegende deutsche Bestimmungen (Aufhebung von Verwaltungsakten nach dem VwVfG) geht.

Beide Teile stammen aus dem Agrarrecht, das in Art. 34 EG die Grundlagen für die gemeinsamen Marktorganisationen Wein und Zucker enthält. Besondere Kenntnisse aus diesem Bereich sind allerdings nicht erforderlich, da es in der Sache um deutsches Prozessrecht nach der VwGO und der Finanzgerichtsordnung (FGO) geht. Das wird auch dadurch verdeutlicht, dass die maßgeblichen Bestimmungen der einschlägigen Marktordnungen im Sachverhalt wiedergegeben, aber nicht selbst mit abgedruckt werden.

Teil I ist der „Tafelwein"-Entscheidung des EuGH[4] aus dem Jahr 1990 nachgebildet. Hier zwingt die relativ offene Fragestellung zunächst dazu, die geeignete Verfahrensart zu ermitteln. In Betracht kommt nur ein Vertragsverletzungsverfahren nach Art. 226 EG, dessen Zulässigkeit hier keine Probleme aufweist[5]. Im Rahmen der Begründetheit ist sodann zu untersuchen, ob Deutschland seine vertraglichen Pflichten verletzt hat, indem es die Heranziehung zur obligatorischen Destillation nicht für sofort vollziehbar erklärt hat. Der Umstand, dass hier keine weiteren Informationen über die Wein-Marktordnung (deren Kenntnisse weder vorausgesetzt noch erwartet werden können) gegeben werden, zeigt, dass es offenbar nicht auf deren Einzelheiten ankommt. Sedes materiae ist vielmehr § 80 VwGO, und hier insbesondere die Absätze 2 und 3. Diese sind vor dem Hintergrund des Europarechts auszulegen. Zu erkennen ist insbesondere, dass das „öffentliche Interesse" nach § 80 Abs. 2 Satz 1 Nr. 4 VwGO hier das Einfallstor für die Durchsetzung des Gemeinschaftsrechts bildet. Dabei verlangen die entsprechende Verordnung und Art. 10 EG nach der Tafelwein-Rechtsprechung des EuGH, auch für eine effektive Durchsetzung durch die verfügbaren Instrumentarien zu sorgen. Im vorliegenden Fall wäre das die Anordnung der sofortigen Vollziehung gewesen. Ein anderes Ergebnis dürfte dagegen nur schwer vertretbar sein. Im Ergebnis hat das Vertragsverletzungsverfahren daher Aussicht auf Erfolg.

Ergänzend sei noch angemerkt, dass die Verordnungen, nach denen der EuGH den Fall zu entscheiden hatte, inzwischen aufgehoben wurden. Die bei Abschluss des Manuskripts gültige Regelung des Weinmarkts (VO (EG) 1493/1999 des Rates vom 17. Mai 1999 über die gemeinsame Marktorganisation für Wein, ABl. 1999 Nr. L 179/1 ff.) enthält keine ausdrückliche Verpflichtung der Mitgliedstaaten zur Gewährleistung der einschlägigen Vorschriften mehr. Nach aktuellem Recht wäre der Fall daher über Art. 10 EG zu lösen, was aber zum gleichen Ergebnis führt. Um diese Probleme zu umgehen, wurde im Sachverhalt ohne ausdrückliche Nennung bestimmter Verordnungen die maßgebliche Vorschrift zitiert.

---

4 EuGH vom 10. 7. 1990, Rs. 217/88, Slg. 1990, I-2879 = EuZW 1990, S. 384 ff., Kommission der Europäischen Gemeinschaften./.Bundesrepublik Deutschland – Tafelwein.

5 Prüfungsschemata zum Vertragsverletzungsverfahren und anderen wichtigen Verfahrensarten vor dem EuGH sind im Anhang zu Fall 9 abgedruckt (Rz. 244).

Teil II ist prozessual in den vorläufigen Rechtsschutz nach der Finanzgerichtsordnung eingekleidet, verlangt aber keine diesbezüglichen Spezialkenntnisse. Die einschlägigen Normen sind mit abgedruckt. Inhaltlich greift der Sachverhalt die grundlegende Entscheidung des EuGH in Sachen Zuckerfabrik Süderdithmarschen von 1991 und den daran anschließenden Fall der Atlanta Fruchthandelsgesellschaft auf[6]. Auch bei Teil II geht es wieder um die Verbindung des deutschen Prozessrechts mit dem Europarecht. Nach der Rechtsprechung des Gerichtshofs ist die Aussetzung der Vollziehung grundsätzlich auch dann möglich, wenn der Bescheid auf einer europäischen Verordnung beruht. Zur Sicherung und Durchsetzung des Europarechts hat der EuGH allerdings mehrere Kriterien erarbeitet, die die nationalen Gerichte dabei beachten müssen. Da der Sachverhalt insgesamt nur wenige Angaben enthält, kommt es letztlich nicht so sehr darauf an, wie der Bearbeiter sich entscheidet. Wichtig ist vielmehr, die maßgeblichen Voraussetzungen für eine Aussetzung anhand der bisherigen Rechtsprechung herauszuarbeiten.

Der schwierige Fall verlangt sowohl gute Kenntnisse des deutschen Verwaltungsrechts als auch fundiertes Wissen über die Rechtsprechung des EuGH zum mitgliedstaatlichen Vollzug von Gemeinschaftsrecht. Er ist als Aufgabe mit hohem Schwierigkeitsgrad sowohl im Pflichtfach als auch im Schwerpunktbereich einsetzbar.

Gliederung

Teil I 304

A. Zulässigkeit
   I. Klageberechtigung
   II. Vorverfahren
   III. Streitgegenstand
   IV. Rechtsschutzinteresse
   V. Ergebnis

B. Begründetheit
   I. Prüfungsmaßstab
   II. Verstoß gegen die gemeinsame Marktorganisation für Wein?
   III. Pflicht zur Anordnung der sofortigen Vollziehung?
      1. Öffentliches Interesse als entscheidende Kategorie
      2. Öffentliches Interesse gem. § 80 Abs. 2 Satz 1 Nr. 4 VwGO?
      3. Abwägung und Europäisches Gemeinschaftsrecht
   IV. Vertragsverletzung

C. Ergebnis

6 EuGH vom 21. 2. 1991, verb. Rs. C-143/88 und C-92/89, Slg. 1991, I-415 = NVwZ 1991, S. 460 f., Zuckerfabrik Süderdithmarschen AG und Soest GmbH./.Hauptzollamt Itzehoe und Paderborn, und EuGH vom 9. 11. 1995, Rs. C-465/93, Slg. 1995, I-3761 ff. = NJW 1996, S. 1333 ff., Atlanta Fruchthandelsgesellschaft mbH u.a./.Bundesamt für Ernährung und Forstwirtschaft.

Teil II

A. Zulässigkeit
   I. Zuständiges Gericht
   II. Antrag
   III. Antragsbefugnis
   IV. Ablehnung der Aussetzung durch Behörde
   V. Rechtsschutzbedürfnis
   VI. Ergebnis

B. Begründetheit
   I. Ernstliche Zweifel
   II. Zulässigkeit einer Aussetzung bei Gemeinschaftsrechtsbezug
   III. Konkrete Voraussetzungen der Aussetzung
      1. Erhebliche Zweifel an der Gültigkeit
      2. Vorläufige Entscheidung und Vorlage an EuGH
      3. Besondere Dringlichkeit
      4. Wahrung der Interessen der Gemeinschaft
      5. Beachtung der EuGH-Rechtsprechung

C. Ergebnis

Musterlösung

Teil I

In Betracht kommt ein Vertragsverletzungsverfahren gem. Art. 226 EG und damit eine Klage der Kommission gegen die Bundesrepublik Deutschland vor dem EuGH. Das Verfahren hat Aussicht auf Erfolg, wenn die Klage zulässig und begründet ist.

A. Zulässigkeit

I. Klageberechtigung

Art. 226 EG spricht der Kommission ausdrücklich die Klageberechtigung im **305**
Vertragsverletzungsverfahren zu[7].

II. Vorverfahren

Vor Klageerhebung hat die Kommission gem. Art. 226 EG ein Vorverfahren durchzuführen[8]. Dazu hat sie zunächst ein erstes Mahnschreiben an den Mitgliedstaat zu richten. Darin muss sie die Tatsachen mitteilen, in denen sie den Vertragsverstoß sieht, erklären, dass sie ein Vertragsverletzungsverfahren eingeleitet hat und dem Mitgliedstaat eine Frist zur Äußerung setzen.

Räumt der Mitgliedstaat den Verstoß nicht aus, so ist eine begründete Stellungnahme abzugeben, die die wesentlichen Tatsachen und Rechtsgründe enthält, aus denen sich nach Auffassung der Kommission der Vertragsverstoß ergibt. Die begründete Stellungnahme ist mit einer Frist zur Beseitigung des Verstoßes zu versehen.

III. Streitgegenstand

Der Streitgegenstand der Klage vor dem EuGH richtet sich nach der begründeten Stellungnahme. Er darf in seiner Reichweite nicht über diese hinausgehen. Die begründete Stellungnahme wiederum darf nicht über das erste Mahnschreiben hinausreichen, so dass der Streitgegenstand der Klage gegenüber dem des Vorverfahrens in doppelter Hinsicht akzessorisch ist[9]. Hinsichtlich des überschießenden Teils des Streitgegenstandes wäre die Klage unzulässig.

IV. Rechtsschutzinteresse

Die Kommission muss grundsätzlich kein Rechtsschutzinteresse nachweisen. Jedoch ist es erforderlich, dass sie von dem Vertragsverstoß überzeugt ist.

V. Ergebnis

Hält die Kommission die geschilderten Voraussetzungen ein, so ist die Klage zulässig.

---

7 Siehe dazu *Streinz*, Europarecht, Rz. 578.
8 Siehe dazu *Streinz*, Europarecht, Rz. 579/580.
9 *Ahlt/Deisenhofer*, Europarecht, S. 142. Siehe dazu auch *Streinz*, Europarecht, Rz. 580.

B. Begründetheit

I. Prüfungsmaßstab

306 Nach Art. 226 EG kann die Kommission den Gerichtshof anrufen, wenn ihrer Auffassung nach ein Mitgliedstaat gegen eine Verpflichtung aus dem EG-Vertrag verstoßen hat.

Die Klage ist daher begründet, wenn die von der Kommission behaupteten Tatsachen zutreffen und sich aus diesen Tatsachen ein Verstoß gegen Gemeinschaftsrecht ergibt, der dem beklagten Mitgliedstaat – hier Deutschland (Art. 299 Abs. 1 EG) – zuzurechnen ist[10]. Bei diesen Tatsachen kann es sich um den Erlass oder die Aufrechterhaltung von gemeinschaftsrechtswidrigen Gesetzen, Verordnungen, Verwaltungsrichtlinien oder um bloße Praxis eines Mitgliedstaats, d.h. seiner Organe, Behörden oder Gerichte, handeln. Es spielt keine Rolle, ob ein permanentes Verhalten, eine Einzelmaßnahme oder ein pflichtwidriges Unterlassen vorliegt. Die Mitgliedstaaten sind der Gemeinschaft gegenüber für jedes staatliche Fehlverhalten in ihrem Hoheitsgebiet verantwortlich. Dies gilt auch für unabhängige Organe wie z.B. Parlamente, Bundesländer, Gemeinden und Gerichte[11].

Prüfungsmaßstab für das Verhalten des Mitgliedstaats ist das gesamte Gemeinschaftsrecht. Der Begriff „Verpflichtung aus diesem Vertrag“ in Art. 226 EG ist weit auszulegen und umfasst u.a. geschriebenes und ungeschriebenes, primäres und sekundäres Gemeinschaftsrecht[12]. Dies folgt aus Art. 211 EG, nach dem die Kommission nicht nur für die Anwendung des primären, sondern auch des sekundären Gemeinschaftsrechts Sorge zu tragen hat[13].

II. Verstoß gegen die gemeinsame Marktorganisation für Wein?

307 Die Nicht-Anordnung der sofortigen Vollziehung der Heranziehung zur Destillation könnte gegen die Vorschriften über die gemeinsame Marktorganisation für Wein verstoßen. In der entsprechenden Verordnung werden die Mitgliedstaaten nach den Angaben im Sachverhalt verpflichtet, die „notwendigen Maßnahmen“ zu treffen, um die Einhaltung der Gemeinschaftsvorschriften auf dem Weinsektor zu gewährleisten[14].

---

10 *Cremer* in Calliess/Ruffert, EGV, Art. 226 Rz. 33 m.w.N., und *Ahlt/Deisenhofer*, Europarecht, S. 143.

11 Vgl. *Ahlt/Deisenhofer*, Europarecht, S. 143.

12 *Cremer* in Calliess/Ruffert, EGV, Art. 226 Rz. 33 m.w.N.

13 Vgl. *Ahlt/Deisenhofer*, Europarecht, S. 143, und *Ruffert* in Calliess/Ruffert, EGV, Art. 211 Rz. 2. Siehe dazu auch *Streinz*, Europarecht, Rz. 339 ff.

14 Diese Verpflichtung ergab sich im Originalfall (EuGH vom 10. 7. 1990, Rs. 217/88, Slg. 1990, I-2879, EuZW 1990, S. 384 ff., Tafelwein) aus Art. 64 Abs. 1 S. 1 der VO (EWG) 337/79 des Rates vom 5. Februar 1979 über die gemeinsame Marktorganisation für Wein (ABl. 1979 Nr. L 54/1 ff.; die obligatorische Destillation wurde dort im Jahr 1982 durch eine Änderung des Art. 41 eingefügt, VO (EWG) 2144/82 des Rates vom 27. Juli 1982, ABl. 1982 Nr. L 227/1 ff.). Die VO 337/79 wurde inzwischen aufgehoben. Bei Abschluss des Manuskripts im Mai 2008 maßgeblich war die VO (EG) 1493/1999 des Rates über die gemeinsame Marktorganisation für Wein vom 17. Mai 1999 (ABl. 1999 Nr. L 179/1 ff.), die allerdings keine dem Art. 64 Abs. 1 Satz 1 entsprechende ausdrückliche Normierung der mitgliedstaatlichen Gewährleistungspflicht mehr enthält. Hier muss dann ergänzend auf Art. 10 EG zurückgegriffen werden. Aus didaktischen Gründen wurde im Fall die Vorschrift der Originalentscheidung beibehalten, um die mitgliedstaatlichen Verpflichtungen anhand der EuGH-Entscheidung darstellen zu können.

Hier sollten im entsprechenden Weinwirtschaftsjahr insgesamt 70.000 hl Tafelwein destilliert werden, um einen durch die hohen Erträge verursachten Preisverfall zu verhindern. Allerdings ergingen die entsprechenden Bescheide an die Winzer ohne die Anordnung der sofortigen Vollziehung. Daher hatten die Widersprüche, die gegen 500 der 600 Bescheide eingelegt wurden, gemäß § 80 Abs. 1 Satz 1 VwGO aufschiebende Wirkung, und der fragliche Wein konnte während des Widerspruchsverfahrens verkauft werden. Die Anordnung der Kommission lief somit im Ergebnis weitgehend ins Leere.

III. Pflicht zur Anordnung der sofortigen Vollziehung?

1. Öffentliches Interesse als entscheidende Kategorie

Zu prüfen ist daher, ob die deutschen Behörden verpflichtet gewesen wären, durch flankierende Maßnahmen sicherzustellen, dass die Winzer der Destillationspflicht tatsächlich nachkommen. Rechtstechnisch hätte das durch die Anordnung der sofortigen Vollziehung der Verwaltungsakte gemäß § 80 Abs. 2 Satz 1 Nr. 4 VwGO geschehen können. Danach entfällt die aufschiebende Wirkung u.a. in den Fällen, in denen die sofortige Vollziehung im öffentlichen Interesse besonders angeordnet wird. **308**

Es kommt somit darauf an, ob die sofortige Vollziehung im „öffentlichen Interesse“ lag.

Die 2. Alternative („überwiegendes Interesse eines Beteiligten“) ist hier offensichtlich nicht einschlägig.

2. Öffentliches Interesse gem. § 80 Abs. 2 Satz 1 Nr. 4 VwGO?

Nach § 80 Abs. 2 Satz 1 Nr. 4 VwGO muss ein (zusätzliches) öffentliches Interesse gerade daran bestehen, dass Rechtsbehelfe keine aufschiebende Wirkung haben. Erforderlich ist ein „besonderes Interesse“ (vgl. § 80 Abs. 3 Satz 1 VwGO) an der sofortigen Vollziehung des Verwaltungsakts. Dieses Interesse bezieht sich gerade auf den Sofortvollzug und muss so gewichtig sein, dass es gerechtfertigt erscheint, aufgrund dieses Interesses den durch die aufschiebende Wirkung ansonsten eintretenden Rechtsschutz des Betroffenen einstweilen zurückzustellen. Das besondere Vollzugsinteresse ist durch eine Abwägung aller Umstände des konkreten Einzelfalls zu ermitteln[15]. **309**

Aus dem Sachverhalt ergeben sich keine Anhaltspunkte für ein spezifisch *deutsches* öffentliches Interesse an der sofortigen Vollziehung. In Betracht käme allerdings ein aus dem europäischen Recht fließendes Interesse, gemäß der Verpflichtung aus der Marktorganisation zu handeln. Denn bei Verwaltungsakten, die – wie hier – auf Gemeinschaftsrecht beruhen, gehört wegen der gebotenen gemeinschaftsrechtskonformen Auslegung und Anwendung des § 80 Abs. 2 Satz 1 Nr. 4 VwGO zum öffentlichen Interesse auch das Gemeinschaftsinteresse am wirksamen Vollzug des Europarechts[16].

15 Vgl. *Puttler* in Sodan/Ziekow, VwGO, § 80 Rz. 84, 85.
16 Vgl. *Puttler* in Sodan/Ziekow, VwGO, § 80 Rz. 88 und *Schenke*, Verwaltungsprozessrecht, Rz. 984.

3. Abwägung und Europäisches Gemeinschaftsrecht

310 Im Rahmen der Abwägung aller Umstände ist somit zu überlegen, ob das öffentliche Interesse an der sofortigen Vollziehung hier derart gewichtig war, dass es das Ermessen der Behörde bei der entsprechenden Anordnung auf Null reduzierte.

Dagegen spricht, dass die Mitgliedstaaten nicht ausdrücklich verpflichtet sind, nationale Zwangsmittel einzusetzen, um die obligatorische Destillation sicherzustellen. Sie müssen aber die „notwendigen Maßnahmen" treffen, um die Einhaltung der Gemeinschaftsvorschriften auf dem Weinsektor zu gewährleisten. Daraus leitet der EuGH die Pflicht ab, nationale Zwangsmittel einzusetzen, und zwar unabhängig davon, ob diese Maßnahmen im nationalen Recht bereits vorgesehen sind oder noch eingeführt werden müssen[17]. Dem lässt sich nicht entgegenhalten, dass die entsprechende Vorschrift in der Marktorganisation keine hinreichend klare und eindeutige Rechtsgrundlage für den Einsatz von nationalen Zwangsmitteln darstelle. Denn das Gebot, „die notwendigen Maßnahmen zu treffen", besagt auch, dass die Mitgliedstaaten in ihrem nationalen Recht alle gesetzgeberischen Maßnahmen oder Einzelfallregelungen treffen müssen, die zur tatsächlichen Durchführung der obligatorischen Destillation notwendig sind[18].

311 Allerdings könnte es Sache der Mitgliedstaaten sein, zu bestimmen, welche Maßnahmen am besten geeignet sind, um die Beachtung der Gemeinschaftsvorschriften zu gewährleisten. Dagegen spricht aber, dass die Maßnahmen hier fristgebunden durchgeführt werden mussten, um den gewünschten Erfolg zu erreichen. Daher müssen die Mitgliedstaaten auch dafür Sorge tragen, dass die betroffenen Erzeuger die Destillation innerhalb der vorgeschriebenen Frist vornehmen, und alle dazu notwendigen Maßnahmen ergreifen. Nachdem die in Deutschland niedergelassenen Erzeuger durch einen im deutschen Recht vorgesehenen Rechtsbehelf die Aussetzung der Vollziehung der Bescheide erreicht hatten, oblag es somit den deutschen Behörden, diese aufschiebende Wirkung durch die Anordnung der sofortigen Vollziehung wieder zu beseitigen[19]. Dem lässt sich auch nicht entgegenhalten, dass die nach deutschem Recht für den Erlass einer solchen Anordnung notwendigen Voraussetzungen nicht erfüllt gewesen seien. Selbst wenn diese Auffassung zuträfe, kann sie die Nichterfüllung einer gemeinschaftsrechtlichen Verpflichtung nicht rechtfertigen. Nach ständiger Rechtsprechung des Gerichtshofs kann sich ein Mitgliedstaat nämlich nicht auf Bestimmungen, Übungen oder Umstände seiner internen Rechtsordnung berufen, um die Nichtbeachtung von Verpflichtungen aus dem Gemeinschaftsrecht zu rechtfertigen[20].

Fraglich ist allerdings, ob die Anordnung der sofortigen Vollziehung überhaupt ein taugliches Mittel gewesen wäre, weil die Verwaltungsgerichte gemäß § 80 Abs. 5

---

17 EuGH vom 10. 7. 1990, Rs. 217/88, Slg. 1990, I-2879, EuZW 1990, S. 384 ff., 385, Rn. 14, Tafelwein.
18 EuGH vom 10. 7. 1990, Rs. 217/88, Slg. 1990, I-2879, EuZW 1990, S. 384 ff., 385, Rn. 16, Tafelwein.
19 Vgl. EuGH vom 10. 7. 1990, Rs. 217/88, Slg. 1990, I-2879, EuZW 1990, S. 384 ff., 385, Rn. 25, Tafelwein.
20 Vgl. EuGH vom 10. 7. 1990, Rs. 217/88, Slg. 1990, I-2879, EuZW 1990, S. 384 ff., 386 Rn. 26 m.w.N., Tafelwein.

VwGO die aufschiebende Wirkung ohnehin hätten wiederherstellen können, wenn sie ernstliche Zweifel an der Rechtmäßigkeit der Bescheide gehabt hätten[21].

Doch auch das hält der EuGH nicht für stichhaltig. Zum einen könne sich Deutschland nicht auf eine mögliche oder wahrscheinliche Haltung seiner Gerichte berufen, um die eigene Untätigkeit zu rechtfertigen. Zum anderen hätten die Gerichte – gegebenenfalls auf Anregung der beteiligten Behörden – gemäß Art. 234 EG die Möglichkeit gehabt, die Frage der Gültigkeit der gemeinschaftsrechtlichen Vorschriften über die obligatorische Destillation im Wege der Vorabentscheidung dem EuGH vorzulegen[22].

Der Gerichtshof hat in seiner Tafelwein-Entscheidung daher festgestellt, dass ein Mitgliedstaat, der bei der Durchführung einer Verordnung der Kommission auf unvorhersehbare Schwierigkeiten stößt, die die Erfüllung der entsprechenden Verpflichtungen absolut unmöglich machen, diese Probleme der Kommission unterbreiten und ihr dabei geeignete Lösungen vorschlagen muss. Zur Begründung verweist der EuGH auf Art. 10 EG. Gemäß Art. 10 Abs. 1 Satz 1 EG sind die Mitgliedstaaten verpflichtet, u.a. alle geeigneten Maßnahmen allgemeiner oder besonderer Art zur Erfüllung der Verpflichtungen zu treffen, die sich aus dem EG-Vertrag ergeben. Sie haben darüber hinaus alle Maßnahmen zu unterlassen, die die Verwirklichung der Ziele des Vertrags gefährden könnten (Art. 10 Abs. 2 EG). **312**

Aufgrund der gegenseitigen Verpflichtung zu loyaler Zusammenarbeit nach Treu und Glauben müssten die Kommission und der Mitgliedstaat daher in einem solchen Fall zusammenarbeiten, um die Schwierigkeiten unter voller Beachtung der Bestimmungen des Vertrages zu überwinden. Im vorliegenden Fall hat Deutschland der Kommission aber keine geeignete Lösung für die aufgetretenen Schwierigkeiten vorgeschlagen, sondern einseitig beschlossen, auf die weitere Durchführung der Maßnahmen der obligatorischen Destillation zu verzichten. Ein derartiges Verhalten verstößt laut EuGH gegen die Pflicht zur Zusammenarbeit[23].

IV. Vertragsverletzung

Bei Abwägung aller Umstände hätte die Anordnung der sofortigen Vollziehung im „öffentlichen Interesse" i.S.d. § 80 Abs. 2 Satz 1 Nr. 4 VwGO gelegen und wäre nach deutschem Recht zulässig gewesen. Vor dem Hintergrund des Gemeinschaftsrechts hätten die deutschen Behörden somit gemäß § 80 Abs. 2 Satz 1 Nr. 4 VwGO die **313**

21 Vgl. dazu *Puttler* in Sodan/Ziekow, VwGO, § 80 Rz. 158, sowie *Hufen*, Verwaltungsprozessrecht, S. 525.

22 Vgl. EuGH vom 10. 7. 1990, Rs. 217/88, Slg. 1990, I-2879, EuZW 1990, S. 384 ff., 386, Rn. 28, Tafelwein. Dort hatte Deutschland des weiteren vorgebracht, dass eine Anordnung der sofortigen Vollziehung der Bescheide über die Heranziehung zur obligatorischen Destillation Aufwendungen zur Folge gehabt hätte, die in keinem Verhältnis zu der zu destillierenden Weinmenge und zu dem Einfluss, den die Destillation auf das Preisniveau gehabt hätte, gestanden hätten. Außerdem wäre die Anordnung auch deshalb ins Leere gegangen, weil bei Zustellung dieser Bescheide bei den deutschen Erzeugern nur geringe Tafelweinmengen vorhanden gewesen seien und der Ankauf von Wein bei Erzeugern in anderen Mitgliedstaaten kaum in Betracht gekommen sei. Doch auch diese Argumente ließ der EuGH nicht gelten (a.a.O. S. 386, Rz 29–32).

23 Vgl. EuGH vom 10. 7. 1990, Rs. 217/88, Slg. 1990, I-2879, EuZW 1990, S. 384 ff., 386, Rn. 33, Tafelwein.

sofortige Vollziehung anordnen müssen[24]. Indem sie diese Anordnung unterließen und gegenüber den Erzeugern, die sich geweigert hatten, Tafelwein zur obligatorischen Destillation zu liefern, keine der im deutschen Recht vorgesehenen Zwangsmittel einsetzten, hat Deutschland gegen seine Verpflichtungen aus Art. 10 EG und der gemeinsamen Marktorganisation für Wein verstoßen[25].

C. Ergebnis

Wegen des deutschen Verstoßes gegen Art. 10 EG und die gemeinsame Marktorganisation für Wein hat das Vertragsverletzungsverfahren Aussicht auf Erfolg.

Teil II

In Betracht kommt hier eine Entscheidung nach § 69 Abs. 3 Finanzgerichtsordnung (FGO). Danach kann das Gericht der Hauptsache die Vollziehung auf Antrag ganz oder teilweise aussetzen (§ 69 Abs. 3 Satz 1 FGO). Das Gericht könnte somit die Aussetzung der Vollziehung anordnen, wenn ein entsprechender Antrag der Z zulässig und begründet wäre.

A. Zulässigkeit

I. Zuständiges Gericht

314 Nach § 69 Abs. 3 Satz 1 FGO ist der Antrag an das Gericht der Hauptsache zu richten. Das ist das Gericht, bei dem das Verfahren über den angefochtenen Verwaltungsakt anhängig ist. In der Regel ist der Antrag somit an das Finanzgericht (FG) zu richten, bei dem Klage erhoben worden ist oder werden wird[26]. Das FG, bei dem die Z Anfechtungsklage gegen den Abgabenbescheid erhoben hat, ist somit zuständig.

II. Antrag

Den nach § 69 III 1 FGO erforderlichen Antrag hat die Z hier noch nicht gestellt. Er ist allerdings nicht fristgebunden[27], so dass dies hier noch erfolgen kann. Der Antrag ist schriftlich zu stellen[28].

III. Antragsbefugnis

Als akzessorisches Verfahren ist der einstweilige Rechtsschutz nur im Umfang des Hauptsacheverfahrens gegen den angefochtenen VA eröffnet. Wie im Hauptsacheverfahren muss der Antragsteller für seinen Antrag auf Aussetzung der Vollziehung

---

24 Siehe dazu *Streinz*, Europarecht, Rz. 557, und *Kahl* in Calliess/Ruffert, EGV, Art. 10 Rz. 36, je m.w.N.
25 Vgl. EuGH vom 10. 7. 1990, Rs. 217/88, Slg. 1990, I-2879, EuZW 1990, S. 384 ff., 386, Rn. 34, Tafelwein.
26 *Birkenfeld* in Hübschmann/Hepp/Spitaler, FGO, § 69 Rz. 721.
27 *Birkenfeld* in Hübschmann/Hepp/Spitaler, FGO, § 69 Rz. 736.
28 *Birkenfeld* in Hübschmann/Hepp/Spitaler, FGO, § 69 Rz. 735; siehe dort auch Rz. 738 ff. zu den weiteren inhaltlichen Anforderungen.

die Verletzung eigener Rechte geltend machen; § 40 Abs. 2 FGO gilt entsprechend. Demgemäß ist, soweit gesetzlich nichts anderes bestimmt ist, der Antrag nur zulässig, wenn der Antragsteller geltend macht, durch den Verwaltungsakt in seinen Rechten verletzt zu sein. Antragsbefugt ist damit u.a. der durch den vollziehbaren VA Betroffene[29].

Durch den Bescheid wurde der Z hier eine Abgabe in Höhe von einer Million Euro auferlegt, die möglicherweise gegen das Rückwirkungsverbot und damit gegen das Rechtsstaatsprinzip des Art. 20 Abs. 3 GG verstößt. Eine Verletzung des Rechts auf gesetzmäßige Besteuerung bzw. der Art. 12, 14 und 2 Abs. 1 i.V.m. Art. 19 Abs. 3[30] GG erscheint daher nicht ausgeschlossen, so dass die Z antragsbefugt ist[31].

IV. Ablehnung der Aussetzung durch Behörde

Der Antrag nach § 69 Abs. 3 FGO ist nach § 69 Abs. 4 Satz 1 FGO grundsätzlich nur **315**
dann zulässig, wenn die Behörde einen Antrag auf Aussetzung der Vollziehung ganz oder zum Teil abgelehnt hat. Hier hat die Z einen entsprechenden Antrag gestellt, über dessen Ergebnis der Sachverhalt nichts aussagt. Sofern er abgelehnt wird bzw. die Voraussetzungen des § 69 Abs. 4 Satz 2 FGO vorliegen, steht § 69 Abs. 4 FGO der Zulässigkeit der Aussetzung durch das FG nicht entgegen.

V. Rechtsschutzbedürfnis

Das allgemeine Rechtsschutzbedürfnis fehlt ausnahmsweise, wenn der Antrag nicht notwendig, unzweckmäßig, mutwillig oder rechtsmissbräuchlich ist bzw. wenn es einen Weg gibt, der billiger, einfacher und schneller zum Erfolg führt[32]. Anders als im allgemeinen Verwaltungsprozessrecht (vgl. § 80 Abs. 1 Satz 1 VwGO) wird die Vollziehung eines Abgabenbescheids durch die Klageerhebung nicht gehemmt (§ 69 Abs. 1 Satz 1 FGO). Da auch der Einspruch der Z durch das Hauptzollamt zurückgewiesen wurde, steht ihr – vorbehaltlich einer Entsprechung des Antrags nach § 69 Abs. 4 FGO – auch kein einfacherer Weg gegen die Vollziehung zur Verfügung, so dass das Rechtsschutzbedürfnis gegeben ist.

VI. Ergebnis

Unter den geschilderten Voraussetzungen wäre der Antrag zulässig.

B. Begründetheit

Nach § 69 Abs. 3 Satz 1 FGO gelten bei der Aussetzung der Vollziehung durch das **316**
Gericht § 69 Abs. 2 Satz 2–6 und § 100 Abs. 2 Satz 2 FGO sinngemäß. Nach § 69 Abs. 2 Satz 2 FGO soll die Aussetzung erfolgen, wenn ernstliche Zweifel an der

---

29 *Birkenfeld* in Hübschmann/Hepp/Spitaler, FGO, § 69 Rz. 759/760.

30 Als AG ist die Z gemäß § 1 Abs. 1 AktG juristische Person des Privatrechts.

31 Einfacher zum selben Ergebnis kommt man hier mit der Erwägung, dass Z der Adressat eines belastenden Verwaltungsakts ist („Adressatentheorie"); vgl. *Hufen*, Verwaltungsprozessrecht, § 14 Rz. 75 ff.

32 *Birkenfeld* in Hübschmann/Hepp/Spitaler, FGO, § 69 Rz. 769 f.

Rechtmäßigkeit des angefochtenen Verwaltungsakts bestehen oder wenn die Vollziehung für den Betroffenen eine unbillige, nicht durch überwiegende öffentliche Interessen gebotene Härte zur Folge hätte.

Dem Charakter des Verfahrens nach § 69 Abs. 3 FGO entsprechend ist das Gericht auf eine lediglich summarische Prüfung der Sach- und Rechtslage im Hinblick darauf beschränkt, ob die Voraussetzungen des § 69 Abs. 2 Satz 2 FGO vorliegen[33]. Der Antrag wäre somit begründet, wenn ernstliche Zweifel an der Rechtmäßigkeit des Bescheides bestehen.

I. Ernstliche Zweifel

317 „Ernstliche Zweifel" i.S.d. § 69 Abs. 2 Satz 2 FGO sind anzunehmen, wenn bei summarischer Prüfung neben Umständen, die für die Rechtmäßigkeit sprechen, gewichtige Gesichtspunkte zutage treten, die Unentschiedenheit oder Unsicherheit in der Beurteilung der Rechtsfragen oder Unklarheiten in der Beurteilung der Tatfragen auslösen. Eine überwiegende Erfolgsaussicht der Klage in der Hauptsache ist dagegen nicht erforderlich[34].

Hier ist das Gericht der Auffassung, dass die der Tilgungsabgabe zugrunde liegende EG-Verordnung gegen das Rückwirkungsverbot verstößt, so dass ein Verstoß gegen das Rechtsstaatsprinzip (Art. 20 Abs. 3 GG) vorliegen könnte. Grundsätzlich genügen auch ernstliche Zweifel an der Rechtsgrundlage eines Bescheids, wenn z.B. verfassungsrechtliche Zweifel an der Gültigkeit eines Gesetzes bestehen[35].

II. Zulässigkeit einer Aussetzung bei Gemeinschaftsrechtsbezug

318 Fraglich ist allerdings, ob diese Zweifel hier relevant sind. Denn der Bescheid wurde aufgrund der gemeinsamen Marktordnung für Zucker der EG erlassen. Rechtsgrundlage des Bescheids ist hier eine EG-Verordnung, und damit gemäß Art. 249 EG eine Norm des Gemeinschaftsrechts.

Zu prüfen ist somit, ob das Gericht die Vollstreckung auch dann aussetzen kann, wenn es Zweifel an der Rechtmäßigkeit einer EG-Verordnung hat. Dem könnte Art. 249 Abs. 2 EG entgegenstehen, weil die unmittelbare allgemeine Geltung von Verordnungen in den Mitgliedstaaten[36] und damit gemäß Art. 299 Abs. 1 EG auch in Deutschland eine entsprechende Befugnis der nationalen Gerichte ausschließen könnte. Denn die Gewährung vorläufigen Rechtsschutzes, die weitreichende Auswirkungen haben kann, könnte die volle Wirksamkeit der Verordnungen in allen Mitgliedstaaten gemäß Art. 249 Abs. 2 EG in Frage stellen.

Allerdings kann Art. 249 Abs. 2 EG nach der Rechtsprechung des EuGH den Rechtsschutz nicht verkürzen, der den Bürgern nach Gemeinschaftsrecht zusteht. Der gemeinschaftsrechtlich gewährleistete Rechtsschutz umfasst in den Fällen, in denen die

33 *Birkenfeld* in Hübschmann/Hepp/Spitaler, FGO, § 69 Rz. 712.
34 *Birkenfeld* in Hübschmann/Hepp/Spitaler, FGO, § 69 Rz. 786.
35 *Birkenfeld* in Hübschmann/Hepp/Spitaler, FGO, § 69 Rz. 329.
36 Siehe dazu *Streinz*, Europarecht, Rz. 426 ff.

verwaltungsmäßige Durchführung von Gemeinschaftsverordnungen nationalen Stellen obliegt, das Recht der Bürger, die Rechtmäßigkeit dieser Verordnungen vor dem nationalen Gericht inzident zu bestreiten und dieses zur Befassung des EuGH mit Vorlagefragen zu veranlassen. Dieses Recht wäre gefährdet, wenn der Bürger trotz des Vorliegens bestimmter Voraussetzungen solange nicht in der Lage wäre, eine Aussetzung der Vollziehung zu erreichen und damit für sich der Verordnung einstweilen die Wirksamkeit zu nehmen, wie es an einem Urteil des EuGH fehlt, der allein befugt ist, die Ungültigkeit einer Gemeinschaftsverordnung festzustellen[37]. Denn das Vorabentscheidungsersuchen zur Beurteilung der Gültigkeit stellt, ebenso wie die Nichtigkeitsklage, eine Form der Kontrolle der Rechtmäßigkeit der Handlungen der Gemeinschaftsorgane dar. Im Rahmen einer Nichtigkeitsklage gibt nun Art. 242 EG dem Kläger das Recht, eine Aussetzung der Durchführung der angefochtenen Handlung zu beantragen, und dem EuGH die Befugnis, sie zu gewähren. Die Kohärenz des Systems des vorläufigen Rechtsschutzes verlangt somit, dass das nationale Gericht die Vollziehung eines auf einer Gemeinschaftsverordnung beruhenden nationalen Verwaltungsakts aussetzen kann, wenn dessen Rechtmäßigkeit bestritten wird[38].

Die praktische Wirksamkeit („effet utile“) des Art. 234 EG verlangt, dass das nationa- **319**
le Gericht, das eine Auslegungsfrage zur Vorabentscheidung vorgelegt hat, um über die Vereinbarkeit eines nationalen Gesetzes mit dem Gemeinschaftsrecht entscheiden zu können, die Möglichkeit haben muss, vorläufigen Rechtsschutz zu gewähren und die Anwendung des beanstandeten nationalen Gesetzes auszusetzen, bis der EuGH sein Auslegungsurteil gemäß Art. 234 EG erlässt[39]. Daher muss der vorläufige Rechtsschutz, den das Gemeinschaftsrecht den Bürgern vor den nationalen Gerichten sichert, unabhängig davon derselbe sein, ob sie die Vereinbarkeit nationalen Rechts mit dem Gemeinschaftsrecht oder die Gültigkeit abgeleiteten Gemeinschaftsrechts rügen. Denn die Rüge wird in beiden Fällen auf das Gemeinschaftsrecht selbst gestützt[40].

Als Zwischenergebnis bleibt somit festzuhalten, dass Art. 249 Abs. 2 EG den nationalen Gerichten nicht verbietet, die Vollziehung eines auf einer Gemeinschaftsverordnung beruhenden nationalen Verwaltungsakts auszusetzen[41].

---

37 EuGH vom 21. 2. 1991, verb. Rs. 143/88 und C-92/89, Slg. 1991, I-415, NVwZ 1991, S. 460 f., 460, Rn. 16, 17 m.w.N., Zuckerfabrik Süderdithmarschen u.a., und EuGH vom 9. 11. 1995, Rs. C-466/93, Slg. 1995, I-3799, NJW 1996, S. 1333 ff., 1334, Rn. 20, 21, Atlanta Fruchthandelsgesellschaft.

38 EuGH vom 21. 2. 1991, verb. Rs. C-143/88 und C-92/89, Slg. 1991, I-415, NVwZ 1991, S. 460 f., 460, Rn. 18 m.w.N., Zuckerfabrik Süderdithmarschen u.a., und EuGH vom 9. 11. 1995, Rs. C-466/93, Slg. 1995, I-3799, NJW 1996, S. 1333 ff., 1334, Rn. 22, 21, Atlanta Fruchthandelsgesellschaft. Siehe dazu *Streinz*, Europarecht, Rz. 654 ff.

39 EuGH vom 21. 2. 1991, verb. Rs. C-143/88 und C-92/89, Slg. 1991, I-415 ff., NVwZ 1991, S. 460 f., 460, Rn. 19., Zuckerfabrik Süderdithmarschen u.a., und EuGH vom 9. 11. 1995, Rs. C-466/93, Slg. 1995, I-3799, NJW 1996, S. 1333 ff., 1334, Rn. 23, Atlanta Fruchthandelsgesellschaft mbH u.a.

40 EuGH vom 21. 2. 1991, verb. Rs. C-143/88 und C-92/89, Slg. 1991, I-415 ff., NVwZ 1991, S. 460 f., 460, Rn. 20, Zuckerfabrik Süderdithmarschen u.a., und EuGH vom 9. 11. 1995, Rs. C-466/93, Slg. 1995, I-3799, NJW 1996, S. 1333 ff., 1334, Rn. 24, Atlanta Fruchthandelsgesellschaft u.a.

41 EuGH vom 21. 2. 1991, verb. Rs. C-143/88 und C-92/89, Slg. 1991, I-415 ff., NVwZ 1991, S. 460 f., 460, Rn. 21, Zuckerfabrik Süderdithmarschen u.a., und EuGH vom 9. 11. 1995, Rs. C-466/93, Slg. 1995, I-3799, NJW 1996, S. 1333 ff., 1334, Rn. 25, Atlanta Fruchthandelsgesellschaft u.a. Siehe dazu *Streinz*, Europarecht, Rz. 654 ff.

III. Konkrete Voraussetzungen der Aussetzung

320 Zu prüfen bleibt somit noch, unter welchen konkreten Voraussetzungen die nationalen Gerichte die Vollziehung eines auf einer Gemeinschaftsverordnung beruhenden nationalen Verwaltungsakts bei Zweifeln an der Gültigkeit dieser Verordnung aussetzen können. Dazu hat der EuGH folgende Kriterien aufgestellt:

1. Erhebliche Zweifel an der Gültigkeit

Grundsätzlich kann die Vollziehung eines angefochtenen Verwaltungsakts nur ausgesetzt werden, wenn die vom Antragsteller angeführten sachlichen und rechtlichen Gegebenheiten das nationale Gericht davon überzeugen, dass an der Gültigkeit der Gemeinschaftsverordnung, auf der der angefochtene Verwaltungsakt beruht, erhebliche Zweifel bestehen. Die Aussetzung rechtfertigt sich nämlich allein aus der Möglichkeit einer Feststellung der Ungültigkeit, die dem EuGH vorbehalten ist[42].

2. Vorläufige Entscheidung und Vorlage an EuGH

321 Außerdem muss die Aussetzung der Vollziehung vorläufig bleiben. Das nationale Gericht kann im Rahmen des vorläufigen Rechtsschutzes die Vollziehung also nur aussetzen, bis der EuGH über die Frage der Gültigkeit entschieden hat. Sofern der EuGH mit dieser Frage noch nicht befasst ist, obliegt es dem nationalen Gericht, diese selbst vorzulegen und dabei die Gründe anzugeben, aus denen es die Verordnung für ungültig hält[43]. Es kann im Rahmen der Gewährung vorläufigen Rechtsschutzes einstweilige Anordnungen nur solange treffen und aufrechterhalten, wie der EuGH nicht festgestellt hat, dass die Prüfung der Vorabentscheidungsfragen nichts ergeben hat, was die Gültigkeit der fraglichen Verordnung beeinträchtigen könnte[44].

3. Besondere Dringlichkeit

322 Die Aussetzung muss dringend sein, d.h. sie muss vor der Entscheidung in der Hauptsache verfügt und wirksam werden, um zu verhindern, dass der Antragsteller einen schweren und nicht wiedergutzumachenden Schaden erleidet. Dringlichkeit ist dabei nur anzunehmen, wenn der vom Antragsteller geltend gemachte Schaden eintreten kann, bevor der EuGH über die Gültigkeit der gerügten Gemeinschaftshandlung entscheiden konnte. Ein reiner Geldschaden ist allerdings grundsätzlich nicht als „nicht wiedergutzumachen“ anzusehen. Das jeweilige Gericht muss im Rahmen des vorläufigen Rechtsschutzes die Umstände des Falles untersuchen und prüfen, ob die sofortige Vollziehung des Verwaltungsakts dem Antragsteller irreversible Schäden zufügen

---

42 EuGH vom 21. 2. 1991, verb. Rs. C-143/88 und C-92/89, Slg. 1991, I-415, NVwZ 1991, S. 460 f., 461, Rn. 23, Zuckerfabrik Süderdithmarschen u.a., und EuGH vom 9. 11. 1995, Rs. C-466/93, Slg. 1995, I-3799, NJW 1996, S. 1333 ff., 1335, Rn. 35, Atlanta Fruchthandelsgesellschaft. Siehe dazu und zum folgenden *Streinz*, Europarecht, Rz. 654 ff.

43 EuGH vom 21. 2. 1991, verb. Rs. C-143/88 und C-92/89, Slg. 1991, I-415, NVwZ 1991, S. 460 f., 461, Rn. 24, Zuckerfabrik Süderdithmarschen u.a.

44 EuGH vom 9. 11. 1995, Rs. C-466/93, Slg. 1995, I-3799, NJW 1996, S. 1333 ff., 1335, Rn. 38, Atlanta Fruchthandelsgesellschaft.

könnte, die nicht mehr wiedergutzumachen wären, wenn die Gemeinschaftshandlung für ungültig erklärt werden müsste[45].

4. Wahrung der Interessen der Gemeinschaft

Außerdem hat das nationale Gericht, das im Rahmen seiner Zuständigkeit Gemeinschaftsrecht anzuwenden hat, dessen volle Wirkung sicherzustellen. Damit ist es bei Zweifeln an der Gültigkeit von Gemeinschaftsverordnungen verpflichtet, das Interesse der Gemeinschaft daran in Rechnung zu stellen, dass diese Verordnungen nicht vorschnell außer Anwendung gelassen werden. Dieser Verpflichtung wird das nationale Gericht im Rahmen des vorläufigen Rechtsschutzes nur gerecht, wenn es zuerst prüft, ob der fraglichen Gemeinschaftsverordnung nicht jede praktische Wirksamkeit genommen wird, wenn sie nicht sofort angewandt wird. Wenn die Aussetzung der Vollziehung ein finanzielles Risiko für die Gemeinschaft darstellt, muss das nationale Gericht im Übrigen die Möglichkeit haben, von dem Antragsteller hinreichende Sicherheiten, etwa eine Kaution oder eine Hinterlegung, zu verlangen[46]. **323**

5. Beachtung der EuGH-Rechtsprechung

Ferner hat das Gericht gemäß Art. 10 EG bei der Prüfung aller dieser Voraussetzungen die Entscheidungen des EuGH oder des Gerichts erster Instanz über die Rechtmäßigkeit der Verordnung oder einen Beschluss im Verfahren des vorläufigen Rechtsschutzes betreffend gleichartige einstweilige Anordnungen auf Gemeinschaftsebene zu beachten. Die Verpflichtung des nationalen Gerichts, eine eventuelle Entscheidung des EuGH zu beachten, gilt ganz besonders für die vom EuGH vorgenommene Beurteilung des Interesses der Gemeinschaft und der Abwägung zwischen diesem Interesse und dem Interesse des betreffenden Wirtschaftssektors[47].

C. Ergebnis

Wegen der bestehenden ernstlichen Zweifel an der Rechtmäßigkeit der Verordnung wäre ein entsprechender Antrag der Z auch begründet und das Gericht könnte die Aussetzung der Vollziehung anordnen, sofern es die vom EuGH aufgestellten Kriterien beachtet.

---

45 EuGH vom 21. 2. 1991, Rs. C-143/88 und C-92/89, Slg. 1991, I-415, NVwZ 1991, S. 460 f., 461, Rn. 28 f., Zuckerfabrik Süderdithmarschen u.a., und EuGH vom 9. 11. 1995, Rs. C-466/93, Slg. 1995, I-3799, NJW 1996, S. 1333 ff., 1335, Rn. 40 f., Atlanta Fruchthandelsgesellschaft.

46 EuGH vom 21. 2. 1991, Rs. C-143/88 und C-92/89, Slg. 1991, I-415, NVwZ 1991, S. 460 f., 461, Rn. 30–32, Zuckerfabrik Süderdithmarschen u.a., und EuGH vom 9. 11. 1995, Rs. C-466/93, Slg. 1995, I-3799, NJW 1996, S. 1333 ff., 1335, Rn. 42 ff., Atlanta Fruchthandelsgesellschaft.

47 EuGH vom 9. 11. 1995, Rs. C-466/93, Slg. 1995, I-3799, NJW 1996, S. 1333 ff., 1335, Rn. 46, 50 f. Atlanta Fruchthandelsgesellschaft mbH u.a.

Weiterführende Hinweise

Streinz, Rudolf: Europarecht, Rz. 339 ff., 557, 578 ff., 611, 654, 656.

EuGH vom 10. 7. 1990, Rs. 217/88, Slg. 1990, I-2879 = EuZW 1990, 384 ff., Kommission der Europäischen Gemeinschaften./.Bundesrepublik Deutschland – Tafelwein.

EuGH vom 21. 2. 1991, Verb. Rs. C-143/88 und C-92/89, Slg. 1991, I-415 = NVwZ 1991, S. 460 f., EuZW 1991, S. 313 ff., Zuckerfabrik Süderdithmarschen u.a./.Hauptzollamt Itzehoe.

EuGH vom 9. 11. 1995, Rs. C-465/93, Slg. 1995, I-3761 = NJW 1996, S. 1333 ff. = EuZW 1995, S. 837 ff., Atlanta Fruchthandelsgesellschaft mbH./.Bundesamt für Ernährung und Forstwirtschaft.

Jannasch, Alexander: Der Einfluss des Gemeinschaftsrechts auf den vorläufigen Rechtsschutz, NVwZ 1999, S. 495 ff.

324 Ausblick auf den Vertrag von Lissabon[48]

Bisherige Nummerierung des Vertrages zur Gründung der Europäischen Gemeinschaft (EG)	Nummerierung im Vertrag von Lissabon	Neue Nummerierung des Vertrages über die Arbeitsweise der Europäischen Union (AEUV)
Art. 10	Im Wesentlichen ersetzt durch Art. 3a Abs. 3 (künftig Art. 4 Abs. 3) EUV	
Art. 34	Art. 34	Art. 40
Art. 211	Im Wesentlichen ersetzt durch Art. 9d Abs. 3 (künftig Art. 17 Abs. 3) EUV	
Art. 226–234	Art. 226–234	Art. 258–267
Art. 242	Art. 242	Art. 278
Art. 249	Art. 249	Art. 288
Art. 299 Abs. 1	Im Wesentlichen ersetzt durch Art. 49c Abs. 1 (künftig Art. 52 Abs. 1) EUV	

48 Synopse nach Übereinstimmungstabelle zu Art. 5 des Vertrags von Lissabon, ABl. 2007 Nr. C 306/202 ff. Konsolidierte Fassungen des „Vertrags über die Europäische Union" (EUV) und des neuen „Vertrags über die Arbeitsweise der Europäischen Union" (AEUV, bisher: „Vertrag zur Gründung der Europäischen Gemeinschaft") sind im Abl. 2008 Nr. C-115/1 ff. abgedruckt.

Fall 14

Bestandskraft als Europarechtsproblem

Pflichtfach/Schwerpunktbereich, Schwierigkeitsgrad: mittel/hoch

Die EG gewährt für die Ausfuhr bestimmter Lebensmittel in Drittländer (außerhalb der EG) so genannte Ausfuhrerstattungen. Hierbei handelt es sich um eine Art Subvention, mit der der Unterschied zwischen dem Binnenmarkt und dem niedrigeren Weltmarktpreis ausgeglichen wird. Die Höhe der einzelnen Erstattung richtet sich nach einer bestimmten Tarifstelle des Gemeinsamen Zolltarifs, der in einer EU-Verordnung festgelegt ist. Zuständig für den Vollzug des Erstattungsrechts ist das Hauptzollamt Hamburg-Jonas[1]. **325**

Die deutsche Firma „HK GmbH" (HK) exportiert u.a. Geflügelteile in die Türkei. Dafür erhielt sie im Jahr 2004 vom zuständigen Hauptzollamt Hamburg-Jonas eine Ausfuhrerstattung in Höhe von 100 000 Euro nach der Zolltarifstelle 453-C[2]. Im Jahr 2005 überprüfte das Hauptzollamt die Erstattungen und kam zu dem Ergebnis, dass die fraglichen Teile nicht unter die Zolltarifstelle 453-C, sondern nach der Art und Größe der Geflügelteile unter die Stelle 128-B fielen. Da die demnach gewährte Ausfuhrerstattung geringer ist, forderte es mit Bescheid vom 21. 11. 2005 rund 37 000 Euro zurück. HK klagte vor dem zuständigen Finanzgericht (FG), doch sowohl das Gericht als auch der Bundesfinanzhof (BFH) als Revisionsinstanz wiesen die Klage als unbegründet ab. Beide Gerichte hielten den Zolltarif für eindeutig und die Auslegung der Tarifbestimmungen durch das Zollamt für korrekt, so dass keine Entscheidung des EuGH eingeholt wurde. Die HK hatte allerdings auch keine Vorlage angeregt. Aufgrund des BFH-Urteils überwies sie im Februar 2007 die 37 000 Euro an das Hauptzollamt.

Ende August 2007 entschied der EuGH in einem vergleichbaren Fall aus dem Mitgliedstaat M, dass Geflügelteile wie die von HK exportierten zweifelsfrei unter die Zollstelle 453-C fallen. Mit dieser Bestätigung ihrer früheren Rechtsauffassung im Rücken beantragte die HK am 15. September 2007 beim Hauptzollamt Hamburg-Jonas die Aufhebung des Rückforderungsbescheids vom 21. 11. 2005, um die Rückzahlung der 37 000 Euro zu erreichen. Das Zollamt lehnt den Antrag ab und verweist zur Begründung darauf, dass der Bescheid nicht bloß bestandskräftig, sondern sogar rechtskräftig vom BFH bestätigt worden sei. Die HK hält die Ablehnung ihres Antrags für falsch, weil das Hauptzollamt gemeinschaftsrechtlich zur Aufhebung des Bescheids verpflichtet sei. Zumindest müsse es ihren Fall erneut prüfen.

Hat HK einen Anspruch darauf, dass der Bescheid vom 21. 11. 2005 aufgehoben, zumindest aber erneut geprüft wird? Gehen Sie davon aus, dass das Gemeinschaftsrecht

---

1 Siehe § 2 Satz 3 Nr. 2 der Ausfuhrerstattungsverordnung (AusfErstV) vom 24. 5. 1996 (BGBl. I 1996, S. 766 ff.), zuletzt geändert durch Verordnung vom 7. 11. 2007, BGBl. I 2007, S. 2567 ff.).

2 Es handelt sich hierbei um fiktive Zahlen; auf den genauen Tarif kommt es im Rahmen dieser Klausur nicht an.

keine Verfahrensregelungen für die Aufhebung solcher Rückforderungsbescheide[3] enthält.

Abgabenordnung (AO, Auszug)

§ 1 Anwendungsbereich

(1) Dieses Gesetz gilt für alle Steuern einschließlich der Steuervergütungen, die durch Bundesrecht oder Recht der Europäischen Gemeinschaften geregelt sind, soweit sie durch Bundesfinanzbehörden oder durch Landesfinanzbehörden verwaltet werden. ...

§ 3 Steuern, steuerliche Nebenleistungen

(1) Steuern sind Geldleistungen, die nicht eine Gegenleistung für eine besondere Leistung darstellen und von einem öffentlich-rechtlichen Gemeinwesen zur Erzielung von Einnahmen allen auferlegt werden, bei denen der Tatbestand zutrifft, an den das Gesetz die Leistungspflicht knüpft; die Erzielung von Einnahmen kann Nebenzweck sein.

Gesetz zur Durchführung der gemeinsamen Marktorganisationen und der Direktzahlungen[4] (MOG, Auszug)

§ 2 Marktordnungswaren

Marktordnungswaren im Sinne dieses Gesetzes sind die Erzeugnisse, die den gemeinsamen Marktorganisationen unterliegen, ...

§ 5 Sonstige Begriffsbestimmungen

Im Sinne dieses Gesetzes sind:

...

Ausfuhrerstattungen:
Erstattungen einschließlich Berichtigungs- und Differenzbeträgen, die ... bei der Ausfuhr von Marktordnungswaren gewährt werden;

§ 10 Rücknahme, Widerruf, Erstattung

(1) Rechtswidrige begünstigende Bescheide ... sind, auch nachdem sie unanfechtbar geworden sind, zurückzunehmen; § 48 Abs. 2 bis 4 und § 49a Abs. 1 Satz 1 und Abs. 2 des Verwaltungsverfahrensgesetzes sind anzuwenden. ...

(2) Rechtmäßige begünstigende Bescheide ... sind, auch nachdem sie unanfechtbar geworden sind, zu widerrufen, soweit eine Voraussetzung für den Erlass des Bescheides nachträglich entfallen oder nicht eingehalten worden ist, insbesondere die gewährte Vergünstigung nicht oder nicht mehr nach Maßgabe des Bescheides verwendet wird; der Bescheid ist mit Wirkung für die Vergangenheit zu widerrufen, soweit Regelungen im Sinne des § 1 Abs. 2 nichts anderes zulassen. § 48 Abs. 4 des Verwaltungsverfahrensgesetzes gilt entsprechend, § 49a Abs. 1 Satz 1 und Abs. 2 des Verwaltungsverfahrensgesetzes ist anzuwenden.

(3) Zu erstattende Beträge werden durch Bescheid festgesetzt.

---

3 Die „Verordnung (EG) Nr. 800/1999 der Kommission vom 15. April 1999 über gemeinsame Durchführungsvorschriften für Ausfuhrerstattungen bei landwirtschaftlichen Erzeugnissen" (ABl. 1999 Nr. L 102/11 ff.) enthält in Art. 52 Bestimmungen über die Rückforderung von zu Unrecht gezahlten Erstattungen. Für den vorliegenden Fall kommt es darauf aber nicht an, weil es hier um die *Aufhebung* eines solchen Rückforderungsbescheides geht.

4 Fassung der Bekanntmachung vom 24. 6. 2005 (BGBl. I 2005, S. 1847 ff.), zuletzt geändert durch Gesetz vom 13. 12. 2007 (BGBl. I 2007, S. 2897 ff.).

Vorüberlegungen

Die Klausur behandelt den Einfluss des Europarechts auf die Bestandskraft von Verwaltungsakten. Damit besteht eine gewisse Parallele zu Fall 13, bei dem es ebenfalls um die Auswirkungen des europäischen Rechts auf grundlegende deutsche Bestimmungen (Vorläufiger Rechtsschutz nach der VwGO) geht. **326**

Der Fall ist der Entscheidung des EuGH in Sachen Kühne & Heitz[5] aus dem Jahr 2004 nachgebildet. Dort ging es um eine niederländische Firma, so dass der Fall nach Deutschland übertragen wurde, um deutsches Verwaltungsverfahrensrecht anwenden zu können.

Die Fragestellung ist rein materiellrechtlich, zu prüfen sind die Ansprüche der HK. Dafür sind zunächst die möglichen Anspruchsgrundlagen zu ermitteln. Die abgedruckten Normen des MOG und der AO sollten dabei ohne größere Probleme dazu führen, dass letztlich nur das allgemeine Verwaltungsverfahrensgesetz als Grundlage in Betracht kommt. Hier ist dann eine schulmäßige Prüfung der §§ 48, 49 und 51 VwVfG gefragt, bei der die europarechtlichen Fragen an der geeigneten Stelle aufzuwerfen und abzuhandeln sind. Spezielle Kenntnisse des Zolltarifs oder des Ausfuhrerstattungsrechts sind dagegen weder notwendig, noch werden sie erwartet.

Die europarechtliche Pflicht folgt hier vielmehr aus den allgemeinen Mitwirkungspflichten der Mitgliedstaaten nach Art. 10 EG. Die nationalen Behörden bewegen sich dabei im Spannungsfeld verschiedener Ausprägungen des Rechtstaatsprinzips und der allgemeinen europäischen Rechtsgrundsätze. Auf der einen Seite steht das Prinzip der Rechtssicherheit, das im deutschen Recht unter anderem durch das Institut der Bestandskraft von Verwaltungsakten verwirklicht wird. Auf der anderen Seite verlangt die Bindung der Verwaltung an Recht und Gesetz, dass rechtswidrige Entscheidungen grundsätzlich zu korrigieren sind. Dies gilt auch und gerade für Verwaltungsakte, die europäischem Recht widersprechen. In der Entscheidung Kühne & Heitz hat der EuGH das Prinzip der Rechtssicherheit betont, aber gleichzeitig einige Voraussetzungen aufgestellt, bei deren Vorliegen die Verwaltung zumindest zur Überprüfung der fraglichen Entscheidung verpflichtet ist. Im Kempter-Urteil vom Februar 2008 (EuGH, Urteil vom 12. 2. 2008 – C-2/06, Willy Kempter KG./.Hauptzollamt Hamburg-Jonas) hat er diese weiterentwickelt.

Im Rahmen des § 48 VwVfG werden die Kriterien zweckmäßigerweise im Rahmen des Ermessens erörtert, wobei sich das Ermessen wiederum in das Überprüfungsermessen (Befasst sich das Hauptzollamt überhaupt noch einmal mit dem Bescheid?) und das Aufhebungsermessen (Hebt das Hauptzollamt den Bescheid tatsächlich auf?) aufspalten lässt. Der EuGH hat in Sachen Kühne & Heitz vor allem das Überprüfungsermessen im Blick gehabt, doch es spricht einiges dafür, die Erwägungen auch im Rahmen des Aufhebungsermessens fruchtbar zu machen.

5 EuGH vom 13. 1. 2004, Rs. C-453/00, Slg. 2004, I-837, EuZW 2004, S. 215 f., NVwZ 2004, S. 459 f., Kühne & Heitz U./.Productschap voor Pluimvee en Eieren.

Bejaht man mit dem EuGH die Aufhebung nach § 48 Abs. 1 VwVfG, so wäre der HK an sich schon geholfen und die Überprüfung weiterer Anspruchsgrundlagen zumindest in einem Urteil entbehrlich. Bei dem hier anzufertigenden Gutachten deutet die Fallfrage aber darauf hin, alle möglichen Rechtsgrundlagen in Betracht zu ziehen, so dass auch auf § 51 VwVfG einzugehen ist. Das Hauptproblem dort ist die Frage, ob eine Änderung der Rechtsprechung des EuGH zu einer relevanten „Änderung der Rechtslage" i.S.d. § 51 Abs. 1 Nr. 1 VwVfG führt. Während das für Rechtsprechungsänderungen der obersten nationalen Gerichte ganz überwiegend verneint wird, scheint es beim EuGH wegen des deutlichen case-law-Charakters des Europarechts nicht ganz so eindeutig. Die besseren Gründe sprechen aber wohl doch gegen ein solches Verständnis des § 51 VwVfG. Auch hier kommt es letztlich nicht auf das Ergebnis an, sondern darauf, dass die aus der Mitwirkungspflicht resultierenden Einflüsse auf das deutsche Verwaltungsverfahrensrecht an geeigneter Stelle thematisiert und angemessen bearbeitet werden.

Die Klausur mit mittlerem bis hohem Schwierigkeitsgrad ist sowohl für den Pflichtfachbereich als auch für den Schwerpunktbereich geeignet.

Gliederung

327 A. Notwendigkeit einer Anspruchsgrundlage

B. Gemeinschaftsrechtliche Anspruchsgrundlage?

C. Deutsche Anspruchsgrundlagen: MOG, AO oder VwVfG?

D. Rücknahme nach § 48 VwVfG?
- I. Anwendbarkeit der §§ 48, 49 VwVfG
- II. Tatbestand des § 48 Abs. 1 VwVfG
  - 1. Formelle Rechtswidrigkeit
  - 2. Materielle Rechtswidrigkeit
- III. Ermessen gemäß §§ 40, 48 Abs. 1 VwVfG
  - 1. Überprüfungsermessen
  - 2. Aufhebungsermessen

E. Widerruf nach § 49 VwVfG

F. Anspruch auf Wiederaufnahme gemäß § 51 VwVfG:
- I. Anwendbarkeit des § 51 VwVfG
- II. Tatbestand des § 51 Abs. 1 VwVfG
- III. Ergebnis

G. Gesamtergebnis

Musterlösung

A. Notwendigkeit einer Anspruchsgrundlage

HK benötigt eine Anspruchsgrundlage, damit sie vom Zollamt die Aufhebung und Rückzahlung verlangen kann. Da die Erstattung nach dem Zolltarif materiell gemeinschaftsrechtlich geregelt ist, ist zunächst zu prüfen, ob deutsches oder europäisches Verfahrensrecht anzuwenden ist. **328**

B. Gemeinschaftsrechtliche Anspruchsgrundlage?

Grundsätzlich richtet sich das Verwaltungshandeln und -verfahren nach der Art des Vollzugs des Gemeinschaftsrechts[6]: Beim gemeinschaftsunmittelbaren Vollzug gilt daher fast ausschließlich primäres und sekundäres Gemeinschaftsrecht, beim Vollzug durch die Mitgliedstaaten dagegen das jeweilige nationale Recht, soweit nicht in bestimmten besonders stark „vergemeinschafteten" Bereichen gemeinschaftsrechtliche Vorschriften bestehen. Dabei stellt der Vollzug des Gemeinschaftsrechts durch die Mitgliedstaaten die Regel dar, während der Vollzug unmittelbar durch die Gemeinschaftsorgane nur in Ausnahmefällen erfolgt. Dafür muss das primäre Gemeinschaftsrecht den gemeinschaftsunmittelbaren Vollzug ausdrücklich vorsehen[7].

Hier verlangt die HK vom Zollamt eine Rückerstattung nach dem gemeinschaftsrechtlichen Zolltarif. Für den Vollzug des Erstattungsrechts sind laut Sachverhalt die nationalen Zollbehörden zuständig. Es handelt sich somit um den Vollzug durch die Mitgliedstaaten, so dass hier grundsätzlich das deutsche Verwaltungsverfahrensrecht anzuwenden ist.

C. Deutsche Anspruchsgrundlagen: MOG, AO oder VwVfG?

Zu prüfen ist, ob für die Zollverwaltung hier das allgemeine Verwaltungsverfahrensgesetz oder als vorrangiges Recht das Marktorganisationsgesetz (MOG) oder die Abgabenordnung gelten. **329**

Das MOG enthält in § 10 Abs. 1 und 2 Bestimmungen über die Rücknahme und den Widerruf bestimmter Bescheide. Diese beziehen sich dem Wortlaut nach aber nur auf „begünstigende Bescheide". Da hier eine eigenständige Definition für den Begriff „begünstigend" fehlt, kann ergänzend § 48 Abs. 1 Satz 2 VwVfG herangezogen werden, auf den auch sonst in § 10 Abs. 1 Satz 1 MOG verwiesen wird. Danach sind begünstigende Verwaltungsakte solche, die ein Recht oder einen rechtlich erheblichen Vorteil begründen oder bestätigen. Hier geht es der HK darum, den Rückforderungsbescheid vom 21. 11. 2005 aufheben zu lassen. Das würde zwar mittelbar zu einem Vorteil führen, weil sie dann die höhere (ursprüngliche) Ausfuhrerstattung bekäme, ändert aber nichts daran, dass der Rückforderungsbescheid selbst nicht begünstigend ist. Die Voraussetzungen des § 10 MOG sind damit nicht erfüllt.

6 Siehe *Streinz*, Europarecht, Rz. 546, 548.
7 Siehe dazu *Streinz*, Europarecht, Rz. 533.

Der Anwendungsbereich der Abgabenordnung ergibt sich aus § 1 AO i.V.m. den Begriffsbestimmungen in § 3 AO. Bei der Ausfuhrerstattung (§ 5 MOG), die den Exporteuren gezahlt wird, handelt es sich nicht um eine Steuer i.S.d. § 3 Abs. 1 AO[8], so dass die Abgabenordnung hier nicht anwendbar ist. Das Verfahren der Zollbehörden richtet sich daher mangels speziellerer Bestimmungen nach dem Verwaltungsverfahrensgesetz.

D. Rücknahme nach § 48 VwVfG?

I. Anwendbarkeit der §§ 48, 49 VwVfG

330 Nach § 48 Abs. 1 VwVfG kann ein rechtswidriger Verwaltungsakt, auch wenn er unanfechtbar geworden ist, ganz oder teilweise mit Wirkung für die Zukunft oder die Vergangenheit zurückgenommen werden. Fraglich ist allerdings, ob § 48 VwVfG überhaupt anwendbar ist. Das könnte problematisch sein, weil § 10 MOG teilweise Sonderregelungen enthält, die möglicherweise den Rückgriff auf das allgemeinere VwVfG versperren.

Nach § 1 VwVfG gilt das Gesetz u.a. für die öffentlich-rechtliche Verwaltungstätigkeit des Bundes sowie der Länder und Gemeinden, wenn diese Bundesrecht im Auftrag des Bundes ausführen, soweit nicht Rechtsvorschriften des Bundes inhaltsgleiche oder entgegenstehende Bestimmungen enthalten.

Zuständig für die Ausfuhrerstattung ist das Hauptzollamt Hamburg-Jonas. Dieses vollzieht bei der Gewährung der Ausfuhrerstattung u.a. das MOG des Bundes, das in § 5 den Begriff „Ausfuhrerstattung" definiert. Außerdem gehört die Zollverwaltung nach Art. 108 Abs. 1 GG zu den Behörden des Bundes, so dass das VwVfG hier grundsätzlich anwendbar ist.

Fraglich ist daher allein, ob es sich bei § 10 MOG um „entgegenstehende Bestimmungen" i.S.d. § 1 Abs. 1 VwVfG handelt. Soweit es um die Rücknahme und den Widerruf *begünstigender* Bescheide geht, wird man das bejahen können, da beispielsweise die in § 10 Abs. 1 Satz 1 MOG geregelte obligatorische Rücknahme („sind ... zurückzunehmen") sinnlos wäre, wenn die Verwaltung dennoch gemäß § 48 Abs. 1 Satz 1 VwVfG ein Ermessen („kann zurückgenommen ... werden") hätte. Andererseits verweist § 10 MOG selbst auf die §§ 48, 49 VwVfG, was darauf hindeutet, dass die Regelung nicht völlig abschließend gemeint sein kann. Daher lässt sich aus der Nichterwähnung der nicht-begünstigenden Verwaltungsakte in § 10 MOG auch nicht ableiten, dass deren Rücknahme und Widerruf ausgeschlossen sein sollten. Außerdem spricht auch das Rechtsstaatsprinzip (Art. 20 Abs. 3 GG) dafür, dass die Verwaltung insbesondere belastende Bescheide selbst wieder aufheben darf. Daher ist § 48 VwVfG hier bezüglich des Rückforderungsbescheids grundsätzlich anwendbar.

---

8 Und auch nicht um eine steuerliche Nebenleistung oder um eine Ein- oder Ausfuhrabgabe i.S.d. § 3 Abs. 3 und 4 AO, auf deren Abdruck hier aus Vereinfachungsgründen verzichtet wurde.

II. Tatbestand des § 48 Abs. 1 VwVfG

Der Bescheid vom 21. 11. 2005, mit dem ein Teil der Ausfuhrerstattung zurückgefordert wurde, stellt einen Verwaltungsakt i.S.d. § 35 S. 1 VwVfG dar. Dieser ist auch unanfechtbar geworden, weil er durch den Bundesfinanzhof letztinstanzlich bestätigt wurde. Fraglich ist, ob er auch rechtswidrig ist. **331**

Der Begriff der Rechtswidrigkeit wird in § 48 VwVfG nicht definiert. Hilfsweise kann hier aber § 44 Abs. 1 SGB X herangezogen werden. Rechtswidrigkeit liegt demnach vor, wenn „sich im Einzelfall ergibt, dass bei Erlass eines Verwaltungsaktes das Recht unrichtig angewandt oder von einem Sachverhalt ausgegangen worden ist, der sich als unrichtig erweist". Prüfungsmaßstab hierfür ist neben dem formellen und materiellen nationalen Recht u.a. auch das EU-Recht[9]. Maßgeblich ist dabei grundsätzlich die Sach- und Rechtslage zum Zeitpunkt des Erlasses des VAs[10].

1. Formelle Rechtswidrigkeit

Formelle Fehler des Bescheids vom 21. 11. 2005 sind nach dem Sachverhalt nicht zu erkennen, insbesondere ist die Zuständigkeit des Hauptzollamts Hamburg-Jonas gegeben. **332**

2. Materielle Rechtswidrigkeit

Seine Ermächtigungsgrundlage findet der Bescheid in den Bestimmungen über die Ausfuhrerstattung des europäischen Rechts und des MOG[11]. Fraglich ist hier allein, ob er diesen entspricht.

Aus heutiger Sicht ergibt sich durch die inzwischen ergangene Entscheidung des EuGH, dass Geflügelteile wie die von HK exportierten unter die Zollstelle 453-C fallen, so dass im November 2005 der falsche Tarif angewandt wurde. Da es aber auf die Sach- und Rechtslage zum Zeitpunkt des Erlasses ankommt, könnte man überlegen, ob der VA im November 2005 dennoch rechtmäßig war. Denn damals wurde die Ansicht des Hauptzollamts immerhin von FG und BFH geteilt, und das anders lautende EuGH-Urteil war noch nicht ergangen. Gegen ein solches Verständnis der Rechtmäßigkeit spricht allerdings, dass der EuGH für sich in Anspruch nimmt, durch die Auslegung einer Bestimmung des Gemeinschaftsrechts im Vorabentscheidungsverfahren nach Art. 234 EG erforderlichenfalls zu erläutern und zu verdeutlichen, in welchem Sinne und mit welcher Bedeutung diese Bestimmung *ab ihrem Inkrafttreten* zu verstehen und anzuwenden ist oder gewesen wäre. Daher ist eine so ausgelegte Bestimmung des Gemeinschaftsrechts von einer Verwaltungsbehörde im Rahmen ihrer Zuständigkeit auch auf Rechtsbeziehungen anzuwenden, die vor dem Erlass der Vorabentscheidung des Gerichtshofes entstanden sind[12].

---

9 *Maurer*, Allgemeines Verwaltungsrecht, § 11 Rz. 18 und 38a ff. Vgl. dazu auch BVerwG NVwZ 2007, S. 709 ff.

10 *Maurer*, Allgemeines Verwaltungsrecht, § 10 Rz. 3.

11 Nähere Ausführungen sind hierzu entbehrlich und auch nicht möglich, da der Sachverhalt dazu keine weiteren Angaben macht und Kenntnisse der einschlägigen Normen nicht verlangt werden können.

12 EuGH vom 13. 1. 2004, Rs. C-453/00, Slg. 2004, I-837 ff., EuZW 2004, S. 215 f., 216, Rn. 21 f. m.w.N, Kühne & Heitz. Siehe dazu *Streinz*, Europarecht, Rz. 641, sowie ausführlich *Wegener* in Calliess/Ruffert,

Vor diesem Hintergrund ergibt sich somit, dass die ursprüngliche Auslegung des Zolltarifs, die die Grundlage für den Bescheid bildet, unzutreffend war. Der Bescheid vom 21. 11. 2005 ist somit (gemeinschafts-)rechtswidrig.

Damit kann der Bescheid gemäß § 48 Abs. 1 Satz 1 VwVfG grundsätzlich für die Zukunft oder die Vergangenheit zurückgenommen werden. Die besonderen Vertrauensschutzbestimmungen des § 48 Abs. 2 bis 4 VwVfG greifen hier nicht, weil es sich bei dem Rückforderungsbescheid nicht um einen begünstigenden VA i.S.d. § 48 Abs. 1 Satz 2 VwVfG handelt (siehe oben). Zuständig für die Rücknahme ist die Behörde, die den Verwaltungsakt erlassen hat, hier also das Hauptzollamt Hamburg-Jonas (§ 48 Abs. 5 i.V.m. § 3 VwVfG).

III. Ermessen gemäß §§ 40, 48 Abs. 1 VwVfG

333 Nach § 48 Abs. 1 Satz 1 „kann" der VA zurückgenommen werden; der Behörde steht somit ein Ermessen zu. Dabei ist sie gemäß § 40 VwVfG verpflichtet, ihr Ermessen entsprechend dem Zweck der Ermächtigung auszuüben und die gesetzlichen Grenzen des Ermessens einzuhalten.

HK hat daher zumindest einen Anspruch auf die fehlerfreie Ausübung des behördlichen Ermessens. Die Aufhebung des Bescheids könnte sie aber nur verlangen, wenn dies die einzig rechtmäßige Möglichkeit wäre, also ein Fall der so genannten Ermessensreduzierung auf Null vorläge.

Dabei sind zwei Formen des Ermessens zu unterscheiden: Zum einen das so genannte „Überprüfungsermessen", zum anderen das sog. „Aufhebungsermessen".

1. Überprüfungsermessen

334 Das Überprüfungsermessen betrifft die Frage, ob die Behörde das Verfahren überhaupt wieder aufgreift. Eine entsprechende Ermessensreduzierung könnte sich hier aus der Pflicht zur Zusammenarbeit nach Art. 10 EG ergeben.

Nach Art. 10 Abs. 1 EG treffen die Mitgliedstaaten (auch Deutschland, Art. 299 Abs. 1 EG) alle geeigneten Maßnahmen allgemeiner oder besonderer Art zur Erfüllung der Verpflichtungen, die sich aus dem EG-Vertrag oder aus Handlungen der Organe der Gemeinschaft ergeben. Gemäß Art. 10 Abs. 2 EG müssen sie außerdem alle Maßnahmen unterlassen, die die Verwirklichung der Ziele dieses Vertrags gefährdet könnten. Diese Pflicht obliegt nach st. Rspr. des EuGH allen Trägern der öffentlichen Gewalt[13] und damit auch der Zollverwaltung.

EGV, Art. 234 Rz. 39 ff. Der BGH hat keine grundsätzlichen verfassungsrechtlichen Bedenken gegen die Rückwirkung, siehe BGH NJW 1994, S. 2607 ff. mit Anmerkung *Schulze* (S. 2610).

13 Z.B. EuGH vom 14. 7. 1994, Rs. C-91/92, Slg. 1994, I-3325, NJW 1994, S. 2473 f., 2474, Rn. 26, Faccini Dori./.Recreb (siehe dazu ausführlich Fall 12), EuGH vom 13. 1. 2004, Rs. C-453/00, Slg. 2004, I-837 ff., EuZW 2004, S. 215 f., 216, Rn. 20, Kühne & Heitz, und EuGH vom 12. 2. 2008, Rs. C 2/06 (bei Abschluss des Manuskripts war die Fundstelle in der amtlichen Sammlung des EuGH noch nicht bekannt), EuZW 2008, S. 148 ff., 150, Rn. 34, Willy Kempter KG./.Hauptzollamt Hamburg-Jonas, jeweils m.w.N.

An dieser Stelle muss nicht erörtert werden, ob Art. 10 EG auch fordert, dass das nationale Recht entsprechende Verfahrensregeln zur Aufhebung von Verwaltungsentscheidungen enthält bzw. solche zu erlassen sind, da diese mit den §§ 48 ff. VwVfG bzw. den vergleichbaren Bestimmungen der Bundesländer zumindest in Deutschland vorhanden sind.

Im vorliegenden Fall haben sowohl das Hauptzollamt als auch die Gerichte den gemeinschaftsrechtlichen Zolltarif falsch ausgelegt, wie die spätere Entscheidung des EuGH zeigt. Der auf dieser falschen Auslegung beruhende Rückforderungsbescheid verstößt, wie oben dargelegt, gegen europäisches Recht. Das könnte dafür sprechen, nach dem aus Art. 10 EG abgeleiteten Effektivitätsgrundsatz stets eine Verpflichtung zur Aufhebung solcher Bescheide bzw. eine entsprechende Ermessensreduzierung anzunehmen. Der Grundsatz besagt, dass die deutschen Behörden die Verfahrensvorschriften nur insoweit anwenden dürfen, als dadurch die Realisierung des gemeinschaftsrechtlich begründeten Anspruchs des Unternehmens nicht vereitelt oder wesentlich erschwert wird[14]. Tatsächlich hat sich der EuGH in der Ciola-Entscheidung in Richtung einer allgemeinen Rücknahmepflicht geäußert, indem er den Vorrang des Gemeinschaftsrechts auch gegenüber den Trägern der Verwaltung betont hat[15]. Würde man eine solche Pflicht statuieren, könnte es aber zu Problemen mit der Rechtssicherheit kommen, weil die Bescheide praktisch unter dem Damoklesschwert nachträglicher EuGH-Urteile stünden, und das wegen der vom Gerichtshof beanspruchten Rückwirkung auf unbestimmte Zeit. Auch der EuGH betont in seiner jüngeren Rechtsprechung, dass die Rechtssicherheit zu den im Gemeinschaftsrecht anerkannten allgemeinen Rechtsgrundsätzen gehört. Die Bestandskraft einer Verwaltungsentscheidung, die nach Ablauf angemessener Klagefristen oder Erschöpfung des Rechtswegs eintritt, trage zur Rechtssicherheit bei. Daher verlange das Gemeinschaftsrecht nicht, dass eine Verwaltungsbehörde grundsätzlich verpflichtet ist, eine bestandskräftige Verwaltungsentscheidung zurückzunehmen[16]. 335

Andererseits, so der EuGH weiter, verpflichtet der Grundsatz zur Zusammenarbeit aus Art. 10 EG die Behörde unter bestimmten Umständen, ihre Entscheidung zu überprüfen, um der mittlerweile vom Gerichtshof vorgenommenen Auslegung der einschlägigen Bestimmung des Gemeinschaftsrechts Rechnung zu tragen. Diese Behörde muss anhand der Ergebnisse dieser Überprüfung entscheiden, inwieweit sie verpflichtet ist, die in Rede stehende Entscheidung, ohne die Belange Dritter zu verletzen, zurückzunehmen[17]. Das setzt nach den in Sachen „Kühne & Heitz“ aufgestellten Kriterien voraus, dass 336

14 *Streinz*, Europarecht, Rz. 564 (Lösung Fall 24).

15 EuGH vom 29. 4. 1999, Rs. C-224/97, Slg. 1999, I-2517, EuZW 1999, S. 405 ff., 407, Rn. 30 ff., Erich Ciola./.Land Vorarlberg, mit Anmerkung *Schilling* (S. 407 f.), tendenziell ähnlich auch Generalanwalt Léger, Schlussanträge in der Rs. C-453/00, Slg. 2004, I-839, 856, Rz. 75, Kühne & Heitz. Siehe dazu *Kahl* in Calliess/Ruffert, EGV, Art. 10, Rz. 42 m.w.N.

16 EuGH vom 12. 2. 2008, Rs. C 2/06, EuZW 2008, S. 148 ff., 150, Rn. 34, Kempter, und EuGH vom 13. 1. 2004, Rs. C-453/00, Slg. 2004, I-837, EuZW 2004, S. 215 f., 216, Rn. 24, Kühne & Heitz, je m.w.N. Dem folgt BVerwG DÖV 2005, S. 651 f. und BVerwG NVwZ 2007, S. 709 ff., 711. Ebenso *Streinz*, Europarecht, Rz. 564 (Lösung Fall 24).

17 EuGH vom 13. 1. 2004, Rs. C-453/00, Slg. 2004, I-837, EuZW 2004, S. 215 f., 216, Rn. 27, Kühne & Heitz.

- die Behörde nach nationalem Recht befugt ist, diese Entscheidung zurückzunehmen,
- die Entscheidung infolge eines Urteils eines in letzter Instanz entscheidenden nationalen Gerichts bestandskräftig geworden ist,
- das Urteil, wie eine nach seinem Erlass ergangene Entscheidung des Gerichtshofes zeigt, auf einer unrichtigen Auslegung des Gemeinschaftsrechts beruht, die erfolgt ist, ohne dass der Gerichtshof um Vorabentscheidung ersucht wurde, obwohl der Tatbestand des Art. 234 Abs. 3 EG erfüllt war, und
- der Betroffene sich, unmittelbar nachdem er Kenntnis von der besagten Entscheidung des Gerichtshofes erlangt hat, an die Verwaltungsbehörde gewandt hat[18].

Zu prüfen ist daher, ob diese Kriterien hier erfüllt sind. Die Befugnis des Hauptzollamts zur Rücknahme auch bestandskräftiger Verwaltungsakte ergibt sich unproblematisch aus § 48 Abs. 1 und 5 VwVfG. Der BFH war hier gemäß § 36 FGO letztinstanzlich zuständig und hat den Bescheid bestätigt. Dabei hat er den gemeinschaftsrechtlichen Zolltarif falsch ausgelegt, wie die spätere Entscheidung des EuGH beweist. Da Entscheidungen des BFH nicht mehr mit ordentlichen Rechtsmitteln angegriffen werden können, wäre er auch gemäß Art. 234 Abs. 1 und 3 EG zur Vorlage verpflichtet gewesen[19]. Auch die letzte Bedingung ist erfüllt, da sich die HK im September 2007 unter Hinweis auf das Ende August ergangene EuGH-Urteil an das Hauptzollamt gewandt hat. Im Fall Kühne & Heitz hatte der EuGH sogar eine Frist von drei Monaten ab Kenntnis des Urteils für unschädlich gehalten[20].

Die vom EuGH aufgestellten Kriterien für eine Rücknahmepflicht sind im vorliegenden Fall also gegeben. Zu bedenken ist allerdings, dass die HK im Prozess gegen den Rückforderungsbescheid keine Vorlage an den EuGH angeregt hat. Hierin könnte ein Verstoß gegen eigene prozessuale Sorgfaltspflichten liegen, mit der Folge, dass sie sich nunmehr nicht mehr gegen die Europarechtswidrigkeit wehren kann.

337 Tatsächlich war auf der Basis von Kühne & Heitz unklar, ob es für die Überprüfung und Korrektur einer Verwaltungsentscheidung notwendig ist, dass sich der Betroffene im Rahmen des gerichtlichen Rechtsbehelfs gegen diese Entscheidung auf das Gemeinschaftsrecht berufen hat[21]. Dagegen spricht allerdings schon der Wortlaut des Art. 234 Abs. 3 EG, der keinen entsprechenden Antrag der Parteien verlangt[22]. Inzwischen hat auch der EuGH im Fall Kempter festgestellt, dass das Gemeinschaftsrecht keine solche Pflicht enthalte. Es genüge vielmehr, wenn der gemeinschaftsrechtliche

18 EuGH vom 13. 1. 2004, Rs. C-453/00, Slg. 2004, I-837, EuZW 2004, S. 215 f., 216, Rn. 28, Kühne & Heitz. Siehe dazu *Streinz*, Europarecht, Rz. 564 (Lösung Fall 24).

19 Siehe dazu *Streinz*, Europarecht, Rz. 630 ff.

20 Siehe EuGH vom 12. 2. 2008, Rs. C 2/06, EuZW 2008, S. 148 ff., 151, Rn. 54, Kempter, sowie Generalanwalt *Léger*, Schlussanträge in der Rs. C-453/00, Slg. 2004, I-839, 842 ff., Rz. 13 f., Kühne & Heitz. In der Kempter-Entscheidung hat der EuGH seine Rechtsprechung inzwischen dahingehend präzisiert, dass das Gemeinschaftsrecht die Möglichkeit, einen Antrag auf Überprüfung einer bestandskräftigen Verwaltungsentscheidung zu stellen, in zeitlicher Hinsicht nicht beschränkt. Die Mitgliedstaaten können jedoch im Einklang mit den gemeinschaftsrechtlichen Grundsätzen der Effektivität und der Äquivalenz angemessene Rechtsbehelfsfristen festlegen (a. a. O., Rn. 60).

21 Für eine solche Pflicht des Betroffenen wohl BVerwG DÖV 2005, S. 651 f. Die Unsicherheit veranlasste das FG Hamburg (DStRE 2006, S. 373 ff., 375), die Frage in der Sache Kempter dem EuGH vorzulegen.

22 Siehe dazu auch Generalanwalt *Bot*, Schlussanträge in der Rs. C-2/06, Rz. 85 ff., Kempter.

Gesichtspunkt, dessen Auslegung sich in Anbetracht eines späteren Urteils des Gerichtshofs als unrichtig erwiesen hat, von dem in letzter Instanz entscheidenden nationalen Gericht entweder geprüft wurde oder von Amts wegen hätte aufgegriffen werden können[23]. Außerdem sollte es nicht dem betroffenen Bürger angelastet werden, wenn die nationalen Gerichte die Bedeutung einer gemeinschaftsrechtlichen Zweifelsfrage übersehen[24].

Damit sind alle notwendigen Voraussetzungen für eine Überprüfung des Rückforderungsbescheids gegeben. Im Rahmen der Ermessensausübung kann dem Gemeinschaftsrecht nur durch eine erneute Überprüfung des Bescheids Genüge getan werden. Würde man dem Hauptzollamt eine entsprechende Ablehnungsmöglichkeit zubilligen, hätte die HK zudem überhaupt keine Möglichkeit mehr, den Verstoß gegen europäisches Recht geltend zu machen. Daher ist das Überprüfungsermessen hier auf Null reduziert, so dass sich das Hauptzollamt erneut mit der Sache befassen muss.

2. Aufhebungsermessen

Das Aufhebungsermessen betrifft die Frage, ob der Rückforderungsbescheid tatsächlich aufzuheben ist, also auch insofern eine entsprechende Ermessensreduzierung besteht. Fraglich ist zunächst, ob auch hier die vom EuGH im Fall Kühne & Heitz aufgestellten Ermessenskriterien gelten[25]. Dagegen könnte sprechen, dass er im Tenor dieser Entscheidung ausdrücklich nur die Pflicht zur „Überprüfung" der Verwaltungsentscheidung ausspricht. Das könnte bedeuten, dass es im Übrigen beim allgemeinen Ermessensspielraum der Behörde bleibt. Andererseits heißt es am Ende der Urteilsbegründung auch, dass die Behörde anhand der Ergebnisse dieser Überprüfung entscheiden müsse, inwieweit sie verpflichtet sei, die fragliche Entscheidung zurückzunehmen[26]. Das deutet darauf hin, dass die Überprüfung auch nach Ansicht des EuGH nicht völlig losgelöst von den praktischen Folgen gedacht zu sein scheint. Außerdem ist der HK und der praktischen Durchsetzung des Europarechts letztlich nur gedient, wenn der Rückforderungsbescheid nicht bloß überprüft, sondern tatsächlich aufgehoben wird. Daher sollten hier sinngemäß dieselben Erwägungen wie beim Überprüfungsermessen gelten. Gegen eine entsprechende Aufhebung könnten zwar die vom EuGH erwähnten entgegenstehenden Belange Dritter sprechen, doch sind solche hier nicht erkennbar. In anderen Fällen mag ebenfalls die Rechtssicherheit überwiegen, weil z.B. die Rückabwicklung des Verwaltungsakts in der Praxis undurchführbar sein könnte. Hier geht es diesbezüglich aber nur um Zahlungspflichten, die sich leicht handhaben lassen. Daher ist auch nach dem oben zum Überprüfungsermessen Gesagten auch das Aufhebungsermessen auf Null reduziert, so dass die HK im Ergebnis die Aufhebung des Rückforderungsbescheids verlangen kann[27]. **338**

---

23 EuGH vom 12. 2. 2008, Rs. C 2/06, EuZW 2008, S. 148 ff., 150 f., Rn. 46 und 43, Kempter.

24 FG Hamburg DStRE 2006, S. 2373 ff., 2375.

25 Siehe dazu ausführlich *Britz/Richter*, JuS 2005, S. 198 ff., 199 ff. sowie *Kahl* in Calliess/Ruffert, EGV, Art. 10 Rz. 42 m.w.N.

26 EuGH vom 13. 1. 2004, Rs. C-453/00, Slg. 2004, I-837, EuZW 2004, S. 215 f., 216, Rn. 27, Kühne & Heitz.

27 Im Ergebnis ebenso *Lenze*, VerwArch 2006, S. 49 ff., 56, *Kanitz/Wendel*, JuS 2008, S. 58 ff., 63, und *Streinz*, Europarecht, Rz. 564 (Lösung Fall 24).

E. Widerruf nach § 49 VwVfG

339 Nach nicht unbestrittener, aber nach Rspr. und wohl h. M. können auch rechtswidrige Verwaltungsakte nach § 49 VwVfG zurückgenommen werden[28]. Begründet wird dies insbesondere damit, dass der Widerruf eines rechtswidrigen VAs erst recht möglich sein müsse, wenn schon rechtmäßige VAe unter den dort genannten Voraussetzungen aufgehoben werden können[29]. Der Streit muss hier nicht weiter erörtert werden, da § 49 Abs. 1 VwVfG den Widerruf nicht-begünstigender Verwaltungsakte nur für die Zukunft zulässt. Hier verlangt HK aber die rückwirkende Aufhebung des Bescheids. Dieser Anspruch lässt sich somit ohnehin nicht auf § 49 VwVfG stützen.

F. Anspruch auf Wiederaufnahme gemäß § 51 VwVfG:

Ein Anspruch auf die erneute Prüfung des Sachverhalts könnte sich auch aus § 51 Abs. 1 VwVfG ergeben.

I. Anwendbarkeit des § 51 VwVfG

340 Gemeinschaftsrechtliche oder sonstige Sonderregelungen über die Wiederaufnahme des Verfahrens sind nicht erkennbar. Das VwVfG ist nach dem oben zu den §§ 48, 49 VwVfG Gesagten hier grundsätzlich anwendbar.

II. Tatbestand des § 51 Abs. 1 VwVfG

Nach § 51 Abs. 1 VwVfG hat die Behörde auf Antrag des Betroffenen über die Aufhebung oder Änderung eines unanfechtbaren Verwaltungsakts zu entscheiden, wenn einer der dort genannten Gründe gegeben ist. Mit dem gerichtlich bestätigten Rückforderungsbescheid liegt ein unanfechtbarer Verwaltungsakt vor. Fraglich ist jedoch, ob auch ein Wiederaufgreifensgrund gegeben ist, wobei nach dem Sachverhalt nur die Nr. 1 in Betracht kommt.

Dafür müsste sich die dem Verwaltungsakt zugrunde liegende Sach- oder Rechtslage nachträglich zugunsten des Betroffenen geändert haben.

Hier erging der Rückforderungsbescheid aufgrund einer Einordnung der Geflügelteile in einen bestimmten Zolltarif. An der Art dieser Teile hat sich unstreitig nichts geändert, so dass die Sachlage unverändert geblieben ist.

341 Zu prüfen bleibt somit, ob sich durch das nachträgliche Urteil des EuGH eine Änderung der Rechtslage ergeben hat. Das setzt grundsätzlich voraus, dass sich das maßgebliche materielle Recht nach Erlass des VAs geändert hat[30]. Eine solche Änderung ist hier nicht erfolgt. Vielmehr hat der EuGH nur (rückwirkend) klargestellt, wie eine bestimmte Vorschrift auszulegen ist und damit die Rechtslage geklärt. Eine Änderung

28 Siehe dazu *Maurer*, Allgemeines Verwaltungsrecht, § 11 Rz. 19, *Ruffert*, Verwaltungsakt, § 24 Rz. 1, in Erichsen/Ehlers (Hrsg.), Allgemeines Verwaltungsrecht, und *Kopp/Ramsauer*, VwVfG, § 49 Rz. 12 m.w.N.

29 Siehe dazu *Ruffert*, Verwaltungsakt, § 24 Rz. 1, in Erichsen/Ehlers (Hrsg.), Allgemeines Verwaltungsrecht.

30 *Kopp/Ramsauer*, VwVfG, § 51 Rz. 30.

der höchstrichterlichen Rechtsprechung stellt aber grundsätzlich keine Änderung der Rechtslage dar und ist dieser auch nicht gleichgestellt[31]. Für den Fall, dass ein Gericht erstmals zur Auslegung einer Vorschrift Stellung nimmt, muss daher dasselbe gelten[32].

Fraglich ist allerdings, ob bei Urteilen des EuGH eine andere Beurteilung angebracht ist, wobei hier neben dem schon angesprochenen Effektivitätsgrundsatz auch der Äquivalenzgrundsatz zum Tragen kommt. Letzterer besagt, dass die Verfahrensregelungen bei Fällen mit Gemeinschaftsbezug nicht ungünstiger sein dürfen als diejenigen, die gleichartige Sachverhalte innerstaatlicher Art regeln[33]. Wie oben dargestellt, gilt in rein innerstaatlichen Fällen die Änderung der höchstrichterlichen Rechtsprechung nicht als Änderung der Rechtslage i.S.d. § 51 Abs. 1 Nr. 1 VwVfG. Die entsprechende Nichtbeachtung einer Änderung der Rechtsprechung des EuGH stellt eine vergleichbare Behandlung und damit keinen Verstoß gegen das Äquivalenzgebot dar.

Nach dem Effizienzgrundsatz könnte die besondere Bedeutung der EuGH-Rechtsprechung für die Entwicklung des Gemeinschaftsrechts dafür sprechen, das Ergehen einer neuen bzw. die Änderung einer bisherigen EuGH-Rspr. einer Änderung des materiellen Rechts gleichzustellen[34].

Hierzu ist zunächst festzustellen, dass § 51 Abs. 1 VwVfG einen Rechtsanspruch auf **342**
das Wiederaufgreifen des Verfahrens und auf eine erneute Sachentscheidung gewährt[35]. Das folgt bereits aus dem Wortlaut des § 51 Abs. 1 VwVfG, nach dem die Behörde über die Aufhebung oder Änderung des VAs zu entscheiden „hat“. Die Anwendung des § 51 VwVfG auf Änderungen der Rechtsprechung des EuGH würde daher zu einer relativ starren Regelung führen, bei der die Verwaltung das Verfahren wieder aufgreifen und den als rechtswidrig erkannten Verwaltungsakt selbst dann zurücknehmen müsste, wenn diese Durchbrechung der Bestandskraft im Einzelfall gar nicht gemeinschaftsrechtlich induziert wäre[36]. Außerdem sieht sogar das Gemeinschaftsrecht wegen des Prinzips der Rechtssicherheit keine allgemeine Aufhebungspflicht vor (siehe oben). Die Anwendung des § 51 VwVfG würde – auch wenn sie sich nur auf die Wiederaufnahe des Verfahrens und nicht unmittelbar auf die Aufhebung der fraglichen Entscheidung bezieht – daher wohl über das nach dem Gemeinschaftsrecht Erforderliche hinausgehen. Auch würde durch eine generelle Bejahung eines solchen Anspruchs die Bestandskraft und damit die Rechtssicherheit unangemessen beeinträchtigt[37]. Hinzu kommt, dass mit den §§ 48, 49 VwVfG ein flexibleres Verfahren zur Verfügung steht, um dem Europarecht Geltung zu verschaffen.

31 BVerwG NVwZ-RR 1994, S. 119, *Kopp/Ramsauer*, VwVfG, § 51 Rz. 30, *Maurer*, Allgemeines Verwaltungsrecht, § 11 Rz. 58, je m.w.N.

32 *Streinz*, Europarecht, Rz. 564 (Lösung Fall 24).

33 Vgl. EuGH vom 19. 6. 2006, verb. Rs. C-392/04 und C-422/04, Slg. 2006, I-8559, NVwZ 2006, S. 1277 ff., 1279, Rn. 57 m.w.N., i-21 Germany GmbH und Arcor GmbH & Co. KG./.Bundesrepublik Deutschland (umgesetzt durch BVerwG NVwZ 2007, S. 709 ff.), sowie *Streinz*, Europarecht, Rz. 553.

34 Vgl. *Kanitz/Wendel*, JuS 2008, S. 58 ff., 61.

35 *Maurer*, Allgemeines Verwaltungsrecht, § 11 Rz. 61.

36 Vgl. *Kanitz/Wendel*, JuS 2008, S. 58 ff., 61.

37 Siehe dazu *Britz/Richter*, JuS 2005, S. 198 ff., 201, *Kahl* in Calliess/Ruffert, EGV, Art. 10 Rz. 42 m.w.N., sowie *Streinz*, Europarecht, Rz. 564 (Lösung Fall 24).

Daher erscheint auch nach dem Effektivitätsgrundsatz keine andere Beurteilung angebracht. Eine Änderung der Rspr. des EuGH stellt damit keine Änderung der Rechtslage i.S.d. § 51 Abs. 1 Nr. 1 VwVfG dar[38].

III. Ergebnis

Die Auslegung des Gemeinsamen Zolltarifs durch den EuGH, die von derjenigen durch die deutschen Gerichte abweicht, die dem Rückforderungsbescheid zugrunde lag, führt daher nicht zu einer im Sinne des § 51 Abs. 1 Nr. 1 VwVfG beachtlichen Änderung der Rechtslage. Die HK hat daher keinen Anspruch auf die Wiederaufnahme des Verfahrens gemäß § 51 VwVfG.

G. Gesamtergebnis

Die HK kann gemäß § 48 Abs. 1 Satz 1 VwVfG nicht bloß die Überprüfung, sondern sogar die Aufhebung des Rückforderungsbescheids verlangen.

Weiterführende Hinweise

Streinz, Rudolf: Europarecht, insbes. Rz. 564 (Fall 24) sowie Rz. 532 ff., 548 ff., 560 ff., 563 ff.

EuGH vom 13. 1. 2004, Rs. C-453/00, Slg. 2004, I-837 = EuZW 2004, S. 215 f. = NVwZ 2004, S. 459 f., Kühne & Heitz U./.Productschap voor Pluimvee en Eieren.

EuGH vom 12. 2. 2008, Rs. C-2/06[39], EuZW 2008, S. 148 ff., Willy Kempter KG./.Hauptzollamt Hamburg-Jonas.

Britz, Gabriele/Richter, Tobias: Die Aufhebung eines gemeinschaftsrechtswidrigen nicht begünstigenden Verwaltungsakts, JuS 2005, S. 198 ff.

Frenz, Walter: Anmerkung zu EuGH vom 13. 1. 2004, Rs. C-453/00 (Kühne & Heitz), DVBl 2004, S. 375 ff.

Kanitz, Ralf/Wendel, Mattias: Referendarexamensklausur – Öffentliches Recht: Europarechtlich induzierte Durchbrechung der Bestandskraft?, JuS 2008 S. 58 ff.

Lenze, Anne: Die Bestandskraft von Verwaltungsakten nach der Rechtsprechung des EuGH, VerwArch 2006, S. 49 ff.

Rennert, Klaus: Bestandskraft rechtswidriger Verwaltungsakte und Gemeinschaftsrecht, DVBl 2007, S. 400.

Ruffert, Matthias: Anmerkung zu EuGH vom 13. 1. 2004, C-453/00 (Kühne & Heitz), JZ 2004, S. 620 ff.

Streinz, Rudolf: Europarecht – Auswirkungen des Vorrangs des EG-Rechts auf die Bestandskraft, JuS 2004 S. 516 ff.

Urlesberger, Franz: Zur Rechtskraft im Gemeinschaftsrecht, ZfRV 2004, S. 100 ff. (Aufsatz betrifft das österreichische Recht).

38 Für eine Lösung (auch) über § 51 VwVfG, wenn auch bevorzugt im Wege einer klarstellenden Gesetzesänderung, dagegen *Lenze*, VerwArch 2006, S. 49 ff., 59/60.

39 Bei Abschluss des Manuskripts war die Fundstelle in der amtlichen Sammlung des EuGH noch nicht bekannt.

Ausblick auf den Vertrag von Lissabon[40] 343

Bisherige Nummerierung des Vertrages zur Gründung der Europäischen Gemeinschaft (EG)	**Nummerierung im Vertrag von Lissabon**	**Neue Nummerierung des Vertrages über die Arbeitsweise der Europäischen Union (AEUV)**
Art. 10	Im Wesentlichen ersetzt durch Art. 3a Abs. 3 (künftig Art. 4 Abs. 3) EUV	
Art. 234	Art. 234	Art. 267
Art. 299 Abs. 1	Im Wesentlichen ersetzt durch Art. 49c Abs. 1 (künftig Art. 52 Abs. 1) EUV	

40 Synopse nach Übereinstimmungstabelle zu Art. 5 des Vertrags von Lissabon, ABl. 2007 Nr. C 306/202 ff. Konsolidierte Fassungen des „Vertrags über die Europäische Union" (EUV) und des neuen „Vertrags über die Arbeitsweise der Europäischen Union" (AEUV, bisher: „Vertrag zur Gründung der Europäischen Gemeinschaft") sind im Abl. 2008 Nr. C-115/1 ff. abgedruckt.

Fall 15

Öffentliche Unternehmen unter Druck

Schwerpunktbereich, Schwierigkeitsgrad: hoch

Teil I

344 Ein internationales Kreditkartenunternehmen bedient sich des in X ansässigen Abwicklungsdienstleisters A, um Kundenabrechnungen für seine im Mitgliedstaat X ansässigen Kunden zu erstellen und in großer Stückzahl zu versenden. Die Abrechnungen werden von A in X gefertigt und anschließend in die Niederlande verbracht und dort zur Post gegeben, um das günstigere dortige Porto zu nutzen. Die X-Post AG, deren Aktien sich zu 80% im Besitz des Mitgliedstaates X befinden und die 90% der Postdienstleistungen im Mitgliedstaat X erbringt, erhält von der niederländischen Post eine Endvergütung für die Weiterbeförderung der Briefe, die allerdings die Kosten der Zustellung nicht annähernd deckt. Die X-Post AG hält die Sendungen an und fordert den A auf, für jeden Brief die Differenz zwischen Endvergütung und dem in X für Inlandsbriefe geltenden Porto zu entrichten. Anderenfalls werde sie die Briefe auf Kosten des A an die niederländische Post zurücksenden. Die X-Post AG stützt sich dabei auf die Vorschriften des Art. 43 Weltpostvertrag, welche der X-Post AG, die auch mit der Erfüllung der Aufgaben des Mitgliedstaates X aus dem Weltpostvertrag betraut ist, aufgrund des Zustimmungsgesetzes des Mitgliedstaates X entsprechende Rechte verleiht. A hält die Vorgehensweise der X-Post AG für europarechtswidrig.

Zu Recht?

Teil II

Seit Ende der 80er Jahre dürfen die Verbände der gesetzlichen Krankenkassen auf der Grundlage von § 35 SGB V Festbeträge festlegen, die sie für verschriebene Arzneimittel maximal erstatten. Dadurch sollen Einsparungseffekte im Gesundheitswesen erreicht werden. Als die Verbände der Krankenkassen für eine Gruppe von Medikamenten, zu der auch ein Medikament des Pharmaherstellers P gehört, einen Festbetrag festlegen, der unter dem Verkaufspreis für dieses Medikament liegt, nimmt P die Verbände der Krankenkassen gerichtlich auf Aufhebung dieser Entscheidung in Anspruch. P ist der Meinung, mit der Festlegung von Festbeträgen betätigten sich die Verbände der Krankenkassen in wettbewerbswidriger Weise. Das angerufene Gericht ist über die Rechtslage im Zweifel und möchte vom EuGH im zulässigen Vorabentscheidungsverfahren wissen, ob tatsächlich ein Europarechtsverstoß vorliegt.

1. Formulieren Sie entsprechende Vorlagefragen.
2. Wie wird der Gerichtshof entscheiden?

Auszug aus dem Weltpostvertrag:

Art. 1 Postuniversaldienst

1. Zur Förderung des Grundgedankens, demgemäß der Weltpostverein ein einziges Postgebiet bildet, sorgen die Mitgliedsländer dafür, dass alle Benutzer/Kunden Zugang zu einem Postuniversaldienst haben, der in einem qualitativ guten Angebot an Basispostdiensten besteht, die an jedem Punkt ihres Gebietes zu erschwinglichen Preisen jederzeit bereitgestellt werden.

2. Zu diesem Zweck legen die Mitgliedsländer im Rahmen ihrer innerstaatlichen Rechtsvorschriften im Bereich des Postwesens oder auf andere übliche Weise den Umfang der hierfür in Frage kommenden Postdienste sowie die Voraussetzungen für Qualität und erschwingliche Preise unter gleichzeitiger Berücksichtigung der Bedürfnisse der Bevölkerung und der innerstaatlichen Gegebenheiten fest.

3. Die Mitgliedsländer sorgen dafür, dass die mit der Bereitstellung des Postuniversaldienstes beauftragten Betreiber das Angebot an Postdiensten sicherstellen und die Qualitätsnormen einhalten.

Art. 2 Freiheit des Durchgangs

1. Die Freiheit des Durchgangs ist in Art. 1 der Satzung als Grundsatz verankert. Danach ist jede Postverwaltung verpflichtet, die ihr von einer anderen Postverwaltung übergebenen Kartenschlüsse und Briefsendungen des offenen Durchgangs stets auf den schnellsten Beförderungswegen und mit den sichersten Beförderungsmitteln weiterzuleiten, die sie für ihre eigenen Sendungen benutzt.

[...]

Art. 43 Einlieferung von Briefsendungen im Ausland

1. Kein Mitgliedsland ist verpflichtet, Briefsendungen zu befördern oder dem Empfänger auszuliefern, die in seinem Gebiet ansässige Absender im Ausland einliefern oder einliefern lassen, um aus den dort geltenden günstigeren Gebührenverhältnissen Nutzen zu ziehen.

2. Die in Absatz 1 vorgesehenen Bestimmungen gelten ohne Unterschied sowohl für Briefsendungen, die in dem Land, in dem der Absender ansässig ist, vorbereitet und anschließend über die Grenzen gebracht werden, als auch für Briefsendungen, die in einem anderen Land versandfertig gemacht worden sind.

3. Die Bestimmungsverwaltung ist berechtigt, vom Absender oder, wenn dies nicht möglich ist, von der Einlieferungsverwaltung die Zahlung der Inlandsgebühren zu verlangen. Sind weder der Absender noch die Einlieferungsverwaltung bereit, diese Gebühren innerhalb einer von der Bestimmungsverwaltung festgesetzten Frist zu zahlen, so kann diese entweder die Sendung an die Einlieferungsverwaltung zurückschicken – in diesem Fall hat sie Anspruch auf die Erstattung der Kosten für die Rücksendung – oder nach ihren innerstaatlichen Rechtsvorschriften mit ihnen verfahren.

4. Kein Mitgliedsland ist verpflichtet, Briefsendungen zu befördern oder dem Empfänger auszuliefern, die Absender in einem anderen Land als demjenigen, in dem sie ansässig sind, in großen Mengen eingeliefert haben oder haben einliefern lassen, wenn die hierfür fällige Endvergütung niedriger sind als die Beträge, die erhoben worden wären, wenn die Sendungen in dem Land eingeliefert worden wären, in dem die Absender ansässig sind. Die Bestimmungsverwaltungen sind berechtigt, von der Einlieferungsverwaltung eine mit den entstandenen Kosten in Beziehung stehende Vergütung zu verlangen, die jedoch den höheren der zwei nach den beiden folgenden Verfahren berechneten Beträgen nicht überschreiten darf: entweder 80% der Inlandsgebühren für vergleichbare Sendungen oder 0,14 SZR je Sendung zuzüglich 1 SZR je Kilogramm. Ist die Einlieferungsverwaltung nicht bereit, den geforderten Betrag innerhalb einer von der Bestimmungsverwaltung festgesetzten Frist zu zahlen, so kann diese entweder die Sendung an die Einlieferungsverwaltung zurückschicken – in diesem Fall hat sie Anspruch auf die Erstattung der Kosten für die Rücksendung – oder nach ihren innerstaatlichen Rechtsvorschriften mit ihnen verfahren.

Vorüberlegungen

345 Der vorliegende Fall befasst sich mit einigen Kernproblemen des Europäischen Wirtschaftsrechts. Der erste Teil, der einer Entscheidung des EuGH[1] nachgebildet ist, dreht sich zentral um die Frage der Freistellung eines Unternehmens von den Bindungen des EG gemäß Art. 86 Abs. 2 EG. Sorgfalt sollte allerdings auch auf die Behandlung des Art. 82 EG gelegt werden. Bei beiden zu prüfenden Vorschriften sollten die Bearbeiter sich mit den einschlägigen Tatbestandsmerkmalen gründlich auseinandersetzen und sich auch dann um eine die Subsumtion ermöglichende Aufbereitung der Begriffe bemühen, wenn sie mit der wettbewerbsrechtlichen Terminologie nicht vertraut sind. In einem zweiten Schritt ist noch eine Verletzung der Dienstleistungsfreiheit durch Mitgliedstaat X zu prüfen, was allerdings gegenüber dem ersten Prüfungsteil keine neuen Probleme aufwirft.

Teil II findet sein Vorbild in der AOK-Bundesverband-Entscheidung des EuGH[2]. Es geht um die Frage, ob sich auch die gesetzlichen Krankenkassen an die Wettbewerbsvorschriften des EG halten müssen. Dies wird im Ergebnis verneint, aber mit überraschender Begründung, da die Krankenkassen nicht generell und endgültig von diesen Vorschriften ausgenommen sind, sondern nur solange, wie sie nicht wettbewerblich tätig sind. Es kann also künftig der Fall eintreten, dass die Unternehmenseigenschaft doch zu bejahen ist.

Bei der Formulierung der Vorlagefrage ist es zweckdienlich, diese in mehrere Unterfragen zu unterteilen, um einen Satzbandwurm zu vermeiden und die anschließende Prüfung auf den wesentlichen Punkt, ob die Verbände der Krankenkassen als Unternehmensverbände anzusehen sind, zu konzentrieren und – sofern man der Ansicht des EuGH folgt – zu beschränken. Bei der zweiten Frage kommt es darauf an, den wettbewerbsrechtlichen Unternehmensbegriff möglichst plastisch darzustellen.

Insgesamt handelt es sich um eine Aufgabenstellung mit hohem Schwierigkeitsgrad, die nur im Schwerpunktbereich gestellt werden kann. Auch in vielen Schwerpunktbereichen liegt das Klausurthemen (Europäisches Wirtschaftsrecht) eher am Rande.

---

1 EuGH vom 10. 2. 2000, verb. Rs. C-147/97 und C-148/97, Slg. 2000, I-825 = EuZW 2000, 281 ff., Deutsche Post AG./.GZS Gesellschaft für Zahlungssysteme mbH u. Citicorp Kartenservice GmbH.

2 EuGH vom 16. 3. 2004, verb. Rs. C-264/01, C-306/01, C-354/01 und C-355/01, Slg. 2004, I-2493, EuZW 2004, 241 ff., AOK Bundesverband u.a./.Ichthyol-Gesellschaft Cordes, Hermani & Co. u.a.

Gliederung

Teil I **346**

A. Verstoß der X-Post AG gegen Art. 82 EG
   I. Unternehmen
   II. Ausschluss durch Art. 86 Abs. 2 EG
      1. Öffentliches Unternehmen
      2. Dienstleistung von allgemeinem wirtschaftlichem Interesse
      3. Verhinderung der Aufgabenerfüllung
      4. Ergebnis
   III. Relevanter Markt
   IV. Marktbeherrschende Stellung
   V. Missbräuchliches Ausnutzen
   VI. Ergebnis

B. Verstoß von Mitgliedstaat X gegen die Dienstleistungsfreiheit gem. Art. 49 EG
   I. Ausschluss durch Art. 86 Abs. 2 EG
   II. Anwendungsbereich der Dienstleistungsfreiheit
   III. Gewährleistungsinhalt
   IV. Rechtfertigung durch zwingende Erfordernisse des Allgemeininteresses
   V. Ergebnis

Teil II

A. Vorlagefragen

B. Entscheidung des Gerichtshofes
   I. Verbände der Krankenkassen als Unternehmen?
   II. Ergebnis

Musterlösung

Teil I

A. Verstoß der X-Post AG gegen Art. 82 EG

347 Die Vorgehensweise der X-Post AG könnte europarechtswidrig sein, weil diese selbst gegen Art. 82 EG verstößt.

I. Unternehmen

Die X-Post AG müsste zu den Unternehmen im Sinne des Art. 82 EG gehören. Ein Unternehmen ist eine Einheit, die eine wirtschaftliche Tätigkeit ausübt. Unter diesen Begriff fällt auch die X-Post AG.

II. Ausschluss durch Art. 86 Abs. 2 EG

Art. 82 EG ist nach seinem insoweit offenen Wortlaut auf alle Arten von Unternehmen anwendbar[3]. Jedoch könnte die Anwendung von Art. 82 EG gem. Art. 86 Abs. 2 EG ausgeschlossen sein, wenn es sich bei der X-Post AG um ein öffentliches Unternehmen handelt und Art. 82 EG dessen Aufgabenerfüllung rechtlich oder tatsächlich verhindert[4].

1. Öffentliches Unternehmen

348 Es müsste sich bei der X-Post AG zunächst um ein öffentliches Unternehmen im Sinne von Art. 86 Abs. 1 EG handeln, oder das Unternehmen müsste mit besonderen oder ausschließlichen Rechten ausgestattet sein.

Von ausschließlichen Rechten – wie etwa einem Briefdienstleistungsmonopol – berichtet der Sachverhalt nichts[5].

Ein öffentliches Unternehmen ist ein solches, welches dem bestimmenden Einfluss öffentlicher Hoheitsträger unterliegt. Da der Mitgliedstaat X 80% der Aktien der X-Post AG hält, hat er einen – über sein Mehrheitseigentum vermittelten – bestimmenden Einfluss auf die X-Post AG. Diese ist ein öffentliches Unternehmen.

2. Dienstleistung von allgemeinem wirtschaftlichem Interesse

349 Weiterhin müsste es sich bei der X-Post AG um ein Unternehmen handeln, welches mit einer Dienstleistung von allgemeinem wirtschaftlichem Interesse betraut ist. Laut Sachverhalt ist die X-Post AG mit der Aufgabe aus Art. 1 und 2 Weltpostvertrag betraut, Auslandssendungen an jeden im Mitgliedstaat X ansässigen Empfänger zuzu-

---

3 *Stadler* in Langen/Bunte, Kommentar Kartellrecht, Bd. 2, Art. 86 EGV, Rn. 14.

4 So auch *Jung* in Calliess/Ruffert, EGV, Art. 86, Rn. 44, der davon ausgeht, dass Art. 86 für die Anwendbarkeit des Art. 82 EG auf öffentliche Unternehmen konstitutiv ist (a.a.O. Rn. 3).

5 Im zugrunde liegenden Fall war dies anders, weil die Bundesrepublik Deutschland der Deutschen Post AG Rechte aus dem Briefmonopol eingeräumt hatte, vgl. EuGH 10. 2. 2000, verb. Rs. C-147/97 und C-148/97, Slg. 2000, I-825, EuZW 2000, S. 281 ff., 283, Rn. 37, Deutsche Post.

stellen und damit zu einem weltweit einheitlichen Postgebiet beizutragen. Dass die X-Post AG diese Dienstleistung nicht im Eigen- sondern im Allgemeininteresse erbringt, ergibt sich daraus, dass die Weiterbeförderung von Auslandsbriefsendungen laut Sachverhalt für die X-Post AG unrentabel ist.

3. Verhinderung der Aufgabenerfüllung

Die Anwendung der Wettbewerbsregeln auf die X-Post AG müsste die Erfüllung **350**
dieser Aufgabe im allgemeinen wirtschaftlichen Interesse rechtlich oder tatsächlich verhindern.

Für eine rechtliche Verhinderung der Erfüllung der Aufgabe ist nichts ersichtlich. Es könnte sich jedoch eine tatsächliche Verhinderung der Erfüllung der Aufgabe ergeben, wenn es der X-Post AG bei Anwendung der Wettbewerbsregeln verwehrt wäre, bei dem Art. 43 Weltpostvertrag unterfallenden Sendungen dessen Möglichkeiten zu nutzen. Man könnte zum einen davon ausgehen, eine tatsächliche Verhinderung der Erfüllung der Aufgabe komme nur dann in Betracht, wenn die X-Post AG die wirtschaftliche Belastung, die aus den Verlusten bei der Beförderung von Auslandssendungen entsteht, nicht tragen könnte und daher die Erbringung ihrer Dienstleistungen einstellen müsste. Die Anwendung des EG müsste bei dieser Auslegung des Art. 86 Abs. 2 EG mithin die Existenz des mit der Wahrnehmung der Aufgabe betrauten Unternehmens bedrohen. Zum anderen ist es denkbar, von einer tatsächlichen Verhinderung der Aufgabenerfüllung bereits dann zu sprechen, wenn die Anwendung des EG verhindert, dass die Aufgabe zu wirtschaftlich ausgewogenen Bedingungen wahrgenommen werden kann.

Der ersten Ansicht ist zuzugeben, dass sie mit dem Wortlaut des Art. 86 Abs. 2 EG, **351**
der von Verhinderung, nicht von Gefährdung der Aufgabenerfüllung spricht, eher im Einklang steht. Gleichwohl ist mit dem EuGH[6] der zweiten Ansicht der Vorzug zu geben, da mit der erstgenannten Auffassung zu Art. 86 Abs. 2 EG die Mitgliedstaaten stets auf die Möglichkeit verwiesen werden könnten, die Weitererfüllung der Aufgabe im Allgemeininteresse durch das in der Existenz bedrohte Unternehmen durch Eigenleistungen an dieses abzuwenden, so dass die Vorschrift praktisch leerliefe. Dann könnte sie aber ihren Zweck, einen Ausgleich zwischen dem Gestaltungsspielraum der Mitgliedstaaten bei der Organisation der Dienstleitungen im Allgemeininteresse, denen Art. 16 EG besonderes Gewicht einräumt, und der möglichst weitreichenden Geltung des EG zu erreichen, nicht erfüllen.

Entscheidend ist daher, ob die X-Post AG die ihr übertragenen Aufgaben auch dann zu wirtschaftlich ausgewogenen Bedingungen wahrnehmen kann, wenn sie das Instrumentarium des Art. 43 Weltpostvertrag bei Sendungen aus dem EU-Ausland nicht nutzen kann. Infolge einer Nichtanwendung von Art. 43 Weltpostvertrag würde die Anzahl an Zustellungen gegen regelmäßig rentables Inlandsporto erheblich abnehmen und die Anzahl an Zustellungen gegen nicht kostendeckende Endvergütun-

6 EuGH vom 23. 10. 1997, C-157/94, Slg. 1997, I-5699, DB 1997, S. 2482 f, Rn. 52, Kommission der Europäischen Gemeinschaften./.Königreich der Niederlande – Einfuhrrechte für Elektrizität.

gen[7] erheblich zunehmen. Dies führt den EuGH im zugrunde liegenden Fall dazu, von einer Gefährdung der Aufgabenerfüllung auszugehen, wenn Art. 82 EG angewandt würde[8]. Gegen diese Annahme spricht aber, dass im Sachverhalt nicht dargelegt wird, ob die durch die Nichtanwendung der entsprechenden Vorschriften entstehenden Einnahmeausfälle im Auslandsgeschäft nicht durch Gewinne im Inlandsgeschäft aufgefangen werden können. In einer solchen Situation von einer Gefährdung der Aufgabenerfüllung zu sprechen, erscheint voreilig.

Die gegenteilige Ansicht ist mit dem EuGH gut vertretbar.

4. Ergebnis

Art. 86 Abs. 2 EG führt nicht zu einer Freistellung von den Wettbewerbsregeln. Die X-Post AG ist mithin an Art. 82 EG gebunden.

Wer hier der Gegenauffassung folgt, muss seine Prüfung an dieser Stelle beenden.

III. Relevanter Markt

352 Die X-Post AG ist auf dem für den ganzen Mitgliedstaat X einheitlichen Markt für Postbeförderungsdienstleistungen tätig. Damit erstreckt sich ihre Tätigkeit auf einen wesentlichen Teil des Gemeinsamen Marktes im Sinne von Art. 82 EG.

IV. Marktbeherrschende Stellung

353 Auf diesem Markt müsste sie eine beherrschende Stellung innehaben. Eine beherrschende Stellung versetzt ein Unternehmen in die Lage, die Aufrechterhaltung eines wirksamen Wettbewerbs auf dem relevanten Markt zu verhindern, indem sie ihm die Möglichkeit verschafft, sich seinen Wettbewerbern und seinen Abnehmern gegenüber in einem nennenswerten Umfang unabhängig zu verhalten[9]. Davon ist regelmäßig bei einem Marktanteil eines Unternehmens von 75% oder mehr auf dem relevanten Markt auszugehen, wie ihn die X-Post AG für Postbeförderungsdienstleistungen im Mitgliedstaat X innehat. Bei einem derart hohen Marktanteil sind alle Nachfrager auf diesem Markt für ihre Versorgungssicherheit auf Angebote des Marktführers angewiesen. Für eine Ausnahme von dieser Regel spricht vorliegend nichts. Eine marktbeherrschende Stellung liegt vor.

V. Missbräuchliches Ausnutzen

354 Die X-Post AG müsste diese beherrschende Stellung missbräuchlich ausnutzen. Die Fälle des Missbrauchs sind in Art. 82 Abs. 2 EG konkretisiert. Vorliegend kommt insbesondere Art. 82 Abs. 2 a) EG in Betracht. Es erscheint denkbar, dass die X-Post AG

---

7 Das Problem nicht kostendeckender Endvergütungen sollte innerhalb der EU durch die REIMS II- Vereinbarung abgeschafft werden, der allerdings die Niederlande nicht beigetreten sind; vermutlich wird sich das Problem aber durch eine Neuregelung im Weltpostvertrag erledigen.

8 EuGH vom 10. 2. 2000, verb. Rs. C-147/97 und C-148/97, Slg. 2000, I-825, EuZW 2000, S. 281 ff., 284, Rn. 50, differenzierend Generalanwalt *La Pergola*, Schlussanträge in den verb. Rs. C-147/97 und C-148/97, Slg. 2000, I-825, 851 ff., Rn. 29 f., Deutsche Post.

9 EuGH, st. Rspr, etwa EuGH vom 5. 10. 1988, Rs. 247/86, Slg. 1988, 5987, NJW 1990, 1410 f., Rn. 12, ALSATEL.

unmittelbar oder mittelbar unangemessene Einkaufspreise erzwingt. Einkaufspreise im Sinne des Art. 82 Abs. 2 a) EG sind dabei in Einklang mit dem Zweck der Vorschrift, den Missbrauch marktbeherrschender Stellungen umfassend zu verhindern, auch Preise für Dienstleistungen.

Allerdings müsste das von der X-Post AG verlangte Inlandsbriefporto in einem unangemessenen Verhältnis zum Wert der Postbeförderungsdienstleistung stehen. Für die Begründung einer solchen Unangemessenheit enthält der Sachverhalt keine ausreichenden Hinweise. Insbesondere führt die Tatsache, dass A, der ja bereits das volle niederländische Porto entrichtet hat, insgesamt mehr als das volle Inlandsporto für die Beförderung seiner Briefe zu zahlen hat, noch nicht zur Unangemessenheit. Es kommt vielmehr auf ein unangemessenes Verhältnis zwischen der an die X-Post AG geflossenen Vergütung und ihrer Leistung an; ein unangemessenes Verhältnis zwischen Leistungen des A und ihm gewährten Dienstleistungen ist ohne Belang. Ein Missbrauch im Sinne von Art. 82 Abs. 2 a) EG ist zu verneinen. Auch die übrigen Varianten von Art. 82 Abs. 2 EG sind nicht einschlägig, so dass insgesamt kein Missbrauch einer marktbeherrschenden Stellung vorliegt.

VI. Ergebnis

Ein Verstoß der X-Post AG gegen Art. 82 EG scheidet aus.

B. Verstoß von Mitgliedstaat X gegen die Dienstleistungsfreiheit gem. Art. 49 EG

In Betracht kommt ein Verstoß von Mitgliedstaat X gegen die Dienstleistungsfreiheit des A gem. Art. 49 EG, indem er die fraglichen Bestimmungen des Weltpostvertrages zugunsten der X-Post AG in Geltung gesetzt hat.

I. Ausschluss durch Art. 86 Abs. 2 EG

Der Anwendung der Dienstleistungsfreiheit könnte wiederum Art. 86 Abs. 2 EG entgegenstehen. Jedoch gilt hier wie oben, dass durch die Anwendung des EG-Vertrages die Aufgabenerfüllung nicht rechtlich oder tatsächlich verhindert würde. Art. 49 EG bleibt anwendbar. **355**

II. Anwendungsbereich der Dienstleistungsfreiheit

Die Dienstleistungsfreiheit ist hier persönlich und sachlich auf A anwendbar, da es sich um ein in X ansässiges Unternehmen handelt, das grenzüberschreitende Abrechnungsdienstleistungen erbringt. Andere Grundfreiheiten sind nicht einschlägig.

III. Gewährleistungsinhalt

Durch die Verpflichtung zur Zahlung des Inlandsportos auf Auslandssendungen in der vorliegenden Konstellation wird die grenzüberschreitende Dienstleistungserbringung für A weniger attraktiv, so dass die Maßnahme von X vom Gewährleistungsinhalt der Dienstleistungsfreiheit erfasst wird.

IV. Rechtfertigung durch zwingende Erfordernisse des Allgemeininteresses

356 Jedoch kommt eine Rechtfertigung durch zwingende Erfordernisse in Betracht. Der Mitgliedstaat X ist dem Weltpostvertrag beigetreten, um eine flächendeckende und reibungslose grenzüberschreitende Beförderung von Postsendungen sicherzustellen. Zu diesem Zweck wird die X-Post AG verpflichtet, bestimmte grenzüberschreitende Beförderungsleistungen zu übernehmen. Im Gegenzug muss es ihr aber möglich sein, für sie unzumutbare Sendungen zurückzuweisen und mit höherem Porto zu belegen, um ein wirtschaftliches Arbeiten zu ermöglichen. Indem Mitgliedstaat X der entsprechenden Vorschrift des Art. 43 Weltpostvertrag zugestimmt und sie in innerstaatliches Recht umgesetzt hat, hat er somit nicht gegen die Dienstleistungsfreiheit verstoßen.

V. Ergebnis

Die Dienstleistungsfreiheit gem. Art. 49 EG ist nicht verletzt.

Teil II

A. Vorlagefragen

357 1. Sind Zusammenschlüsse von Krankenkassen wie die deutschen Verbände der Krankenkassen als Unternehmen oder Unternehmensvereinigung i.S. des Art. 81 EG anzusehen, wenn sie Festbeträge festsetzen, bis zu deren Erreichen die Krankenkassen die Kosten von Arzneimitteln übernehmen?

   Hinweis: Bei der Formulierung der Vorlagefrage ist der funktionelle Unternehmensbegriff des EuGH zu beachten, welcher die Unternehmenseigenschaft einer Einheit nicht abstrakt-generell, sondern anhand der konkret in Frage stehenden Tätigkeit bestimmt. Eine Einheit kann daher in mancherlei Hinsicht ein Unternehmen sein und in anderer Hinsicht nicht. Daher ist die konkret in Frage stehende Tätigkeit mit anzugeben.

2. Falls diese erste Frage zu bejahen ist, verstoßen diese Zusammenschlüsse gegen Art. 81 EG, wenn sie Entscheidungen zur Festsetzung dieser Beträge erlassen?
3. Falls diese zweite Frage zu bejahen ist, gilt für diese Entscheidungen die Befreiung nach Art. 86 Abs. 2 EG?
4. Falls ein Verstoß gegen die Wettbewerbsvorschriften des EG vorliegt, bestehen gegen diese Zusammenschlüsse Ansprüche auf Beseitigung?

B. Entscheidung des Gerichtshofes

I. Verbände der Krankenkassen als Unternehmen?

358 Im Rahmen der ersten Frage ist zu klären, ob es sich bei den Verbänden der Krankenkassen um Unternehmen bzw. Unternehmensvereinigungen handelt.

Ein Unternehmen ist jede eine wirtschaftliche Tätigkeit ausübende Einheit unabhängig von ihrer Rechtsform und der Art ihrer Finanzierung[10]. Die Verbände der Krankenkassen stellen als Zusammenschluss wirtschaftlich selbstständig agierender Krankenkassen keine Einheit in diesem Sinne dar und sind mithin keine Unternehmen[11].

Sie könnten jedoch eine Unternehmensvereinigung sein. Verbände der Krankenkassen sind Vereinigungen. Unternehmensvereinigungen sind sie dann, wenn sie bei der Festsetzung von Festbeträgen eine wirtschaftliche Tätigkeit ausüben. Dies ist dann nicht der Fall, wenn es sich bei der Tätigkeit der Krankenkassen nicht um eine wirtschaftliche Tätigkeit handelt und die Festsetzung von Festbeträgen einen Teilaspekt dieser nichtwirtschaftlichen Tätigkeit bildet.

Mit diesem Obersatz kann sich die weitere Prüfung an dem Aufbau der zugrundeliegenden AOK-Bundesverband-Entscheidung des EuGH[12] orientieren. Die weitere Prüfung kann natürlich auch anders strukturiert werden, sollte sich aber keinesfalls eine Behandlung der Frage, ob Krankenkassen eine wirtschaftliche Tätigkeit ausüben, abschneiden.

Wirtschaftliche Tätigkeit ist eine Tätigkeit, die auf den Austausch von Leistungen oder Gütern am Markt gerichtet ist. Auf einen Austausch am Markt zielt die Tätigkeit immer dann, wenn sie sich auch zur Ausübung durch einen zur Gewinnerzielung handelnden Privaten eignet[13]. Sofern man als maßgebliche Tätigkeit der Krankenkassen die Versicherung von Menschen gegen den Krankheitsfall ansieht, so ergäbe sich bereits aus der Existenz privater Krankenversicherungen die Möglichkeit der Ausübung dieser Tätigkeit durch Private und mithin die wirtschaftliche Tätigkeit der Krankenkassen. Maßgeblich für die Tätigkeit der gesetzlichen Krankenkassen ist aber die Tatsache, dass sie all ihren Mitgliedern unabhängig von der Höhe ihres Beitrags die gleichen Pflichtleistungen anbieten und bei der Höhe ihrer Beiträge zwar einen gewissen Spielraum besitzen, die Beitragshöhe aber nicht an dem individuellen Krankheitsrisiko orientieren dürfen.

Diese Beschränkungen ihrer unternehmerischen Freiheit beruhen auf dem Grundsatz **359**
der Solidarität, welcher durch die Verteilung der Lasten individuell unterschiedlicher Krankheitsrisiken auf alle Versicherten und den Ausgleich zwischen unterschiedlich einkommensstarken Versicherten verwirklicht wird. Der umfassende Zugang zu dieser solidaritätsgeprägten Tätigkeit ist für private Krankenversicherungen, die an der Aufnahme von Versicherten, deren Beiträge ihre zu erwartende Leistungsberechtigung nicht decken (aufgrund einkommensbedingt niedriger Beiträge, hohem Gesundheitsrisiko oder beidem) und mithin statt Gewinn Verlust erwarten lassen, naturgemäß

10 EuGH vom 23. 4. 1991, Rs. C-41/90, Slg. 91, I-1979, NJW 1991 S. 2891 ff., 2891, Rn. 21, Höfner-Elser./. Macrotron GmbH.

11 Die Praxis trennt zwischen Unternehmen und Unternehmensvereinigungen nicht scharf; angesichts der Bedeutungslosigkeit der Unterscheidung verständlicherweise.

12 EuGH vom 16. 3. 2004, verb. Rs. C-264/01, C-306/01, C-354/01 und C-355/01, Slg. 2004, I-2493, EuZW 2004, S. 241 ff., AOK-Bundesverband.

13 Da es nur auf die Eignung der Tätigkeit zum Handeln mit Gewinnerzielungsabsicht ankommt, schließt das Fehlen der Gewinnerzielungsabsicht bei der zu prüfenden Einheit selbst die Unternehmenseigenschaft nicht aus; EuGH vom 16. 11. 1995, Rs. C-244/94, Slg. 1995, I-4013, EuZW 1996, S. 277 ff., 279, Rn. 21, Fédération française des sociétés d'assurance u.a./.Ministère de l'Agriculture und de la Pêche.

nicht von Interesse. Die maßgebliche rein soziale Tätigkeit der gesetzlichen Krankenkassen ist mithin für die Ausübung durch Private ungeeignet, zielt nicht auf den Austausch von Leistungen oder Gütern am Markt und ist daher keine wirtschaftliche[14].

Das gegenteilige Ergebnis ist selbstverständlich vertretbar. Es sind dann die weiteren Vorlagefragen zu beantworten. Dabei wird eine Bejahung der zweiten Vorlagefrage unter Hinweis auf Art. 81 Abs. 1a EG zu erfolgen haben. Bei der dritten Vorlagefrage sind wiederum verschiedene Ergebnisse vertretbar.

Die Verbände der Krankenkassen sind daher dann keine Unternehmensvereinigungen, wenn die Festsetzung der Festbeträge durch die Verbände der Krankenkassen nicht von der Wahrnehmung der Aufgaben rein sozialer Art durch die Krankenkassen zu trennen ist. Eine solche Trennung ist nicht vorzunehmen, da die Krankenkassen auch bei der Festsetzung von Festbeträgen über ihre Verbände nicht als Wettbewerber an einem Markt agieren, sondern einer gesetzliche Verpflichtung zur Sicherung des Fortbestands des solidargeprägten Systems der gesetzlichen Krankenversicherungen Folge leisten[15].

Auch hier ist das gegenteilige Ergebnis vertretbar.

II. Ergebnis

Die Verbände der Krankenkassen sind keine Unternehmensvereinigungen, soweit sie die Festbeträge festsetzen. Ein Verstoß gegen Art. 81 EG liegt daher nicht vor.

Weiterführende Hinweise:

EuGH vom 10. 2. 2000, verb. Rs. C-147/97 und C-148/97, Slg. 2000, I-825 = EuZW 2000, S. 281 ff. = NJW 2000, S. 2261 ff., Deutsche Post AG./.GZS Gesellschaft für Zahlungssysteme mbH u. Citicorp Kartenservice GmbH.

EuGH vom 16. 3. 2004, verb. Rs. C-264/01, C-306/01, C-354/01 und C-355/01, Slg. 2004, I-2493 = EuZW 2004, S. 241 ff. = DVBl. 2004, S. 555 ff., AOK-Bundesverband u.a./.Ichthyol-Gesellschaft Cordes, Hermani & Co. u.a.

14 Kritisch zur Herausnahme der gesetzlichen Krankenversicherung aus dem Unternehmensbegriff *Giesen*, VSSR 1996, S. 311 ff., 321 f.; wie hier *Möller*, VSSR 2001, S. 25 ff., 42 mit zutreffendem Hinweis auf die Wahrung mitgliedstaatlicher Kompetenzen durch diese Entscheidung.

15 EuGH vom 16. 3. 2004, verb. Rs. C-264/01, C-306/01, C-354/01 und C-355/01, Slg. 2004, I-2493, EuZW 2004, S. 241 ff., Rn. 61 ff., AOK-Bundesverband.

Ausblick auf den Vertrag von Lissabon[16] 360

Bisherige Nummerierung des Vertrages zur Gründung der Europäischen Gemeinschaft (EG)	Nummerierung im Vertrag von Lissabon	Neue Nummerierung des Vertrages über die Arbeitsweise der Europäischen Union (AEUV)
Art. 16	Art. 16	Art. 14
Art. 49	Art. 49	Art. 56
Art. 81–86	Art. 81–86	Art. 101–106

16 Synopse nach Übereinstimmungstabelle zu Art. 5 des Vertrags von Lissabon, ABl. 2007 Nr. C-306/202 ff. Konsolidierte Fassungen des „Vertrags über die Europäische Union" (EUV) und des neuen „Vertrags über die Arbeitsweise der Europäischen Union" (AEUV, bisher: „Vertrag zur Gründung der Europäischen Gemeinschaft") sind im Abl. 2008 Nr. C-115/1 ff. abgedruckt.

Fall 16

Rauchen gefährdet die Gesundheit

Schwerpunktbereich, Schwierigkeitsgrad: mittel

Teil I

361 Die erste Richtlinie zur Angleichung der Rechts- und Verwaltungsvorschriften der Mitgliedstaaten über Werbung und Sponsoring zu Gunsten von Tabakerzeugnissen (Richtlinie 98/43/EG) ist auf eine entsprechende Klage der Bundesrepublik Deutschland vom Europäischen Gerichtshof für nichtig erklärt worden[1]. Daraufhin haben das Europäische Parlament und der Rat eine neue, inhaltlich modifizierte Richtlinie zum selben Gegenstand erlassen (Richtlinie 2003/33/EG[2]). Die wesentlichen Bestimmungen dieser Richtlinie lauten:

Art. 1 Gegenstand und Anwendungsbereich

(1) Ziel dieser Richtlinie ist die Angleichung der Rechts- und Verwaltungsvorschriften der Mitgliedstaaten über die Werbung für Tabakerzeugnisse und ihre Verkaufsförderung:
a) in der Presse und anderen gedruckten Veröffentlichungen,
b) im Hörfunk,
c) über Dienste der Informationsgesellschaft und
d) durch Sponsoring in Verbindung mit Tabakerzeugnissen, einschließlich der kostenlosen Verteilung von Tabakerzeugnissen.

(2) Diese Richtlinie soll den freien Verkehr der betreffenden Medien und damit zusammenhängender Dienstleistungen sicherstellen und Hemmnisse für das Funktionieren des Binnenmarkts beseitigen.

Art. 3 Werbung in Druckerzeugnissen und Diensten der Informationsgesellschaft

(1) Werbung in der Presse und anderen gedruckten Veröffentlichungen ist auf Veröffentlichungen zu beschränken, die ausschließlich für im Tabakhandel tätige Personen bestimmt sind, sowie auf Veröffentlichungen, die in Drittländern gedruckt und herausgegeben werden, sofern diese Veröffentlichungen nicht hauptsächlich für den Gemeinschaftsmarkt bestimmt sind.

Sonstige Werbung in der Presse und anderen gedruckten Veröffentlichungen ist verboten.

(2) Werbung, die in der Presse und anderen gedruckten Veröffentlichungen nicht erlaubt ist, ist in Diensten der Informationsgesellschaft ebenfalls nicht gestattet.

Art. 4 Rundfunkwerbung und Sponsoring

(1) Alle Formen der Rundfunkwerbung für Tabakerzeugnisse sind verboten.

(2) Rundfunkprogramme dürfen nicht von Unternehmen gesponsert werden, deren Haupttätigkeit die Herstellung oder der Verkauf von Tabakerzeugnissen ist.

---

1 EuGH vom 5. 10. 2000, Rs. C-376/98, Slg. 2000, I-8419 = NJW 2000, S. 3701 ff., Bundesrepublik Deutschland./.Europäisches Parlament und Rat der Europäischen Union – Tabakwerbung. Siehe dazu *Streinz*, Europarecht, Rz. 921 und 952 (Fall 49 und Lösung).

2 Richtlinie 2003/33/EG des Europäischen Parlaments und des Rates vom 26. Mai 2003 zur Angleichung der Rechts- und Verwaltungsvorschriften der Mitgliedstaaten über Werbung und Sponsoring zugunsten von Tabakerzeugnissen, ABl. 2003 Nr. L 152/16 ff.

Art. 5 Sponsoring von Veranstaltungen

(1) Sponsoring von Veranstaltungen oder Aktivitäten, an denen mehrere Mitgliedstaaten beteiligt sind, die in mehreren Mitgliedstaaten stattfinden oder die eine sonstige grenzüberschreitende Wirkung haben, ist verboten.

(2) Die kostenlose Verteilung von Tabakerzeugnissen im Zusammenhang mit dem in Absatz 1 genannten Sponsoring von Veranstaltungen mit dem Ziel oder der direkten oder indirekten Wirkung, den Verkauf dieser Erzeugnisse zu fördern, ist verboten.

Art. 8 Freier Verkehr von Waren und Dienstleistungen

Die Mitgliedstaaten dürfen den freien Verkehr von Waren und Dienstleistungen, die mit dieser Richtlinie im Einklang stehen, nicht verbieten oder einschränken.

Die Bundesregierung hält auch diese Nachfolgeregelung für rechtswidrig, weil der Gemeinschaft die entsprechende Kompetenz fehle. In der Sache selbst trägt sie vor, dass für die meisten von der Richtlinie betroffenen Druckerzeugnisse kein nennenswerter innergemeinschaftlicher Handel bestehe. Zudem gebe es trotz unterschiedlicher mitgliedstaatlicher Regelungen zur Tabakwerbung keine spürbaren Handelshemmnisse, da ausländische Druckerzeugnisse in allen Mitgliedstaaten mit Werbeverboten von diesen ausgenommen seien. Die Bundesregierung erhebt fristgerecht Klage vor dem Europäischen Gerichtshof.

Hat die Klage Aussicht auf Erfolg? Gehen Sie davon aus, dass die von der Bundesregierung genannten Tatsachen zutreffen.

Abwandlung zu Teil I

Nehmen Sie an, die Richtlinie 2003/33/EG würde vollständig aufgehoben. Wäre eine deutsche gesetzliche Regelung gemeinschaftsrechtskonform, die ein vollständiges Werbeverbot für Tabakerzeugnisse in Printmedien, Internet und Rundfunk vorsähe?

Teil II

Die Richtlinie 2001/37/EG[3] sieht optisch stark hervortretende Warnhinweise auf Zigarettenpackungen vor. Der so genannte allgemeine Warnhinweis, der in drastischen Formulierungen wie „Rauchen ist tödlich“ abzufassen ist, muss mindestens 30% der Packungsbreitseite einnehmen. Der so genannte zusätzliche Warnhinweis auf der gegenüberliegenden Packungsseite muss sogar 40% der Fläche einnehmen. Nach Ansicht des Tabakkonzerns T, der Zigaretten herstellt und vertreibt, verstoßen diese Regelungen gegen seine europarechtlich geschützte Eigentums- und Berufsfreiheit.

Trifft diese Einschätzung zu? Grundrechte nach dem deutschen Grundgesetz sind nicht zu prüfen.

3 Richtlinie 2001/37/EG des Europäischen Parlaments und des Rates vom 5. Juni 2001 zur Angleichung der Rechts- und Verwaltungsvorschriften der Mitgliedstaaten über die Herstellung, die Aufmachung und den Verkauf von Tabakerzeugnissen, ABl. 2001 Nr. L 194/26 ff.

Vorüberlegungen

362 Die Klausur behandelt verschiedene formelle und materielle Rechtsprobleme aus dem Bereich der Tabakwerbung, die schon mehrfach Gegenstand von Urteilen des Gerichtshofs war. Dementsprechend ist der erste Teil an die zweite Klage der Bundesrepublik Deutschland gegen die Tabakwerberichtlinie aus dem Jahr 2006 angelehnt[4], während der zweite Teil das etwas ältere Urteil zu den Warnhinweisen auf Zigarettenpackungen aus dem Jahr 2002 aufgreift[5].

Die Grundkonstellation des ersten Teils hat eine prozessuale Einkleidung, so dass es zunächst darum geht, die geeignete Verfahrensart zu ermitteln. Nach dem Sachverhalt kommt hier nur eine Nichtigkeitsklage gemäß § 230 EG in Betracht, deren Erfolgsaussichten zu prüfen sind[6]. Die Zulässigkeitsvoraussetzungen werfen dabei keine besonderen Probleme auf. Der Schwerpunkt – und damit auch der Schwerpunkt der Klausur – liegt vielmehr auf der Begründetheit, d.h. der Nichtigkeitsprüfung der Richtlinie. Der Sachverhalt ist dabei so angelegt, dass sich die Bearbeitung auf die (angeblich) fehlende Kompetenz, also gemäß Art. 230 Abs. 2 EG die „Unzuständigkeit" der Gemeinschaft, beschränken kann. Daher geht es zunächst darum, eine oder mehrere Kompetenzgrundlagen zu finden, deren Voraussetzungen dann im Einzelnen geprüft werden müssen. Während die allgemeine Harmonisierungsvorschrift des Art. 95 EG wohl recht unproblematisch zu finden sein dürfte, setzt das Erkennen der Probleme, die sich aus Art. 152 Abs. 4 lit. c) EG ergeben, schon vertieftes Wissen oder aber einen sorgfältigen Umgang mit dem Vertrag voraus. Ferner ist vor dem Hintergrund der einschlägigen EuGH-Rechtsprechung auch die Auseinandersetzung mit dem Verhältnis von Art. 95 und 152 EG bei Harmonisierungsmaßnahmen zum Gesundheitsschutz erforderlich. Ein unkritischer Umgang mit Art. 95 EG stellt demzufolge einen gravierenden Fehler dar, auch wenn der EuGH im Ergebnis die Kompetenz auf diese Bestimmung stützt.

Art. 152 Abs. 4 lit. c) EG verbietet jegliche Harmonisierungsmaßnahmen, so dass er hier keine entsprechende Kompetenz begründen kann. Nachdem somit Art. 95 Abs. 1 Satz 2 EG als einzig mögliche Grundlage herausgearbeitet wurde, sind dessen Voraussetzungen zu prüfen. Der EuGH stellt für die Inanspruchnahme dieser Bestimmung theoretisch eine Vielzahl von Hürden auf, die allerdings praktisch leicht zu nehmen sind. Im Ergebnis hat der EuGH die Richtlinie 2003/33/EG passieren lassen, musste dafür aber zum Teil herbe Kritik einstecken[7]. In einer Klausur können auch keine fundierten Kenntnisse des europäischen Tabakmarktes erwartet werden, so dass es nur darauf ankommt, die Angaben aus dem Sachverhalt angemessen zu würdigen und entsprechend zu argumentieren. Ob man dann im Ergebnis dem EuGH folgt, ist – wie so oft – nicht so entscheidend.

4 EuGH vom 12. 12. 2006, Rs. C-380/03, Slg. 2006, I-11573, NVwZ 2007, S. 561 ff., Tabakwerbung.

5 EuGH vom 10. 12. 2002, Rs. C-491/01, Slg. 2002, I-11453, EuGRZ 2003, S. 248 ff., The Queen./.Secretary of State for Health, British American Tobacco (Investments) und Imperial Tobacco.

6 Prüfungsschemata zur Nichtigkeitsklage und anderen wichtigen Verfahrensarten vor dem EuGH sind im Anhang zu Fall 9 abgedruckt (Rz. 244).

7 Beispielsweise von *Stein*, EuZW 2007, S. 54 ff., und von *Lindner*, BayVBl. 2007, S. 306 ff.

Die Abwandlung von Teil I beruht auf der Standard-Situation „Prüfung des nationalen Rechts am Maßstab des Gemeinschaftsrechts“ und führt daher auf vertrauteres Terrain. Die Tatsache, dass der Sachverhalt hier nur wenige Angaben enthält, deutet klausurtaktisch auf eine Prüfung anhand der wesentlichen Vertragsbestimmungen hin. Das sind hier insbesondere die Grundfreiheiten, deren Prüfung im Rahmen dieser Klausur ausreichen dürfte. Hier kommen die Warenverkehrs- und die Dienstleistungsfreiheit in Betracht[8]. Bei der Warenverkehrsfreiheit dürfte ein Werbeverbot bezüglich der Tabakerzeugnisse im Lichte der Keck-Rechtsprechung[9] als bloße (zulässige) Verkaufsmodalität zu beurteilen sein, so dass es schon an einem Eingriff fehlt. Hinsichtlich der Warenverkehrsfreiheit an Werbeartikeln und der entsprechenden Dienstleistungsfreiheit der Werbetreibenden ist ein Eingriff dagegen zu bejahen, so dass der Schwerpunkt insofern bei der Rechtfertigung und hier insbesondere bei der Verhältnismäßigkeit des Eingriffs liegt. Im Ergebnis lässt sich ein Verbot aber gut vertretbar auf den Gesundheitsschutz stützen, so dass es zulässig wäre. Auch hier zählt aber weniger das Ergebnis als der Weg dorthin und die verschiedenen Argumente.

Teil II stellt ebenfalls eine Standard-Klausurkonstellation dar, bei der eine Gemeinschaftsmaßnahme anhand der europäischen Grundrechte zu prüfen ist. Insofern ergeben sich keine besonderen Schwierigkeiten. Das Prüfungsprogramm beschränkt sich auf die ausdrücklich genannte Eigentums- und Berufsfreiheit. Die Herleitung dieser Grundrechte über Art. 6 EUV sollte kurz erwähnt werden, um dann in die Prüfung einzusteigen. Während ein Eingriff in die Berufsfreiheit recht offensichtlich ist, bedarf es für die Begründung des Eingriffs in die Eigentumsfreiheit eines etwas höheren Aufwands. Anschließend ist die Rechtfertigung der Maßnahmen zu erörtern. Der Gerichtshof hält solche Warnhinweise aus Gründen des Gesundheitsschutzes für zulässig.

Insgesamt handelt es sich um eine mittelschwere Klausur, die in erster Linie für den Schwerpunktbereich gedacht ist. Zumindest die Grundkonstellation des ersten Teils verlangt vertieftes Wissen über die Kompetenzen der Gemeinschaft. Die Abwandlung des ersten Teils und der zweite Teil eignen sich dagegen auch für Pflichtfachstudenten.

---

8 Prüfungsschemata zur Warenverkehrs- und zur Dienstleistungsfreiheit sind im Anhang zu Fall 1 (Waren) bzw. Fall 3 (Dienstleistungen) abgedruckt (Rz. 80, 116).

9 Siehe dazu ausführlich unten unter Abwandlung zu Teil I. 1.

Gliederung

363 **Teil I**

A. Zulässigkeit der Nichtigkeitsklage nach Art. 230 EG
  I. Beteiligtenfähigkeit
  II. Zulässiger Klagegegenstand
  III. Klageberechtigung
  IV. Klagefrist
  V. Ergebnis

B. Begründetheit der Nichtigkeitsklage
  I. Kompetenz im Dienste des Gesundheitsschutzes
  II. Kompetenz zur Förderung des Binnenmarkts
    1. Ausschluss wegen Berührung des Gesundheitsschutzes?
    2. Ausschluss wegen Schwerpunkt im Gesundheitsschutz?
      a) Schwerpunkt der Richtlinie
      b) Maßgebliche Kompetenznorm
    3. Tatbestand des Art. 95 EG
      a) Verbot der Werbung in Presse und gedruckten Veröffentlichungen, Art. 3 Abs. 1 der Richtlinie
      b) Verbot der Werbung im Internet und im Rundfunk, Art. 3 Abs. 2 und Art. 4 Abs. 1 der Richtlinie
      c) Verbot des Sponsorings von Veranstaltungen, Art. 5 der Richtlinie
  III. Ergebnis

Abwandlung zu Teil I

A. Warenverkehrsfreiheit für Tabakerzeugnisse, Art. 28 ff. EG

B. Warenverkehrsfreiheit für Tabakwerbeprodukte, Art. 28 ff. EG
  I. Eingriff (Maßnahme gleicher Wirkung)
  II. Rechtfertigung, Art. 30 EG

C. Dienstleistungsfreiheit für Tabakwerbung, Art. 49 ff. EG

D. Ergebnis

Teil II

A. Verstoß gegen die Eigentumsfreiheit
  I. Eingriff in das Eigentum
  II. Rechtfertigung des Eingriffs
  III. Ergebnis

B. Verstoß gegen die Berufsfreiheit
  I. Eingriff in die Berufsfreiheit
  II. Rechtfertigung des Eingriffs
  III. Ergebnis

Musterlösung

Teil I

Die Klage vor dem Europäischen Gerichtshof hat Aussicht auf Erfolg, wenn sie zulässig und begründet ist.

A. Zulässigkeit der Nichtigkeitsklage nach Art. 230 EG

Da es der Bundesrepublik Deutschland um die Nichtigkeit der Richtlinie 2003/33/EG **364**
aufgrund fehlender Verbandskompetenz der Gemeinschaft geht, müssen für die Zulässigkeit der Klage die Sachentscheidungsvoraussetzungen der Nichtigkeitsklage (Art. 230 EG) erfüllt sein[10].

I. Beteiligtenfähigkeit

Die Bundesrepublik Deutschland (Mitgliedstaat, Art. 299 Abs. 1 EG) ist nach Art. 230 Abs. 2 EG aktiv beteiligtenfähig. Das Parlament und der Rat sind nach Art. 230 Abs. 1 EG passiv beteiligtenfähig.

II. Zulässiger Klagegegenstand

Die Richtlinie ist das Ergebnis einer gemeinsamen Handlung des Europäischen Parlaments und des Rates und nach Art. 249 EG weder Empfehlung noch Stellungnahme. Sie ist damit gemäß Art. 230 Abs. 1 EG zulässiger Gegenstand einer Nichtigkeitsklage[11].

III. Klageberechtigung

Die Bundesrepublik Deutschland ist als gemäß Art. 230 Abs. 2 EG privilegiert klageberechtigter Mitgliedstaat auch ohne Berufung auf die Wahrung eigener Rechte klageberechtigt[12].

IV. Klagefrist

Die Klagefrist des Art. 230 Abs. 5 EG wurde laut Sachverhalt eingehalten.

V. Ergebnis

Die Nichtigkeitsklage ist zulässig[13].

---

10 Allgemein zur Nichtigkeitsklage siehe *Streinz*, Europarecht, Rz. 585 ff.
11 Siehe dazu *Streinz*, Europarecht, Rz. 590 ff.
12 Siehe dazu *Streinz*, Europarecht, Rz. 599.
13 Teilweise (etwa von *Streinz*, Europarecht, Rz. 594 ff.) wird als weitere Zulässigkeitsvoraussetzung das Vorliegen eines der Klagegründe des Art. 230 Abs. 2 EG angesehen. Dies überzeugt nicht, da der Klagegrund der „Verletzung dieses Vertrags" praktisch alle denkbaren Fallgestaltungen abdeckt und dem Klagegrund daher keine zulässigkeitsbegrenzende Funktion zukommt (allenfalls theoretisch bei der Verletzung *unwesentlicher* Formvorschriften). Falsch ist die gesonderte Prüfung des Klagegrunds aber nicht. Hier

B. Begründetheit der Nichtigkeitsklage

365 Die Klage ist begründet, wenn mindestens einer der in Art. 230 Abs. 2 EG genannten Nichtigkeitsgründe vorliegt. In Betracht kommt hier insbesondere die von der Bundesregierung angeführte „Unzuständigkeit“, wenn der Gemeinschaft die Verbandskompetenz zum Erlass der Richtlinie fehlt.

Der Sachverhalt bietet keine Anhaltspunkte für die Prüfung weiterer Nichtigkeitsgründe, so dass sich die klausurmäßige Bearbeitung auf die fehlende Verbandskompetenz der Gemeinschaft beschränken kann. In den Verfahren gegen die Richtlinien 98/43/EG und 2003/33/EG hatte sich Deutschland darüber hinaus u.a. auf Verstöße gegen die Begründungspflicht, gegen Grundrechte, gegen den Grundsatz der Verhältnismäßigkeit und das Subsidiaritätsprinzip sowie gegen weitere Vertragsbestimmungen berufen[14].

I. Kompetenz im Dienste des Gesundheitsschutzes

366 Die Kompetenz der Gemeinschaft zum Erlass der Richtlinie könnte sich aus Art. 152 Abs. 4 lit. c) EG ergeben. Danach sind Fördermaßnahmen zulässig, die den Schutz und die Verbesserung der menschlichen Gesundheit zum Ziel haben, unter Ausschluss jeglicher Harmonisierung der Rechts- und Verwaltungsvorschriften der Mitgliedstaaten.

Mit dem Vertrag von Lissabon[15] wird Art. 152 EG dahingehend geändert, dass nunmehr ausdrücklich auch Maßnahmen, die „unmittelbar den Schutz der Gesundheit der Bevölkerung vor Tabakkonsum und Alkoholmißbrauch zum Ziel haben“, erlassen werden können, wobei das Harmonisierungsverbot erhalten bleibt (Art. 152 Abs. 5 EG bzw. Art. 168 Abs. 5 AEUV). Ob sich daraus eine Reduzierung der Kompetenzen nach Art. 95 EG (künftig Art. 94 AEUV) ergibt, bleibt abzuwarten.

Die Richtlinie verfolgt zumindest auch den Zweck, die menschliche Gesundheit zu schützen und zu verbessern, wie sich aus den anderweitig nicht begründbaren weitreichenden Verboten in Art. 3–5 der Richtlinie ergibt. Zweifelhaft ist jedoch, ob es sich bei der Richtlinie um eine „Fördermaßnahme“ i.S.d. Art. 152 Abs. 4 lit. c) EG handelt. Außerdem zielt die Richtlinie nach ihrem Art. 1 Abs. 1 darauf ab, die Rechtsvorschriften der Mitgliedstaaten für die Tabakwerbung zu harmonisieren. Eine solche Harmonisierung ist nach dem Wortlaut des Art. 152 Abs. 4 lit. c) EG bei den dort genannten Fördermaßnahmen aber ausdrücklich ausgeschlossen. Auf diese Kompetenznorm kann sich die Gemeinschaft mithin nicht stützen.

Das Erkennen des Art. 152 Abs. 2 EG und das Verhältnis dieser Vorschrift zu Art. 95 EG gehört zu den wesentlichen Schwerpunkten dieser Klausur, so dass es einen gravierenden Fehler darstellt, wenn Art. 152 EG nicht behandelt wird.

II. Kompetenz zur Förderung des Binnenmarkts

367 Die Kompetenz könnte sich jedoch aus Art. 95 Abs. 1 Satz 2 EG ergeben. Diese Vorschrift geht in ihrem durch Art. 95 Abs. 2 EG beschränkten Anwendungsbereich dem allgemeineren Art. 94 EG vor[16].

---

wäre das auch kein Problem, da mit der (behaupteten) Unzuständigkeit der Gemeinschaft ein in Art. 230 Abs. 2 EG genannter Grund vorliegt (siehe dazu *Streinz*, Europarecht, Rz. 595).

14 Siehe EuGH vom 5. 10. 2000, Rs. C-376/98, Slg. 2000, I-8419, NJW 2000, S. 3701 ff., und EuGH vom 12. 12. 2006, Rs. C-380/03, Slg. 2006, I-11573, NVwZ 2007, S. 561 ff.

15 ABl. 2007 Nr. C 306/1 ff.

16 Zum Verhältnis von „Gemeinsamem Markt“ und „Binnenmarkt“ siehe *Streinz*, Europarecht, Rz. 905 ff.

Allerdings dient Art. 95 Abs. 1 Satz 1 EG der Verwirklichung der Ziele des Art. 14 EG. Danach sollte u.a. der Binnenmarkt bis zum 31. Dezember 1992 verwirklicht werden (Art. 14 Abs. 1 EG). Denkbar wäre daher, dass auch Art. 95 EG zum 31. Dezember 1992 außer Kraft getreten ist. Dagegen spricht allerdings, dass das Programm zur Verwirklichung des Binnenmarkts bis zu diesem Termin nicht völlig erfüllt wurde, und dass die Vorschrift darüber hinaus laufend für die Änderung von Rechtsakten benötigt werden kann[17]. Außerdem soll Art. 95 Abs. 1 Satz 2 EG ersichtlich auch das fortdauernde „Funktionieren" des Binnenmarktes gewährleisten. Daher ist von der andauernden Geltung des Art. 95 EG auszugehen[18].

1. Ausschluss wegen Berührung des Gesundheitsschutzes?

Die Anwendung des Art. 95 Abs. 1 Satz 2 EG könnte aber durch Art. 152 Abs. 4 lit. c) **368** EG ausgeschlossen sein, weil die Richtlinie auch den Gesundheitsschutz berührt, und Art. 152 Abs. 4 lit. c) EG jegliche Harmonisierung der Rechts- und Verwaltungsvorschriften der Mitgliedstaaten zum Schutz und zur Förderung der menschlichen Gesundheit ausschließt. Nach dem Wortlaut gilt dieser Ausschluss aber nur für diese Kompetenznorm selbst. Harmonisierungsmaßnahmen, die auf der Grundlage anderer Vertragsbestimmungen erlassen werden, dürfen daher auch Auswirkungen auf den Schutz der menschlichen Gesundheit haben[19]. Dafür spricht auch, dass gemäß Art. 95 Abs. 3 EG auch Vorschläge (Art. 95 Abs. 1 EG) im Bereich Gesundheit möglich sind und dabei ausdrücklich ein hohes Schutzniveau vorgesehen ist[20]. Die gesundheitspolitischen Ziele der Richtlinie stehen der Anwendung des Art. 95 Abs. 1 Satz 2 EG daher nicht entgegen.

2. Ausschluss wegen Schwerpunkt im Gesundheitsschutz?

Allerdings dürfen nach der Rechtsprechung des EuGH andere Artikel des EG-Ver- **369** trags nicht als Rechtsgrundlage herangezogen werden, um den ausdrücklichen Ausschluss jeglicher Harmonisierung gem. Art. 152 Abs. 4 lit. c) EG zu umgehen[21]. Daher könnte der Kompetenz aus Art. 95 Abs. 1 Satz 2 EG entgegenstehen, dass der Schwerpunkt der Richtlinie im Bereich Gesundheitsschutz liegt. Voraussetzung einer solchen Sperre wäre zum einen, dass die Richtlinie tatsächlich diesen Schwerpunkt aufweist, und zum anderen, dass als Kompetenzgrundlage einer Richtlinie nur eine dem Regelungsschwerpunkt entsprechende Kompetenznorm in Betracht kommt.

---

17 *Streinz*, Europarecht, Rz. 923.

18 *Streinz*, Europarecht, Rz. 923; *Kahl* in Calliess/Ruffert, EGV, Art. 95, Rz. 4 m.w.N. Auch der EuGH geht offensichtlich von der Weitergeltung aus, z.B. EuGH vom 12. 12. 2006, Rs. C-380/03, Slg. 2006, I-11573, NVwZ 2007, S. 561 ff., 562, Rn. 36 ff., Tabakwerbung.

19 Vgl. EuGH vom 5. 10. 2000, Rs. C-376/98, Slg. 2000, I-8419, NJW 2000, S. 3701 ff., 3702, Rn. 78 und 88, Tabakwerbung; *Wichard* in Calliess/Ruffert, EGV, Art. 152, Rz. 21 m.w.N.

20 Vgl. EuGH vom 5. 10. 2000, Rs. C-376/98, Slg. 2000, I-8419, NJW 2000, S. 3701 ff., 3702, Rn. 88, Tabakwerbung.

21 EuGH vom 5. 10. 2000, Rs. C-376/98, Slg. 2000, I-8419, NJW 2000, S. 3701 ff., 3702, Rn. 79, Tabakwerbung.

a) Schwerpunkt der Richtlinie

370 Als Schwerpunkte könnten der freie Verkehr von Medien und Dienstleistungen und die Beseitigung von Hemmnissen für den Binnenmarkt in Betracht kommen (vgl. Art. 1 Abs. 2 der Richtlinie), die durch Art. 8 der Richtlinie umgesetzt werden. Allerdings harmonisiert die Richtlinie die Tabakwerbevorschriften der Mitgliedstaaten nicht bloß durch die Festsetzung von einfach zu erfüllenden Mindeststandards, was für die Ermöglichung des freien Austauschs von Waren und Dienstleistungen genügen würde. Vielmehr enthalten die Art. 3 bis 5 der Richtlinie äußerst weitreichende Verbote. Diese Art der Herstellung einheitlicher rechtlicher Rahmenbedingungen gibt der Richtlinie ihre wesentliche Prägung und ist nur durch gesundheitspolitische Motive erklärbar. Der Schwerpunkt der Regelungen der Richtlinie liegt mithin im Bereich Gesundheitsschutz.

b) Maßgebliche Kompetenznorm

371 Fraglich ist daher, ob sich eine Richtlinie immer nur auf die Kompetenznorm stützen lässt, die dem Regelungsschwerpunkt der Richtlinie entspricht[22]. Dagegen spricht zumindest im vorliegenden Fall, dass sich die Ziele des Gesundheitsschutzes und der Funktionsverbesserung des Binnenmarktes nicht wechselseitig ausschließen und daher auch ein überwiegendes Maß an bezwecktem Gesundheitsschutz nichts für die allein ausschlaggebende Frage besagt, ob die Richtlinie die Förderung des Binnenmarktes bezweckt. Entscheidend muss vielmehr sein, dass eine Maßnahme die Errichtung und das Funktionieren des Binnenmarkts oder die Erreichung der Dienstleistungsfreiheit zum Ziel hat. Ein höheres Gesundheitsschutzniveau führt nämlich nicht zwangsläufig zu einem niedrigeren Binnenmarkts-"Gehalt". Jedes materielle Ziel, sei es die Gesundheit oder ein anderes Gebiet der Regulierungstätigkeit, das auch verfolgt wird, steht nicht so sehr im Wettbewerb mit dem Binnenmarktziel oder dient ihm; es ist vielmehr von anderer Art und kann daher gleichzeitig oder „untrennbar" so intensiv verfolgt werden, wie es der Gesetzgeber wünscht (oder für erforderlich hält), sofern die funktionalen Ziele des Binnenmarkts von der erlassenen Maßnahme gefördert werden[23].

372 Gegen die Annahme, dass Art. 152 Abs. 4 lit. c) EG bei Maßnahmen mit Schwerpunkt im Gesundheitsschutz den Rückgriff auf Art. 95 EG versperrt, sprechen außerdem systematische Gründe. So ist der Fall denkbar, dass die Gemeinschaft eine Maßnahme zwar nicht auf Art. 95, aber auf Art. 152 Abs. 4 EG stützen kann. Allerdings ist die Kompetenz in diesem Bereich eng begrenzt und erlaubt vor allem keine Harmonisierung. Würde man Art. 152 Abs. 4 EG als „Sperre" verstehen, dann dürfte die Gemeinschaft aufgrund von Art. 152 Abs. 4 EG per Saldo im Gesundheitsbereich

---

22 Siehe dazu die Schlussanträge von Generalanwalt *Fenelly* in der Rs. C-376/98, Slg. 2000, I-8419, 8452, Rn. 67 ff., Tabakwerbung. Der EuGH hat dies offen gelassen und geht implizit und begründungslos davon aus, dass es auf den Schwerpunkt der Regelungen der Richtlinie nicht ankommt, siehe EuGH vom 5. 10. 2000, Rs. C-376/98, Slg. 2000, I-8419, 8512, Rn. 32, Tabakwerbung (insoweit nicht in NJW 2000, S. 3701 ff. abgedruckt).

23 Vgl. die Schlussanträge von Generalanwalt *Fenelly* in der Rs. C-376/98, Slg. 2000, I-8419, 8451/8452, Rn. 66, Tabakwerbung.

weniger, als sie ohne diesen Artikel dürfte. Art. 152 Abs. 4 EG würde also – obwohl als Kompetenznorm formuliert – vor allem als kompetenzbegrenzende Bereichsausnahme des Art. 95 EG wirken. Hätte der Gemeinschaftsgesetzgeber dies gewollt, so hätte es nahe gelegen, in Art. 95 Abs. 2 EG auch zu regeln, dass Maßnahmen im Bereich Gesundheit nicht auf Art. 95 gestützt werden können. Daher spricht auch die Stellung des Art. 152 EG in einem ganz anderen Abschnitt des Vertrags dafür, Art. 152 Abs. 4 lit. c) EG nicht in diesem restriktiven Sinn zu verstehen.

Der Schwerpunkt der Richtlinie im Gesundheitsschutz steht der Anwendung des Art. 95 Abs. 1 Satz 2 EG somit nicht entgegen.

3. Tatbestand des Art. 95 EG

Daher kann Art. 95 Abs. 1 Satz 2 EG Kompetenzgrundlage der Richtlinie sein, sofern **373**
sein Tatbestand erfüllt ist.

Nach seinem Wortlaut können diejenigen Rechts- und Verwaltungsvorschriften der Mitgliedstaaten angeglichen werden, welche die Errichtung und das Funktionieren des Binnenmarktes zum Gegenstand haben. Sofern man sich streng an diesem Wortlaut orientiert, bleibt für die Norm kein nennenswerter Anwendungsbereich, denn mitgliedstaatliche Vorschriften werden kaum jemals Errichtung und Funktionieren des Binnenmarktes zum Gegenstand haben. Gemäß dem Zweck von Art. 95 Abs. 1 Satz 2 EG ist dessen verunglückter Wortlaut daher so zu lesen, dass die Rechtsangleichungsmaßnahmen der Gemeinschaft die Errichtung oder das Funktionieren des Binnenmarktes zum Gegenstand haben müssen[24].

Dies könnte zunächst so zu verstehen sein, dass Art. 95 Abs. 1 Satz 2 EG der Gemeinschaft eine allgemeine Kompetenz zur Regelung des Binnenmarkts einräumt. Ein solches Verständnis der Norm würde jedoch das in Art. 5 EG festgelegte Prinzip der begrenzten Einzelermächtigung aushebeln und ist daher abzulehnen[25]. Nach der Rspr. des EuGH muss ein auf der Grundlage von Art. 95 EG erlassener Rechtsakt zudem tatsächlich den Zweck haben, die Voraussetzungen für die Errichtung und das Funktionieren des Binnenmarktes zu verbessern. Genügten bereits die bloße Feststellung von Unterschieden zwischen den nationalen Vorschriften und die abstrakte Gefahr von Beeinträchtigungen der Grundfreiheiten oder daraus möglicherweise entstehenden Wettbewerbsverzerrungen, um Art. 95 EG als Rechtsgrundlage zu rechtfertigen, so könnte der gerichtlichen Kontrolle der Wahl der Rechtsgrundlage jede Wirksamkeit genommen werden. Damit wäre der EuGH jedoch an der Wahrnehmung der ihm gemäß Art. 220 EG obliegenden Aufgabe gehindert, die Wahrung des Rechts bei der Auslegung und Anwendung des Vertrags zu sichern[26]. Um die Errichtung bzw. das Funktionieren des Binnenmarktes geht es somit nur dann, wenn die rechtsangleichende Tätigkeit der Gemeinschaft bezweckt, der Gefahr von Beeinträchtigungen der

24 Vgl. *Kahl* in Calliess/Ruffert, EGV, Art. 95, Rz. 11. Siehe dazu auch EuGH vom 5. 10. 2000, Rs. C-376/98, Slg. 2000, I-8419, NJW 2000, S. 3701 ff., 3702, Rn. 82 f., Tabakwerbung.

25 Vgl. EuGH vom 5. 10. 2000, Rs. C-376/98, Slg. 2000, I-8419, NJW 2000, S. 3701 ff., 3702, Rn. 83, Tabakwerbung. Siehe zu diesem Prinzip *Streinz*, Europarecht, Rz. 413, 423, 498/499.

26 Vgl. EuGH vom 5. 10. 2000, Rs. C-376/98, Slg. 2000, I-8419, NJW 2000, S. 3701 ff., 3702, Rn. 84, Tabakwerbung.

Grundfreiheiten (Art. 3 Abs. 1 lit. c) EG) bzw. von Wettbewerbsverzerrungen (Art. 3 Abs. 1 lit. g) EG) entgegenzuwirken, wobei eine lediglich abstrakte Gefahr nicht genügt.

Zu prüfen ist daher, ob mit der Richtlinie tatsächlich die vom Gemeinschaftsgesetzgeber angeführten Zwecke verfolgt werden[27], konkreten Gefahren der Beeinträchtigung von Grundfreiheiten oder von Wettbewerbsverzerrungen entgegenzuwirken. Bei dieser Prüfung ist zwischen den einzelnen Bestimmungen der Richtlinie zu differenzieren. Dabei können grundsätzlich auch vorbeugende Maßnahmen gegen die Entstehung neuer Hindernisse für den Handel ergehen. Das Entstehen solcher Hindernisse muss jedoch wahrscheinlich sein und die fragliche Maßnahme ihre Vermeidung bezwecken[28].

a) Verbot der Werbung in Presse und gedruckten Veröffentlichungen, Art. 3 Abs. 1 der Richtlinie

374 Eine konkrete Gefahr für die Warenverkehrsfreiheit (Art. 28 EG) der Hersteller von Druckerzeugnissen könnte darin bestehen, dass diese ihre Druckerzeugnisse, welche Tabakwerbung entsprechend den Regelungen für Tabakwerbung in einem Mitgliedstaat enthalten, in einem anderen Mitgliedstaat wegen der dortigen Regelungen für die Tabakwerbung nicht absetzen können.

Druckerzeugnisse (Zeitungen, Zeitschriften etc.) sind bewegliche Sachen, die Gegenstand von Handelsgeschäften sein können, und mithin Waren i.S.d. Art. 28 ff. EG[29].

Von einer konkreten Gefahr für die Warenverkehrsfreiheit könnte nur dann auszugehen sein, wenn eine tatsächlich bestehende Gefahr spürbaren Ausmaßes vorliegt. Allerdings erscheint hier eine solch spürbare Gefahr schon deshalb zweifelhaft, weil laut Sachverhalt für die meisten Druckerzeugnisse kein nennenswerter innergemeinschaftlicher Handel besteht[30]. Daher dürfte durch die wenigen tatsächlich betroffenen Druckerzeugnisse wohl keine hinreichend intensive Gefahr entstehen. Allerdings ist umstritten, ob Beeinträchtigungen von Grundfreiheiten ebenso wie Wettbewerbsverzerrungen spürbar sein müssen[31], um den Tatbestand des Art. 95 Abs. 1 Satz 2 EG zu erfüllen. Hier gelten die mitgliedstaatlichen Tabakwerbeverbote in Druckerzeugnissen laut Sachverhalt nicht für ausländische Druckerzeugnisse. Daher besteht bereits keine tatsächliche Gefahr für die Warenverkehrsfreiheit, so dass es auch nicht darauf ankommt, ob die Gefahr spürbar sein müsste. Die Streitfrage kann somit offen bleiben.

---

27 EuGH vom 5. 10. 2000, Rs. C-376/98, Slg. 2000, I-8419, NJW 2000, S. 3701 ff., 3702, Rn. 85, Tabakwerbung.

28 Vgl. EuGH vom 5. 10. 2000, Rs. C-376/98, Slg. 2000, I-8419, NJW 2000, S. 3701 ff., 3702, Rn. 86, Tabakwerbung.

29 Vgl. *Kingreen* in Calliess/Ruffert, EGV, Art. 28–30, Rz. 120.

30 Dies war bei der Entscheidung des EuGH nicht so eindeutig, vgl. EuGH vom 12. 12. 2006, Rs. C-380/03, Slg. 2006, I-11573, NVwZ 2007, S. 561 ff., 563, Rn. 54, Bundesrepublik Deutschland./.Europäisches Parlament und Rat der Europäischen Union – Tabakwerbung.

31 So für Wettbewerbsverzerrungen EuGH vom 5. 10. 2000, Rs. C-376/98, Slg. 2000, I-8419, NJW 2000, S. 3701 ff., 3703, Rn. 106, Tabakwerbung, und *Kahl* in Calliess/Ruffert, EGV, Art. 95 Rz. 15 m.w.N. Zur Frage der Spürbarkeit bei Beeinträchtigungen der Grundfreiheiten siehe die Nachweise bei *Kahl* in Calliess/Ruffert, EGV, Art. 95 Rz. 13.

Zu prüfen bleibt, ob eine konkrete Gefahr für die Warenverkehrsfreiheit auch darin liegen kann, dass die tatsächliche Gefahr besteht, dass künftig neue Hemmnisse entstehen. Gegen diese Ansicht spricht, dass das Vorliegen einer konkreten Gefahr durch derart niedrige Anforderungen in die Nähe einer abstrakten Gefahr und Art. 95 EG dadurch in die Nähe einer unbegrenzten Kompetenz rückt. Gleichwohl ist dieser Auffassung zu folgen, da so eine Parallele zur Rechtsprechung zu den Grundfreiheiten, welche den Binnenmarkt konstituieren, hergestellt wird. Da sich mitgliedstaatliche Regelungen nach der so genannten „Dassonville-Formel" schon an den Grundfreiheiten messen lassen müssen, wenn sie sich lediglich *eignen*, den innergemeinschaftlichen Handel mittelbar und potentiell zu behindern[32] (st. Rspr. des EuGH seit dem „Dassonville"-Urteil von 1974[33]), überzeugt es nicht, eine gemeinschaftliche Kompetenz über Art. 95 EG erst bei einer deutlich konkreter nachgewiesenen Betroffenheit des Binnenmarktes anzunehmen[34]. Aufgrund der immer kritischeren gesellschaftlichen und politischen Einstellung zu Tabakkonsum und Tabakwerbung erscheint es auch plausibel, dass einzelne Mitgliedstaaten im Zuge der Verschärfung ihrer Bestimmungen die Ausnahmeregelung für ausländische Druckerzeugnisse abschaffen könnten[35]. Mithin besteht die tatsächliche Gefahr künftiger Hemmnisse und damit eine Gefahr für die Warenverkehrsfreiheit[36]. 375

Indem die Richtlinie insoweit gemeinschaftsweit einheitliche Standards herstellt, bezweckt sie auch, dieser Gefahr entgegenzuwirken. Das Verbot der Werbung in Druckerzeugnissen kann sich mithin auf Art. 95 Abs. 1 Satz 2 EG stützen.

b) Verbot der Werbung im Internet und im Rundfunk, Art. 3 Abs. 2 und Art. 4 Abs. 1 der Richtlinie

Eine konkrete Gefahr für die Dienstleistungsfreiheit (Art. 49 EG) der Werbe- und Rundfunkunternehmen könnte darin bestehen, dass diese ihre Dienste in Rundfunk und Internet („Dienste der Informationsgesellschaft"), welche Tabakwerbung enthalten, wegen der unterschiedlichen Regelungen in den Mitgliedstaaten grenzüberschreitend nur unter erheblichen Erschwernissen erbringen können. Die Warenverkehrsfreiheit ist demgegenüber nicht betroffen, weil es sich bei Werbung in Rundfunk und
Internet nicht um Waren i.S.d. Art. 28 ff. EG[37] handelt (vgl. Art. 50 Abs. 1 EG). 376

---

32 Vgl. EuGH vom 12. 6. 2003, Rs. C-112/00, Slg. 2003, I-5659, NJW 2003, S. 3185 ff., 3186 Rn. 56 m.w.N., Eugen Schmidberger Internationale Transporte und Planzüge./.Republik Österreich. Siehe dazu ausführlich Fall 8 sowie *Streinz*, Europarecht, Rz. 828, *Kingreen* in Calliess/Ruffert, EGV, Art. 28–30, Rz. 37 ff.; *Loibl*, Europarecht – Das Skriptum, S. 83 ff. und *Ahlt/Deisenhofer*, Europarecht, S. 168 ff.

33 EuGH vom 11. 6. 1974, Rs. 8/74, Slg. 1974, 837, NJW 1975, S. 515 ff., Dassonville.

34 Instruktiv zu dieser Parallele – freilich mit umgekehrter Stoßrichtung – *Calliess*, Jura 2001, S. 311 ff., 316.

35 Vgl. EuGH vom 5. 10. 2000, Rs. C-376/98, Slg. 2000, I-8419, NJW 2000, S. 3701 ff., 3703, Rn. 97, Tabakwerbung, und EuGH vom 12. 12. 2006, Rs. C-380/03, Slg. 2006, I-11573, NVwZ 2007, S. 561 ff., 563, Rn. 61, Bundesrepublik Deutschland./.Europäisches Parlament und Rat der Europäischen Union – Tabakwerbung.

36 Im Ergebnis offenbar ebenso EuGH vom 5. 10. 2000, Rs. C-376/98, Slg. 2000, I-8419, NJW 2000, S. 3701 ff., 3703, Rn. 97, Tabakwerbung, und EuGH vom 12. 12. 2006, Rs. C-380/03, Slg. 2006, I-11573, NVwZ 2007, S. 561 ff., 563, Rn. 60, Bundesrepublik Deutschland./.Europäisches Parlament und Rat der Europäischen Union – Tabakwerbung. Sehr kritisch dagegen *Stein*, EuZW 2007, S. 54 ff., 56.

37 Siehe dazu *Kingreen* in Calliess/Ruffert, EGV, Art. 28–30, Rz. 120.

Fraglich ist allerdings, ob die Richtlinie geeignet ist, dieser Gefahr entgegenzuwirken. Dagegen spricht, dass nach ihrem Art. 4 Abs. 1 Rundfunkwerbung für Tabakerzeugnisse vollständig verboten ist. Damit wird die Dienstleistungstätigkeit auf diesem Sektor nicht gefördert, sondern vollständig unterbunden.

Andererseits erscheint es – wie bei der Werbung in Druckerzeugnissen – aber sowohl für den Rundfunk als auch für das Internet plausibel, dass künftig mitgliedstaatliche Regelungen geschaffen werden könnten, welche die Übertragung von Tabakwerbung auf diesen Wegen auch für ausländische Dienstleister untersagen. Dadurch würde dann eine konkrete Gefahr für die Dienstleistungsfreiheit der Rundfunk- bzw. Internetunternehmer entstehen, weil sie grenzüberschreitend nur noch dann tätig sein könnten, wenn sie die Tabakwerbevorschriften aller von ihnen erreichten Mitgliedstaaten beachten. Außerdem besteht die Gefahr, dass durch Rundfunk und Internet das Verbot der Werbung in Druckerzeugnissen umgangen wird, da beispielsweise zahlreiche Zeitungen und Zeitschriften auch Online-Ausgaben veröffentlichen, die europaweit abrufbar sind. Die entsprechenden Märkte mögen zwar (derzeit) noch nicht so aufeinander bezogen sein, dass sich tatsächlich schon eine Umgehungsgefahr ausmachen lässt. Angesichts der zunehmenden Vernetzung der verschiedenen Medien eines Anbieters dürfte aber der Wechsel etwa zwischen der Print- und der Online-Ausgabe einer Zeitschrift aus Sicht des Nutzers bzw. Lesers immer selbstverständlicher werden, so dass zu erwarten ist, dass sich die Märkte immer stärker vermischen. Mithin besteht auch insoweit die tatsächliche Gefahr zumindest künftiger Hemmnisse und damit eine Gefahr für die Dienstleistungsfreiheit[38].

Indem die Richtlinie insoweit gemeinschaftsweit einheitliche Standards herstellt, bezweckt sie auch, dieser Gefahr entgegenzuwirken. Das Verbot der Werbung in Rundfunk und Internet kann sich mithin ebenfalls auf Art. 95 Abs. 1 Satz 2 EG stützen.

c) Verbot des Sponsorings von Veranstaltungen, Art. 5 der Richtlinie

377 Hinsichtlich des Sponsorings von Veranstaltungen sind konkrete Gefahren der Beeinträchtigung von Grundfreiheiten durch unterschiedliche mitgliedstaatliche Regelungen nicht ersichtlich.

Es könnte insoweit aber eine konkrete Gefahr von spürbaren Wettbewerbsverzerrungen bestanden haben. Da das Verbot des Art. 5 der Richtlinie nur Sponsoring in Fällen mit grenzüberschreitender Wirkung regelt, scheitert die Gefahr von Wettbewerbsverzerrungen nicht bereits am fehlenden grenzüberschreitenden Bezug. Im Falle unterschiedlicher Regelungen zum Sponsoring in der Gemeinschaft erscheint es denkbar, dass etwa Sportwettkämpfe aufgrund dieser Unterschiede verlegt werden. Dadurch würden sich für die an solchen Veranstaltungen beteiligten Unternehmen die Wettbewerbsbedingungen gravierend aufgrund von Faktoren ändern, die nicht Teil eines fairen Konkurrenzkampfes sind. Daher bestand insoweit die Gefahr von spürbaren

---

38 Im Ergebnis offenbar ebenso EuGH vom 12. 12. 2006, Rs. C-380/03, Slg. 2006, I-11573, NVwZ 2007, S. 561 ff., 563/564, Rn. 61, 76, 78, Bundesrepublik Deutschland./.Europäisches Parlament und Rat der Europäischen Union – Tabakwerbung.

Wettbewerbsverzerrungen[39]. Da die Richtlinie auch insoweit bezweckt, diesen Gefahren entgegenzuwirken, ist auch das Verbot des Sponsorings von der Kompetenznorm Art. 95 Abs. 1 Satz 2 EG gedeckt.

III. Ergebnis

Es besteht daher für sämtliche Regelungen der Richtlinie eine Kompetenz der Gemeinschaft. Die Klage ist daher unbegründet und hat keine Aussicht auf Erfolg.

Abwandlung zu Teil I

Ein vollständiges Werbeverbot für Tabakerzeugnisse in Internet, Rundfunk und Printmedien wäre insbesondere an den Grundfreiheiten zu messen.

Zwar ist die Fragestellung hier weitgehend offen und bezieht sich allgemein auf Verstöße gegen Gemeinschaftsrecht. Der Sachverhalt enthält aber kaum Angaben dazu, wie das Verbot konkret ausgestaltet werden soll. Daher können hier auch nur Verstöße gegen wesentliche Vertragsbestimmungen, und damit insbesondere die Grundfreiheiten, sachgerecht geprüft werden.

A. Warenverkehrsfreiheit für Tabakerzeugnisse, Art. 28 ff. EG

Ein vollständiges Werbeverbot könnte gegen die Warenverkehrsfreiheit (Art. 28 EG) **378**
für Tabakerzeugnisse verstoßen. Tabakerzeugnisse sind bewegliche Sachen, die Gegenstand von Handelsgeschäften sein können, und mithin Waren i.S.d. Art. 28 ff. EG[40]. Bei dem gesetzlichen Werbeverbot würde es sich auch um eine staatliche Maßnahme handeln[41]. Werbeverbote stellen allerdings keine mengenmäßige Ein- oder Ausfuhrbeschränkung i.S.d. Art. 28, 29 EG dar, so dass ein Verstoß gegen die Warenverkehrsfreiheit nur vorläge, wenn es sich um eine „Maßnahme gleicher Wirkung" gemäß Art. 28, 29 EG handeln würde.

Ein Eingriff in die Warenverkehrsfreiheit durch eine Maßnahme gleicher Wirkung wie eine mengenmäßige Einfuhrbeschränkung liegt dann vor, wenn das Werbeverbot geeignet ist, den innergemeinschaftlichen Handel unmittelbar oder mittelbar, tatsächlich oder potentiell zu behindern[42] (st. Rspr. des EuGH seit dem „Dassonville"-Urteil von 1974[43]). Diese Eignung hat das Werbeverbot, da es auf die Verringerung des Handelsvolumens mit Tabakerzeugnissen abzielt.

Allerdings könnte es sich bei einem Werbeverbot auch um bloße Verkaufsmodalitäten handeln. Verkaufsmodalitäten werden unter bestimmten Voraussetzungen nicht als Maßnahmen gleicher Wirkung angesehen und vom Anwendungsbereich der Waren-

39 Siehe dazu EuGH vom 5. 10. 2000, Rs. C-376/98, Slg. 2000, I-8419, NJW 2000, S. 3701 ff., 3704, Rn. 110 f.

40 Vgl. *Kingreen* in Calliess/Ruffert, EGV, Art. 28–30, Rz. 120.

41 Siehe dazu *Streinz*, Europarecht, Rz. 836 m.w.N.

42 Sog. „Dassonville"-Formel, vgl. EuGH vom 12. 6. 2003, Rs. C-112/00, Slg. 2003, I-5659, NJW 2003, S. 3185 ff., 3186 Rn. 56 m.w.N – Schmidberger. Siehe dazu ausführlich *Streinz*, Europarecht, Rz. 828, *Kingreen* in Calliess/Ruffert, EGV, Art. 28–30, Rz. 37 ff.; *Loibl*, Europarecht – Das Skriptum, S. 83 ff. und *Ahlt/Deisenhofer*, Europarecht, S. 168 ff.

43 EuGH vom 11. 6. 1974, Rs. 8/74, Slg. 1974, 837 = NJW 1975, S. 515 ff., Dassonville.

verkehrsfreiheit ausgenommen. Die Unterscheidung zwischen produktbezogenen Regelungen und vertriebsbezogenen Verkaufsmodalitäten nimmt der EuGH seit seinem Keck-Urteil vor[44]. Liegt eine Verkaufsmodalität vor, so ist weiter zu prüfen, ob diese unterschiedslos gilt und inländische wie ausländische Erzeugnisse rechtlich wie tatsächlich in gleicher Weise berührt.

379 Da ein Werbeverbot keine Veränderungen an den Tabakerzeugnissen selbst erfordert, handelt es sich bei ihm um die Regelung einer Verkaufsmodalität. Es würde für alle betroffenen Wirtschaftsteilnehmer, inländische wie ausländische, gleichermaßen gelten. Zu prüfen ist also, ob das Verbot in- und ausländische Erzeugnisse in gleicher Weise berührt. Eine rechtliche Diskriminierung der ausländischen Erzeugnisse besteht nicht, weil das Verbot gleichermaßen für in- und ausländische gelten würde. Grundsätzlich kann ein allgemeines Werbeverbot aber zu einer faktischen Diskriminierung der ausländischen Produkte führen, sofern diese für ihren Zugang zum Markt in stärkerer Weise auf Werbung angewiesen sind als einheimische Produkte[45]. Bei der konkret betroffenen Warengruppe der Tabakerzeugnisse handelt es sich allerdings nicht selten um „Weltmarken", bei denen die ausländischen Produkte auf dem deutschen Markt vielfach ebenso sehr eingeführt sind wie einheimische. Daher sind sie auch nicht stärker auf Werbung angewiesen, so dass auch keine tatsächliche Diskriminierung vorliegt.

Mit entsprechender Begründung wäre hier auch die Gegenansicht vertretbar, so dass ein Eingriff vorliegen würde. Zu prüfen wäre dann, ob der Eingriff gerechtfertigt wäre, was hier gemäß Art. 30 Satz 1 EG (Gesundheitsschutz) zu bejahen wäre. Im Ergebnis würde ein entsprechendes Werbeverbot somit nicht gegen die Warenverkehrsfreiheit verstoßen.

Mithin würde für Tabakerzeugnisse kein Eingriff in die und damit auch kein Verstoß gegen die Warenverkehrsfreiheit vorliegen.

B. Warenverkehrsfreiheit für Tabakwerbeprodukte, Art. 28 ff. EG

I. Eingriff (Maßnahme gleicher Wirkung)

380 Ein vollständiges Werbeverbot könnte auch gegen die Warenverkehrsfreiheit (Art. 28 EG) für Tabakwerbeträger wie Plakate, Sonnenschirme usw. verstoßen, wobei hier ebenfalls nur eine „Maßnahme gleicher Wirkung" in Betracht kommt. Auch die Werbeträger sind bewegliche Sachen, die Gegenstand von Handelsgeschäften sein können, und mithin Waren i.S.d. Art. 28 ff. EG.

---

44 In EuGH vom 24. 11. 1993, verb. Rs. C-267/91 und C-268/91, Slg. 1993, I-6097, NJW 1994, S. 121, Rn. 16, Keck und Mithouard, heißt es wörtlich: *„Demgegenüber ist entgegen der bisherigen Rechtsprechung die Anwendung nationaler Bestimmungen, die bestimmte Verkaufsmodalitäten beschränken oder verbieten, auf Erzeugnisse aus anderen Mitgliedstaaten nicht geeignet, den Handel zwischen den Mitgliedstaaten im Sinne des Urteils Dassonville unmittelbar oder mittelbar, tatsächlich oder potentiell zu behindern, sofern diese Bestimmungen für alle betroffenen Wirtschaftsteilnehmer gelten, die ihre Tätigkeit im Inland ausüben, und sofern sie den Absatz der inländischen Erzeugnisse und der Erzeugnisse aus anderen Mitgliedstaaten rechtlich wie tatsächlich in der gleichen Weise berühren."*. Zur Kritik an der Keck-Rechtsprechung des EuGH siehe Fall 2.

45 Siehe dazu ausführlich *Kingreen* in Calliess/Ruffert, EGV, Art. 28–30 Rz. 173, und *Ahlt/Deisenhofer*, Europarecht, S. 171.

Für diese Waren würde es sich bei dem Werbeverbot nicht bloß um eine Regelung der Verkaufsmodalität handeln, da Änderungen an der Ware selbst erforderlich wären, um dem Werbeverbot Rechnung zu tragen. Das Werbeverbot würde daher in die Warenverkehrsfreiheit in Bezug auf solche Tabakwerbeträger eingreifen.

II. Rechtfertigung, Art. 30 EG

Dieser Eingriff könnte jedoch gemäß Art. 30 Satz 1 EG aus Gründen des Schutzes der **381**
Gesundheit insbesondere vor den Gefahren des Rauchens gerechtfertigt sein.

Weil das Werbeverbot eine formal unterschiedslos geltende Maßnahme ist, käme hier grundsätzlich auch eine Anwendung der Cassis-Formel[46] in Betracht. Jedoch wird der Aspekt des Gesundheitsschutzes, weil er ausdrücklich in Art. 30 EG geregelt ist, im Rahmen dieser Vorschrift und nicht als zwingendes Erfordernis geprüft.

Außerdem müssten die Maßnahmen auch verhältnismäßig, d.h. zur Erreichung dieses Zieles geeignet, erforderlich und angemessen sein[47].

Die Richtlinie verfolgt den legitimen Zweck, den Gesundheitsschutz in der Gemeinschaft zu verbessern. Da sie dieses Ziel durch eine Verringerung des Tabakkonsums erreichen will, wäre sie ungeeignet, wenn sie keine Verringerung bewirken würde. Die Eignung von Werbeverboten für Tabakerzeugnisse zum Zwecke des Gesundheitsschutzes setzt voraus, dass Tabakwerbung den Tabakkonsum fördert. Für die Richtigkeit dieser Annahme spricht bereits, dass andernfalls nicht enorme Summen für die Werbung ausgegeben würden. Daher erscheint auch der Umkehrschluss plausibel, dass der Konsum und damit die Gesundheitsgefahren ohne die Werbung zurückgehen werden. Zumindest wird man dem Gesetzgeber der Gemeinschaft eine entsprechende Einschätzungsprärogative zubilligen können. Dem lässt sich auch nicht entgegenhalten, dass die Werbung nur zur Verschiebung der Marktanteile innerhalb eines in seinem Gesamtumfang davon unberührten Tabakmarktes bewirken würde[48]. Denn auch die Annahme, dass das von der Werbung vermittelte Bild des Tabakkonsums zumindest langfristig Auswirkungen auf die gesellschaftliche Einstellung zum Tabakkonsum und damit auf das Konsumverhalten hat, erscheint plausibel. Von der Eignung des Werbeverbots ist daher auszugehen.

Da mildere Mittel nicht ersichtlich sind, wäre das Werbeverbot auch erforderlich.

Der Schutz der menschlichen Gesundheit vor den mit dem Tabakkonsum verbundenen Gesundheitsgefahren überwiegt das Interesse an einem ungehinderten Warenverkehr mit Tabakwerbeprodukten. Daher wäre das Werbeverbot auch angemessen.

Der Eingriff in die Warenverkehrsfreiheit wäre daher gerechtfertigt, so dass auch insoweit kein Verstoß vorliegen würde.

---

46 Zur Cassis-Formel ausführlich *Ahlt/Deisenhofer*, Europarecht, S. 171 ff. und *Streinz*, Europarecht, Rz. 828 ff.

47 *Streinz*, Europarecht, Rz. 869 m.w.N.

48 In diese Richtung argumentiert die Tabakindustrie.

C. Dienstleistungsfreiheit für Tabakwerbung, Art. 49 ff. EG

382 Ein vollständiges Werbeverbot könnte auch die Dienstleistungsfreiheit (Art. 49 EG) von Tabakwerbedienstleistern verletzen.

Das Werbeverbot würde auch gegenüber solchen Angehörigen der Werbebranche wirken, die selbständig grenzüberschreitend ohne dauerhafte Eingliederung in das Wirtschaftsleben des Aufnahmestaates unkörperliche Leistungen gegen Entgelt erbringen (vgl. Art. 50 Abs. 1 EG). Damit würde in die Dienstleistungsfreiheit eingegriffen.

Die Übertragbarkeit der Keck-Rechtsprechung auf die Dienstleistungsfreiheit braucht nicht erörtert zu werden, da auch hier keine bloße Modalitätsregelung vorliegt.

Der Eingriff wäre allerdings gemäß Art. 55 i.V.m. 46 Abs. 1 EG aus denselben Gründen wie der Eingriff in die Warenverkehrsfreiheit bezüglich der Tabakwerbeträger gerechtfertigt. Auch insoweit würde also kein Verstoß vorliegen.

D. Ergebnis

Das Werbeverbot würde nicht gegen die Grundfreiheiten verstoßen. Auch anderweitige Europarechtsverstöße sind nicht ersichtlich. Es wäre daher gemeinschaftsrechtskonform.

Teil II

A. Verstoß gegen die Eigentumsfreiheit

Die Pflicht, bestimmte Warnhinweise auf den Zigarettenpackungen anzubringen, könnte gegen die Eigentumsfreiheit des T verstoßen.

I. Eingriff in das Eigentum

383 Nach Art. 6 Abs. 2 EUV achtet die Union die Grundrechte, wie sie in der EMRK gewährleistet sind und wie sie sich aus den gemeinsamen Verfassungsüberlieferungen der Mitgliedstaaten als allgemeine Grundsätze des Gemeinschaftsrechts ergeben[49]. Zu diesen durch die Rspr. des EuGH anerkannten Grundrechten gehört u.a. das Eigentum[50]. Da es sich bei dem Eigentumsgrundrecht nicht um ein höchstpersönliches Grundrecht (wie etwa das Recht auf Leben) handelt, steht es grundsätzlich auch juristischen Personen wie einem Tabakkonzern zu[51].

Grundsätzlich sollte die Herleitung der Gemeinschaftsgrundrechte in einer Klausur kurz dargestellt werden, da eine geschriebene Anknüpfung im EG-Vertrag fehlt. Ein Beispiel dafür findet sich bei Fall 9 unter Frage 1 A. In dieser Klausur liegt der Schwerpunkt allerdings nicht auf der Grundrechtsprüfung, so dass es nicht als Fehler zu werten ist, wenn sogleich mit einzelnen Grundrechten begonnen wird.

---

49 Siehe dazu *Streinz*, Europarecht, Rz. 754 ff.
50 *Streinz*, Europarecht, Rz. 773.
51 Siehe dazu *Streinz*, Europarecht, Rz. 769.

Mit dem Vertrag von Lissabon wird der Rückgriff auf die EMRK und sonstige Grundrechte wesentlich vereinfacht, denn nach Art. 6 Abs. 1 Satz 1 EUV (Lissabon-Fassung) erkennt die Union die Rechte, Freiheiten und Grundsätze der Grundrechte-Charta der Union[52] an, die mit den Verträgen gleichrangig ist. Außerdem wird die EU nach Art. 6 Abs. 2 Satz 1 EUV der EMRK beitreten. Des weiteren ist in Art. 6 Abs. 3 EUV festgelegt, dass die Grundrechte, wie sie in der EMRK gewährleistet sind und wie sie sich aus der gemeinsamen Verfassungsüberlieferung der Mitgliedstaaten ergeben, als allgemeine Grundsätze Teil des Unionsrechts sind.

Zu prüfen ist daher, ob in die Eigentumsfreiheit des T eingegriffen wurde[53]. Das er- **384**
scheint hier zweifelhaft, weil dem T das Eigentum an den Verpackungen durch die Kennzeichnungspflicht unstreitig nicht entzogen wird. Auch auf die durch die Warnhinweise zu erwartende Minderung von Umsatz und Gewinn kann sich der T nicht berufen, da das Eigentum weder bestimmte Marktanteile umfasst noch vor Änderungen der bestehenden Situation schützt[54]. Auch nach deutschem Verfassungsverständnis umfasst der Schutz des Eigentums gemäß Art. 14 Abs. 1 GG grundsätzlich nur die Rechtspositionen, die einem Rechtssubjekt bereits zustehen, nicht aber zukünftige Chancen und Verdienstmöglichkeiten[55].

Allerdings schützt das Eigentumsgrundrecht auch das geistige Eigentum an Marken und Mustern, die der Eigentümer einsetzt, um seine Packungen in unverwechselbarer Weise zu kennzeichnen[56], um so Bindungen zwischen seinem Produkt und den Konsumenten zu erzeugen. T wird durch die Richtlinie verpflichtet, einen erheblichen Anteil der Packungsoberfläche mit vorgegebenen Warnhinweisen zu bedrucken. Dadurch wird diese Fläche seiner freien Gestaltungs- und Kennzeichungsmöglichkeit entzogen. Auch wenn seine Marken- und Musterrechte formal nicht angetastet werden, liegt hierin ein Eingriff in sein Eigentum[57].

II. Rechtfertigung des Eingriffs

Auch auf europäischer Ebene wird das Eigentumsrecht nicht schrankenlos gewähr- **385**
leistet, da es im Hinblick auf seine gesellschaftliche Funktion gesehen werden muss. Folglich kann die Ausübung des Eigentumsrechts Beschränkungen unterworfen werden, sofern diese Beschränkungen tatsächlich dem Gemeinwohl dienenden Zielen der Gemeinschaft entsprechen und nicht einen im Hinblick auf den verfolgten Zweck unverhältnismäßigen, nicht tragbaren Eingriff darstellen, der die so gewährleisteten

---

52 Vom 7. Dezember 2000, ABl. 2000 Nr. C 364/1 ff. Siehe dazu *Streinz*, Europarecht, Rz. 56, 64, 755 ff.

53 Siehe dazu *Streinz*, Europarecht, Rz. 770.

54 Vgl. EuGH vom 14. 12. 2004, Rs. C-210/03, Slg. 2004, I-11893, 11926, Rn. 73, The Queen, auf Antrag von Swedish Match AB, Swedish Match UK Ltd./.Secretary of State for Health: *„Kein Wirtschaftsteilnehmer kann nämlich ein Eigentumsrecht an einem Marktanteil geltend machen, übrigens auch dann nicht, wenn er ihn zu einem Zeitpunkt vor der Einführung einer diesen Markt betreffenden Maßnahme besessen hat, da ein solcher Marktanteil nur eine augenblickliche wirtschaftliche Position darstellt, die den mit einer Änderung der Umstände verbundenen Risiken ausgesetzt ist. Ein Wirtschaftsteilnehmer kann auch kein wohlerworbenes Recht oder auch nur ein berechtigtes Vertrauen auf die Beibehaltung einer bestehenden Situation, die durch Entscheidungen der Gemeinschaftsorgane im Rahmen ihres Ermessens verändert werden kann, geltend machen.“*.

55 Vgl. BVerfGE 95, 173 ff., 187/188.

56 Siehe zum deutschen Recht § 3 Abs. 1 Markengesetz und § 2 Geschmacksmustergesetz.

57 Vgl. dazu EuGH vom 10. 12. 2002, Rs. C-491/01, Slg. 2002, I-11453, EuGRZ 2003, S. 248 ff., 259, Rn. 150, British American Tobacco.

Rechte in ihrem Wesensgehalt antastet[58]. Zu prüfen ist daher, ob der Eingriff gerechtfertigt ist.

Die Richtlinie verfolgt den legitimen Zweck, den Gesundheitsschutz in der Gemeinschaft zu verbessern. Da sie dieses Ziel durch eine Verringerung des Tabakkonsums erreichen will, wäre sie ungeeignet, wenn sie keine Verringerung bewirken würde. Ein Werbeverbot erscheint grundsätzlich geeignet, um den Tabakkonsum zu verringern (siehe oben unter Abwandlung Teil I B. II.). Für die Warnhinweise dürfte dies erst recht gelten, weil sie mit drastischen Formulierungen vor den Gefahren des Zigarettenkonsums warnen. Zumindest bewegt sich die Gemeinschaft mit ihren Erwartungen zu den Auswirkungen der Richtlinie auch insofern innerhalb ihrer Einschätzungsprärogative. Die Richtlinie ist daher als zur Erreichung ihres Zwecks geeignet anzusehen.

Weiter müsste der durch die Richtlinie bewirkte Eingriff in das Eigentumsgrundrecht des T erforderlich sein. Dies ist der Fall, wenn gleich wirksame mildere Mittel zur Erreichung des Zieles nicht zur Verfügung stehen. Als milderes Mittel käme eine Verringerung der prozentualen Anteile der Hinweise auf der Packungsoberfläche in Betracht. Allerdings ist davon auszugehen, dass für die Frage, ob von den Konsumenten eher die positive oder eher die negative Werbebotschaft wahrgenommen wird, die relative Größe beider Botschaften von großer Bedeutung ist. Daher wäre das mildere Mittel nicht gleich wirksam. Die Richtlinie ist daher zur Erreichung ihres Zweckes auch erforderlich.

Schließlich müsste die Schwere des durch die Richtlinie bewirkten Eingriffs in das Eigentumsgrundrecht des T in einem angemessenen Verhältnis zur dadurch bewirkten Verbesserung im Bereich des Gesundheitsschutzes stehen.

386 Fraglich ist allerdings, welcher Maßstab bei dieser Verhältnismäßigkeitsprüfung anzulegen ist. Denn der EuGH beschränkt sich in vergleichbaren Fällen meist auf die Prüfung, ob die Maßnahme offensichtlich ungeeignet ist. Nur insoweit hält sich der EuGH bei Rechtsakten der Gemeinschaft wie dem vorliegenden, welche politische, wirtschaftliche und soziale Entscheidungen sowie die Durchführung komplexer Prüfungen verlangen, zur Prüfung der Verhältnismäßigkeit für befugt[59]. Diese Vorgehensweise entspricht auch der allgemeinen Tendenz des EuGH, bei der Beurteilung von Akten der Gemeinschaft großzügiger zu verfahren als bei mitgliedstaatlichen Akten[60]. Dem kann aber schon deshalb nicht gefolgt werden, weil die Gemeinschaft ebenso an das Primärrecht gebunden ist wie die Mitgliedstaaten. Daher vermag diese Einschränkung der Prüfung nicht zu überzeugen[61]. Sie lässt sich auch nicht mit der Erwägung rechtfertigen, im Dienste der Gewaltenteilung der Exekutive einen hinreichend großen eigenständigen Bereich gerichtlich unüberprüfbarer Entscheidungen zu belassen. Denn dafür würde auch die Zubilligung von Prognosespielräumen in Bezug auf tatsächliche Fragen genügen.

58 EuGH vom 10. 12. 2002, Rs. C-491/01, Slg. 2002, I-11453, EuGRZ 2003, S. 248 ff., 259, Rn. 149 m.w.N, British American Tobacco. Siehe auch *Streinz*, Europarecht, Rz. 771.

59 EuGH vom 10. 12. 2002, Rs. C-491/01, Slg. 2002, I-11453, EuGRZ 2003, S. 248 ff., 256/257, Rn. 123 m.w.N., British American Tobacco.

60 Vgl. dazu *Streinz*, Europarecht, Rz. 772.

61 *Streinz*, Europarecht, Rz. 772.

Die Richtlinie ist also uneingeschränkt auf ihre Verhältnismäßigkeit zu überprüfen[62]. Zwar wird hier die Schwere des Eingriffs in das Eigentum noch dadurch vergrößert, dass dem T der Platz für positive Werbung nicht zu neutralen Zwecken, sondern für eine der eigenen Werbebotschaft diametral entgegengesetzte Botschaft entzogen wird. Dem steht allerdings die – nach dem Prognosespielraum des Richtliniengebers berechtigte – Hoffnung gegenüber, den Tabakkonsum zu vermindern und so für eine Vielzahl von Menschen den Gesundheitszustand zu verbessern und einen vorzeitigen Tod zu vermeiden. Diese Auswirkungen der Richtlinie überwiegen auch schwere Eingriffe in das Eigentum des T. Auch ist nicht zu erkennen, dass durch den Eingriff das Eigentum des T an den Packungen, Marken und Mustern in seinem Wesensgehalt angetastet wird[63]. Die Richtlinie ist mithin auch verhältnismäßig.

III. Ergebnis

Die Eigentumsfreiheit des T wird durch die Richtlinie nicht verletzt.

B. Verstoß gegen die Berufsfreiheit

Die Pflicht, bestimmte Warnhinweise auf den Zigarettenpackungen anzubringen, könnte gegen die Berufsfreiheit des T verstoßen.

I. Eingriff in die Berufsfreiheit

Nach der Rechtsprechung des Gerichtshofes gehört die freie Berufsausübung ebenso wie das Eigentumsrecht zu den allgemeinen Grundsätzen des Gemeinschaftsrechts[64]. Da es sich bei der Berufsfreiheit nicht um ein höchstpersönliches Grundrecht (wie etwa das Recht auf Leben) handelt, steht es grundsätzlich auch juristischen Personen wie einem Tabakkonzern zu[65]. **387**

Die Berufsfreiheit umfasst auch das Recht, für ein Produkt, welches man in Ausübung seines Berufes herstellt, zu werben und die Verpackungen zu gestalten. Daher greifen die entsprechenden Verpflichtungen aus der Richtlinie in die Berufsfreiheit des T ein[66].

II. Rechtfertigung des Eingriffs

Allerdings kann auch die Berufsfreiheit keine uneingeschränkte Geltung beanspruchen, sondern muss im Hinblick auf ihre gesellschaftliche Funktion gesehen werden. Folglich kann das Recht auf freie Berufsausübung ebenso wie das Eigentumsrecht Be- **388**

---

62 Eine vollständige Prüfung der Verhältnismäßigkeit findet sich etwa in EuGH vom 6. 12. 2005, verb. Rs. C-453/03, C-11/04, C-12/04 und C-194/04, Slg. 2005, I-10423, EWS 2006, S. 73 ff. Siehe auch *Streinz*, Europarecht, Rz. 772.

63 Vgl. dazu EuGH vom 10. 12. 2002, Rs. C-491/01, Slg. 2002, I-11453, EuGRZ 2003, S. 248 ff., 259, Rn. 150, British American Tobacco.

64 EuGH vom 14. 12. 2004, Rs. C-210/03, Slg. 2004, I-11893, 11926, Rn. 72, Swedish Match; *Streinz*, Europarecht, Rz. 773 m.w.N.

65 Siehe dazu *Streinz*, Europarecht, Rz. 769.

66 Vgl. BVerfGE 95, 173 ff., 182 ff. zum entsprechenden Art. 12 Abs. 1 GG.

schränkungen unterworfen werden, sofern diese Beschränkungen tatsächlich dem Gemeinwohl dienenden Zielen der Gemeinschaft entsprechen und nicht einen im Hinblick auf den verfolgten Zweck unverhältnismäßigen und nicht tragbaren Eingriff darstellen, der die so gewährleisteten Rechte in ihrem Wesensgehalt antasten würde[67]. Insofern lassen sich hier im Rahmen der Rechtfertigung dieselben Gründe wie beim Eingriff in das Eigentum anführen. Es ist auch nicht zu erkennen, dass durch die Hinweispflichten in den Wesensgehalt der Berufsfreiheit eingegriffen wird, da T weiterhin Zigaretten herstellen und vertreiben und die verbleibenden Flächen der Packungen gestalten darf. Daher ist die Richtlinie auch insofern verhältnismäßig.

III. Ergebnis

Auch die Berufsfreiheit des T wird durch die Richtlinie nicht verletzt.

Weiterführende Hinweise

Streinz, Rudolf: Europarecht, insbes. Rz. 921, 952 (Fall 49 und Lösung), 585 ff., 828 ff., 754 ff., 767 ff., 836, 869, 905 ff., 922 ff.

EuGH vom 5. 10. 2000, Rs. C-376/98, Slg. 2000, I-8419 = NJW 2000, S. 3701 ff., Deutschland./. Europäisches Parlament und Rat – Tabakwerbung.

EuGH vom 10. 12. 2002, Rs. C-491/01, Slg. 2002, I-11453 = EuGRZ 2003, S. 248 ff., The Queen./. Secretary of State for Health, British American Tobacco (Investments) und Imperial Tobacco.

EuGH vom 14. 12. 2004, Rs. C-210/03, Slg. 2004, I-11893, The Queen, auf Antrag von Swedish Match AB, Swedish Match UK Ltd./.Secretary of State for Health.

EuGH vom 12. 12. 2006, Rs. C-380/03, Slg. 2006, I-11573 = NVwZ 2007, S. 561 ff., Deutschland./. Europäisches Parlament und Rat – Tabakwerbung.

Calliess, Christian: Nach dem „Tabakwerbung-Urteil" des EuGH – Binnenmarkt und gemeinschaftsrechtliche Kompetenzverfassung im neuen Licht, Jura 2001, S. 311 ff.
Görlitz, Niklas: EU-Binnenmarktkompetenz und Tabakwerbeverbote, EuZW 2003, S. 485 ff.
Gundel, Jörg: Die zweite Fassung der Tabakwerberichtlinie vor dem EuGH: Weitere Klärungen zur Binnenmarkt-Harmonisierungskompetenz der Gemeinschaft, EuR 2007, S. 251 ff.
Lidner, Josef Franz: Anmerkung zu EuGH vom 12. 12. 2006, Rs. C-380/03 (Deutschland./.Europäisches Parlament und Rat – Tabakwerbung), BayVBl. 2007, S. 304 ff.
Stein, Torsten: Anmerkung zu EuGH vom 12. 12. 2006, Rs. C-380/03 (Deutschland./.Europäisches Parlament und Rat – Tabakwerbung), EuZW 2007, S. 54 ff.

67 EuGH vom 14. 12. 2004, Rs. C-210/03, Slg. 2004, I-11893, 11926, Rn. 72, Swedish Match.

Ausblick auf den Vertrag von Lissabon[68] 389

Bisherige Nummerierung des Vertrages über die Europäische Union (EUV)	**Nummerierung im Vertrag von Lissabon**	**Neue Nummerierung des Vertrages über die Europäischen Union (AUV)**
Art. 6	Art. 6	Art. 6

Bisherige Nummerierung des Vertrages zur Gründung der Europäischen Gemeinschaft (EG)	**Nummerierung im Vertrag von Lissabon**	**Neue Nummerierung des Vertrages über die Arbeitsweise der Europäischen Union (AEUV)**
Art. 3 Abs. 1	Im Wesentlichen ersetzt durch Art. 2b–2e (künftig Art. 3–6) AEUV	
Art. 5	Ersetzt durch Art. 3b (künftig Art. 5) EUV	
Art. 14	Art. 22a	Art. 26
Art. 28–30	Art. 28–30	Art. 34–36
Art. 46	Art. 46	Art. 52
Art. 49–55	Art. 49–55	Art. 56–52
Art. 94	Art. 95	Art. 115
Art. 95	Art. 94	Art. 114
Art. 152 Abs. 4 lit. c)	Art. 152 Abs. 5	Art. 168 Abs. 5
Art. 220	Im Wesentlichen ersetzt durch Art. 9 f. (künftig Art. 19) EUV	
Art. 230	Art. 230	Art. 263
Art. 249	Art. 249	Art. 288
Art. 299 Abs. 1	Im Wesentlichen ersetzt durch Art. 49c Abs. 1 (künftig Art. 52 Abs. 1) EUV	

68 Synopse nach Übereinstimmungstabelle zu Art. 5 des Vertrags von Lissabon, ABl. 2007 Nr. C 306/202 ff. Konsolidierte Fassungen des „Vertrags über die Europäische Union" (EUV) und des neuen „Vertrags über die Arbeitsweise der Europäischen Union" (AEUV, bisher: „Vertrag zur Gründung der Europäischen Gemeinschaft") sind im Abl. 2008 Nr. C-115/1 ff. abgedruckt.

Fall 17

Komitologie

Schwerpunktbereich, Schwierigkeitsgrad: hoch

Teil I

390 Der Rat hat auf der Grundlage von Art. 37 EG eine Verordnung über den ökologischen Landbau (im Folgenden: Grundverordnung) erlassen. In deren Art. 5 Abs. 3 ist bestimmt, dass Lebensmittel nur dann in der Kennzeichnung oder Werbung mit ökologischem Landbau in Verbindung gebracht werden dürften, wenn sie eine bestimmte Zusammensetzung aufweisen. Insbesondere wird auf einen Anhang verwiesen, in dem die zulässigen Stoffe nicht landwirtschaftlichen Ursprungs abschließend aufgezählt werden. Art. 5 Abs. 8 Grundverordnung ermächtigt die Kommission, den Inhalt des Anhangs erschöpfend zu bestimmen. Nach Art. 14 der Grundverordnung muss der Inhalt des Anhangs mit der Stellungnahme eines so genannten Regelungsausschusses übereinstimmen.

Auf dieser Grundlage erlässt die Kommission einen Anhang, in dem unter anderem bestimmt ist, dass genetisch veränderte Mikroorganismen grundsätzlich nicht in Lebensmitteln enthalten sein dürfen. Genetisch veränderte Mikroorganismen sollen nur ausnahmsweise und nur dann erlaubt sein, wenn sie nach Stellungnahme des Regelungsausschusses gem. Art. 14 Grundverordnung in den Anhang aufgenommen worden sind. Eine solche Aufnahme ist bisher nicht erfolgt.

In der Grundverordnung findet sich über genetisch veränderte Mikroorganismen keine ausdrückliche Regelung. Über ein vollständiges Verbot war allerdings vor Erlass der Grundverordnung diskutiert worden. Regelungen über die Verwendung derartiger Organismen sind in anderen Rechtsakten der Gemeinschaft enthalten, wo ein Anmeldeverfahren vorgesehen ist. Vor Erlass des Anhangs wurde das Europäische Parlament, wie in Art. 7 Abs. 3 Komitologiebeschluss vorgesehen, unterrichtet. Obwohl der Kommission bekannt war, dass das Parlament die Aufnahme genetisch veränderter Organismen ablehnte, erfolgte keine weitere Beteiligung.

Das Parlament ist der Auffassung, die Kommission habe seine Beteiligungsrechte unterlaufen. Zum einen widerspreche die Aufnahme der genetisch veränderten Organismen in den Anhang der Grundverordnung. Zum anderen sei seine bloße Unterrichtung nicht ausreichend gewesen.

Hat eine vom Parlament beim Europäischen Gerichtshof fristgerecht erhobene Klage Aussicht auf Erfolg? Gehen Sie davon aus, dass die abgedruckten Vorschriften des Komitologiebeschlusses Anwendung finden und dass alle bisher erlassenen Vorschriften des Anhangs im Einklang mit einer Stellungnahme des Regelungsausschusses standen.

Teil II

Der Rat hat sich durch die Verordnungen 789/2001 und 790/2001 bestimmte Durchführungsbefugnisse im Zusammenhang mit den Schengener Abkommen vorbehalten. Insbesondere geht es um die Prüfung von Visumanträgen und das praktische Verfahren bei der Durchführung der Grenzkontrollen und der Grenzüberwachung. Die Kommission meint, diese Verordnungen verstießen gegen Art. 202 EG sowie gegen Art. 1 des zweiten Komitologiebeschlusses 1999/468. Da die Schengener Abkommen und ihre Durchführung seit dem Amsterdamer Vertrag Gemeinschaftsrecht seien, komme ihr grundsätzlich die Befugnis zur Durchführung zu. Wolle der Rat hiervon abweichen, so müsse er nach der Rechtsprechung des Gerichtshofs ausführlich die Gründe hierfür darlegen. Dies sei vorliegend nicht geschehen. Außerdem seien derartige Gründe für ein ausnahmsweises Abweichen auch nicht ersichtlich. Die Kommission erhebt deshalb Klage vor dem EuGH.

Der Rat ist demgegenüber der Auffassung, es liege ein Ausnahmefall vor, wie sich aus den den Verordnungen vorangestellten Begründungserwägungen entnehmen lasse. Insbesondere bedürfe es für eine Übergangszeit noch eines Tätigwerdens des Rates, weil das in Titel IV des EG-Vertrages enthaltene Recht bis vor kurzem noch in der intergouvernementalen Säule der EU angesiedelt gewesen sei und damit einen besonders sensiblen Interessenbereich der Mitgliedstaaten berühre. Vor diesem Hintergrund seien die in den Begründungserwägungen enthaltenen Ausführungen ausreichend, da sich der Ausnahmesachverhalt ohne Weiteres erschließe.

Wie wird der Gerichtshof über die zulässige Klage entscheiden? Gehen Sie davon aus, dass außer den abgedruckten Begründungserwägungen keine weitere Begründung vorliegt.

Komitologiebeschluss 1999/468:

Art. 1

Außer in spezifischen und begründeten Fällen, in denen der Basisrechtsakt dem Rat die unmittelbare Ausübung von Durchführungsbefugnissen vorbehält, werden diese der Kommission entsprechend den einschlägigen Bestimmungen des Basisrechtsakts übertragen. In diesen Bestimmungen werden die Hauptbestandteile der so übertragenen Befugnisse festgelegt.

Sieht der Rechtsakt für die Annahme von Durchführungsmaßnahmen bestimmte Verfahrensmodalitäten vor, so müssen diese Modalitäten im Einklang mit den in den Artikeln 3, 4, 5, 5a und 6 aufgeführten Verfahren stehen.

Art. 5

(1) Die Kommission wird von einem Regelungsausschuss unterstützt, der sich aus Vertretern der Mitgliedstaaten zusammensetzt und in dem der Vertreter der Kommission den Vorsitz führt.

(2) ...

(3) Die Kommission erlässt ... die beabsichtigten Maßnahmen, wenn sie mit der Stellungnahme des Ausschusses übereinstimmen.

(4) Stimmen die beabsichtigten Maßnahmen mit der Stellungnahme des Ausschusses nicht überein oder liegt keine Stellungnahme vor, so unterbreitet die Kommission dem Rat unverzüglich einen Vorschlag für die zu treffenden Maßnahmen und unterrichtet das Europäische Parlament.

(5) Ist das Europäische Parlament der Auffassung, dass ein Vorschlag, den die Kommission auf der Grundlage eines gemäß Artikel 251 des Vertrags erlassenen Basisrechtsakts unterbreitet hat, über die in diesem Basisrechtsakt vorgesehenen Durchführungsbefugnisse hinausgeht, so unterrichtet es den Rat über seinen Standpunkt.

(6) Der Rat kann, gegebenenfalls in Anbetracht eines solchen etwaigen Standpunkts, innerhalb einer Frist, die in jedem Basisrechtsakt festzulegen ist, die keinesfalls aber drei Monate von der Befassung des Rates an überschreiten darf, mit qualifizierter Mehrheit über den Vorschlag befinden. Hat sich der Rat innerhalb dieser Frist mit qualifizierter Mehrheit gegen den Vorschlag ausgesprochen, so überprüft die Kommission den Vorschlag. Die Kommission kann dem Rat einen geänderten Vorschlag vorlegen, ihren Vorschlag erneut vorlegen oder einen Vorschlag für einen Rechtsakt auf der Grundlage des Vertrags vorlegen. Hat der Rat nach Ablauf dieser Frist weder den vorgeschlagenen Durchführungsrechtsakt erlassen noch sich gegen den Vorschlag für die Durchführungsmaßnahmen ausgesprochen, so wird der vorgeschlagene Durchführungsrechtsakt von der Kommission erlassen.

Auszug aus den Begründungserwägungen zu VO 789/2001 (Erwägungen zu VO 790/2001 insoweit inhaltsgleich):

(8) Da die Mitgliedstaaten eine wichtige Funktion bei der Festlegung der Visumpolitik haben, die den sensiblen politischen Charakter dieses Bereichs – insbesondere hinsichtlich der politischen Beziehungen zu Drittländern – zum Ausdruck bringt, behält sich der Rat das Recht vor, während des in Artikel 67 Absatz 1 des Vertrags genannten Übergangszeitraums von fünf Jahren die oben genannten detaillierten Vorschriften und praktischen Verfahren einstimmig festzulegen, zu ändern und zu aktualisieren, bis er die Bedingungen geprüft hat, unter denen der Kommission derartige Durchführungsbefugnisse nach Ablauf des Übergangszeitraums übertragen würden.

Vorüberlegungen

Dem Fall liegen zwei Entscheidungen des EuGH[1] zugrunde, die das Verhältnis der Gemeinschaftsorgane zueinander, insbesondere das Komitologieverfahren, zum Gegenstand haben. Die eher technische Materie dürfte für die Bearbeiter schwer zu erfassen sein. **391**

Bei Teil I ist bereits die Erfassung des Sachverhalts problematisch. Es geht im Kern um das Verhältnis zweier Rechtsetzungsakte zueinander, nämlich der Grundverordnung und des Ausführungsanhangs, den die Kommission erlässt. Den Hintergrund des Streits zwischen Kommission und Parlament bildet dabei die Frage, wie gentechnisch veränderte Mikroorganismen in den beiden Regelwerken behandelt werden. Während das Parlament davon ausgeht, dass diese brisante Frage in der Grundverordnung zu regeln ist, kann die Kommission zum einen darauf verweisen, dass derzeit ja nur eine negative Regelung erfolgt ist, und zum anderen, dass es sich nicht um eine Frage von grundsätzlicher Bedeutung handelt.

Gedanklich ist also zu differenzieren. Zum einen geht es um die grundsätzliche Frage des Verhältnisses von Grundverordnung und Ausführungsrecht. Hier werden Grundfragen des Komitologierverfahrens relevant. In einem zweiten Schritt muss dann gefragt werden, ob sich aus der Grundverordnung im konkreten Fall Vorgaben für die Regelung der strittigen Fragen ergeben und ob die getroffene Regelung dagegen verstößt. Schließlich rügt das Parlament noch, es hätte in höherem Maße beteiligt werden müssen, als dies geschehen ist. Damit wird den inhaltlichen Rügen noch eine formale hinzugefügt.

Eingebettet ist der erste Teil in ein Klageverfahren beim EuGH. Konkret geht es um die Zulässigkeitsvoraussetzungen einer Nichtigkeitsklage. Während früher Klagen des Parlaments besondere Probleme aufwarfen, ist das Parlament seit der Neufassung der entsprechenden Vertragsbestimmungen den sonstigen privilegiert Klageberechtigten gleichgestellt, so dass sich insoweit keine Besonderheiten mehr ergeben.

Teil II ist dem Verhältnis von Rat und Kommission gewidmet. Während grundsätzlich die Kommission zur Durchführung der Rechtsakte des Rates ermächtigt ist, behält sich der Rat hier die Durchführung selbst vor. Er begründet dies mit den Besonderheiten der geregelten Materie. Die Kommission bestreitet dies. Der Bearbeiter muss nun herausarbeiten, ob hier tatsächlich ein Sonderfall vorliegt und ob dies vom Rat hinreichend dargelegt wurde.

Beide Teile sind nach Inkrafttreten des Vertrages von Lissabon so nicht mehr lösbar. Bei Teil I enthält der neue Vertrag nunmehr mit Art. 290 eine Bestimmung, die die Grenzen einer Durchführungsbefugnis der Kommission abschließend regelt und insbesondere dem Parlament die Möglichkeit gibt, eine erfolgte Delegation zu widerrufen. Bei Teil II ist die Sondersituation durch Zeitablauf mittlerweile entfallen, weil

1 Teil I: EuGH vom 13. 7. 1995, Rs. C-156/93, Slg. 1995, I-2019 = DVBl. 1995, S. 1285 ff., Europäisches Parlament./.Kommission der Europäischen Gemeinschaften – Ökologischer Landbau.
Teil II: EuGH vom 18. 1. 2005, Rs. C-257/01, Slg. 2005, I-345 = EuZW 2005, S. 180 ff., Kommission der Europäischen Gemeinschaften./.Rat der Europäischen Union – VISA.

die fraglichen Sachbereiche mittlerweile unzweifelhaft zum normalen Bestand des Vertrages zählen.

Insgesamt handelt es sich um eine Klausur von hohem Schwierigkeitsgrad. Sie verlangt vertieftes Wissen über das Verhältnis der Gemeinschaftsorgane und eignet sich damit nur für Aufgabenstellungen im Schwerpunktbereich. Für Pflichtfachstudierende ist der Stoff hingegen ungeeignet.

Gliederung

392 **Teil I**

A. Zulässigkeit
   I. Zuständigkeit
   II. Beteiligtenfähigkeit
   III. Zulässiger Klagegegenstand
   IV. Klageberechtigung
   V. Klagefrist
   VI. Ergebnis

B. Begründetheit
   I. Unzuständigkeit
      1. Verhältnis von Grundverordnung und Anhang
      2. Genetisch veränderte Mikroorganismen und Grundverordnung
   II. Verstoß gegen wesentliche Formvorschriften
   III. Ergebnis

Teil II

A. Verstoß gegen wesentliche Formvorschrift

B. Unzuständigkeit

C. Endergebnis

Musterlösung

Teil I

Eine Klage vor dem EuGH hat Aussicht auf Erfolg, wenn sie zulässig und begründet ist. In Betracht kommt vorliegend eine Nichtigkeitsklage gem. Art. 230 EG.

A. Zulässigkeit

I. Zuständigkeit

Gem. Art. 225 Abs. 1 in Verbindung mit der Satzung des Gerichtshofs ist der Gerichtshof selbst für solche Nichtigkeitsklagen zuständig, die ein privilegiert Klageberechtigter wie das Parlament einreicht. **393**

II. Beteiligtenfähigkeit

Das Europäische Parlament ist nach Art. 230 Abs. 2 EG aktiv beteiligtenfähig. Die Kommission ist nach Art. 230 Abs. 1 EG passiv beteiligtenfähig.

III. Zulässiger Klagegegenstand

Zulässiger Klagegegenstand können die in Art. 230 Abs. 1 EG genannten Handlungen der Organe mit Ausnahme von Empfehlungen und Stellungnahmen sein. Vorliegend geht es um den Anhang zu einer Verordnung des Rates, der von der Kommission erlassen wurde. Er hat als Teil der Grundverordnung selbst Verordnungscharakter und ist somit zulässiger Klagegegenstand.

IV. Klageberechtigung

Seit der Novellierung durch den Vertrag von Nizza ist auch das Parlament in Art. 230 Abs. 2 EG als privilegiert Klageberechtigter genannt. Es muss durch die Durchführungsverordnung nicht in seinen Rechten betroffen sein. Unter Geltung der alten Rechtslage musste eine solche Betroffenheit noch dargetan werden. Dadurch war etwa die Rüge von Begründungsmängeln im Wege der Nichtigkeitsklage durch das Parlament ausgeschlossen.

V. Klagefrist

Die Klagefrist des Art. 230 Abs. 5 EG wurde laut Sachverhalt eingehalten.

VI. Ergebnis

Die Klage ist zulässig.

B. Begründetheit

Die Klage ist begründet, wenn mindestens einer der in Art. 230 Abs. 2 EG genannten Nichtigkeitsgründe vorliegt. **394**

I. Unzuständigkeit

1. Verhältnis von Grundverordnung und Anhang

Hier bringt der Vertrag von Lissabon eine neue Regelung in Art. 290 EG neue Fassung. Sie klärt die im Anschluss erörterten Fragen weitgehend.

Zunächst erscheint es denkbar, dass der Anhang bereits wegen Unzuständigkeit der Kommission nichtig ist. Dies könnte dann der Fall sein, wenn die Kommission die genetisch veränderten Mikroorganismen nicht in den Anhang hätte aufnehmen dürfen. Träfe diese Annahme zu, so hätten die Mikroorganismen nur im Wege der Änderung der Grundverordnung aufgenommen werden dürfen.

Folglich ist die grundlegende Frage zu klären, welche sachlichen Regelungen in der Grundverordnung enthalten sein müssen und welche Punkte auch in Durchführungsmaßnahmen wie dem Anhang geregelt sein können. Im Bereich der Agrarpolitik führt der EuGH zu dieser Frage in ständiger Rechtsprechung aus, es könne nicht verlangt werden, dass der Rat alle Einzelheiten der Verordnungen selbst regelt[2]. Der Vorschrift des Art. 37 EG sei Genüge getan, wenn die wesentlichen Elemente der zu regelnden Materie nach dem in ihr vorgesehenen Verfahren festgelegt worden seien. Dieses Wesentlichkeitskriterium erscheint als taugliches Abgrenzungsmittel zwischen den Regelungen der Grundverordnung einerseits und den Durchführungsregelungen andererseits. Es ist daher im Folgenden zugrunde zu legen.

395 Fraglich ist allerdings, was wesentlich ist und was nicht. Hier könnte man der Auffassung sein, aufgrund der politischen Brisanz der Verwendung genetisch veränderter Mikroorganismen liege bereits eine wesentliche Frage vor. Jedoch kann für die Beurteilung der Wesentlichkeit nicht allein die politische Bedeutung ausschlaggebend sein, da sich der politische Diskurs auch auf in einem sachlichen Gesamtkomplex ganz untergeordnete Fragen konzentrieren kann. Vielmehr ist für die Annahme von Wesentlichkeit zu fordern, dass die Frage im Gesamtkontext objektiv ein gewisses Gewicht besitzt. Vorliegend sind in der Grundverordnung die Grundlagen über die enthaltenen Stoffe geregelt, im Anhang findet sich eine Konkretisierung im Zusammenhang mit einzelnen Stoffen.

Die Aufzählung einzelner Stoffe, die in Erzeugnissen enthalten sein dürfen, erscheint vor diesem Hintergrund nicht als wesentlich, auch wenn diese Stoffe eine gewisse politische Brisanz besitzen[3]. Grundsätzlich ist es somit nicht zu beanstanden, dass die Kommission den Anhang selbst festlegt.

2. Genetisch veränderte Mikroorganismen und Grundverordnung

396 In einer zweiten Stufe muss allerdings geprüft werden, ob die Aufnahme der genetisch veränderten Mikroorganismen gegen die Vorgaben der Verordnung verstößt. Wäre dies der Fall, so wäre die Kommission nicht für eine eigenständige Regelung zu-

2 EuGH vom 13. 7. 1995, Rs. C-156/93, Slg. 1995, I-2019, DVBl. 1995, S. 1285 ff., 1287, Rn. 18 m.w.N., Parlament./.Kommission – Ökologischer Landbau.

3 Ebenso EuGH vom 13. 7. 1995, Rs. C-156/93, Slg. 1995, I-2019, DVBl. 1995, S. 1285 ff., 1287, Rn. 18 ff., Parlament./.Kommission – Ökologischer Landbau; kritisch *Schlacke*, DVBl. 1995, S. 1288 ff., 1290.

ständig gewesen, sondern es hätte einer Änderung der Grundverordnung bedurft[4]. Zunächst verweisen Generalanwalt und Gerichtshof darauf, dass die in Frage stehende Regelung fragliche Mikroorganismen ausdrücklich aus dem Anhang ausnimmt[5]. Nur im Wege eines nachträglichen Verfahrens können sie in den Anhang aufgenommen werden. Die Vereinbarkeitsfrage stelle sich nicht, solange die gegenwärtige Rechtslage bestehen bleibe.

Allerdings steht diese Argumentation unter dem Vorbehalt der Änderung. Fraglich ist, ob eine positive Aufnahme in den Anhang möglich wäre[6]. Hierzu lässt sich festhalten, dass die Grundverordnung keine Regelungen über derartige Mikroorganismen enthält. Dieses Fehlen ist nicht etwa als Versäumnis zu werten, da ein entsprechendes Verbot zwar diskutiert worden war, aber keine Aufnahme in die Grundverordnung gefunden hat[7]. Die Grundverordnung enthält vielmehr keinerlei Aussagen über die Zulässigkeit genetisch veränderter Mikroorganismen. Hierfür spricht entscheidend auch die Tatsache, dass diese Mikroorganismen in den Richtlinien 90/219 und 90/220/EWG eine ausführliche Regelung erfahren haben. Es entspricht somit dem eindeutigen Willen des Verordnunggebers der Grundverordnung, der Kommission hinsichtlich der Entscheidung über die fraglichen Mikroorganismen keine spezifischen Vorgaben zu machen. Mithin war die Kommission für die Aufnahme genetisch veränderter Mikroorganismen in den Anhang zuständig[8].

II. Verstoß gegen wesentliche Formvorschriften

Weiterhin könnte ein Verstoß gegen wesentliche Formvorschriften im Sinne von Art. 230 Abs. 2 EG vorliegen. Es erscheint möglich, dass das Parlament bei Erlass des Anhangs über eine bloße Unterrichtung gem. Art. 7 Abs. 3 Komitologiebeschluss hinaus zu beteiligen war und dies unterblieben ist. **397**

Der neue Komitologiebeschluss von 1999 sieht in den Vorschriften über das Ausschussverfahren unter bestimmten Voraussetzungen eine solche weitergehende Beteiligung vor. Hier war das Verfahren über den Regelungsausschuss anzuwenden. Dieses ist in Art. 5 Komitologiebeschluss[9] geregelt.

Danach ist die erweiterte Beteiligung des Parlaments in zwei Konstellationen möglich. Nach Art. 5 Abs. 4 muss das Parlament unterrichtet werden, wenn die Stellungnahme des Regelungsausschusses vom Kommissionsvorschlag abweicht. Eine solche Abweichung ist vorliegend allerdings nicht zu erkennen. Vielmehr ist es bisher noch nicht zu einer Aufnahme genetisch veränderter Stoffe in den Anhang gekommen. Alle

4 Deshalb wird hier auch der Klagegrund der Unzuständigkeit und nicht der Grund der Verletzung von Rechtsnormen geprüft.

5 Schlussanträge von Generalanwalt *Jakobs* in der Rs. C-156/93, Slg. 1995, I-2022, 2035, Rn. 44, Ökologischer Landbau, und EuGH vom 13. 7. 1995, Rs. C-156/93, Slg. 1995 I-2019, DVBl. 1995, S. 1285 ff., Rn. 23, Ökologischer Landbau.

6 Dagegen *Schlacke*, DVBl. 1995, S. 1288 ff., 1290.

7 Darauf weist auch der Gerichtshof hin, siehe EuGH vom 13. 7. 1995, Rs. C-156/93, Slg. 1995, I-2019, DVBl. 1995, S. 1285 ff., Rn. 24, Parlament./.Kommission – Ökologischer Landbau.

8 Ebenso EuGH vom 13. 7. 1995, Rs. C-156/93, Slg. 1995, I-2019, DVBl. 1995, S. 1285 ff., 1287, Rn. 24., Parlament./.Kommission – Ökologischer Landbau.

9 ABl. 1999 Nr. L 184/23.

bisher erlassenen Vorschriften des Anhangs stehen im Einklang mit der Stellungnahme des Regelungsausschusses. Einer erneuten Unterrichtung des Parlaments nach Art. 5 Abs. 4 bedurfte es daher nicht.

Weiterhin kann das Parlament nach Art. 5 Abs. 5 eine Stellungnahme abgeben, wenn es der Auffassung ist, ein Durchführungsrechtsakt verstoße gegen den Basisrechtsakt. Dies gilt allerdings nur in den Fällen, in denen der Basisrechtsakt im Verfahren des Art. 251 EG erlassen wurde. Die Vorschriften über den ökologischen Landbau gehören jedoch zum Titel des EG-Vertrages über die Landwirtschaft. Im Rahmen dieses Titels gilt für die Rechtsetzung das Verfahren des Art. 37 EG. Art. 37 EG sieht im Rahmen seines Abs. 2 UAbs. 3 nur eine Anhörung des Parlaments vor. Art. 251 EG ist nicht anwendbar. Auch Art. 5 Abs. 5 Komitologiebeschluss scheidet als Grundlage für erweiterte Beteiligungsrechte aus. Mithin war das Parlament insgesamt nicht weiter zu beteiligen.

III. Ergebnis

Da der Anhang an keinem der vom Parlament gerügten Fehler leidet, ist die Klage unbegründet.

Teil II

Der Gerichtshof wird die fraglichen Regelungen für nichtig erklären, wenn die zulässige Nichtigkeitsklage gem. Art. 230 EG begründet ist. Die Klage ist begründet, wenn mindestens einer der in Art. 230 Abs. 2 EG genannten Nichtigkeitsgründe vorliegt.

Hinweis: Der EuGH prüft in der zugrunde liegenden Entscheidung die beiden im Folgenden behandelten Gründe zusammen, was nicht überzeugt, weil auf keinen konkreten Nichtigkeitsgrund Bezug genommen wird. Gleichwohl ist eine Zusammenprüfung vertretbar.

A. Verstoß gegen wesentliche Formvorschrift

398 Die Kommission rügt vorliegend einen Verstoß gegen die Begründungspflicht gem. Art. 253 EG. Diese kann aufgrund ihrer Bedeutung für die Kompetenzabgrenzung zwischen Rat und Kommission als wesentliche Formvorschrift gelten[10]. Hier hat der Rat in den Begründungserwägungen nur eine knappe Begründung dafür gegeben, dass er sich Durchführungsbefugnisse vorbehalten hat. Es wird in Punkt 8 (zu VO789/2001) bzw. 5 (zu VO 790/2001) der jeweiligen Begründungserwägungen vor allem auf die wichtige Funktion der Mitgliedstaaten in diesem Sachbereich verwiesen. Weiterhin nimmt der Rat auf die in Art. 67 EG vorgesehene Übergangszeit Bezug. Diese Punkte hält der Gerichtshof trotz ihrer Knappheit für ausreichend, um seine Kontrolle ausüben zu können. Wegen der besonderen Situation in diesem Sach-

10 EuGH vom 18. 1. 2005, Rs. C-257/01, Slg. 2005, I-345, EuZW 2005, S. 180 ff., 181., Kommission der Europäischen Gemeinschaften./.Rat der Europäischen Union – VISA.

bereich bedürfe es keiner genaueren Begründung[11]. Dem ist zuzustimmen, so dass kein Verstoß gegen Formvorschriften vorliegt.

B. Unzuständigkeit

Jedoch könnte es an der Zuständigkeit des Rates dafür fehlen, sich die entsprechenden **399**
Befugnisse vorzubehalten. Es könnte ein Verstoß gegen Art. 202 3. Spiegelstrich EG und Art. 1 des Komitologiebeschlusses 1999/468 vorliegen. Zum Verhältnis der beiden Vorschriften führt der Gerichtshof aus, Art. 1 wiederhole nur noch einmal die sich aus Art. 202 EG ergebenden Vorgaben, so dass im Folgenden allein das Primärrecht zu prüfen ist[12].

Nach Art. 202, 3. Spiegelstrich kommt es für die hier zu entscheidende Frage allein darauf an, ob ein Ausnahmefall vorliegt, der den Vorbehalt für die entsprechenden Durchführungsbefugnisse rechtfertigt. Hier ist wiederum auf die Begründungserwägungen zurückzugreifen. In der Tat unterscheidet sich das in den Art. 61 ff. EG enthaltene Recht von sonstigem Gemeinschaftsrecht dadurch, dass es sich ursprünglich um Völkerrecht handelte. Erst mit dem Vertrag von Amsterdam wurde eine schrittweise Vergemeinschaftung der Materie bewirkt. Den Mitgliedstaaten verbleiben aber auch weiterhin erhebliche Befugnisse. Art. 67 EG ordnet zur Bewältigung der Vergemeinschaftung eine Übergangszeit von fünf Jahren an, in der schrittweise der volle Gemeinschaftsrechtsstatus erreicht werden soll. Vor diesem Hintergrund besteht ein Bedürfnis danach, dass auch die Durchführung der gemeinsamen Maßnahmen in dem entsprechenden Titel IV des EG-Vertrages in stärkerem Maße unter dem Einfluss der Mitgliedstaaten verbleibt, als dies bei sonstigem Gemeinschaftsrecht der Fall ist. Schließlich hat der Rat in den genannten Begründungserwägungen darauf hingewiesen, dass eine Übertragung der Befugnisse auf die Kommission innerhalb der Übergangszeit geprüft werde. Damit macht er den Übergangscharakter der Verordnungen deutlich.

All dies lässt es mit dem EuGH als gerechtfertigt erscheinen, vorliegend einen Ausnahmefall im Sinne von Art. 202 3. Spiegelstrich anzunehmen[13]. Der Rat hat keinen Zuständigkeitsverstoß begangen, indem er sich die fraglichen Befugnisse vorbehalten hat.

C. Endergebnis

Die Klage der Kommission ist zwar zulässig, aber unbegründet.

11 EuGH vom 18. 1. 2005, Rs. C-257/01, Slg. 2005, I-345, EuZW 2005, S. 180 ff., 181 f., Kommission der Europäischen Gemeinschaften./.Rat der Europäischen Union – VISA.

12 EuGH vom 18. 1. 2005, Rs. C-257/01, Slg. 2005, I-345, EuZW 2005, S. 180 ff., 181, Kommission der Europäischen Gemeinschaften./.Rat der Europäischen Union – VISA.

13 EuGH vom 18. 1. 2005, Rs. C-257/01, Slg. 2005, I-345, EuZW 2005, S. 180 ff., 181 f., Kommission der Europäischen Gemeinschaften./.Rat der Europäischen Union – VISA.

Weiterführende Hinweise

EuGH vom 13. 7. 1995, Rs. C-156/93, Slg. 1995, I-2019 = DVBl. 1995, S. 1285 ff., Europäisches Parlament./.Kommission der Europäischen Gemeinschaften – Ökologischer Landbau.

EuGH vom 18. 1. 2005, Rs. C-257/01, Slg. 2005, I-345, EuZW 2005, S. 180 ff., Kommission der Europäischen Gemeinschaften./.Rat der Europäischen Union – VISA.

Schlacke, Sabine: Anmerkung zu EuGH vom 13. 7. 1995, Rs. C-156/93 (Ökologischer Landbau), DVBl. 1995, S. 1288 ff.

400 Ausblick auf den Vertrag von Lissabon[14]

Bisherige Nummerierung des Vertrages zur Gründung der Europäischen Gemeinschaft (EG)	**Nummerierung im Vertrag von Lissabon**	**Neue Nummerierung des Vertrages über die Arbeitsweise der Europäischen Union (AEUV)**
Art. 37	Art. 37	Art. 43
Art. 61	Art. 61	Art. 67
	Art. 61a	Art. 68
	Art. 61b	Art. 69
	Art. 61c	Art. 70
	Art. 61d	Art. 71
Art. 67 aufgehoben		
Art. 202	Im Wesentlichen ersetzt durch Art. 9c Abs. 1 (künftig Art. 16) EUV und die Art. 249b und 249c (künftig 290 und 291) AEUV	
Art. 230	Art. 230	Art. 263
Art. 251	Art. 251	Art. 294
Art. 253	Art. 253	Art. 296

14 Synopse nach Übereinstimmungstabelle zu Art. 5 des Vertrags von Lissabon, ABl. 2007 Nr. C-306/202 ff. Konsolidierte Fassungen des „Vertrags über die Europäische Union" (EUV) und des neuen „Vertrags über die Arbeitsweise der Europäischen Union" (AEUV, bisher: „Vertrag zur Gründung der Europäischen Gemeinschaft") sind im Abl. 2008 Nr. C-115/1 ff. abgedruckt.

Fall 18

Rahmenbeschlüsse

Schwerpunktbereich, Schwierigkeitsgrad: hoch

Teil I

Frau Z ist Staatsangehörige des Mitgliedstaats M und arbeitet dort als Kindergärtnerin in einer Kindertageseinrichtung. Sie wird vor einem Strafgericht in M beschuldigt, mehrere ihr anvertraute Kinder körperlich und seelisch misshandelt zu haben. Es sei zu Schlägen und Drohungen mit empfindlichen Strafen gekommen. Außerdem habe sie die Kinder am Gang zur Toilette gehindert. In der mündlichen Verhandlung beantragt der Staatsanwalt, die Kinder von einem Ermittlungsrichter in besonders geschützter Umgebung vernehmen zu lassen. Eine Vernehmung in der Hauptverhandlung komme aufgrund ihrer seelischen Verletzlichkeit und Traumatisierung nicht in Betracht. Allerdings sieht die Strafprozessordnung von M eine Vernehmung außerhalb der Hauptverhandlung nur in Fällen sexueller Misshandlung vor, so dass der Antrag nach nationalem Recht abzulehnen wäre. **401**

Das Strafgericht, das über den Antrag zu entscheiden hat, fragt sich, ob europarechtliche Vorgaben für den Fall relevant sind. Es denkt vor allem an den Rahmenbeschluss 2001/220/JI des Rates vom 15. März 2001 über die Stellung des Opfers im Strafverfahren. Es ist der Auffassung, dass möglicherweise eine Auslegung des nationalen Rechts im Lichte dieses Rahmenbeschlusses erfolgen müsse. Dies könne dazu führen, dass die nationalen Vorschriften dahingehend ausgelegt werden müssten, dass sie auch andere Fälle der Misshandlung erfassen. Es legt dem Europäischen Gerichtshof die Frage zur Vorabentscheidung vor. Einige Mitgliedstaaten halten die Vorlage mangels Entscheidungserheblichkeit für unzulässig, weil Rahmenbeschlüsse zum EU-Recht und nicht zum EG-Recht gehörten. Unionsrecht verlange keine entsprechende Auslegung des nationalen Rechts und sei auch nicht der unmittelbaren Wirksamkeit fähig.

Wie wird der Gerichtshof entscheiden? Gehen Sie von der Zuständigkeit des EuGH nach Art. 35 Abs. 2 und 3 b) EUV aus. Weiterhin ist davon auszugehen, dass das nationale Recht im Sinne des Rahmenbeschlusses auslegungsfähig ist.

Auszug aus Rahmenbeschluss 2001/220/JI des Rates vom 15. 3. 2001 über die Stellung des Opfers im Strafverfahren

Art. 2

(1) Die Mitgliedstaaten sorgen dafür, dass in ihren Strafrechtssystemen Opfern tatsächlich und angemessen Rechnung getragen wird. Sie bemühen sich weiterhin nach Kräften, um zu gewährleisten, dass das Opfer während des Verfahrens mit der gebührenden Achtung seiner persönlichen Würde behandelt wird, und erkennen die Rechte und berechtigten Interessen des Opfers insbesondere im Rahmen des Strafverfahrens an.

(2) Die Mitgliedstaaten stellen sicher, dass besonders gefährdete Opfer eine ihrer Situation am besten entsprechende spezifische Behandlung erfahren.

Art. 3

(1) ...

(2) Die Mitgliedstaaten ergreifen die gebotenen Maßnahmen, damit ihre Behörden Opfer nur in dem für das Strafverfahren erforderlichen Umfang befragen.

Art. 8

(1)–(3) ...

(4) Die Mitgliedstaaten sorgen dafür, dass Opfern, insbesondere den am meisten gefährdeten, die vor den Folgen ihrer Zeugenaussage in der öffentlichen Gerichtsverhandlung geschützt werden müssen, im Wege gerichtlicher Entscheidungen gestattet werden kann, unter Einsatz geeigneter Mittel, die mit den Grundprinzipien ihrer jeweiligen Rechtsordnung vereinbar sind, unter Bedingungen auszusagen, unter denen dieses Ziel erreicht werden kann.

Teil II

Der Rat der EU hat am 27. Januar 2003 den Rahmenbeschluss 2003/80/JI über den Schutz der Umwelt durch das Strafrecht erlassen. Darin werden die Mitgliedstaaten verpflichtet, bestimmte Formen von umweltgefährdenden Verhaltensweisen unter Strafe zu stellen. Man will dadurch der steigenden Umweltkriminalität in der EU entgegenwirken. Art. 2 umschreibt konkrete strafwürdige Tatbestände. In Art. 3–5 sind Rahmenregelungen über fahrlässige Taten, Beteiligung und Strafrahmen enthalten. Die übrigen Artikel sind unter anderem Verfahrensfragen gewidmet. Man kann von einer Teilharmonisierung des mitgliedstaatlichen Umweltstrafrechts durch den Rahmenbeschluss sprechen.

Die Kommission meint, die Harmonisierung hätte nicht in Form des Rahmenbeschlusses erfolgen dürfen und sei deshalb rechtswidrig. Vielmehr hätte stattdessen ein Rechtsakt der EG, nämlich eine Richtlinie, ergehen müssen, weil diese das Mittel der Harmonisierung sei. Demgegenüber ist der Rat der Auffassung, aufgrund der weiterhin bestehenden Kompetenz der Mitgliedstaaten für das Strafrecht hätte man zu einem Instrument des EU-Rechts greifen müssen.

Hat eine fristgerecht erhobene Nichtigkeitsklage der Kommission zum EuGH Aussicht auf Erfolg?

Vorüberlegungen

Fall 18 hat Rahmenbeschlüsse zum Gegenstand und befasst sich damit mit dem Recht des EU-Vertrags. Er ist in Teil I dem Urteil des EuGH in der Rechtssache Pupino[1] und in Teil II einem weiteren Urteil aus dem Jahre 2005[2] nachgebildet. **402**

Die Materie des EU-Vertrags ist den meisten Studierenden eher unvertraut, so dass bereits in der Erfassung des relevanten Normmaterials eine erste Schwierigkeit des Falles liegt. Es gilt, die Regelungen über Rahmenbeschlüsse zu durchdringen und Ähnlichkeiten wie Unterschiede zu den Richtlinien des Gemeinschaftsrechts zu erkennen. Auch die prozessuale Einkleidung weist im Rahmen des EUV Besonderheiten auf.

Der in der Klausur enthaltene Stoff wird nur noch für eine Übergangszeit relevant sein. Nach Inkrafttreten des Vertrages von Lissabon werden die im Fall angesprochenen Rahmenbeschlüsse nicht mehr ergehen können, weil in den betroffenen Sachmaterien die gängigen Richtlinien an ihre Stelle treten werden. Deshalb werden mittelfristig auch die in der Musterlösung skizzierten Abgrenzungsprobleme entfallen. Gleichwohl bleibt das hier behandelte Recht für die bereits ergangenen Rahmenbeschlüsse maßgeblich.

In Teil I ist zunächst die Zulässigkeit des Vorabentscheidungsverfahrens im Zusammenhang mit dem EU-Recht zu prüfen. Hier ist wichtig, die Voraussetzungen dieses Verfahrens nach Art. 35 EUV herauszuarbeiten. Bei der Beantwortung der Vorlagefrage stellen sich sodann grundlegende Fragen der Stellung des EU-Vertrags und des Verhältnisses von Rahmenbeschlüssen und nationalem Recht. Es gilt zu erkennen, dass der EUV nach wie vor Völkerrecht enthält und dementsprechend grundsätzlich auch dessen Regeln unterliegt. Der EuGH hat demgegenüber insbesondere Rahmenbeschlüsse als gemeinschaftsrechtsähnlich behandelt und damit viel Kritik in der Literatur auf sich gezogen. Es wird insbesondere bestritten, dass eine Pflicht zu rahmenbeschlusskonformer Auslegung besteht. Der EuGH sei auch nicht berechtigt gewesen, dies im Wege von Rechtsfortbildung festzustellen. Wie sich die Bearbeiter hier letztlich entscheiden, ist zweitrangig. Es gilt aber, die Problematik zu erfassen und im Kern richtig darzustellen.

Teil II behandelt nun das Verhältnis von EG-Recht und EU-Recht. Es geht um die Frage, welche Kompetenzbereiche dem EG-Vertrag und welche dem EU-Vertrag zugeordnet sind. Eine fehlerhafte Zuordnung führt aufgrund des Prinzips der begrenzten Einzelermächtigung zur Nichtigkeit des betreffenden Rechtsakts. Prozessual ist dementsprechend die Nichtigkeitsklage gem. Art. 35 Abs. 6 EG Gegenstand der Aufgabe.

Insgesamt handelt es sich um eine schwierige Klausur, die aufgrund ihres speziellen Themenzuschnitts nur im Schwerpunktbereich gestellt werden kann. Auch hier ist die Aufgabenstellung als ungewöhnlich einzustufen.

---

1 EuGH vom 16. 6. 2005, Rs. C-105/03, Slg. 2005, I-5285 = NJW 2005, S. 2839 ff., Strafverfahren gegen Maria Pupino.

2 EuGH vom 13. 9. 2005, Rs. C-176/03, Slg. 2005, I-7879 = NVwZ 2005, S. 1289 ff., Kommission der Europäischen Gemeinschaften./.Rat der Europäischen Union – Umweltstrafrecht.

Gliederung

403 **Teil I**

A. Zulässigkeit
  I. Zuständigkeit
  II. Vorlageberechtigung
  III. Vorlagegegenstand
  IV. Entscheidungserheblichkeit
    1. Parallelität von Art. 35 Abs. 3 b) EUV und Art. 234 Abs. 2 EG
    2. Das Verhältnis von Rahmenbeschlüssen und nationalem Recht
  V. Ergebnis

B. Beantwortung der Vorlagefrage
  I. Auslegung nationalen Rechts anhand des Rahmenbeschlusses
  II. Ergebnis

Teil II

A. Zulässigkeit
  I. Beteiligtenfähigkeit
  II. Zulässiger Klagegegenstand
  III. Klageberechtigung
  IV. Klagefrist
  V. Ergebnis

B. Begründetheit
  I. Das Verhältnis von EU-Vertrag und EG-Vertrag
  II. Gemeinschaftskompetenz für Strafvorschriften?
  III. Annexkompetenz zu Art. 175 EG

C. Ergebnis

Musterlösung

Teil I

Der Europäische Gerichtshof wird sich in sachlicher Hinsicht mit der Vorlagefrage befassen, wenn die Vorlage zulässig ist. In Betracht kommt ein Verfahren gem. Art. 35 Abs. 1 EUV.

A. Zulässigkeit

I. Zuständigkeit

Zunächst ist zu prüfen, ob der Gerichtshof im Rahmen des Vertrages über die Europäische Union für eine Vorabentscheidung zuständig ist. Dies ist dann der Fall, wenn sich der entsprechende Mitgliedstaat seiner Gerichtsbarkeit unterworfen hat. Da Staat M eine solche Erklärung gem. Art. 35 Abs. 2 EUV abgegeben hat, ist der EuGH zuständig. **404**

II. Vorlageberechtigung

Wie sich aus dem Sachverhalt ergibt, sind gem. Art. 35 Abs. 3 b) EUV alle Gerichte des Staates M vorlageberechtigt, nicht nur letztinstanzliche Gerichte. Das mit dem Fall befasste Strafgericht gehört zu den Gerichten in diesem Sinne.

III. Vorlagegegenstand

Weiterhin müsste es sich bei dem Rahmenbeschluss um einen zulässigen Vorlagegegenstand handeln. Gem. Art. 35 Abs. 1 EUV kann der Gerichtshof auch über die Auslegung von Rahmenbeschlüssen entscheiden, so dass ein zulässiger Vorlagegegenstand vorliegt.

IV. Entscheidungserheblichkeit

1. Parallelität von Art. 35 Abs. 3 b) EUV und Art. 234 Abs. 2 EG

Das Gericht muss nach Art. 35 Abs. 3 b) EUV die Auslegung des Rahmenbeschlusses für seine Entscheidung für erforderlich halten. Die Entscheidungserheblichkeit wird vorliegend von einigen Mitgliedstaaten bestritten. Deren Auffassung folgend könnte sie zu verneinen sein, wenn Rahmenbeschlüsse im Unterschied zu Richtlinien generell nicht unmittelbar anwendbar sind und auch eine rahmenbeschlusskonforme Auslegung nicht in Betracht kommt. Dann wäre es von vornherein ausgeschlossen, dass sie sich auf einen innerstaatlichen Rechtsstreit auswirken können. **405**

Der EuGH hat in seinem Urteil in der Sache „Pupino“[3] ausgeführt, dass die Formulierung von Art. 35 EUV in Übereinstimmung mit Art. 234 EG die Beurteilung der Entscheidungserheblichkeit in weitem Umfang in das Ermessen des vorlegenden

3 EuGH vom 16. 6. 2005, Rs. C-105/03, Slg. 2005, I-5285, NJW 2005 S. 2839 ff., Maria Pupino.

Gerichts stelle. Beide Bestimmungen müssten synchron ausgelegt werden, so dass die Entscheidungserheblichkeit nur in Ausnahmefällen verneint werden könne. Ein solcher Fall sei unter anderem dann anzunehmen, wenn die in Rede stehenden Vorschriften des Rahmenbeschlusses in keinem Zusammenhang mit dem Gegenstand des Ausgangsverfahrens stünden[4]. Dem ist zuzustimmen. Zu prüfen ist also, ob und gegebenenfalls in welcher Form Rahmenbeschlüsse auf das nationale Recht der Mitgliedstaaten einwirken.

2. Das Verhältnis von Rahmenbeschlüssen und nationalem Recht

406 Mit Blick auf das Verhältnis von Rahmenbeschlüssen und nationalem Recht ist zu beachten, dass Rahmenbeschlüsse zu den Instrumenten des Unionsrechts gehören. Da es sich bei den Normen des EUV um Völkerrecht, nicht um Gemeinschaftsrecht handelt, könnte eine Einwirkung auf das nationale Recht von vornherein ausscheiden.

Völkerrechtliche Normen bedürfen zu ihrer innerstaatlichen Anwendbarkeit grundsätzlich der Umsetzung in nationales Recht. Eine solche Umsetzung ist im Falle des Mitgliedstaats M offenbar nicht erfolgt, weil das dortige Verfahrensrecht die Vernehmung durch den Ermittlungsrichter nur in wenigen Fällen vorsieht.

Auch die völkerrechtskonforme oder völkerrechtsfreundliche Auslegung ist keine hinreichende Grundlage für eine rahmenbeschlusskonforme Auslegung. Zum einen ist eine völkerrechtskonforme Auslegung im nationalen Recht vieler Staaten nicht in vollem Umfang geboten. Zum anderen ist die Frage, ob eine Rechtsordnung völkerrechtsfreundlich ist, aus ihr selbst heraus zu beantworten, so dass im vorliegenden Fall keine Angaben möglich sind.

407 Der Europäische Gerichtshof hat demgegenüber in der Rechtssache „Pupino" entschieden, dass Rahmenbeschlüsse angesichts des Wortlauts von Art. 34 Abs. 2 b) EUV eine vergleichbare Struktur aufwiesen wie Richtlinien[5]. Der zwingende Charakter von Rahmenbeschlüssen bewirke eine Pflicht der Gerichte der Mitgliedstaaten zu rahmenbeschlusskonformer Auslegung. Die Union könne ihre Aufgaben nur erfüllen, wenn der Grundsatz der loyalen Zusammenarbeit der Mitgliedstaaten auch für die Zusammenarbeit in Strafsachen gelte. Die mitgliedstaatlichen Gerichte müssten ihre Auslegung des nationalen Rechts so weit wie möglich am Inhalt des Rahmenbeschlusses ausrichten. Die Grenze der Auslegung sei dort erreicht, wo der Wortlaut der nationalen Norm ende. Zudem dürfe sich die Auslegung nicht zu Lasten von einzelnen Unionsbürgern auswirken.

Die Auffassung des EuGH ist nicht zweifelsfrei, weil sie die Gefahr der Verwischung der Grenzen zwischen Gemeinschafts- und Unionsrecht in sich birgt. Diese Grenze wurde von den Mitgliedstaaten bei der Ausarbeitung des EUV bewusst gezogen[6].

---

4 EuGH vom 16. 6. 2005, Rs. C-105/03, Slg. 2005, I-5285, NJW 2005 S. 2839 ff., 2840, Rn. 30, Maria Pupino.

5 EuGH vom 16. 6. 2005, Rs. C-105/03, Slg. 2005, I-5285, NJW 2005 S. 2839 ff., 2840, Rn. 33/34, Pupino.

6 *Hillgruber*, JZ 2005, S. 844 ff., sieht in der Entscheidung Pupino deshalb einen „ausbrechenden Rechtsakt" der EU, an den die mitgliedstaatliche Staatsgewalt nicht gebunden sei. Allgemein zu den „ausbrechenden Rechtsakten" siehe oben 1. Kapitel unter C. V. 4., Fall 10 sowie *Streinz*, Europarecht, Rz. 230 ff. und 1102.

Dass der Gerichtshof keine klare dogmatische Trennung der beiden Rechtsmaterien mehr vornimmt, kann man auch dem Umstand entnehmen, dass er im Zusammenhang mit Rahmenbeschlüssen mehrfach von „gemeinschaftsrechtskonformer“ Auslegung spricht. Allerdings wird eine unmittelbare Anwendbarkeit von Rahmenbeschlüssen nicht erwogen.

Im Ergebnis wird man dem Gerichtshof gleichwohl zustimmen können[7]. Indem er keine unmittelbare Anwendbarkeit annimmt, wahrt er weiterhin den Unterschied zwischen EG- und EU-Recht. Um zu einer rahmenbeschlusskonformen Auslegung zu gelangen, muss man nicht auf Grundsätze der Supranationalität und der unmittelbaren Anwendbarkeit abstellen. Vielmehr ergibt sich eine Verpflichtung zur konformen Auslegung bereits aus der auch für Rahmenbeschlüsse bestehenden Umsetzungspflicht[8]. Zudem bewegt sich der Gerichtshof im Rahmen seiner gefestigten Argumentationstopoi, wenn er auf den effet utile der entsprechenden europarechtlichen Bestimmungen verweist. Eine weiterreichende Vereinheitlichung von Rahmenbeschlüssen und Richtlinien wäre aber nur im Wege der Vertragsänderung erreichbar.

Hier ist die Gegenauffassung gut vertretbar. Dann muss allerdings die Entscheidungserheblichkeit verneint und die Prüfung in einem Hilfsgutachten fortgesetzt werden.

Die Entscheidungserheblichkeit ist somit zu bejahen, da es nicht ausgeschlossen werden kann, dass sich der Rahmenbeschluss auf die Auslegung des nationalen Rechts auswirkt.

V. Ergebnis

Die Vorlage zum EuGH ist zulässig.

B. Beantwortung der Vorlagefrage

I. Auslegung nationalen Rechts anhand des Rahmenbeschlusses

Zu prüfen ist nun, wie auf die Vorlagefrage zu antworten ist. Das Gericht möchte wis- **408**
sen, wie die einschlägigen Bestimmungen des Rahmenbeschlusses in einem Fall wie dem vorliegenden zu verstehen sind.

Aus einer Zusammenschau der abgedruckten Vorschriften des Rahmenbeschlusses ergibt sich, dass dem Schutz des Opfers im Strafverfahren eine wichtige Rolle zukommt. Art. 8 Abs. 4 formt dies dahingehend aus, dass vor allem besonders schutzwürdige Opfer eine Sonderbehandlung im Verfahren erhalten müssen.

Der EuGH bejaht hier zu Recht die Stellung der misshandelten Kinder als Opfer, die am meisten gefährdet sind, und verlangt demzufolge, dass ihren Interessen besonders Rechnung zu tragen ist. Er verweist zur Begründung noch auf die Grundrechtsver-

---

7 Ebenso *Adam*, EuZW 2005, S. 558 ff., 561; *Herrmann*, EuZW 2005, S. 436 ff., 437; vgl. auch *Streinz*, Europarecht, Rz. 231.

8 Zutreffend *Streinz*, Europarecht, Rz. 231, problematisch demgegenüber das Urteil des BVerfG zum Europäischen Haftbefehl, in dem eine Umsetzungsverpflichtung nicht in vollem Umfang anerkannt wird (BVerfGE 113, 273 ff., 300 ff.).

pflichtung der Union. Die EU sei der Durchsetzung eines fairen Verfahrens verpflichtet. Das gebiete eine Sonderbehandlung der zu befragenden Kinder[9].

Soweit man die Prämisse des EuGH zur rahmenbeschlusskonformen Auslegung zugrunde legt, muss ihm auch hinsichtlich seiner konkreten Annahmen für das Strafverfahren gefolgt werden. Eine andere Auslegung würde den genannten Bestimmungen des Rahmenbeschlusses nicht gerecht.

II. Ergebnis

Im Ergebnis muss das nationale Recht so ausgelegt werden, dass es eine besonders geschützte Vernehmung der Minderjährigen zulässt. Nach dem Bearbeitervermerk steht der Wortlaut der nationalen Verfahrensnormen nicht entgegen. Auch werden die Rechte von Frau Z durch die Auslegung nicht nachteilig beeinflusst.

Teil II

Die Klage hat Aussicht auf Erfolg, wenn sie zulässig und begründet ist. In Betracht kommt eine Nichtigkeitsklage aufgrund von Art. 35 Abs. 6 EUV.

A. Zulässigkeit

I. Beteiligtenfähigkeit

409 Die Kommission ist nach Art. 35 Abs. 6 EUV aktiv beteiligtenfähig. Der Rat ist als Organ, das gem. Art. 34 Abs. 2 b) EUV den Rahmenbeschluss erlassen hat, passiv beteiligtenfähig.

II. Zulässiger Klagegegenstand

Nach Art. 35 Abs. 6 EUV ist ein Rahmenbeschluss zulässiger Klagegegenstand.

III. Klageberechtigung

Die Kommission ist nach dem Wortlaut von Art. 35 Abs. 6 EUV privilegiert klageberechtigt und muss deshalb keine Rechtsverletzung darlegen.

IV. Klagefrist

Die Klagefrist von zwei Monaten aus Art. 35 Abs. 6 S. 2 EUV wurde laut Sachverhalt eingehalten.

V. Ergebnis

Die Klage ist zulässig.

9 Vgl. EuGH vom 16. 6. 2005, Rs. C-105/03, Slg. 2005, I-5285, NJW 2005 S. 2839 ff., 2842, Rn. 53 ff., Maria Pupino.

B. Begründetheit

Die Klage ist begründet, wenn mindestens einer der in Art. 35 Abs. 6 EUV genannten Klagegründe vorliegt. In Betracht kommt hier insbesondere der Klagegrund der Unzuständigkeit. **410**

I. Das Verhältnis von EU-Vertrag und EG-Vertrag

Möglicherweise hat der Rat mit seinem Rahmenbeschluss in die Rechtsetzungskompetenzen der Gemeinschaftsorgane übergegriffen. Art. 47 EUV ordnet an, dass der Unionsvertrag die Bestimmungen des EG-Vertrages unberührt lässt. Normen des Gemeinschaftsrechts gehen dem Unionsrecht generell vor, das Unionsrecht ist subsidiär. Wäre demnach die Europäische Gemeinschaft auf der Grundlage von Gemeinschaftsrecht zur Rechtsetzung auf dem fraglichen Gebiet zuständig gewesen, so hätte der Rahmenbeschluss nicht ergehen dürfen. Es läge ein Verstoß gegen Art. 47 EUV vor. Im Folgenden ist somit nach gemeinschaftsrechtlichen Kompetenznormen zu suchen, auf die die fraglichen Strafnormen gestützt werden könnten.

II. Gemeinschaftskompetenz für Strafvorschriften?

Gegen eine Kompetenz der Gemeinschaft zum Erlass von Strafvorschriften könnte indes von vornherein der Umstand sprechen, dass die Zusammenarbeit in Strafsachen nach wie vor zu denjenigen Materien gehört, die in Titel VI des Unionsvertrages, also außerhalb des Gemeinschaftsrechts geregelt ist. Zudem bestimmen die Art. 135 und 280 Abs. 4 EG ausdrücklich, dass die Anwendung des mitgliedstaatlichen Strafrechts von Gemeinschaftsmaßnahmen im Zollrecht und in Betrugsfällen zu Lasten der Gemeinschaft von den Maßnahmen der Gemeinschaft unberührt bleibt. **411**

Der EuGH vertritt demgegenüber schon seit längerem die Auffassung, dass die Gemeinschaft in einer Sachmaterie, in der ihr die Kompetenz zur rechtlichen Regelung zukomme, auch Sanktionsregelungen mitregeln dürfe[10]. Der Gerichtshof nimmt also eine generelle Annexkompetenz für Strafnormen an[11]. Dem ist zuzustimmen. Die Regelung in Titel VI EUV ist nicht abschließend in dem Sinne gemeint, dass sie Sanktionsregelungen durch die EG ausschließen wollte. Die Vorschriften der Art. 135 und 280 Abs. 4 EG beziehen sich auf besondere Materien und sind nicht verallgemeinerungsfähig. Gleichwohl darf die Annexkompetenz nicht zu einer ausufernden Normierung im Bereich des Strafrechts führen.

Die Europäische Gemeinschaft ist für die Rechtsetzung grundsätzlich nur in denjenigen Bereichen zuständig, die ihr ausdrücklich zur Normierung überlassen worden sind. Das ergibt sich aus dem Prinzip der begrenzten Einzelermächtigung, das bereits deutlich aus Art. 249 Abs. 1 EG hervorgeht und das der EuGH in ständiger Rechtsprechung näher konturiert hat[12]. Die Annexkompetenz für Strafvorschriften besteht nur

10 Vgl. insbesondere EuGH vom 27. 10. 1992, Rs. C-240/90, Slg. 1992, I-5383, Bundesrepublik Deutschland./.Kommission der Europäischen Gemeinschaften – Schaffleisch: hierzu *Musil*, NStZ 2000, S. 68 ff.

11 Siehe auch *Schröder/Konow*, EuZW 2006, S. 550.

12 Vgl. etwa EuGH vom 5. 10. 2000, Rs. C-376/98, Slg. 2000, I-8419, EuZW 2000, S. 694 ff., Bundesrepublik Deutschland./.Europäisches Parlament und Rat der Europäischen Union – Tabakwerberichtlinie (dazu Fall 16). Siehe allgemein zu diesem Prinzip *Streinz*, Europarecht, Rz. 413, 423, 498/499.

insoweit, als dies zur Regelung des ausdrücklich der Gemeinschaft zugewiesenen Sachbereichs unbedingt erforderlich ist.

Zu prüfen ist daher, ob die Gemeinschaft in einem bestimmten Sachbereich für die Rechtsetzung zuständig ist und ob Strafvorschriften im Rahmen eines Annexes erforderlich sind, um die geschriebene Kompetenz auszufüllen.

III. Annexkompetenz zu Art. 175 EG

412 In diesem Sinne könnte sich eine Annexkompetenz zum Erlass von Strafnormen im Zusammenhang mit Art. 175 EG ergeben. Diese Vorschrift berechtigt die Gemeinschaft zur Harmonisierung zum Zwecke des Umweltschutzes.

Der EuGH ist nun der Auffassung, dass zum Zwecke des Umweltschutzes auch Maßnahmen ergriffen werden könnten, wie sie der angegriffene Rahmenbeschluss vorsieht[13]. Auf der Grundlage von Art. 175 Abs. 2 UAbs. 1 EG seien bereits zulässigerweise Maßnahmen der Gemeinschaft auf den Gebieten des Steuerrechts, des Energie- und des Raumordnungsrechts ergangen, ohne dass es hierzu einer umfassenden Kompetenzzuweisung für diese Politikbereiche bedurft hätte. Vielmehr reiche es aus, wenn die Maßnahmen vordringlich dem Schutz der Umwelt dienten. Dies sei hier der Fall. Die EU sei besorgt wegen der steigenden Umweltkriminalität. Diese drohe eine Vielzahl von Gemeinschaftsrechtsakten und deren Wirksamkeit zu konterkarieren. Daher müsse es möglich sein, auch eine auf den Umweltbereich begrenzte Harmonisierung des Strafrechts auf Art. 175 EG zu stützen.

Dieser Argumentation ist zu folgen. Die Rechtsetzung der Gemeinschaft wäre in der Tat lückenhaft und wenig wirkungsvoll, würde sie nicht in maßvollem Umfang auch auf Sanktionsnormen erstreckt. Es geht bei den Regelungen, wie sie der Rahmenbeschluss vorsieht, auch nicht um ein eigenes Strafrecht der EG, sondern um eine maßvolle Angleichung mitgliedstaatlicher Regelungen. Diese maßvollen Vorgaben halten sich noch im Rahmen dessen, was der Gemeinschaft als Ausdruck der Annexkompetenz für Sanktionsvorschriften erlaubt ist. Die angegriffenen Regelungen hätten folglich als Gemeinschaftsrecht ergehen müssen, da diese dafür zuständig gewesen wäre.

Hier kann auch die Gegenauffassung vertreten werden, etwa unter Hinweis darauf, dass diese Ausdehnung der Gemeinschaftskompetenz potentiell zu einer weitreichenden Regelungsbefugnis für das Strafrecht führen könne, die ausweislich des EUV und seines Titels VI so nicht gewollt sei.

C. Ergebnis

Die Harmonisierung des Umweltstrafrechts hätte auf eine Annexkompetenz zu Art. 175 EG gestützt werden müssen. Der Erlass eines Rahmenbeschlusses verstößt somit gegen Art. 47 EUV. Der Gerichtshof wird die Nichtigkeit des Rahmenbeschlusses aussprechen.

13 Vgl. EuGH vom 13. 9. 2005, Rs. C-176/03, Slg. 2005, I-7879, NVwZ 2005, S. 1289 ff., 1290/1291, Rn. 40 ff., Kommission der Europäischen Gemeinschaften./.Rat der Europäischen Union – Umweltstrafrecht.

Weiterführende Hinweise

EuGH vom 16. 6. 2005, Rs. C-105/03, Slg. 2005, I-5285 = NJW 2005, S. 2839 ff. = EuZW 2005, S. 433 ff., Strafverfahren gegen Maria Pupino.

EuGH vom 13. 9. 2005, Rs. C-176/03, Slg. 2005, I-7879 = NVwZ 2005, S. 1289 ff. = DVBl. 2005, S. 1575 = EuZW 2005, S. 632 ff., Kommission der Europäischen Gemeinschaften./.Rat der Europäischen Union – Umweltstrafrecht.

Adam, Michael: Die Wirkung von EU-Rahmenbeschlüssen im mitgliedstaatlichen Recht, EuZW 2005, S. 558 ff.
Herrmann, Christoph: Anmerkung zu EuGH vom 16. 6. 2005, Rs. C-105/03 (Maria Pupino), EuZW 2005, S. 436 ff.
Hillgruber, Christian: Anmerkung zu EuGH vom 16. 6. 2005, Rs. C-105/03 (Maria Pupino), JZ 2005, S. 841 ff.
Vogel, Joachim: Europäischer Haftbefehl und deutsches Verfassungsrecht, JZ 2005, S. 801 ff.

Ausblick auf den Vertrag von Lissabon[14] 413

Bisherige Nummerierung des Vertrages über die Europäische Union (EUV)	Nummerierung im Vertrag von Lissabon	Neue Nummerierung des Vertrages über die Europäische Union (EUV)
Art. 34	Art. 34	Art. 40
Art. 35	Art. 35	Art. 41
Art. 47	Art. 47	Art. 53

Bisherige Nummerierung des Vertrages zur Gründung der Europäischen Gemeinschaft (EG)	Nummerierung im Vertrag von Lissabon	Neue Nummerierung des Vertrages über die Arbeitsweise der Europäischen Union (AEUV)
Art. 135	Art. 27a	Art. 33
Art. 175	Art. 175	Art. 192
Art. 234	Art. 234	Art. 267
Art. 249	Art. 249 Art. 249a Art. 249b Art. 249c Art. 249d	Art. 288 Art. 289 Art. 290 Art. 291 Art. 292
Art. 280	Art. 280	Art. 325

14 Synopse nach Übereinstimmungstabelle zu Art. 5 des Vertrags von Lissabon, ABl. 2007 Nr. C-306/202 ff. Konsolidierte Fassungen des „Vertrags über die Europäische Union" (EUV) und des neuen „Vertrags über die Arbeitsweise der Europäischen Union" (AEUV, bisher: „Vertrag zur Gründung der Europäischen Gemeinschaft") sind im Abl. 2008 Nr. C-115/1 ff. abgedruckt.

Fall 19
Voreilige Ausweisung

Schwerpunktbereich, Schwierigkeitsgrad: hoch

414 Die Türkei hat bereits im Jahre 1964 mit der damaligen Europäischen Wirtschaftsgemeinschaft ein Abkommen zur Assoziation abgeschlossen. In dessen Art. 12 wird vereinbart, dass sich die Vertragsparteien von den Vorschriften über die Arbeitnehmerfreizügigkeit des EG-Vertrages leiten lassen, um untereinander die Freizügigkeit der Arbeitnehmer schrittweise herzustellen. Weiterhin ist in Art. 6 die Bildung eines Assoziationsrates EWG/Türkei vorgesehen, der die Anwendung und Weiterentwicklung der Assoziationsregelung sicherstellen soll. Dieser hat mittlerweile eine Reihe von Beschlüssen gefasst, unter anderem auch Beschluss Nr. 1/80 (siehe Abdruck unten).

Herr A, ein türkischer Staatsangehöriger, lebte zunächst bei seinen Großeltern in der Türkei. Im Jahre 1994 erhielt er die Erlaubnis, zu seinen Eltern nach Deutschland zu ziehen, und absolvierte in der Folgezeit in Deutschland eine Berufsausbildung. Von 1999 bis 2004 hatte er bei demselben Arbeitgeber ununterbrochen eine Arbeitsstelle inne. Im Jahre 2004 wurde er wegen Drogenhandels inhaftiert und zu drei Jahren Haft verurteilt. Anschließend musste er eine bis Ende 2007 dauernde Drogentherapie durchlaufen. Seitdem arbeitet A im Betrieb seines Vaters.

Herr A wird von der zuständigen Behörde mit Bescheid vom 30. 4. 2008 auf der Grundlage von §§ 51 Abs. 1 Nr. 5, 53 AufenthG ausgewiesen. Er wird dabei wie ein „normaler" Ausländer ohne gemeinschaftsrechtlichen Aufenthaltsstatus behandelt. Hiergegen erhebt er nach erfolglosem Widerspruch Anfechtungsklage. Er ist der Auffassung, das Assoziierungsabkommen vermittle ihm einen gesicherten Aufenthaltsstatus, der einer Ausweisung entgegenstehe. Zumindest stehe ihm aber aufgrund des Beschlusses Nr. 1/80 des Assoziationsrates ein entsprechendes Aufenthaltsrecht zu. X verweist insbesondere auf Art. 7 dieses Beschlusses. Das ihm zustehende Aufenthaltsrecht habe die Behörde bei ihrer Entscheidung nicht berücksichtigt.

Die Ausländerbehörde räumt in der mündlichen Verhandlung ein, dass ein etwaiges Aufenthaltsrecht nicht in Betracht gezogen worden sei. Dies sei aber auch zutreffend, da weder die Bestimmungen des Abkommens noch des Beschlusses unmittelbar anwendbar seien, so dass sich A nicht auf sie berufen könne. Selbst wenn man dies annähme, so seien die Voraussetzungen des vorliegend allenfalls anzuwendenden Art. 6 nicht erfüllt.

Wie wird das Verwaltungsgericht entscheiden? Gehen Sie von der Anwendbarkeit des AufenthG in der derzeit geltenden Fassung aus. Detaillierte Kenntnisse des deutschen Ausländerrechts sind nicht erforderlich. Eine Vorlage an den EuGH ist nicht angezeigt.

Auszug aus dem Beschluss Nr. 1/80 des Assoziationsrats EWG/Türkei vom 19. 9. 1980[1]*:*

Art. 6

(1) Vorbehaltlich der Bestimmungen in Artikel 7 über den freien Zugang der Familienangehörigen zur Beschäftigung hat der türkische Arbeitnehmer, der dem regulären Arbeitsmarkt eines Mitgliedstaats angehört, in diesem Mitgliedstaat

- nach einem Jahr ordnungsgemäßer Beschäftigung Anspruch auf Erneuerung seiner Arbeitserlaubnis bei dem gleichen Arbeitgeber, wenn er über einen Arbeitsplatz verfügt;
- nach drei Jahren ordnungsgemäßer Beschäftigung – vorbehaltlich des den Arbeitnehmern aus den Mitgliedstaaten der Gemeinschaft einzuräumenden Vorrangs – das Recht, sich für den gleichen Beruf bei einem Arbeitgeber seiner Wahl auf ein unter normalen Bedingungen unterbreitetes und bei den Arbeitsämtern dieses Mitgliedstaats eingetragenes anderes Stellenangebot zu bewerben;
- nach vier Jahren ordnungsgemäßer Beschäftigung freien Zugang zu jeder von ihm gewählten Beschäftigung im Lohn- oder Gehaltsverhältnis.

(2) Der Jahresurlaub und die Abwesenheit wegen Mutterschaft, Arbeitsunfall oder kurzer Krankheit werden den Zeiten ordnungsgemäßer Beschäftigung gleichgestellt. Die Zeiten unverschuldeter Arbeitslosigkeit, die von den zuständigen Behörden ordnungsgemäß festgestellt worden sind, sowie die Abwesenheit wegen langer Krankheit werden zwar nicht den Zeiten ordnungsgemäßer Beschäftigung gleichgestellt, berühren jedoch nicht die aufgrund der vorherigen Beschäftigungszeit erworbenen Ansprüche.

(3) Die Einzelheiten der Durchführung der Absätze 1 und 2 werden durch einzelstaatliche Vorschriften festgelegt.

Art. 7

Die Familienangehörigen eines dem regulären Arbeitsmarkt eines Mitgliedstaats angehörenden türkischen Arbeitnehmers, die die Genehmigung erhalten haben, zu ihm zu ziehen,

- haben vorbehaltlich des den Arbeitnehmern aus den Mitgliedstaaten der Gemeinschaft einzuräumenden Vorrangs das Recht, sich auf jedes Stellenangebot zu bewerben, wenn sie dort seit mindestens drei Jahren ihren ordnungsgemäßen Wohnsitz haben
- haben freien Zugang zu jeder von ihnen gewählten Beschäftigung im Lohn- oder Gehaltsverhältnis, wenn sie dort seit mindestens fünf Jahren ihren ordnungsgemäßen Wohnsitz haben.

Die Kinder türkischer Arbeitnehmer, die im Aufnahmeland eine Berufsausbildung abgeschlossen haben, können sich unabhängig von der Dauer ihres Aufenthalts in dem betreffenden Mitgliedstaat dort auf jedes Stellengebot bewerben, sofern ein Elternteil in dem betreffenden Mitgliedstaat seit mindestens drei Jahren ordnungsgemäß beschäftigt war.

Art. 14

(1) Dieser Abschnitt gilt vorbehaltlich der Beschränkungen, die aus Gründen der öffentlichen Ordnung, Sicherheit und Gesundheit gerechtfertigt sind. ...

1 Ergangen auf der Grundlage des Abkommens zur Gründung einer Assoziation zwischen der Europäischen Wirtschaftsgemeinschaft und der Republik Türkei vom 29. 12. 1964, ABl. 1964, Nr. 217/3687.

Vorüberlegungen

415 Der vorliegende Fall basiert auf der Entscheidung des EuGH im Fall Aydinli[2], den das VG Freiburg dem Gerichtshof vorgelegt hatte. Herr Aydinli wehrte sich dagegen, dass bei seiner Ausweisung das Assoziationsabkommen mit der Türkei und der darauf basierende Assoziationsratsbeschluss 1/80 nicht berücksichtigt worden seien. Der EuGH gab ihm Recht.

Der Fall ist in seiner Struktur schwer zu erfassen, weil hier zwei relativ unvertraute Materien aufeinander treffen. Allerdings soll der Hinweis im Bearbeitervermerk verdeutlichen, dass das deutsche Ausländerrecht nicht im Mittelpunkt der Erörterungen stehen soll. Vielmehr geht es primär um Stellung und Bedeutung des Assoziierungsrechts mit der Türkei. Hier muss in mehrfacher Hinsicht differenziert werden. Zum einen gibt es das Abkommen und die darauf basierenden Beschlüsse. Zum anderen ist bereits die Einordnung dieser Vorschriften als Gemeinschaftsrecht problematisch, darüber hinaus aber auch ihre unmittelbare Anwendbarkeit.

Da der Fall vor einem deutschen Verwaltungsgericht angesiedelt ist, geht es zudem um die Einbettung der europarechtlichen Problematik in das nationale Recht. Prozessual bestehen hier weniger Probleme, da es sich um eine klassische Anfechtungsklage handelt. Bei der Begründetheit gilt es aber zu erkennen, dass sich ein gesicherter Aufenthaltsstatus nach dem Assoziierungsrecht möglicherweise auf die Bedingungen einer Ausweisung auswirkt. Die Behörde hätte also zumindest einen solchen Status prüfen müssen, um rechtmäßig zu handeln. Guten Kandidaten kann dabei auffallen, dass § 50 Abs. 1 AufenthG zumindest missverständlich formuliert ist, da er nahe legt, dass Ausweisung und Aufenthaltsrecht unverbunden nebeneinander stehen.

Die Bearbeitung muss also in mehreren Schritten ablaufen: Zulässigkeit, Einbettung in das deutsche Ausländerrecht, Charakter des Assoziierungsrechts als Gemeinschaftsrecht, unmittelbare Anwendbarkeit, Anwendung der Art. 6 und 7, mögliche Ausnahme nach Art. 14. Da hier ein gesicherter Aufenthaltsstatus zu bejahen ist, muss die Behördenentscheidung als rechtswidrig eingestuft werden. Eines vertieften Eingehens auf das deutsche Ausländerrecht bedarf es nicht.

Der Fall ist als schwierig einzustufen, da weitgehend unvertraute Normen anzuwenden sind. Er dürfte auch eher im Schwerpunktbereich anzusiedeln sein, weil das Assoziierungsrecht nicht zu den Materien gehört, die ein Pflichtfachstudierender beherrschen muss.

---

2 EuGH vom 7. 7. 2005, Rs. C-373/03, Slg. 2005, I-6181 = NVwZ 2005, S. 1292 ff. = DVBl. 2005, S. 1256 ff. = EuZW 2005, S. 670 ff., Ceyhun Aydinli./.Land Baden-Württemberg.

Gliederung

A. Zulässigkeit **416**
- I. Verwaltungsrechtsweg
- II. Statthafte Klageart
- III. Klagebefugnis
- IV. Vorverfahren
- V. Frist
- VI. Ergebnis

B. Begründetheit
- I. Rechtsgrundlage
- II. Formelle Rechtmäßigkeit
- III. Materielle Rechtmäßigkeit
  1. Überlagerung durch Assoziationsratsbeschluss
     - a) Assoziationsratsbeschluss als Gemeinschaftsrecht
     - b) Unmittelbare Anwendbarkeit
     - c) Die Bedeutung von § 50 Abs. 1 AufenthG
     - d) Die Anwendung von Art. 6 und 7 des Beschlusses
     - e) Vorliegen der Voraussetzungen des Art. 7
     - f) Ausschluss nach Art. 14?
  2. Folgen für die Ausweisungsverfügung
- IV. Rechtsverletzung

C. Endergebnis

Musterlösung

Das Verwaltungsgericht wird der Klage stattgeben, wenn sie zulässig und begründet ist.

A. Zulässigkeit

I. Verwaltungsrechtsweg

417 Der Verwaltungsrechtsweg ist gem. § 40 Abs. 1 VwGO in allen öffentlich-rechtlichen Streitigkeiten nichtverfassungsrechtlicher Art eröffnet. Bei einer Klage gegen einen Ausweisungsbescheid handelt es sich um eine Streitigkeit im Über-Unterordnungsverhältnis, also öffentlich-rechtlicher Natur. Da am Vorliegen der nichtverfassungsrechtlichen Art keine Bedenken bestehen, ist der Verwaltungsrechtsweg eröffnet..

II. Statthafte Klageart

Die Klageart richtet sich nach dem Begehren des Klägers (§ 88 VwGO). Hier möchte Herr A seine Ausweisung verhindern, was er nur erreichen kann, wenn er den entsprechenden Bescheid angreift. Die Anfechtungsklage ist hierfür die richtige Klageart.

III. Klagebefugnis

A müsste die erforderliche Klagebefugnis besitzen. Es müsste gem. § 42 Abs. 2 VwGO möglich erscheinen, dass Herr A durch die Ausweisung in seinen Rechten verletzt ist. Als Adressat kann er zumindest in seinem Grundrecht aus Art. 2 Abs. 1 GG verletzt sein.

IV. Vorverfahren

Das nach § 68 Abs. 1 Satz 1 VwGO erforderliche Vorverfahren hat er erfolglos durchgeführt.

V. Frist

Die Klagefrist gem. § 74 Abs. 1 VwGO wurde eingehalten.

VI. Ergebnis

Die Klage ist zulässig

B. Begründetheit

Die Klage ist gem. § 113 Abs. 1 Satz 1 VwGO begründet, soweit die Ausweisungsverfügung rechtswidrig und Herr A dadurch in seinen Rechten verletzt ist.

I. Rechtsgrundlage

418 Rechtsgrundlage für die Ausweisung sind §§ 51 Abs. 1 Nr. 5, 53 AufenthG.

II. Formelle Rechtmäßigkeit

Hinsichtlich der formellen Rechtmäßigkeit der Ausweisungsverfügung bestehen keine Bedenken.

III. Materielle Rechtmäßigkeit

Es müssten die Voraussetzungen für eine Ausweisung erfüllt sein. Bei Herrn A liegen an sich die gesetzlichen Voraussetzungen für eine zwingende Ausweisung nach § 53 AufenthG vor. Er hat sowohl eine dreijährige Freiheitsstrafe im Sinne von § 53 Nr. 1 AufenthG erhalten, als auch eine Verurteilung wegen einer vorsätzlichen Betäubungsmittelstraftat im Sinne von § 53 Nr. 2 AufenthG.

1. Überlagerung durch Assoziationsratsbeschluss

a) Assoziationsratsbeschluss als Gemeinschaftsrecht

Jedoch könnten diese Voraussetzungen durch den Beschluss Nr. 1/80 des Assoziationsrats EWG/Türkei überlagert sein. Gingen dessen Bestimmungen den Vorschriften des § 53 AufenthG vor, so wäre eine ohne Berücksichtigung dieser Bestimmungen ergangene Ausweisungsverfügung rechtswidrig. 419

An dieser Stelle wird keine genaue Kenntnis des deutschen Ausländerrechts erwartet. Der Schwerpunkt der Aufgabe liegt erkennbar im Gemeinschaftsrecht, so dass es zur Beurteilung der Rechtmäßigkeit der Ausweisungsverfügung ausreicht, die Maßgeblichkeit der europarechtlichen Vorgaben zu prüfen.

Fraglich ist zunächst, wie die Vorschriften über die Ausweisung im AufenthG und der Beschluss des Assoziationsrates zueinander stehen. Die Normen des Beschlusses gingen dem deutschen Recht vor, soweit sie als unmittelbar anwendbares Gemeinschaftsrecht zu qualifizieren wären. In einem ersten Schritt ist also zu klären, ob es sich um Gemeinschaftsrecht handelt, in einem zweiten Schritt, ob dieses unmittelbar anwendbar ist.

In der Zeit nach Erlass des Assoziierungsabkommens mit der Türkei und der auf seiner Grundlage ergangenen Assoziationsratsbeschlüsse war zunächst umstritten, ob es sich bei dem Abkommen und den Beschlüssen um Gemeinschaftsrecht handele, die einer Auslegung und Anwendung durch den Europäischen Gerichtshof zugänglich seien. Mit Blick auf das Abkommen wurde vorgetragen, es handele sich um ein gemischtes Abkommen, bei dem zwischen denjenigen Teilen zu unterscheiden sei, für die die EG die Abschlusskompetenz besitze, und denjenigen, für die diese bei den Mitgliedstaaten liege[3]. Hierzu hat der EuGH zu Recht entschieden, dass das Assoziierungsabkommen einen integrierenden Bestandteil der Gemeinschaftsrechtsordnung bildeten. Insbesondere diejenigen Teile des Assoziierungsabkommens, die sich mit der Freizügigkeit der Arbeitnehmer befassten, unterlägen der Gemeinschaftskompetenz und damit seiner Zuständigkeit[4].

---

3 Ausführliche Darstellung des Streitstandes bei *Lecheler/Gundel*, Übungen im Europarecht, 1999, S. 243 ff. (Fall 16), 246 ff.

4 EuGH vom 30. 9. 1987, Rs. 12/86, Slg. 1987, 3719, Rn. 7 ff., Demirel./.Stadt Schwäbisch Gmünd.

Auch dass die auf der Grundlage des Assoziierungsabkommens ergangenen Assoziationsratsbeschlüsse zum Gemeinschaftsrecht gehören, hat der Gerichtshof bereits ausgesprochen[5]. Hiergegen wird zwar eingewandt, der Assoziationsrat sei kein Gemeinschaftsorgan und könne daher kein Gemeinschaftsrecht schaffen. Jedoch haben die Beschlüsse den Zweck, das gemeinschaftsrechtliche Assoziierungsabkommen zu konkretisieren, und müssen deshalb erst recht als Gemeinschaftsrecht gelten[6].

b) Unmittelbare Anwendbarkeit

420 Hinsichtlich der unmittelbaren Anwendbarkeit ist zu differenzieren. Der EuGH vertritt in ständiger Rechtsprechung die Auffassung, dass das Assoziationsabkommen selbst keine hinreichend bestimmten und unbedingten Regelungen enthält, die der unmittelbaren Anwendbarkeit fähig wären[7]. Dem ist mit Blick auf den überwiegenden Programmcharakter von dessen Bestimmungen zuzustimmen.

Demgegenüber liegen die Voraussetzungen einer unmittelbaren Anwendbarkeit bei den Bestimmungen des Beschlusses Nr. 1/80 vor[8]. Die unmittelbare Anwendbarkeit ist insbesondere bei den hier in Rede stehenden Art. 6 und 7 des Beschlusses nach ständiger Rechtsprechung des EuGH gegeben[9]. Beide Bestimmungen enthalten unmittelbar geltendes Recht, das alle staatlichen Stellen der Mitgliedstaaten anzuwenden haben. Sie genießen auch Anwendungsvorrang gegenüber den nationalen Vorschriften. Somit können die Vorgaben des Beschlusses grundsätzlich in der Lage sein, Vorschriften des AufenthG und damit auch solche über die Ausweisung zu modifizieren.

c) Die Bedeutung von § 50 Abs. 1 AufenthG

421 Vorliegend könnte aber die generelle Vorrangigkeit des Beschlusses für die Ausweisungsverfügung unbeachtlich sein, wenn es zu keiner Normenkollision käme. Dies könnte die Formulierung in § 50 Abs. 1 AufenthG nahe legen. Danach ist die Ausreisepflicht davon abhängig, dass kein Aufenthaltstitel besteht und auch kein Aufenthaltsrecht nach dem Assoziationsabkommen EWG/Türkei. Ein Weg zur Beseitigung eines Aufenthaltstitels ist die Ausweisung, vgl. § 51 Abs. 1 Nr. 5 AufenthG. Daraus könnte man schließen, dass gesetzessystematisch Ausweisung und Aufenthaltsrecht nach dem Beschluss nebeneinander stehen. Dann wären Ausweisungsverfügung und ein etwaiges Aufenthaltsrecht unabhängig voneinander.

Ein solches Ergebnis kann aber nicht richtig sein. Aus der Sicht des Gemeinschaftsrechts sind der Vorrang und die unmittelbare Anwendbarkeit einer gemeinschaftsrechtlichen Norm unabhängig von systematischen Zuweisungen des nationalen Rechts. Andernfalls stünde es dem nationalen, hier dem deutschen Gesetzgeber frei,

---

5 EuGH vom 20. 9. 1990, Rs. C-192/89, Slg. 1990, I-3461, Rn. 10, Sevince./.Staatssecretaris van Justitie.

6 Zustimmend *Lecheler/Gundel*, Übungen im Europarecht, S. 243 ff. (Fall 16), 251 f.; kritisch *Gilsdorf*, EuZW 1991, S. 459 ff., 461; *Vedder*, EuR 1994, S. 202 ff., 207 ff.

7 Ausführliche Begründung bei EuGH vom 30. 9. 1987, Rs. 12/86, Slg. 1987, 3719, Rn. 13 ff., Demirel.

8 Hierzu ausführlich auch *Lecheler/Gundel*, Übungen im Europarecht, S. 243 ff. (Fall 16), 254 f.

9 Siehe EuGH vom 20. 9. 1990, Rs. C-192/89, Slg. 1990, I-3461, Rn. 26, Sevince, sowie zuletzt EuGH vom 7. 7. 2005, Rs. C-373/03, Slg. 2005, I-6181, NVwZ 2005, S. 1292 ff., 1293, Rn. 25, Aydinli.

die Bestimmungen des Assoziationsabkommens und der dieses konkretisierenden Assoziationsratsbeschlüsse in ihrem Anwendungsbereich einzuschränken. Es ist also in jedem Falle zu prüfen, ob Art. 6 oder 7 des Assoziationsratsbeschlusses Anwendung findet. In diesem Falle sind sie bei einer etwaigen Ausweisungsentscheidung zu berücksichtigen.

Diese Ausführungen können nur von guten Studierenden erwartet werden. Es muss als positiv gewertet werden, wenn der Wortlaut von § 50 Abs. 1 AufenthG überhaupt problematisiert wird.

d) Die Anwendung von Art. 6 und 7 des Beschlusses

Fraglich ist demnach, ob Art. 6 oder 7 des Beschlusses einer Ausweisung entgegensteht. Zunächst könnte Art. 6 einschlägig sein. Würde man diesen anwenden, so käme man zu dem Ergebnis, dass kein Aufenthaltsrecht mehr besteht. Art. 6 setzt nämlich voraus, dass ununterbrochen eine Beschäftigung ausgeübt wird. Dies ergibt sich insbesondere aus Abs. 2, wo in Satz 2 geregelt ist, dass die Zeiten unverschuldeter Arbeitslosigkeit nicht die aufgrund vorheriger Beschäftigungszeit erworbenen Ansprüche berührten. Im Umkehrschluss erlischt ein Anspruch infolge verschuldeter Unterbrechung. Ein solcher Fall läge hier vor, da Herr A aufgrund schuldhaften, sogar vorsätzlichen Verhaltens an einer weiteren Beschäftigung gehindert war, während er inhaftiert war. **422**

Jedoch könnte sich ein Aufenthaltsrecht auch aus Art. 7 des Beschlusses ergeben. Der EuGH hat nunmehr festgestellt, dass diese Vorschrift als lex specialis gegenüber Art. 6 anzusehen ist und nicht dessen Voraussetzungen unterliegt[10]. Die Eigenschaft als Spezialvorschrift ergibt sich unmittelbar aus dem Wortlaut von Art. 6 Abs. 1, wo die Vorschrift unter den Vorbehalt des Art. 7 gestellt wird. Art. 7 unterliegt auch nicht den einschränkenden Voraussetzungen des Art. 6, weil die Familienangehörigen nach der zutreffenden Auffassung des EuGH unabhängig von ihren Angehörigen, von denen sie ursprünglich ihr Aufenthaltsrecht abgeleitet haben, ein eigenes Zugangsrecht zum Arbeitsmarkt des jeweiligen Mitgliedstaats haben sollen[11].

e) Vorliegen der Voraussetzungen des Art. 7

Herr A ist ein Familienangehöriger eines dem regulären Arbeitsmarkt angehörenden türkischen Arbeitnehmers, der die Genehmigung erhalten hat, zu diesem zu ziehen. Da Herr A nach den Sachverhaltsangaben in Deutschland seit mehr als fünf Jahren seinen ordnungsgemäßen Wohnsitz hat, stehen ihm die Rechte aus Art. 7 S. 1 uneingeschränkt zu. Auch die Anforderungen des Art. 7 S. 2 erfüllt er. Der EuGH hat nunmehr festgestellt, dass diese Rechte auch erhalten bleiben, wenn der Angehörige volljährig wird und ein von dem Arbeitnehmer unabhängiges Leben führt. Andernfalls könnten diese Bestimmungen nicht ihre volle Wirksamkeit entfalten. Dem ist zuzustimmen. Im Ergebnis besteht aufgrund von Art. 7 auch weiterhin ein Aufenthaltsrecht, da dieses logische Voraussetzung des Beschäftigungsrechts ist. **423**

---

10 Vgl. EuGH vom 7. 7. 2005, Rs. C-373/03, Slg. 2005, I-6181, NVwZ 2005, S. 1292 ff., 1294, Rn. 30 ff., Aydinli.

11 Vgl. EuGH vom 7. 7. 2005, Rs. C-373/03, Slg. 2005, I-6181, NVwZ 2005, S. 1292 ff., 1294, Rn. 29, Aydinli.

f) Ausschluss nach Art. 14?

Ein Ausschluss des Aufenthaltsrechts nach Art. 14 des Beschlusses kommt nicht in Betracht, weil eine Gefährdung der öffentlichen Sicherheit und Ordnung nicht dargetan ist. Der EuGH legt dieses Merkmal in ständiger Rechtsprechung äußerst restriktiv aus und fasst hierunter nur Konstellationen, in denen ein Grundinteresse des Staates tangiert ist[12]. Dies ist hier nicht ersichtlich.

2. Folgen für die Ausweisungsverfügung

424 Besteht somit ein Aufenthaltsrecht nach Art. 7 des Assoziierungsbeschlusses, so darf ohne Berücksichtigung dieses Aufenthaltsrechts keine Ausweisung ausgesprochen werden. Demgegenüber hat die Ausländerbehörde den Assoziationsratsbeschluss hier unangewendet gelassen, weil sie ihn für im konkreten Fall irrelevant hielt. Das allein führt zur Rechtswidrigkeit der Behördenentscheidung. Die Ausweisungsverfügung ist materiell rechtswidrig.

IV. Rechtsverletzung

Dadurch ist Herr A auch in seinen Grundrechten, insbesondere aus Art. 2 Abs. 1 GG, verletzt.

C. Endergebnis

Die Anfechtungsklage ist zulässig und begründet.

Weiterführende Hinweise

Abkommen zur Gründung einer Assoziation zwischen der Europäischen Wirtschaftsgemeinschaft und der Republik Türkei vom 29. 12. 1964, ABl. 1964, Nr. 217, S. 3687.

EuGH vom 30. 9. 1987, Rs. 12/86, Slg. 1987, 3719, Meryem Demirel./.Stadt Schwäbisch Gmünd.

EuGH vom 20. 9. 1990, Rs. C-192/89, Slg. 1990, I-3461 = NVwZ 1991, S. 255 ff., S. Z. Sevince./. Staatssecretaris van Justitie.

EuGH vom 7. 7. 2005, Rs. C-373/03, Slg. 2005, I-6181 = NVwZ 2005, S. 1292 ff. = DVBl. 2005, S. 1256 ff. = EuZW 2005, S. 670 ff., Ceyhun Aydinli./.Land Baden-Württemberg.

Döring, Harald: Erhöhter Ausweisungsschutz für türkische Staatsangehörige – zugleich Besprechung der Urteile des EuGH vom 7. Juli 2005 in den Sachen Dogan und Aydinli, DVBl. 2005, S. 1221 ff.

Lecheler, Helmut/Gundel, Jörg: Übungen im Europarecht, de Gruyter, 1999, S. 243 ff. (Fall 16).

12 Vgl. *Ahlt/Deisenhofer*, Europarecht, S. 186 f.

Fall 20

Die Europäische Gemeinschaft als Völkerrechtssubjekt

Schwerpunktbereich, Schwierigkeitsgrad: hoch

Teil I

Die Europäische Gemeinschaft ist Vertragspartei der Welthandelsorganisation (WTO). Unter dem Dach der WTO wurde auch ein Übereinkommen über Textilwaren und Bekleidung und ein Übereinkommen über Einfuhrlizenzen geschlossen, deren Vertragspartei die EG ebenfalls ist. Im Rahmen des Abschlusses der genannten Übereinkommen führte die EG jeweils mit Pakistan und Indien Verhandlungen über den Marktzugang für Textilwaren und Bekleidung, die zu jeweils gesonderten bilateralen Abkommen zwischen der EG und den beiden Staaten führten. Dort wurde unter anderem jeweils ein erleichterter Zugang für Textilien aus den beiden Staaten zum Europäischen Binnenmarkt vereinbart. Mit Beschluss 96/386/EG des Rates wurden diese Vereinbarungen genehmigt. **425**

Portugal erhebt fristgerecht Nichtigkeitsklage gegen diesen Beschluss. Zum einen verstoße er bereits gegen WTO-Recht. Es sei nicht zulässig, bilaterale Einzelvereinbarungen der vorliegenden Form zwischen Vertragsparteien der WTO abzuschließen. Außerdem verstießen die Vereinbarungen gegen Grundsätze des Gemeinschaftsrechts. So hätten die portugiesischen Textilproduzenten darauf vertrauen dürfen, dass der europäische Markt nicht schneller für Einfuhren aus Drittstaaten geöffnet werde, als dies in der VO 3030/93 vorgesehen sei. Außerdem verstoße der Beschluss gegen den Grundsatz des wirtschaftlichen und sozialen Zusammenhalts, wie er sich aus (Art. 2 und 3 Abs. 1 lit. k) EG sowie den Art. 158 ff. EG ergebe. Der Rat erwidert, WTO-Recht könne bereits nicht Prüfungsmaßstab vor dem EuGH sein. Was die genannten Grundsätze des Gemeinschaftsrechts angehe, so seien sie nicht verletzt. Die genannte Verordnung sei erlassen worden, als die Verhandlungen mit Indien und Pakistan bereits liefen. Wirtschaftlicher und sozialer Zusammenhalt seien zwar Ziele, nicht aber einklagbare Verpflichtungen des Gemeinschaftsrechts.

Wie wird der Europäische Gerichtshof entscheiden?

Teil II

Im Rahmen der von den Vereinten Nationen eingesetzten Wirtschaftskommission für Europa wurde zwischen den beteiligten Staaten ein Übereinkommen über die Annahme einheitlicher technischer Vorschriften für Radfahrzeuge, Ausrüstungsgegenstände und Teile, die in Radfahrzeuge(n) eingebaut und/oder verwendet werden können, geschlossen. Das Abkommen soll Hemmnisse im Handel mit Kraftfahrzeugen zwischen den Vertragsstaaten abbauen. Die Europäische Gemeinschaft möchte diesem Übereinkommen beitreten. Zur Umsetzung des Abkommens müssten auch innergemeinschaftliche Vorschriften geändert werden, die die Harmonisierung des Binnenmarktes zum Gegenstand haben.

Die Kommission bittet Sie um Rat zu der Frage, auf welche Rechtsgrundlage der Beitritt gestützt werden muss und wie das Parlament zu beteiligen ist.

Vorüberlegungen

Der Fall befasst sich mit unterschiedlichen Aspekten des Verhältnisses der EG zu anderen Völkerrechtssubjekten. Teil I ist der Entscheidung des EuGH im Fall Portugal/ Rat[1] nachgebildet, der vom Verhältnis von Gemeinschaftsrecht und WTO-Recht handelt. Insgesamt geht es im Fall um die innergemeinschaftliche Anwendung von Völkerrecht und um die Vertragsschlusskompetenzen der EG. **426**

Teil I hat ein schon fast klassisches Problem zum Gegenstand. Seit jeher ist das Verhältnis von GATT- bzw. WTO-Recht und Gemeinschaftsrecht umstritten. Der EuGH hat mittlerweile eine gefestigte Rechtsprechung entwickelt, die aber weiterhin kritisiert wird. Von den Bearbeitern wird erwartet, dass ihnen das Problem in den Grundzügen vertraut ist. Eine eigenständige Herleitung wird in diesem Rechtsbereich kaum gelingen. Die beiden anderen in Teil I auftauchenden Rügen, Vertrauensschutz und Zusammenhalt, kann man demgegenüber mit dem vorhandenen juristischen Handwerkszeug gut lösen. Eingekleidet ist der Fall in eine Nichtigkeitsklage, die damit noch einmal wiederholt und geübt wird.

Teil II dient der Sensibilisierung für Kompetenzprobleme. Die Gemeinschaft muss ihre Rechtsakte immer auf eine ausreichende Rechtsgrundlage stützen können. Andernfalls fallen sie der Nichtigkeit anheim (vgl. dazu ausführlich Fall 16). Zudem schließt sich immer die Folgefrage an, in welchem Verfahren ein Rechtsakt zu erlassen ist. Hier weisen völkerrechtliche Abkommen Besonderheiten auf, die es zu erkennen gilt. Zudem wird erwartet, dass die AETR-Doktrin behandelt und zutreffend angewandt wird. Diese Doktrin ist im Vertrag von Lissabon kodifiziert worden und findet sich nun in Art. 2 Nr. 3 EG.

Insgesamt verlangt der Fall viel Wissen über die völkerrechtliche Einbettung der EG. Er ist daher als schwer zu bezeichnen. Zudem ist er nur für Aufgabenstellungen im Schwerpunkt bereich geeignet.

Gliederung

Teil I **427**

A. Zulässigkeit
- I. Zuständigkeit
- II. Beteiligtenfähigkeit
- III. Zulässiger Klagegegenstand
- IV. Klageberechtigung
- V. Klagefrist
- VI. Ergebnis

1 EuGH vom 23. 11. 1999, Rs. C-149/96, Slg. 1999, I-8395 = EuZW 2000, S. 276 ff., Portugiesische Republik./.Rat der Europäischen Union – Textilwaren aus Indien und Pakistan.

B. Begründetheit
  I. Verletzung von WTO-Recht
    1. Grundsatz: Keine Prüfung am Maßstab von WTO-Recht
    2. Ausnahmen: Besondere Durchführungsmaßnahmen
    3. Ergebnis
  II. Verletzung von primärem Gemeinschaftsrecht
    1. Grundsatz des Vertrauensschutzes
    2. Grundsatz des wirtschaftlichen und sozialen Zusammenhalts

C. Ergebnis

Teil II

A. Rechtsgrundlage für den Beitritt

B. Beteiligung des Parlaments

Musterlösung

Teil I

Der Gerichtshof wird der Klage Portugals stattgeben, wenn sie zulässig und begründet ist.

A. Zulässigkeit

I. Zuständigkeit

Gem. Art. 225 Abs. 1 in Verbindung mit der Satzung des Gerichtshofs ist der Gerichtshof selbst für solche Nichtigkeitsklagen zuständig, die ein privilegiert Klageberechtigter wie der Mitgliedstaat Portugal einreicht. **428**

II. Beteiligtenfähigkeit

Portugal ist nach Art. 230 Abs. 2 EG aktiv beteiligtenfähig. Der Rat ist nach Art. 230 Abs. 1 EG passiv beteiligtenfähig.

III. Zulässiger Klagegegenstand

Zulässiger Klagegegenstand können die in Art. 230 Abs. 1 EG genannten Handlungen der Organe mit Ausnahme von Empfehlungen und Stellungnahmen sein. Vorliegend geht es um eine Verordnung des Rates, mit der bilaterale Vereinbarungen zwischen der EU und Indien bzw. Pakistan genehmigt wurden. Bei einer solchen Verordnung handelt es sich um einen zulässigen Klagegegenstand.

IV. Klageberechtigung

Die Mitgliedstaaten sind in Art. 230 Abs. 2 EG als privilegiert Klageberechtigte genannt. Portugal muss durch die Durchführungsverordnung also nicht in seinen Rechten betroffen sein.

V. Klagefrist

Die Klagefrist des Art. 230 Abs. 5 EG wurde laut Sachverhalt eingehalten.

VI. Ergebnis

Die Klage ist zulässig.

B. Begründetheit

Die Klage ist begründet, wenn mindestens einer der in Art. 230 Abs. 2 EG genannten Nichtigkeitsgründe vorliegt. In Betracht kommt hier eine Verletzung des Vertrages oder einer bei seiner Durchführung anzuwendenden Rechtsnorm.

I. Verletzung von WTO-Recht

429 Zunächst rügt Portugal einen Verstoß gegen WTO-Recht. Die Vereinbarungen seien bilateraler Natur und konterkarierten daher das Ziel der WTO, Handelshemmnisse zwischen allen Vertragstaaten zu beseitigen. Diese Rüge wirft die Frage auf, ob das WTO-Recht Maßstab für die Überprüfung von sekundärem EG-Recht wie der hier angegriffenen Verordnung sein kann.

1. Grundsatz: Keine Prüfung am Maßstab von WTO-Recht

Völkerrechtliche Verträge sind, soweit sie die Gemeinschaft binden, gem. Art. 300 Abs. 7 EG grundsätzlich als Prüfungsmaßstab für sekundäres Gemeinschaftsrecht geeignet. Allerdings können sich Einzelne nur auf Völkervertragsrecht berufen, soweit dessen Bestimmungen unmittelbar anwendbar sind[2].

Mit Blick auf das WTO-Recht geht der EuGH in ständiger Rechtsprechung vom Fehlen der unmittelbaren Anwendbarkeit aus[3]. Einzelne können sich danach nicht auf WTO-Recht berufen. Der EuGH begründet dies insbesondere damit, dass diese Rechtsmaterie durch ein hohes Maß an Geschmeidigkeit gekennzeichnet sei und damit nicht die für eine unmittelbare Anwendbarkeit erforderliche Bestimmtheit und Unbedingtheit aufweise. Zwar beruft sich im vorliegenden Fall nicht ein Einzelner auf die entsprechenden Rechtsnormen, sondern ein Mitgliedstaat. Aber auch hier ist der Gerichtshof der Auffassung, dass eine Berufung auf WTO-Bestimmungen ausgeschlossen sei[4]. Dies folge aus der Reziprozität der entsprechenden Vorschriften und der Tatsache, dass sie auch im Recht der wichtigsten Vertrags- und Handelspartner der EU nicht unmittelbar anwendbar seien. Wolle sich die EU intern an diese Normen binden, so verspiele sie im Verhältnis zu ihren Handelspartnern ein erhebliches Maß an Verhandlungsspielraum. Diese zum alten GATT-Recht entwickelte Auffassung behält der Gerichtshof auch mit Blick auf das seit 1994 geltende WTO-Recht bei, obwohl nunmehr stärker verrechtlichte Streitbeilegungsmechanismen existieren. Der EuGH betont das auch weiterhin vorherrschende Verhandlungselement zwischen den Vertragstaaten, so dass auch weiterhin Flexibilität erforderlich sei[5].

430 In der Literatur wird diese Rechtsprechung vor allem mit Blick auf ihre dogmatische Konstruktion kritisiert[6]. Die fehlende unmittelbare Anwendbarkeit sei kein Kriterium, das man Mitgliedstaaten entgegenhalten könne, da sie nur etwas über die interne Anwendung aussage. Wolle man die Mitgliedstaaten an die unmittelbare Anwendbarkeit binden, so behandele man sie nicht wie selbständige Völkerrechtssubjekte, sondern stelle sie auf eine Stufe mit den einzelnen Marktbürgern. Konsequenter Weise

---

2 EuGH vom 26. 10. 1982, Rs. 104/81, Slg. 1982, 3641, NJW 1983, 508 ff., Hauptzollamt Mainz./.Kupferberg & Cie.

3 Vgl. *Ahlt/Deisenhofer*, Europarecht, S. 152; *Streinz*, Europarecht, Rz. 491 ff.

4 Zum alten GATT-Recht EuGH vom 5. 10. 1994, Rs. C-280/93, Slg. 1994, I-4973 = NJW 1995, 945 ff., Bundesrepublik Deutschland./.Rat der Europäischen Union – Bananenmarktordnung.

5 EuGH vom 23. 11. 1999, Rs. C-149/96, Slg. 1999, I-8395, EuZW 2000, S. 276 ff., 277 f. Portugiesische Republik./.Rat der Europäischen Union – Textilwaren.

6 Ausführlich *von Bogdandy/Makatsch*, EuZW 2000, S. 261 ff., 266.

müssten die Handlungen der EG-Organe auch am Maßstab des WTO-Rechts gemessen werden, wenn Mitgliedstaaten sie rügen.

Dieser Kritik ist im Ausgangspunkt, nicht aber im Ergebnis zu folgen. Zwar ist es richtig, dass die unmittelbare Anwendbarkeit in der vorliegenden Konstellation nicht als Maßstab taugt. Jedoch bleibt das Argument der Gegenseitigkeit richtig. Die EU wäre als Verhandlungspartner geschwächt, wenn sie internen Streit über die Rechtmäßigkeit ihrer Handlungen am Maßstab von WTO-Recht austragen müsste. Andere starke Handelsmächte haben solchen internen Streit nicht zu fürchten. Daher muss es bei dem Ergebnis bleiben, dass WTO-Recht aufgrund seines Charakters als Verhandlungsrecht grundsätzlich vor dem EuGH auch nicht für die Mitgliedstaaten justiziabel ist.

Hier kann auch das gegenteilige Ergebnis vertreten werden. Immerhin sprechen gute Gründe auch für die Literaturlösung. Dann muss allerdings in einem weiteren Schritt geprüft werden, ob tatsächlich WTO-Recht verletzt wird. Für die Entscheidung dieser Frage enthält der Sachverhalt wenig Anhaltspunkte.

2. Ausnahmen: Besondere Durchführungsmaßnahmen

Von seiner Rechtsprechung zur fehlenden Maßstäblichkeit von WTO-Recht für Gemeinschaftsrechtsakte lässt der EuGH Ausnahmen zu, wenn das WTO-Recht für dieses eine besondere Bedeutung besitzt. So hat er entschieden, dass sich ein Unionsbürger auf WTO-Recht berufen könne, wenn das angegriffene Gemeinschaftsrecht auf das entsprechende WTO-Recht verweise[7]. Eine Prüfung sei zudem möglich, wenn das Gemeinschaftsrecht zur Erfüllung der sich aus dem WTO-Recht ergebenden Verpflichtungen erlassen wurde[8]. Beides ist vorliegend ersichtlich nicht einschlägig, so dass es dabei bleibt, dass WTO-Recht als Prüfungsmaßstab ausscheidet. **431**

3. Ergebnis

WTO-Recht scheidet als Prüfungsmaßstab für die angegriffene Verordnung aus.

II. Verletzung von primärem Gemeinschaftsrecht

Weiterhin wird die Verletzung von primärem Gemeinschaftsrecht gerügt. Insbesondere macht Portugal die Verletzung des Vertrauensschutzgrundsatzes sowie des Grundsatzes des wirtschaftlichen und sozialen Zusammenhalts geltend. **432**

1. Grundsatz des Vertrauensschutzes

Der Grundsatz des Vertrauensschutzes gehört zu den rechtsstaatlichen Garantien, die die Gemeinschaftsrechtsordnung anerkennt[9]. Es wird geltend gemacht, die portugiesischen Textilhersteller hätten darauf vertrauen dürfen, dass der Gemeinschaftsmarkt nicht schneller als zunächst vorgesehen liberalisiert würde.

---

7 EuGH vom 22. 6. 1989, Rs. 70/87, Slg. 1989, 1781, EuZW 1990, 64, Fédération de l'industrie de l'huilerie de la CEE (Fediol)./.Kommission der Europäischen Gemeinschaften.

8 EuGH vom 7. 5. 1991, Rs. C-69/89, Slg. 1991, I-2069, Nakajima All Precision Co. Ltd./.Rat der Europäischen Gemeinschaften.

9 *Streinz*, Europarecht, Rz. 776.

Der EuGH hält den Vertrauensschutzgrundsatz hier nicht für verletzt. Er ist zu Recht der Auffassung, dass dieser Grundsatz nicht die Unabänderlichkeit einer Regelung zur Folge habe, zumal es gerade im Bereich der Textileinfuhr erforderlich sei, auf Konjunkturschwankungen schnell zu reagieren, was auch den Herstellern bekannt sei[10]. Ganz allgemein kann ein Marktteilnehmer nicht darauf vertrauen, dass seine Absatzchancen nicht durch nachfolgende Maßnahmen verändert werden.

2. Grundsatz des wirtschaftlichen und sozialen Zusammenhalts

Schließlich ist eine Verletzung des Grundsatzes des wirtschaftlichen und sozialen Zusammenhalts zu prüfen, wie er sich aus (Art. 2 und 3 Abs. 1 lit k) EG sowie den Art. 158 ff. EG ergibt. Der EuGH erkennt zwar grundsätzlich die Existenz eines solchen Grundsatzes als Ziel der Gemeinschaft an. Zu Recht misst er ihm aber lediglich programmatischen Charakter zu[11]. Auch wenn die Auffassung Portugals somit beim Erlass der fraglichen Liberalisierungsmaßnahmen nicht umgesetzt wurde, führt dies noch nicht dazu, dass dadurch ein einklagbares Recht auf Zusammenhalt verletzt wurde.

C. Ergebnis

Da weitere Verstöße gegen Gemeinschaftsrecht nicht ersichtlich sind, stellt sich die angegriffene Verordnung als rechtmäßig dar. Im Ergebnis ist die Nichtigkeitsklage damit zwar zulässig, aber unbegründet.

Teil II

A. Rechtsgrundlage für den Beitritt

433 Als Rechtsgrundlage für den Beitritt kommt zunächst Art. 133 EG in Betracht. Nach dessen Abs. 1 können zur Durchführung der gemeinsamen Handelspolitik Abkommen mit dritten Staaten geschlossen werden. Der Begriff der Handelspolitik ist grundsätzlich weit zu verstehen. Handel umfasst jedenfalls den Verkehr von Waren. Ob auch Dienstleistungen einzubeziehen sind[12], bedarf vorliegend keiner Entscheidung, da das Abkommen nur Waren betrifft. Allerdings erfasst das Abkommen auch innergemeinschaftliche Vorschriften, die der Harmonisierung des Binnenmarktes dienen. Diese müssen im Zuge des Beitritts geändert werden. Das spricht dafür, dass Art. 133 EG als Rechtsgrundlage allein nicht ausreicht.

Als zusätzliche Rechtsgrundlage kommt Art. 95 Abs. 1 EG in Betracht. Diese Vorschrift ermächtigt die Gemeinschaft zum Erlass von Harmonisierungsvorschriften für den Binnenmarkt. Sie enthält zwar keine ausdrückliche Kompetenz zum Abschluss

---

10 EuGH vom 23. 11. 1999, Rs. C-149/96, Slg. 1999, I-8395, EuZW 2000, S. 276 ff., 280, Portugiesische Republik./.Rat der Europäischen Union – Textilwaren.

11 EuGH vom 23. 11. 1999, Rs. C-149/96, Slg. 1999, I-8395, EuZW 2000, S. 276 ff., 280 f., Portugiesische Republik./.Rat der Europäischen Union – Textilwaren.

12 Siehe ausführlich *Lecheler/Gundel*, Übungen im Europarecht, S. 233 ff. (Fall 15).

völkerrechtlicher Abkommen. Jedoch ergibt sich eine solche Kompetenz in Verbindung mit der AETR-Doktrin[13]. Der EuGH hat in seinem Urteil in der Rechtssache AETR[14] festgestellt, dass der Gemeinschaft dann eine ungeschriebene Vertragsschlusskompetenz für den Abschluss völkerrechtlicher Abkommen zustehe, wenn sie eine geschriebene Binnenkompetenz besitze und diese nur sinnvoll wahrnehmen könne, wenn ergänzend auch eine Außenkompetenz hinzutrete[15]. Diese Rechtsprechung, die sich mit der implied-powers-Lehre begründen lässt, ist mittlerweile allgemein anerkannt und wird hier zugrunde gelegt.

Die AETR-Doktrin wird im Vertrag von Lissabon in Art. 2 Nr. 3 EG kodifiziert.

Der Ausschlusstatbestand des Art. 95 Abs. 2 EG ist nicht einschlägig, da es weder um steuerliche Vorschriften noch um die Freizügigkeit geht. Mithin muss Art. 95 EG als zusätzliche Rechtsgrundlage herangezogen werden[16].

Der Beitritt ist im Ergebnis auf Art. 133 EG und zusätzlich auf Art. 95 Abs. 1 EG zu stützen.

B. Beteiligung des Parlaments

Art. 133 EG enthält keine ausdrücklichen Vorschriften über die Beteiligungsrechte **434**
des Parlaments. Art. 95 Abs. 1 EG sieht für den Erlass von Rechtsakten das Verfahren der Mitentscheidung nach Art. 251 EG vor. Ist ein Rechtsakt auf mehrere Rechtsgrundlagen zu stützen, so sind deren Voraussetzungen kumulativ anzuwenden. Dies könnte bedeuten, dass das Verfahren der Mitentscheidung auf den Beitritt anzuwenden wäre.

Allerdings ist zu beachten, dass es sich vorliegend nicht um einen Binnenrechtsakt, sondern um den Beitritt zu einem völkerrechtlichen Vertrag handelt. Hierfür enthält Art. 300 EG Sonderregelungen. Art. 133 Abs. 3 UAbs. 3 EG bestimmt nunmehr ausdrücklich, dass Art. 300 EG Anwendung findet. Auch im Rahmen der AETR-Doktrin ist Art. 300 EG vorrangig anzuwenden.

Art. 300 Abs. 3 EG sieht hier grundsätzlich nur eine Anhörung des Parlaments vor, auch wenn bei einem internen Rechtsakt das Verfahren des Art. 251 EG anzuwenden wäre. Allerdings bestimmt Art. 300 Abs. 3 UAbs. 2 EG, dass die Zustimmung des Parlaments dann erforderlich ist, wenn wie hier Rechtsakte geändert werden müssen, die im Verfahren des Art. 251 EG zustande gekommen sind.

Somit ist vorliegend auch beim Beitritt zu dem Abkommen die Zustimmung des Parlaments erforderlich.

Nach dem Inkrafttreten des Vertrages von Lissabon ist die Beteiligung des Parlaments nunmehr in Art. 218 geregelt.

13 Dazu *Ahlt/Deisenhofer*, Europarecht, S. 96; *Streinz*, Europarecht, Rz. 677 ff.
14 EuGH vom 31. 3. 1971, Rs. 22/70, Slg. 1971, 263 = DVBl. 1972, S. 264.
15 *Streinz*, Europarecht, Rz. 677 f.
16 Dies ist auch tatsächlich geschehen, vgl. Beschluss des Rates vom 27. 11. 1997, ABl. 1997, Nr. L 346/78.

Weiterführende Hinweise

EuGH vom 22. 6. 1989, Rs. 70/87, Slg. 1989, 1781 = EuZW 1990, S. 64, Fédération de l'industrie de l'huilerie de la CEE (Fediol)./.Kommission der Europäischen Gemeinschaften.

EuGH vom 7. 5. 1991, Rs. C-69/89, Slg. 1991, I-2069, Nakajima All Precision Co. Ltd./.Rat der Europäischen Gemeinschaften.

EuGH vom 5. 10. 1994, Rs. C-280/93, Slg. 1994, I-4973 = NJW 1995, S. 945 ff. = EuZW 1994, S. 688 ff., Bundesrepublik Deutschland./.Rat der Europäischen Union – Bananenmarktordnung.

EuGH vom 23. 11. 1999, Rs. C-149/96, Slg. 1999, I-8395 = EuZW 2000, S. 276 ff. Portugal./.Rat der Europäischen Union – Textilwaren aus Indien und Pakistan.

von Bogdandy, Armin/Makatsch, Tilman: Kollision, Koexistenz oder Kooperation? – Zum Verhältnis von WTO-Recht und europäischem Außenwirtschaftsrecht in neueren Entscheidungen, EuZW 2000, S. 261 ff.

435 Ausblick auf den Vertrag von Lissabon[17]

Bisherige Nummerierung des Vertrages zur Gründung der Europäischen Gemeinschaft (EG)	Nummerierung im Vertrag von Lissabon	Neue Nummerierung des Vertrages über die Arbeitsweise der Europäischen Union (AEUV)
Art. 2	Im Wesentlichen ersetzt durch Art. 2 (künftig Art. 3) EUV	
Art. 3 I	Im Wesentlichen ersetzt durch die Art. 2b bis 2e (künftig Art. 3 bis 6) AEUV	
Art. 3 II	Art. 3	Art. 8
Art. 95	Art. 94	Art. 114
Art. 133	Art. 188c	Art. 207
Art. 158–162	Art. 158–162	Art. 174–178
Art. 225	Art. 225	Art. 256
Art. 230	Art. 230	Art. 263
Art. 251	Art. 251	Art. 294
Art. 300	Art. 188n	Art. 218

17 Synopse nach Übereinstimmungstabelle zu Art. 5 des Vertrags von Lissabon, ABl. 2007 Nr. C-306/202 ff. Konsolidierte Fassungen des „Vertrags über die Europäische Union" (EUV) und des neuen „Vertrags über die Arbeitsweise der Europäischen Union" (AEUV, bisher: „Vertrag zur Gründung der Europäischen Gemeinschaft") sind im Abl. 2008 Nr. C-115/1 ff. abgedruckt.

Anhang

Europarecht in den Juristenausbildungs- und Prüfungsordnungen der Bundesländer

Baden-Württemberg	**Juristenausbildungs- und Prüfungsordnung (JAPrO)** Vom 8. Oktober 2002 (GBl. Baden-Württemberg S. 391), zuletzt geändert durch ÄndVO vom 20. 4. 2005 (GBl. Baden-Württemberg S. 402)	**§ 8 Pflichtfächer** (1) ... (2) Pflichtfächer sind 1. ... ... 11. aus dem Europarecht: Rechtsquellen des Europäischen Gemeinschaftsrechts; Rechtsnatur, Organe und Handlungsformen der Europäischen Gemeinschaft; Grundfreiheiten des EG-Vertrags und ihre Durchsetzung; Struktur der Europäischen Union. (3) Zu den Pflichtfächern gehören ihre europarechtlichen Bezüge sowie ihre Bezüge zu Grundlagenfächern (§ 3 Abs. 1).	436
Bayern	**Ausbildungs- und Prüfungsordnung für Juristen (JAPO)** Vom 13. Oktober 2003 (Bay. GVBl. S. 758)	**§ 18 Prüfungsgebiete** (1) Die Erste Juristische Staatsprüfung erstreckt sich auf die Pflichtfächer mit ihren geschichtlichen, gesellschaftlichen, wirtschaftlichen, politischen, rechtsphilosophischen und europarechtlichen Grundlagen. ... (2) Pflichtfächer sind: 1. ... ... 6. aus dem Europarecht: Recht der Europäischen Gemeinschaften und der Europäischen Union (Entwicklung, Kompetenzen, Organe, Rechtsquellen des Gemeinschaftsrechts, Rechtsetzungsverfahren – insbesondere Verfahrensarten, Verhältnis des Gemeinschaftsrechts zum nationalen Recht, Vollzug des Gemeinschaftsrechts, Grundrechte und grundrechtsgleiche Rechte, Grundfreiheiten, Rechtsschutzsystem des Gemeinschaftsrechts) in Grundzügen;	

Berlin	**Berliner Juristenausbildungsordnung (JAO)** Vom 4. August 2003 (GVBl. Berlin S. 298), zuletzt geändert durch Art. I Erste ÄndVO vom 4. 9. 2007 (GVBl. Berlin S. 320)	**§ 3 Prüfungsstoff** (1) ... (2) Bei Gebieten, die mit dem Buchstaben G gekennzeichnet sind, werden nur Grundzüge verlangt. Grundzüge erfordern das Verständnis der gesetzlichen Systematik und Kenntnisse über Sinn und Inhalt der wesentlichen Vorschriften und Rechtsinstitute. ... ... (5) Zum Prüfungsstoff der europarechtlichen Bezüge (G) gehören auch: die Menschenrechte, die Rechtsquellen, Organe und Handlungsformen in der Europäischen Union, die Grundfreiheiten und Politiken des EG-Vertrages, die Durchsetzung des Gemeinschaftsrechts einschließlich des gerichtlichen Rechtsschutzes.
Brandenburg	**Brandenburgische Juristenausbildungsordnung (BbgJAO)** Vom 6. August 2003 (GVBl. Brandenburg II S. 438), zuletzt geändert durch Art. 3 des „Gesetzes zu dem Staatsvertrag über die Errichtung eines Gemeinsamen Juristischen Prüfungsamtes der Länder Berlin und Brandenburg" vom 29. 6. 2004 (GVBl. Brandenburg I S. 278)	**§ 3 Prüfungsstoff** (1) ... (2) Bei Gebieten, die mit dem Buchstaben G gekennzeichnet sind, werden nur Grundzüge verlangt. Grundzüge erfordern das Verständnis der gesetzlichen Systematik und Kenntnisse über Sinn und Inhalt der wesentlichen Vorschriften und Rechtsinstitute. ... (5) Zum Prüfungsstoff der europarechtlichen Bezüge (G) gehören auch die Menschenrechte, die Rechtsquellen, Organe und Handlungsformen in der Europäischen Union, die Grundfreiheiten und Politiken des EG-Vertrages, die Durchsetzung des Gemeinschaftsrechts einschließlich des gerichtlichen Rechtsschutzes. **§ 5 Schriftliche Prüfung** (1) ... ... (3) [...]. Wer während der beiden letzten Studienhalbjahre vor der Meldung zur Prüfung an der Europa-Universität Viadrina in Frankfurt (Oder) immatrikuliert war, bearbeitet anstelle einer der Aufgaben aus dem Gebiet des Öffentlichen Rechts eine Aufgabe aus dem Europarecht.

Bremen	**Bremisches Gesetz über die Juristenausbildung und die erste Staatsprüfung (JAPG)** Vom 20. Mai 2003 (GBl. Bremen S. 251)	**§ 5 Pflichtfächer** (1) Pflichtfächer sind: 1. im Bereich des Bürgerlichen Rechts: . . . f) europa- und internationalrechtliche Aspekte des Privatrechts sowie Internationales Privatrecht jeweils im Überblick; 2. im Bereich Kriminalwissenschaften/ Strafrecht: . . . d) Strafprozessrecht inklusive Bezüge zur Europäischen Menschenrechtskonvention im Überblick; 3. im Bereich Öffentliches Recht: a) aa) Verfassungsrecht einschließlich der völker- und europarechtlichen Bezüge, . . . d) aus dem Europarecht im Überblick: aa) Organe, Rechtsquellen, Kompetenzen und Handlungsformen der Europäischen Gemeinschaft und der Europäischen Union, bb) Verhältnis von Gemeinschaftsrecht und mitgliedstaatlichem Recht, cc) die Grundfreiheiten, Grundrechte und ausgewählte Beispiele von Sekundärrecht, dd) Vertragsverletzungsverfahren, Nichtigkeitsklage und Vorabentscheidungsverfahren nach dem Vertrag zur Gründung der Europäischen Gemeinschaft. (2) Soweit Rechtsgebiete „im Überblick" Gegenstand des Prüfungsstoffes sind, wird die Kenntnis der Systematik und der wichtigsten Rechtsfiguren ohne Einzelwissen verlangt. . . .
Hamburg	**Verordnung zur Regelung der Prüfungsgegenstände für die staatliche Pflichtfachprüfung (PrfGgstVO)** Vom 23. Dezember 2003 (HmbGVBl. S. 1), geändert durch Verordnung vom 18. 12. 2007 (HmbGVBl. S. 468)	**§ 1 Pflichtfächer** (1) . . . (3) Die Gegenstände des Pflichtfaches Öffentliches Recht sind: 1. . . . 5. im Überblick aus dem Europarecht: Rechtsquellen des Europäischen Gemeinschaftsrechts, Rechtsnatur, Organe und

		Handlungsformen der Europäischen Gemeinschaft, Grundfreiheiten des EG-Vertrages und ihre Durchsetzung, Verhältnis des Gemeinschaftsrechts zum innerstaatlichen Recht, Struktur der Europäischen Union. **§ 2 Bezüge der Pflichtfächer** (1) Die Pflichtfächer schließen insbesondere die europarechtlichen Bezüge ein. ...
Hessen	**Juristenausbildungsgesetz (JAG)** In der Fassung vom 15. März 2004 (GVBl. Hessen I S. 158), zuletzt geändert durch Zehntes ÄndG vom 15. 11. 2007 (GVBl. Hessen I S. 780)	**§ 7 Prüfungsgebiete** Pflichtfächer der staatlichen Pflichtfachprüfung im Sinne des § 6 Abs. 2 sind 1. ... 4. aus dem Öffentlichen Recht: a) ... c) aus dem Europarecht: Rechtsquellen der Europäischen Gemeinschaften, Grundfreiheiten des EG-Vertrages und ihre Durchsetzung, Organe und Handlungsformen der Europäischen Gemeinschaften sowie Grundzüge des Rechtsschutzes vor dem Europäischen Gerichtshof;
Mecklenburg-Vorpommern	**Juristenausbildungs- und Prüfungsordnung (JAPO M-V)** vom 16. Juni 2004 (GVOBl. M-V, S. 281)	**§ 11 Pflichtfächer** (1) ... (2) Der Prüfungsstoff der Pflichtfächer umfasst: 1. ... 3. Öffentliches Recht: a) ... d) aus dem Recht der Europäischen Gemeinschaften jeweils in Grundzügen: die Rechtsquellen und Handlungsformen der Europäischen Gemeinschaften, die Grundfreiheiten des EG-Vertrages und die Europäischen Grundrechte sowie deren Durchsetzung, die Organe der Europäischen Gemeinschaften, Rechtsetzung und Vollzug des Gemeinschaftsrechts, (3) Zu den Pflichtfächern gehören ihre europarechtlichen Bezüge sowie ihre Bezüge zu Grundlagenfächern.

Nieder-sachsen	**Verordnung zum Niedersächsischen Gesetz zur Ausbildung der Juristinnen und Juristen (NJAVO)** Vom 2. November 1993 (Nds. GVBl. S. 561), zuletzt geändert durch Art. 1 ÄndVO vom 18. 5. 2007 (Nds. GVBl. S. 198)	**§ 16 Prüfungsstoff der Pflichtfachprüfung** (1) Der Prüfungsstoff der Pflichtfachprüfung umfasst im Pflichtfach Bürgerliches Recht mit dem dazugehörigen Verfahrensrecht und den jeweiligen europarechtlichen Bezügen: ... (2) Der Prüfungsstoff der Pflichtfachprüfung umfasst im Pflichtfach Strafrecht mit dem dazugehörigen Verfahrensrecht und den jeweiligen europarechtlichen Bezügen: ... (3) Der Prüfungsstoff der Pflichtfachprüfung umfasst im Pflichtfach Öffentliches Recht mit dem dazugehörigen Verfahrensrecht und den jeweiligen europarechtlichen Bezügen: 1. ... 4. in Grundzügen: a) ausgewählte Teile des Europarechts (Rechtsquellen des Rechts der Europäischen Gemeinschaft; Rechtsnatur, Organe und Handlungsformen der Europäischen Gemeinschaft; Grundfreiheiten des EG-Vertrages; Rechtsschutzsystem des EG-Vertrages; Struktur der Europäischen Union),
Nordrhein-Westfalen	**Juristenausbildungsgesetz Nordrhein-Westfalen (JAG NRW)** Vom 11. März 2003 (GV. NRW. S. 135, ber. S. 431), zuletzt geändert durch Erstes ÄndG vom 17. 10. 2006 (GV. NRW. S. 461)	**§ 11 Gegenstände der Prüfung** (1) ... (2) Pflichtfächer sind 1. ... 11. aus dem Europarecht im Überblick: Rechtsquellen der Europäischen Union, die Grundfreiheiten des EG-Vertrages und ihre Durchsetzung, Organe und Handlungsformen der Europäischen Union; (3) Zu den Pflichtfächern gehören ihre europarechtlichen Bezüge unter besonderer Berücksichtigung des Verhältnisses des europäischen Rechts zum nationalen Recht, ihre philosophischen, geschichtlichen und gesellschaftlichen Grundlagen sowie die rechtswissenschaftlichen Methoden und die Methoden der rechtsberatenden Praxis.

<table>
<tr>
<td>Rheinland-Pfalz</td>
<td>Juristische Ausbildungs- und Prüfungsordnung (JAPO)

Vom 1. Juli 2003 (GVBl Rheinland-Pfalz S. 131)</td>
<td>§ 1 Prüfungsfächer

(1) [...] Soweit nur ein Überblick verlangt wird, genügen Kenntnisse von Inhalt und Struktur der Normen, ihrer systematischen Bedeutung und Grundgedanken, ohne Einzelheiten aus Rechtsprechung und Schrifttum.

(2) Pflichtfächer sind:
1. die in der Anlage aufgeführten Kernbereiche
a)
...
c) des Öffentlichen Rechts einschließlich des Verfahrensrechts und der europarechtlichen Bezüge sowie

Anlage (zu § 1 Abs. 2 Nr. 1)
A. ...
...
C. Kernbereiche des Öffentlichen Rechts einschließlich des Verfahrensrechts
I.
...
III. Grundzüge des Völkerrechts;
D. Europarecht im Überblick
I. Rechtsquellen, Rechtsanwendung und Rechtsschutz;
II. Organe;
III. Grundfreiheiten und ihre Durchsetzung.</td>
</tr>
<tr>
<td>Saarland</td>
<td>Juristenausbildungsgesetz (JAG)

In der Fassung der Bekanntmachung vom 8. Januar 2004 (Amtsbl. Saarland S. 78, ber. S. 1670), zuletzt geändert durch Art. 4 Abs. 21 AnpassungsG 2006 vom 15. 2. 2006 (Amtsbl. Saarland S. 474)</td>
<td>§ 8 Prüfungsfächer und staatliche Pflichtfachprüfung

(1) ...
(2) Pflichtfächer sind:
1.
...
5.
a) die Grundstrukturen des öffentlichen Rechts mit Bezügen zur allgemeinen Staatslehre, zum europäischen Recht und zum Völkerrecht,
(3) Zu den Prüfungsfächern gehören auch die europarechtlichen und internationalen Bezüge und die philosophischen, geschichtlichen und gesellschaftlichen Grundlagen der jeweiligen Rechtsgebiete sowie die zugrunde liegenden rechtswissenschaftlichen Methoden.</td>
</tr>
</table>

Sachsen	**Ausbildungs- und Prüfungsordnung für Juristen des Freistaates Sachsen (SächsJAPO)** Vom 9. September 2003 (SächsGVBl. S. 501), in der Fassung der Bekanntmachung vom 7. 4. 2006 (SächsGVBl. S. 105)	**§ 14 Prüfungsgebiete** (1) ... ... (3) Pflichtfächer im Sinne des Absatz 1 sind jeweils mit ihren Bezügen zum Europarecht: 1. ... 6. aus dem Europarecht in Grundzügen: Rechtsquellenlehre des europäischen Gemeinschaftsrechts, europäische Grundrechte, Verhältnis des Gemeinschaftsrechts zum nationalen Recht, Organe und Handlungsformen der Europäischen Gemeinschaften, Grundfreiheiten des Gemeinsamen Marktes, Rechtsschutzsystem
Sachsen-Anhalt	**Ausbildungs- und Prüfungsverordnung für Juristen (JAPrVO)** Vom 2. Oktober 2003 (GVBl. LSA S. 245, ber. S. 349), zuletzt geändert durch Art. 1 ÄndVO vom 27. 2. 2006 (GVBl. LSA S. 70)	**§ 14 Pflichtfächer** (1) Pflichtfächer sind die Kernbereiche des Bürgerlichen Rechts, des Strafrechts, des Öffentlichen Rechts mit dem Kernbereich des jeweils dazugehörenden Verfahrensrechts und die sich darauf beziehenden Rechtswirkungen des Europarechts. (2) Pflichtprüfungsstoff ist: 1. ... ... 5. aus dem Öffentlichen Recht; a) Staatsrecht ohne Finanzverfassungsrecht; Verfassungsprozessrecht im Überblick: aa) ... ... cc) Bezüge des Grundgesetzes zum Europa- und Völkerrecht; dd) Grundzüge des Europäischen Gemeinschaftsrechts (Rechtsquellen, Grundfreiheiten des EG-Vertrages und ihre Durchsetzung, Organe und Handlungsformen der Europäischen Gemeinschaften); (3) Soweit Rechtsgebiete „im Überblick“ Gegenstand des Prüfungsstoffes sind, wird ohne Detailwissen die Kenntnis wesentlicher Institute dieses Rechtsgebietes und der Zusammenhang zwischen den einzelnen Instituten sowie ihre Zuordnung zu gesetzlichen Bestimmungen verlangt. ...

Schleswig-Holstein	**Landesverordnung zur übergangsweisen Regelung der Ausbildung der Juristinnen und Juristen (JAO)** in der Fassung vom 17. April 1997 (GVOBl. Schl.-H. S. 279), zuletzt geändert durch Art. 83 und 84 LandesVO zur Anpassung von Rechtsvorschriften an geänd. Zuständigkeiten der obersten Landesbehörden und geänd. Ressortbezeichnungen vom 12. 10. 2005 (GVOBl. Schl.-H. S. 487)	**§ 3 Prüfungsfächer** (1) ... (2) Pflichtfächer sind das Zivilrecht, das Strafrecht und das Öffentliche Recht einschließlich des jeweiligen Verfahrensrechts und der europarechtlichen Bezüge. (5) Kernbereiche des Öffentlichen Rechts sind: 1. ... ... 6. aus dem Europarecht: Die Europäische Union, die Organe und Handlungsformen der Europäischen Gemeinschaften, die Rechtsquellenlehre und die Grundfreiheiten sowie der Rechtsschutz vor dem Gericht Erster Instanz und dem Europäischen Gerichtshof.
Thüringen	**Thüringer Juristenausbildungs- und -prüfungsordnung (ThürJAPO)** Vom 24. Februar 2004 (GVBl. Thüringen S. 217)	**§ 14 Prüfungsfächer** (1) ... (2) Pflichtfächer sind 1. ... ... 4. aus dem Öffentlichen Recht: a) das Staats- und Verfassungsrecht sowie die Grundzüge des Rechts der Europäischen Union, jeweils mit Bezügen zum Völkerrecht.

Sachverzeichnis

Die Angaben beziehen sich auf die Randziffern (**fett** gesetzte Ziffern auf Hauptfundstellen, der Zusatz „(Fn.)“ auf Fußnoten zu der Randziffer). Die *kursiv* gesetzten Begriffe verweisen auf die entsprechenden Entscheidungen des EuGH. Zu den Themenschwerpunkten der einzelnen Fälle siehe die Übersicht unter Rz. 55.